历史与记忆

117户南京大屠杀受害家庭（族）微观史调查与研究

上册

曾向东　徐康英　朱成山◎主编

侵华日军暴行史研究

南京出版传媒集团
南京出版社

图书在版编目(CIP)数据

历史与记忆：117户南京大屠杀受害家庭（族）微观史调查与研究 / 曾向东，徐康英，朱成山主编. -- 南京：南京出版社，2019.4

（侵华日军暴行史研究）

ISBN 978-7-5533-2450-0

Ⅰ. ①历… Ⅱ. ①曾… ②徐… ③朱… Ⅲ. ①南京大屠杀 – 研究 Ⅳ. ①K265.607

中国版本图书馆CIP数据核字（2018）第263490号

丛 书 名： 侵华日军暴行史研究
书　　名： 历史与记忆——117户南京大屠杀受害家庭（族）微观史调查与研究
作　　者： 曾向东　徐康英　朱成山
出版发行： 南京出版传媒集团
南 京 出 版 社

社址：南京市太平门街53号　邮编：210016
网址：http：//www.njcbs.cn　电子信箱：njcbs1988@163.com
天猫1店：https：//njcbcmjtts.tmall.com/　天猫2店：https：//nanjingchubanshets.tmall.com/
联系电话：025-83283893、83283864（营销）　025-83112257（编务）

出 版 人： 项晓宁
出 品 人： 卢海鸣
责任编辑： 刘　娟　焦　博
装帧设计： 王　敏
责任印制： 杨福彬

排　　版： 南京新华丰制版有限公司
印　　刷： 江苏扬中印刷有限公司
开　　本： 787毫米 × 1092毫米　1/16
印　　张： 27.75
字　　数： 530千
版　　次： 2019年4月第1版
印　　次： 2019年4月第1次印刷
书　　号： ISBN　978-7-5533-2450-0
定　　价： 116.00元（全二册）

营销分类：社科　历史

天猫1店　天猫2店

国家社科基金“抗日战争研究工程”专项“基于微观史学的‘南京大屠杀’研究”子课题“南京大屠杀300户受害家庭研究”（16KZD016）

南京大屠杀史与国际和平研究院课题“南京大屠杀百余户家庭受害研究”

序

南京大屠杀微观史学的调查与研究的被提起，是受到了一件事的启发。2014年12月1日，为了迎接首次国家公祭的举办，侵华日军南京大屠杀遇难同胞纪念馆在其冥思厅入口处的墙上，公布了“30户受害家庭南京大屠杀遇难者名录”。这份名录，是在对遇难者家庭分户进行微观研究，将每一户受害者进行梳理，发现一户家庭有7人、6人、5人等不同数量成员遇难后，进行有针对性和关联性的公布，受到了学界、媒体和观众的充分肯定。

对于南京大屠杀这段历史研究来说，做30户遇难家庭受害史微观研究显然是不够的。为什么我们不能做300户呢？本人时任侵华日军南京大屠杀遇难同胞纪念馆馆长、侵华日军南京大屠杀史研究会会长，创新地提出了南京大屠杀微观史研究的课题，并且正式开始了申报国家社会科学基金项目。

2016年初，《基于微观史学的“南京大屠杀”研究》国家社会科学基金项目，被国家社科办公室列入国家级抗日战争史研究重点课题（项目批准号：16KZD016），并被新成立的南京大屠杀史与国际和平研究院定为重点资助的课题之一。本人作为该国家重点项目的首席专家，主持并组织实施了一系列工作，觉得这是一项十分有意义、有价值、值得去努力的科研项目。

何为微观史学研究？微观史学是相对于宏观史学而言的历史研究。微观史学关注细节，注重对一个事件、一个人物、一种组织或制度等所作考证、比较、叙述性的历史研究。历史学的微观研究是宏观研究的不可或缺的基础。

随着1982年发生的日本文部省修改历史教科书事件，以及1985年侵华日军南京大屠杀遇难同胞纪念馆的建成与开放，南京大屠杀史学研究引起史学界高度的重视和关注，30 多年来成果丰硕，但大多数集中在宏观叙事的层面，仍然缺乏对微观史学的深入研究。

南京大屠杀微观史研究，就是通过对南京大屠杀受害者及其关联群体、区域的叙事性书写，充实南京大屠杀的历史叙事，形成包括个人记忆、集体记忆、国家记忆的多层次的历史记忆。说的明白一些，就是过去从宏观层面去发掘南京大屠杀的历史真相，现在需要增加从微观层面的研究，包括家族史和个人的受害史。

该项研究将从 2016 年开始，至 2020 年结束，耗时五年，与国家“十三五”规划同步。具体通过 4 个子课题展开。一是《南京大屠杀 300 户家庭受害研究》子课题组，对南京大屠杀期间最具典型意义的 300 户受害家庭进行案例研究。综合这些家庭的受害情况和记忆，揭露南京大屠杀期间侵华日军的暴行，还原南京大屠杀期间南京民众的家族受难历史。二是《南京大屠杀档案中的个人与家庭》子课题组，按南京大屠杀发生时的南京区域建制重新编辑、整理史料，整合分存于不同机构的同类型档案，并适当补充过去由于某些原因未公布开放的档案，从而较为全面地、长时段地反映出各街道、里弄的人员伤亡（包括失踪）及财产损失情况，并相互佐证，还原南京大屠杀期间个体（个人、家庭）的历史记忆与所处的历史现场。三是《南京大屠杀期间的难民所研究》子课题组，通过挖掘大量档案资料和开展口述调查，对南京大屠杀期间各难民所的运行管理机制，包括南京安全区国际委员会对各难民所的管理、各难民所难民结构和难民人数的变化、各难民所内部的管理运行，以及各难民所最后关闭等情况进行深入调查研究，揭露南京大屠杀期间侵华日军在各难民所的暴行，揭示南京大屠杀期间各难民所难民的不屈抗争、同胞互救和艰难生存的历史。四是《南京大屠杀期间西方在宁人士生活史》子课题组，将理清南京大屠杀发生前后西方人士在宁的日常生活、他们的人身安全及财产受日军损害的情况、日军对西方人士的态度与实际作为，以及西方人士对日军暴行的制约及其限度。

各子课题组在推进资料调查的过程中，微观史研究方法也在不断摸索中得到提升。以《南京大屠杀 300 户家庭受害研究》子课题组为例，具有如下几个方面的特点：

第一，组织、聘请了中国第二历史档案馆、南京市档案馆、南京炮兵学院、南京晓庄学院、南京中学、首都经贸大学、日本广岛大学等单位专家学者、教师、博士生及硕士研究生等研究团队，综合调动和运用各方面的力量，群策群力地进行南京大屠杀微观史的研究。新的研究者参与到调查研究中，增加了微观史研究的多视角。

第二，大学生志愿者的参与，突显在历史传承维度下的微观史研究。2017年3月25日，《南京大屠杀300户家庭受害研究》子课题组对来自南京晓庄学院商学院大一、大二共16名志愿者进行了调查方法的培训。同年4月课题组成员徐康英、王南对南京大屠杀幸存者张福智的女儿张腊云进行采访时，大学生志愿者参加全程采访，并结合问题进行提问。当天采访结束后，还就采访录音、照片整理等相关具体技术问题进行了座谈与交流。

第三，在调查过程中南京大屠杀幸存者家属成为课题成员参与调查，丰富了研究的"当事人"的视角。如南京大屠杀幸存者常志强的女儿长期陪同父亲参加证言活动，不仅仅熟悉幸存者常志强的受害经历，同时以女儿的角度理解当事人的心理、情感，能从内外诠释幸存者常志强的个人记忆。此外，她作为家庭成员还参与了父亲的生活史，如拍照记录了幸存者常志强每次的绘画（及其构思）。这样碎片化、经常性、及时性的记录与收集，有利于构成更加完整地受害者家庭史，丰富了受害者个人为主体的历史解释。更为重要的是，这样的探索对微观史研究中的"当事人"采访提供了新的视角。

根据目前所掌握和调查的资料，有必要编辑出版《历史与记忆——117户南京大屠杀受害家庭（族）微观史调查与研究》一书，呈现这个国家级课题的部分成果。

本书从南京大屠杀300户受害家庭的调查中选取117户受害家庭调查记录，透过受害人或者其子女的讲述，以受害家庭及受害者在南京大屠杀发生之前、期间及受害后为一条时间轴心长线，努力实现点、线、面的统一与结合。通过个人及其家庭的受害情况及南京大屠杀对家庭、个人生活、精神造成的影响，进一步展现南京大屠杀暴行发生前、期间、发生后的历史全景。

感谢南京出版传媒集团项晓宁董事长，南京出版社卢海鸣社长、朱天乐主任对本书的编辑出版给予的关心与支持。恳切希望本书的出版与问世，能够为深化南京大屠杀史研究提供一个小小的窗口。

是为序。

朱成山

目 录

上 册

下　册

第一篇 受害者与家庭的历史记忆及其幸存后的生活状况

1937 年 12 月 13 日，侵华日军攻占南京后，公然违背国际公约，在华中派遣军司令松井石根指挥下，于南京及附近地区进行了长达 6 周的有组织、有计划、有预谋的大屠杀和奸淫、放火、抢劫等血腥暴行，在人类文明史上留下了极其黑暗的一页，是日军在侵华战争期间无数暴行中最突出、最有代表性的案例之一。

侵华日军在南京进行的大屠杀，基本可分作两类，即集体屠杀和分散屠杀。据史料记载，目前铁证如山、有案可查的千人以上的大屠杀就有如下 10 起：

1. 1937 年 12 月 15 日，在汉中门外屠杀 2000 余人。中国审判战犯军事法庭认定："……12 月 15 日下午一时，我军警二千余名，为日军俘获后，解赴汉中门外，用机枪密集扫射，饮弹齐殒，其负伤未死者悉遭活焚。"①

2. 12 月 15 日，在鱼雷营江边屠杀 9000 余人。1946 年 10 月 5 日，南京市临时参议会在一份呈文中称：该日在"鱼雷营江边地方"，"敌人正置有机枪 4 挺，而被捆绑者一群约共 9000 人以上，于行进间，敌人即发动机枪，予以扫射"。②

3. 12 月 16 日，在中山码头屠杀 5000 余人。中国审判战犯军事法庭判定："16 日下午 6 时，麇集华侨招待所之难民 5000 人，被日兵押往中山码头，用机枪射杀后，弃尸江中。"③

4. 12 月 16 日，在下关屠杀 4000 余人。中国审判战犯军事法庭确认：该日"在大方巷难民区内，将青年单耀亭等四千余人，押送下关，用机枪射杀，无一人生还"。④

5. 12 月 17 日，在煤炭港屠杀 3000 余人。原首都电厂总工程师兼代厂长陆法曾，在致南京市敌人罪行调查委员会的一份呈文中称：煤炭港下游之江边，"被拘禁者约

① 《审判战犯军事法庭谷寿夫战犯案件判决书》，中国第二历史档案馆藏。

② 《南京市档案馆馆藏档案》。

③ 《审判战犯军事法庭谷寿夫战犯案件判决书》。

④ 《审判战犯军事法庭谷寿夫战犯案件判决书》。

有三千之众”，“初以机枪扫射，继即将各被害人驱入附近茅屋内禁闭，再堆集木柴浇上汽油于茅屋四周，放火燃烧”。①

6. 12 月 18 日，在草鞋峡屠杀 57000 余人。一位负伤的公务人员鲁甦，当时藏匿于附近的大茅洞内，曾目睹屠杀惨状。他在一份证词中说：日军将 57000 余名军民圈禁于幕府山下四、五所村，“（农历）十六日夜间，用铅丝两人一扎，排成四路，驱至下关草鞋峡，用机枪悉予扫射后，复用刺刀乱戳，最后浇以煤油，纵火焚烧，残余骸骨悉投入江中”。②

7. 12 月，在水西门外上新河一带屠杀 28000 余人。居住在上新河地区的湖南木商盛世征、昌开运，曾亲见日军在江东门、螺丝桥、棉花堤、双闸一带屠杀军民的情景。他们在 1946 年 1 月 15 日的证词中说：“日本军杀害我国被俘军人及逃难人民，共计二万八千七百三十余人毙命于上新河地区。自民国二十六年十二月（不记日）当时日军将被俘军民以铅丝缚手脚，推下河水中，有的盖上柴草倒上煤油烧死，妇女幼女被奸死者众。此外，以手榴弹、机枪、刺刀等武器处死者更多。”③

8. 12 月，在城南凤台乡、花神庙一带屠杀 7000 余人。中国审判战犯军事法庭认定：“民国二十六年十二月间，难民五千余名，士兵二千余名，在南门外附近凤台乡、花神庙一带被屠杀，所有尸体，由芮芳缘、张鸿儒、杨广才等，会同红卍字会分别掩埋于雨花台山下及望江矶、花神庙等处。”④

9. 12 月，在燕子矶江边屠杀 50000 余人。1945 年南京敌人罪行调查委员会李龙飞，经调查确认：“日军在燕子矶滩一处，杀毙我解除武装的青年在 50000 人以上，尸横遍野，惨不忍睹。”⑤

10. 12 月，在宝塔桥、鱼雷营一带屠杀 30000 余人。中国审判战犯军事法庭经调查判定：“民国二十六年十二月间，在城外宝塔桥及鱼雷营一带，屠杀军民三万人以上……尸横遍野，惨不忍睹。”⑥

以上 10 起规模与影响较大的集体屠杀，其被害人数共达 195000 人。

遍布城郊的分散屠杀，更是面广量大，难以计数。

据《审判战犯军事法庭谷寿夫战犯案件判决书》附件所载，除前列 10 起集体屠

---

① 《国民政府档案》，中国第二历史档案馆藏。

② 《南京市档案馆馆藏档案》。

③ 《国民政府档案》，中国第二历史档案馆藏。

④ 《审判战犯军事法庭谷寿夫战犯案件判决书》。

⑤ 《国民政府档案》，中国第二历史档案馆藏。

⑥ 《审判战犯军事法庭谷寿夫战犯案件判决书》。

杀外，尚有有据可查、规模不等的屠杀事件870余起，其中被害者少则一两人、三五人，多则数十人、数百人。如从3个较大的慈善团体红卍字会、崇善堂和红十字会的埋尸统计中，除上述10起较大规模的屠杀外，红卍字会尚有17起，计收埋尸体5093具；崇善堂尚有17起，计收埋尸体66463具；红十字会一队在太平门外收埋尸体5704具，总计77260具。据此，仅从该3个慈善团体收埋分散尸体的情况即可断定，至少有77000余人在分散屠杀中遇难。

上述资料所反映的数字，集体屠杀与分散屠杀，已分别为195000余人和77000余人，合计为272000余人。同时，还必须考虑到：千人以上的集体屠杀并不止上述10起，收埋分散尸体的团体和私人掩埋队并不止上列3个，所有屠杀事件和埋尸体活动也不可能都有文字记录。这些血淋淋的事实，是侵华日军进行南京大屠杀的铁证。①

战后，南京审判战犯军事法庭经过调查判定，日军集体屠杀有28案，屠杀人数有19万；零散屠杀有858案，死亡人数有15万，总计死亡人数达30多万，制造了惨绝人寰的特大惨案。

不仅如此，日军侵占南京期间还强奸了成千上万的妇女，他们不分昼夜并在受害妇女的家人面前施行强暴。有些妇女被日军强奸了好几次，往往有妇女受不住日军的折磨而死。除此之外，日军还强迫乱伦行为。据《远东国际军事法庭判决书》认定："被占领后的第一个月中，南京城里发生了将近2万起强奸案"，"南京城有三分之一的建筑被烧毁"。②

南京大屠杀惨案作为日军侵华暴行最典型、最集中的代表与象征符号，承载着中华民族受难历史的记忆。

2014年2月27日，第十二届全国人民代表大会常务委员会第七次会议通过了《关于设立南京大屠杀死难者国家公祭日的决定》，以法律的形式固化了南京大屠杀史实与记忆。

同年12月13日，中共中央、国务院在南京侵华日军南京大屠杀遇难同胞纪念馆举行首次南京大屠杀死难者国家公祭仪式，中共中央总书记、国家主席、中央军委主席习近平出席仪式。

2015年10月9日，《南京大屠杀档案》被联合国教科文组织正式列入《世界记忆名录》，标志着南京大屠杀由个人记忆、城市记忆、民族记忆，上升为世界记忆、人类记忆。

---

① 孙宅巍：《三十万南京同胞被屠杀的史实岂容否定》，《抗日战争研究》1991年第2期。

② 《远东国际军事法庭判决书》，张效林译，五十年代出版社，1953年版。

一、夏淑琴家庭

采访时间：2016年12月17日、2018年5月1日

采访地点：南京市栖霞区百水家园19栋301室

采访人员：朱成山、刘祥（美籍华人）、徐康英、王南

外公、外婆和父亲被日本兵枪杀，母亲和两个姐姐被轮奸刺死，1岁小妹妹被摔死，我后背被刺伤三刀

夏淑琴　口述

我叫夏淑琴，1929年5月5日出生在南京。日军进攻南京前，我家住在南京中华门新路口5号，租住的是哈姓（伊斯兰教徒）的房子。家里共有9口人，外公聂佐成（70多岁）、外婆聂周氏（70多岁）、父亲夏庭恩（40多岁）、母亲夏聂氏（30多岁）、大姐夏淑芳（16岁）、二姐夏淑兰（14岁）、大妹夏淑芸（4岁）、小妹夏淑芬（1岁），我当时8岁。

1937年12月13日上午，一队日本兵（大约30人）来到我家敲门，刚刚打开门的哈姓房主就遭到枪杀。

我父亲看到这个情况就跪在日本兵面前，恳求他们不要杀害其他人，也被日本兵用枪打死。

我母亲吓得抱着1岁的妹妹躲到一张桌子下面，被日本兵从桌子下面拖出来。日本兵从母亲手里夺过小妹妹，把她摔死在地上，接着他们扒了母亲的衣服，几个日本兵对母亲进行了轮奸。

后来，日本兵闯进隔壁房间，那里还有外公、外婆及两个姐姐。

日本兵要强奸两个姐姐，外公、外婆拼命护着她们，也惨遭枪杀。

日本兵撕下两个姐姐身上的衣服，她们分别遭到几个日本兵的轮奸，大姐、二姐被轮奸后又被日本兵用刺刀刺死。

当时我躲在床上被子里，由于恐惧，吓得大哭，被日本兵用刺刀在背后刺了三刀，当即就昏了过去，不省人事。

也不知道过了多久，我被4岁的妹妹哭声惊醒，听到4岁的妹妹在哭着喊“妈妈”，看到周围全是亲人的尸体，就感觉浑身都疼，身上都是血，并且也很冷。

我俩哭喊着要妈妈、找妈妈，看到妈妈睡在桌子边不动，衣服都被撕开了。

妈妈死了，姐姐死了，家里都没有活人了。

日本兵为什么会这样？1岁的孩子不放，外公外婆六七十岁也不放，全部被他们杀死了。

妹妹饿了要东西吃，我起来到屋子里去找点锅巴拿给她吃，到水缸里舀点水喝。

我跟妹妹就躲在家里不敢出来，晚上我们就搭起桌子在桌子上睡。

当时也没觉得害怕，因为这些人虽然死掉了，但还是自己的亲人。

我和妹妹两人渴了就去喝点冷水。

就这样等到十几天后（14天），老人堂（慈善机构）的人来到我们家，他们把我和妹妹带走，当时我已经走不了路了。

这些老人拖着我，我路上见到日本兵就害怕地躲到老太太身后，老太太会安慰我说："不要害怕，慢慢走，他们不会打你，不会杀你。"就这样，我们被带到老人堂。

我也没衣服换，衣服上都是血，很脏。一个老太太就找了一件棉袄剪小，给我换上。

老太太看我浑身都是伤，问我疼不疼，我当时已经感觉不到疼，就知道找不到妈妈、姐姐了，整个人就是糊里糊涂的状态。

我身上的刀伤已经烂了一个洞，拱脓了没有医生看，他们用一团棉花烧成灰按到伤口上。

在老人堂住了二三十天，当时在老人堂也没得什么可以吃的，每天熬一大锅粥，一人一勺分着吃。

舅舅本来跟我们一起住的，听说日军来了，舅舅和舅妈（当时怀孕）带着2个孩子先到安全区，想等安顿好了再回家接我公公、婆婆和我们，等舅舅到安全区想回来接我们的时候已经回不来了。

6个星期后，外面稍微平定下来，日军不杀人了，舅舅回到家才看到家里人都被杀了。

我舅舅找到我们，把我们带到安全区。我舅妈离开安全区躲到人家家里生小孩去了。

我舅舅把我带到拉贝办公室（小粉桥一号）对拉贝讲：我们一家人全死了，我父母死了、姐姐死了。

后来，马吉牧师派了汽车到我们那里，把我和舅舅带到新路口5号家拍了片子。我记得当时是马吉牧师来到我家拍照，让我站在水缸边舀水，我够不到，就拿了个小板凳站在上面。

到安全区的时候，有一个人要收养我，还有一个人要把妹妹送到孤儿院。由于舅舅比较喜欢我，就不让别人把我带走。我后来就跟舅舅一起（生活）了。

后来，我舅舅一直带着我。我舅妈生小孩以后，我们就住到舅妈的父母家去了。

2016年12月17日，朱成山（右二）、徐康英（左一）、夏淑琴（中）、刘祥（左二）、王南（右一）在夏淑琴家门口合影

我妹妹被送到孤儿院去了，别人会给她衣服穿，给她东西吃。一到礼拜天，妹妹也会回到舅舅家。

妹妹走后，我一想到家人都被杀了，就剩我们两个，我就会哭。

以后，我帮舅妈带小孩。再大一点，我舅舅到南门外西街贩菜卖，半夜去贩人家的菜让我跟着去看菜，然后拿到家门口卖。再后来，又摇绳子卖，摇绳子要两个人在两头摇，舅妈在一头，我在一头，舅舅在中间合起来。

卖绳子生意不好，舅舅就坐火车去当涂买点芝麻糖、干子（豆腐干），晚上才能到家。舅舅叫我到南门外火车站接他，我就跑到南门外火车站去接他回来，第二天把这些东西摆出来卖。

我还到处找野菜，挖荠菜、苜鸡头回来洗洗当菜吃。

日军走后，由于舅舅家孩子多，我就离开舅舅去水西门木屐巷那边一个开店的老板那里，帮人家做活来填饱肚子。主要是干些洗洗刷刷，像洗碗、刷锅、烧火之类的活。

大概十六七岁的时候，那家老板娘死了，我就回到了舅舅身边。舅舅也抚养不了我，我就又去别人家做事，人家对我很好。

抗战胜利后，有亲戚把妹妹夏淑芸收养了，培养她，她在安徽淮海机械厂工作，妹婿叫谢家培也在那个厂工作。她现在在合肥生活得很好。我们之前还联系，都是我去看她，因为她不能坐车，容易晕车。现在我们年纪都大了，联系也少了。

1948年时，我姨娘去世，我就去下关姨娘家做家务带小孩，一直住到我结婚。

1949年后，男女平等了，女娃也可以读书，我在下关上了3年夜校。一晚上两个小时，当时在夜校主要教我们认字，我的名字不会写，老师手把手地教我写“夏”，写“毛主席”。

我跟丈夫结婚是别人介绍认识的。当时，就是拎个小包袱，大家在一起，泡点茶，吃吃瓜子就算结婚了。家里什么都没有，就只有一床被子，床都是向别人借的。到后来，有了两个孩子了，才买了一张架子床。

我丈夫叫张鸿章，1923 年 6 月 13 日出生。

1945 年 11 月，他参加中国人民解放军在三野第一师七团。

1946 年，他在华东海安地方战役冲锋战中负伤（右食指上关节折断，肚腹负伤）。

1947 年，他到华东荣校学习，同年 10 月加入中国共产党。

1949 年 7 月，他转业到南京市公安局，先后在建邺分局、下关分局任科员、派出所副所长。

1950 年 9 月，他因在户口大登记期间工作积极、成绩卓著荣立三等功。

1956 年 11 月，他先后担任市抢险指挥部保卫干事、市房产局修建工程处抢险科副科长。

1964 年，他任中山陵园管理处人保股副股长。

1972 年，他任中山陵园管理处办事组副组长。

1979 年 8 月 27 日，他离休（副科长，行政 19 级）。

1979 年，我丈夫生病，后来去世了。他去世的时候儿子工作了，但两个女儿还没有参加工作。

1961 年 1 月，我在中山陵园管理处参加工作，当园林工人，主要是在果园里除草、挖树、刨地，当时工资就是一个月二十几块钱。

1979 年 8 月 10 日，我办理了退休手续，就开始打些零工，在美龄宫帮着打扫卫生。

1984 年的时候，纪念馆段月萍副馆长找到我了解情况，以前是舅妈王芝茹向外界介绍我的情况。

纪念馆了解我的一些情况以后，从 1985 年我开始接受了采访，之后每年 12 月 13 日、清明节都会去纪念馆参加活动。那时候纪念馆只有一个长沙发、两个小沙发，也困难。

1994 年的时候，朱成山馆长第一次带我去日本，到日本我并不觉得害怕，日本人民还是很友好的，他们不像当年日本兵。朱馆长做报告，我就跟着控诉，去了东京、

2016 年 12 月 17 日，朱成山（左一）、夏淑琴（左二）、刘祥（右一）在夏淑琴家合影

大阪、神奈川、广岛、长崎、千叶6个县（市）。

记得在大阪时，一个30多岁的日本学生跪在我面前，给我赔礼道歉说：他都30多岁了，竟然不知道这段历史。

在广岛图书馆，听一个日本人讲述日本政府为了研制毒气，招了很多学生到海的另一边做实验，后来这些学生也被害死了。他们自己也很痛恨政府这项工作。

日本人民对中国人很好，天气那么热还会送东西给我们吃。

我和日本人打官司，有的日本人支持我们打官司，他们说“你官司打不赢，我们就不结婚”，等我们什么时候打赢了官司，他们再结婚。

日本的松冈环每年都请我们吃饭，我们不愿意她们请了，她们还每年来看我。

我现在每天起床很早，收拾好之后会下楼走走，活动一下，也会跟邻居聊会天，但不会聊太多。晚饭一般5:00多就吃过（饭）了，天黑就不敢出门了，会在房间看会儿电视，7:00点多就上床睡觉了。

我现在住在百水家园，有3个子女，2个女儿、1个儿子。长子张学宁，在华东工程学院工作；长女张学萍，在钟山皮鞋厂工作；次女张学霞，在知青园艺厂工作。

有时候，我会在马群二女儿家住一段时间，因为这边会有很多人过来采访，会很累。

我现在还可以自己一个人烧饭。

朱成山、徐康英对夏淑琴作补充采访

我外公、外婆被日军杀害以后，邻居家（新路口5-5号）有一口大棺材埋了外公，外婆是口小棺材，当时埋葬在江宁路老虎头。

我爸爸妈妈也埋葬在那里。

1949年前老虎头那里拆迁，迁坟的时候，舅舅因为没有钱，就把外公外婆的坟迁了，迁到牛首山。

当时，外公的坟打开来棺材还是好好的，外婆的棺材就不行了。

我爸爸妈妈坟没有迁，就地深埋了。

外公外婆的坟现在还在牛首山。

（此文根据夏媛提供的录音和2018年5月1日第二次采访记录整理）

南京大屠杀受害家庭幸存者夏淑琴族谱

外公：聂佐成（南京大屠杀遇难者）

外婆：聂周氏（南京大屠杀遇难者）

父亲：夏庭恩（南京大屠杀遇难者）

母亲：夏聂氏（南京大屠杀遇难者）
姐姐：夏淑芳（南京大屠杀遇难者）
姐姐：夏淑兰（南京大屠杀遇难者）
妹妹：夏淑芬（南京大屠杀遇难者）
本人：夏淑琴（南京大屠杀幸存者）
丈夫：张鸿章
儿子：张学宁
女儿：张学萍
女儿：张学霞
舅舅：聂光中
舅妈：王芝如
表弟：聂华庭
表弟：聂华祥
表妹：聂华玉
表弟：聂华明
妹妹：夏淑芸（南京大屠杀幸存者）
妹夫：谢家培
外甥：谢跃生
外甥：谢进生
外甥：谢春生

采访南京大屠杀受害家庭幸存者夏淑琴日记

2016年12月17日，星期六，朱成山馆长陪同美国纪念南京大屠杀联合会会长刘祥先生去看望南京大屠杀幸存者夏淑琴女士，我们在和夏淑琴外孙女夏媛联系时，也告之同时进行受害家庭的采访。

上午9:20，我们来到南京市栖霞区百水家园19栋301室夏淑琴女士的家。

夏淑琴女士见到朱成山馆长和刘祥先生非常高兴，因为自从朱成山馆长退休以后，他们见面的机会比过去少了，刘祥先生则是11月份和夏淑琴女士赴美做幸存者证言采集时刚认识的新朋友。

朱成山馆长对夏淑琴女士说："我昨天刚从日本回来，这是从日本给你带的礼物。日本的朋友让我向你问好。"

刘祥先生也给夏淑琴带了在美国准备的礼物。

夏淑琴的大女儿这时也来到家中。

老朋友、新朋友落座后，夏淑琴女士谈到了去美国洛杉矶采集证言并参观美国洛杉矶和平与人权资料馆的情况，刘祥先生将手机里拍摄的照片打开给夏淑琴女士看。

朱成山馆长看到夏淑琴女士身体很好，就对她说："你是几月份的生日？明年是南京大屠杀惨案发生80周年，恰逢你88岁，日本友人希望你再次去日本，他们要在日本给你过米寿。"

夏淑琴女士说："我是5月5日的生日，1994年8月你带我去日本参加证言集会，我们去过东京、广岛、大阪、千叶、长崎、神奈川6个地方。"

朱成山馆长说："你记性真好，那是纪念馆第一次带幸存者到日本参加证言集会，从那以后我们每年都组织幸存者去日本参加证言集会，从今年开始考虑到幸存者年事已高，就采取放幸存者证言录像的方式，我这次赴日15天做了11场报告。日本的朋友希望明年你再去一次，说你开了头，明年请你去收个尾。"

夏淑琴女士非常高兴接受邀请，并表示要带两个女儿同去。

朱成山馆长说："记得你80岁生日时纪念馆送你一台彩电，是我送到你家的。"

夏淑琴女士连忙站起来领朱成山馆长来到她的卧室，指着地柜上的彩电说："谢谢，我一直在用。"他们俩还站在电视机旁合了影。

谈到前几天刚刚举行的第三次国家公祭，夏淑琴女士说公祭前江苏卫视对她进行了采访，还为他们拍了全家福照片。

夏淑琴女士从书柜里拿出全家福照片，一一指着告诉我们，这是一张放大的彩色照片，全家人的脸上洋溢着满满的幸福。

夏淑琴女士说："南京大屠杀日本人杀了我家7口人，只剩下我和妹妹。如今我家有19口人四世同堂。"

采访中，夏淑琴女士非常利索地站到方凳上，从书橱顶部拿出抗战胜利那年她们姐妹和舅舅一家合影的老照片给我们看。还从房间柜子的抽屉里拿出一个塑料袋，里面放着她和老伴的退伍证、立功证、工作证、退休证等。

夏淑琴的大女儿看到母亲保存的这些老证件，告诉我们，她也没有见过。

夏淑琴女士说这些东西从来都没有给别人看过。在得到她的允许后，我们进行了翻拍。

夏淑琴女士家里收拾得很整洁。她告诉我们现在不敢爬到窗台上擦玻璃了，前几年还是自己擦呢。

平时她一个人住，大女儿和她住同一个小区。

我们请夏淑琴女士将收集的照片再找一找，下次来采访时翻拍。

因为第二天安排了大学生采访，夏淑琴女士外孙女夏媛表示她会将外婆接受采访的录音提供给我们。

临别时夏淑琴女士把我们送到楼下，并在单元门口与我们合影。

二、常志强家庭

采访时间：2017年3月26日上午9:00—11:00

采访地点：南京市栖霞区燕子矶化工新村41栋1单元101室

采访人员：朱成山、杨小平、徐康英

父母和三个弟弟被日军枪杀，姐姐被强奸后死于瘟疫

常志强　口述

1937年侵华日军逼近南京，城内一片混乱，经济条件较好的市民纷纷离城外逃。

当时我家贫穷，人口众多，祖孙三代共计10口人，靠父亲一个人做小生意，维持全家贫苦的生活，更没有钱外出逃难。

那时，日本飞机不断向南京居民投弹轰炸，时局紧张。

我的祖母和太祖母就对父亲说："我们年老体弱，行动不便，无法外出逃难，就听天由命了！你们快带着孩子外出逃命吧！"

在迫不得已的情况下，父母流着泪水离开了白发苍苍的老祖母，带着我和我的姐姐及4个弟弟，向南京城北的难民区去避难。

当走到内桥时，被一些国民党守城的败兵拦住说："现在封锁，不准通行。"母亲和其他一些市民求他们行个方便，他们不但不放行，还用枪对着我父亲的胸口，恶狠狠地说："你们不退回去，我就开枪打死你们。"

无奈之下，我们全家及一些难民拖老带小，退到内桥旁边一个叫"王府园"的小巷内。

当时，天已黑了，在巷内遇见一些居民。他们说："现在天黑封锁，你们在此等一夜，明天我们一起走。"

那一年，天气特别冷，滴水成冰的寒夜，又饥又冷。我们很多难民，就在这种情况下熬了一整夜。

第二天清晨，也就是农历一九三七年冬月十一日（12月13日），日军的大炮从中华门和光华门这两个方向向南京城内猛烈地轰击，此时南京城内一片火海，难民四处奔跑躲避。

母亲抱着最小的弟弟，拖着姐姐向防空洞逃去，那时我饥寒交加已病倒，口吐清水，瘫倒在地下。父亲冒着生命危险，跑来把我抱到防空洞内。

半小时后，炮轰停止，惊魂未定的难民，不约而同汇聚到一起，准备向难民区逃难。

片刻，就不时听到巷外南边传来阵阵哭喊的惨叫声。

随后，一些日本兵冲到巷内，他们不分青红皂白，举着装满子弹的枪对我们这些手无寸铁的难民射击。

前面的几个青壮年男子应声倒下，哭喊声、惨叫声充满了整个巷内，大家乱成一团。

日本兵像野兽一般向躲在后面的妇女、儿童扑来。

这时，我母亲抱着最小的弟弟，被一名日本兵用刺刀向她胸前猛刺一刀。母亲随即倒下，抱在手中的弟弟掉在地上哇哇大哭。日本兵又向我小弟弟屁股上猛刺一刀，挑起，抛出几尺远。我哭喊着跑过去护着小弟弟。

日本兵还不放过母亲，又向她刺去。被刺倒的母亲挣扎着爬起来，反抗地抓着日本兵的刺刀向前推去。

这时，在哭喊的混乱中欲想逃生的 3 个弟弟看到此情，一个个奔到母亲身边，有的抱住日本兵大腿，有的拽着日本兵衣服，有的咬日本兵衣服。日本兵刺刀转向 3 个弟弟，幼小的生命一个个被活活刺死（一个 8 岁、一个 6 岁、一个 4 岁）。

另外，姐姐也被其他日本兵连刺数刀，被拽着头发拖向母亲后边，昏死过去。

我护着弟弟，因恐惧、饥饿、悲伤，一时眼前忽然发黑，昏倒在地上。

我苏醒过来，猛地站起来，看到遍地横尸，血流满地。

昏死的姐姐也醒过来，她用微弱的声音叫我去看看妈妈。

此时的母亲身上正流着血，低声呻吟着，不能说话。她用痛苦的眼神看着我，并慢慢地把眼神转视前面。

我会意母亲的意思，那不满两岁受了伤的小弟弟哭喊着要妈妈。

我立刻找过去，在两边堆着死尸的夹缝中看到他，他满面血污，手上流着血，鞋袜爬掉了，双脚冻肿得像半个鸡蛋，见到我身影他拼命连爬带窜地向我扑来。

我抱起他，轻轻放到母亲身边，母亲挣扎着拉开衣服给小弟弟喂奶。

母亲两眼无神地默默地看着我，眼泪不断往下流，渐渐无力垂下头断了气。

我大声哭喊着：“妈妈你不能死呀，你死了我们怎么办？”

我又转身一边哭，一边喊着去找父亲。

当在被杀的死人堆中找到父亲时，看到他屈腿拱手趴伏在地上，棉袍背上有一个枪洞。

我用手指插进棉衣枪洞里，希望那颗子弹没有射进父亲体内，哪知父亲的脊背已被子弹射穿了，脸面对着的地上有一大摊鲜血。

我奔到姐姐身边，这时又听到巷口有哭喊声，怕日军又来了，姐姐挣扎着叫我把她拖到后边里屋床下面躲起来。

第二天一早，一位中年妇女在死人堆中找到了她丈夫的尸体，大哭。

2017年3月26日，朱成山（左二）、杨小平（左一）与常志祥夫妇和女儿常小梅（右二）等家人合影，徐康英摄

我和姐姐听到哭声就从床底下爬出，喊她：“妈妈，救救我们吧。”

她把我们带到巷口的家里，刚落脚，这时有两个日本兵冲进来，把那位妇女和受了重伤的姐姐奸污了。

当时日军兽性、残暴的情景用语言难以形容。

这时又听见日军枪声，我架着可怜的姐姐，跟着那位妇女好不容易逃到难民区（原金陵大学）。

难民区内人已爆满，难民区大门已关，门外大批难民拥挤不堪，一片混乱。

日军还在抓走青壮年，对妇女进行施暴奸污。

我和姐姐是一对无依无靠的孤儿，我们睡在屋檐下面。

后来，遇到一位好心夫妇收养了我们，名叫姜何州，他们带我们搞些吃的。

逃到难民区手无寸铁的难民，也难幸免被日军屠杀残害。他们以搜查败兵为借口，把大批难民赶到操场上，男女各分一边，然后在男人群里拉一人，要男的家属及时去认，否则就推到一边。

在惊恐慌乱的人群中，妇女家属很难看清被日军拉出来的哪一位是自己的亲人，尤其是站在后面的妇女，还有那些被冲散的夫妻。

一时间大批青壮年男子被日军用绳子把手一个一个捆起来，带出难民营进行集体屠杀。

日军在难民区内，光天化日之下，随时拉人，奸污妇女是常有的事。

难民营解散后，门口一熟人把我和姐姐带回家，家中两位老人见了哭得死去活来。

后来，我和姐姐到父母遇难处找弟弟，当地居民告诉我们，遇难者的尸体由红十

南京大屠杀幸存者常志强与母校南京夫子庙小学学生合影

字会埋在王府园附近的菜园地里了。据讲，我那受了伤的小弟弟趴在母亲乳房上活活冻死，两条鼻涕冻成两条冰棍，母子俩拉不开。

失去父母以后，为了抚养年迈的祖母，为了自身的生存，我和姐姐拾柴火、挖野菜、去工厂做童工，挣扎在困苦生活的死亡线上。

在 1943—1944 年，南京很多人得流行瘟疫病。当时我们并不知道是日本人放的细菌所致。当时常碰到由南京明故宫飞机场起飞的飞机喷撒下一种水雾状的东西，不久瘟疫蔓延。姐姐染上瘟疫，数日高烧不退，粒米不沾，死后满身出现红色斑点，医生诊断是斑疹伤寒。日本投降后，才知道是日本人投放鼠疫和斑疹伤寒细菌夺走了死里逃生的姐姐的生命。

日本侵略军在南京的血腥屠杀，对我的家庭和南京市民造成极大的痛苦和灾难。但在日本，还有一部分人不顾历史事实，欺骗日本人民，把南京大屠杀说成无中生有，我万分气愤，不能容忍。

我今年 90 岁了，是日军屠刀下的幸存者，是历史的见证人。

采访南京大屠杀受害家庭幸存者常志强日记

2017 年 3 月 25 日傍晚，朱成山馆长电话给徐康英，说日本广岛大学的杨小平研究员希望去采访一位南京大屠杀幸存者。

徐康英随即电话联系了南京大屠杀幸存者常志强先生的女儿常小梅女士，并约定 26 日上午 9:00 去。

常小梅当晚通过“和目”告知父亲“朱成山馆长明天会来看你”，并问他：“你还记得朱馆长？”他说：“这怎么会忘记，是刻在心上的人。”

老先生还表示家里地方小没有沙发，常小梅说要不就让父亲到她家，让我们去常小梅家采访。

徐康英说不用，就到常老先生家。

26 日上午 9:00 左右，朱成山、杨小平、徐康英三人来到燕子矶的化工新村 41 栋 1 单元 101 室常志强家。

一进门，常老就迎上来满面笑容地拉着朱成山馆长的手。

朱成山馆长说："你身体很好，气色不错，比以前胖了一些。"

常老很高兴地说："没有什么毛病。"

朱成山馆长说："我们一起出去多次，有次在中央电视台接受采访，美女主持人两次流泪，中途去补妆，并被你讲述的日本侵略者杀害家人和苦难童年而震撼和感动。采访结束要表示心意，发现没有带现金，立刻向同事借钱。在主持人 的带动下在场的人员都要给你捐款，你还不肯收，还是我劝你收下的。"

常小梅告诉我们，父亲总是说：纪念馆是他家，朱成山馆长是挂在他心上的人。现在终于明白父亲说这话的意义了。朱成山馆长工作那么忙，还能把幸存者身上发生的小事清清楚楚地记在心上。

常志强兴趣爱好广泛，每天坚持看《参考消息》，喜欢唱戏，也会画画，今年以来，女儿为他准备了专门的本子，每周画一张。

常志强生于1928年，属龙，小名叫大龙，在他的画上有的签名是"大龙"，有的是"常志强"。

采访开始前，常老先生首先唱了一段京剧"苏三起解"，一板一眼，很有韵味。

采访结束以后，我们提出要和常志强家人合影。常老愉快地答应了。于是，他扶着老伴出门，在单元门口拍摄了照片。

当天下午，常先生说要画一头快乐的小猪，女儿问他今天为什么要画快乐的小猪。他说："今天高兴啊，朱馆长他们来看我。"

常志强子女非常孝顺，兄弟姐妹四人轮流照顾父母，其夫人两次脑梗抢救过来，在子女的精心护理下现在借助助行器能够走路。

常志强老人的退休金自己管理。

今年，全家人为常老先生过了90岁生日。

南京大屠杀受害家庭常志强家庭家谱

父亲：戴英俊（南京大屠杀遇难者）

母亲：戴张氏（南京大屠杀遇难者）

姐姐：戴桂珍（南京大屠杀期间日军细菌战遇难者）

弟弟：戴二龙（南京大屠杀遇难者）

弟弟：戴阿三（南京大屠杀遇难者）

弟弟：小发发（南京大屠杀遇难者）

弟弟：小来来（南京大屠杀遇难者）

本人：常志强（南京大屠杀幸存者）
妻子：冯淑霞
大女儿：常明全
大女婿：熊骏贤
大儿子：常明康
大儿媳：夏桂芳
小儿子：常明华
小儿媳：杨素环
小女儿：常小梅
小女婿：李贵清

附件一：关于“常志强”姓名的由来。

我原名戴正民，“常志强”这个名字是后来改的。

姐姐死后第二年，日本投降后，与我家沾亲的堂叔爷爷老夫妇（无儿无女）从四川一家工厂解散回到南京找到我家。

我托他们帮我找一个机械厂学徒，学会造枪炮去打日本鬼子，为老百姓和我全家报仇。

他沉思一下后说，这孩子有志气，我会帮助。

数月后，他来对我说，已托厂中过去同事介绍自己亲属学机械工，当时工厂正在筹备，不招机械学员。现在急需招收两名勤杂人员，也就是清洁工，可当即报名。

他想为我报名，又怕不如我意。又考虑自己的身份和面子，不报又怕失去机会，于是就说是给自己的亲戚报名当了清洁工，以介绍别人报了个虚名常志强（据老祖母讲，叔爷爷祖上是满族旗人，姓常）。

另外，看到我报仇心切，有志气。在当时急需报名时，他们只知道我小名大龙，不知正式名字，因此用了“志强”。

改我的姓名当时我是不同意的。他们说，姓名更改，你家中户口不动。在工厂学个三年两年，换个单位后还可以用你原来的姓名。

当时，我年轻无知，但觉得他们说得也符合情理，就同意了。

1949 年后，工厂全面开工，我申请被调机修车间，提出把姓名改过来的要求，领导说，这么多年已习惯了，即使用原来姓名，人们还是会叫常志强，以后改换其他单位再改过来。因此，几十年来，一直在厂内工作，常志强姓名沿用至今。

附件二：1937年常志强家庭遇难者状况

父亲：戴英俊　39岁　属相：狗

母亲：戴张氏　30岁　属相：猴

弟弟：戴二龙（奶名）　8岁　属相：马

弟弟：戴阿三（奶名）　6岁

弟弟：小发发（奶名）　4岁

弟弟：小来来（奶名）　2岁

姐姐：戴桂珍　12岁　属相：虎

附件三：证明材料

该同志1937年前后一直住在大光路八宝前街1号，我和常志强系紧邻，全家遇害情况属实。常桂珍死于日本细菌战“斑疹伤寒”，特此证明（死于我们院内）。

证明人：李玉琴

现住大光路50号18-103

三、梅寿兰家庭

采访时间：2017年3月26日下午3:00、4月12日下午2:00

采访地点：南京市秦淮区胭脂巷14号3栋3单元501室

秦淮区胭脂巷社区居民委员会

采访人员：徐康英、王南、朱杰、王茸婧

我丈母娘家10个人被杀，13间房屋被烧

梁心流　口述

我叫梁心流，是南京大屠杀幸存者梅寿兰的大女婿。我岳母梅寿兰一生是非常坎坷的，1929年出生，2014年5月30日离世。

1967年我跟爱人结婚，结婚后我才知道岳母的这段痛苦的经历。岳母家的这段经历在当地家喻户晓，其叔叔梅寿康是侥幸从日本人那里逃出来的，1949年后进行了忆苦思甜，他在当地经常宣讲他们家惨痛的经历。

岳母由于不善言语，不爱说话，关于这段经历，我们基本上是从岳母叔叔那里得知的。

我把岳母的这段经历向世人宣传是在抗战胜利60周年那天，我遇到南京大屠杀

的一个幸存者，他向我讲述了自己的经历，还告诉我他也去过日本参加证言集会，向日本人进行宣讲。

他的讲述启发了我，我意识到岳母也属于幸存者。于是，我就把岳母请到家里，请她讲这段经历，但是每次跟岳母提到这件事，她都是痛哭流涕。后来断断续续地从岳母那里把这段历史了解清楚了。

为了进一步核实这段历史的细节，我又走访了岳母的弟弟梅寿方，梅寿方做过生产队队长，比岳母小 4 岁，大屠杀期间岳母 9 岁，梅寿方 5 岁。

现在梅寿方还在世，由于年事已高，已经不能说话了。

1949 年后，梅寿方每年都去给在南京大屠杀中失去的亲人上坟，因为其有文化，会在纸上写下每个死去亲人的姓名、年龄。

我也就是通过他的讲述，对这段历史进行了进一步地核实。情况基本弄清楚后，我就整理了一份材料报送到南京大屠杀遇难同胞纪念馆。

这份材料送出去后引起了很大的轰动,因为好好的一个家一下子给日军杀害 10 人，烧了 13 间房子，家庭没落了，男的被杀了，女的变成寡妇了，一家四分五裂，基本没有了劳动力，的确非常让人震惊。

于是，纪念馆就派人来，要求我把岳母及其弟弟邀请到纪念馆进行详细核实，并且把每个死去亲人的自然情况进行了了解，包括姓名、年龄、外貌、身材、长相等，

之后，纪念馆就把我岳母梅寿兰列为南京大屠杀幸存者。从那一年以后，岳母每年都会参加纪念馆组织的各项活动，包括记者的采访、对逝世亲人的祭拜等。

岳母生前一提到南京大屠杀这段历史，痛苦就油然而生，她的名言就是："我们反对战争！我们要和平！日本鬼子太坏了！"

南京大屠杀前，岳母全家一直住在南京市雨花台区西善桥古仪井大队芮村。1949 年以后就在生产队种菜，岳父身体不太好，不能干体力活，家里所有的生活来源都要靠岳母。

岳母身材矮小，但是非常能吃苦，由于年轻的时候太辛苦，加上挑水浇地，热的时候会用凉水直接洗腿，致使后来患有关节炎，老了走路两条腿都是弯曲着的。岳父 70 多岁去世。

我是南京工业学校的学生，毕业前恰逢 20 世纪 60 年代三年困难时期，学校停办，要我们自谋出路。大概 1964 年的时候，砖瓦厂用代号招工，我们就去那里工作，由于当时是中专生，工作比较积极，就把我提拔做技术工到科室里去了。

岳父的朋友是那个厂里的，认为我能干就把我介绍给岳父，由于他家当时没有儿子，我跟爱人一结婚就住在岳母那里。

梅寿兰女婿梁心流先生（中）与南京晓庄学院志愿者合影

南京大屠杀幸存者梅寿兰（前排中）和兄弟姐妹合影

结婚后一直跟岳母一起生活了30多年，对岳母感情很深，她生前我像对待亲生母亲一样爱戴她。

岳母一个儿子比我女儿还小，这个小舅子基本是我养大的。

退休前我是南京第一建筑材料厂的保卫科长，现在是胭脂巷社区党总支副书记。

岳母一生很坎坷，经历了南京大屠杀这段黑暗的时期；同时，她又是非常幸福的，因为她养育了5个非常孝顺的子女。

我从2005年起，和李晓芳一起先后用10年时间走访了近百位经历过南京大屠杀的人。

10年来，我做这项工作遇到各种困难，酸甜苦辣都有。大部分人还是配合的，少部分人是拒绝的，毕竟一个伤疤被揭开是很疼的。

真正符合南京大屠杀幸存者的人大有人在，民间的人多的是，大屠杀纪念馆里的幸存者名单不全，尤其是在汤山，我亲自跑了好几个地方，村庄里的八九十岁的老人，亲身经历过的、家里被杀的、房子被烧的多呢。这个工作搞得越迟，难度更大些。

（注：家庭受害情况梁心流先生提供了完整的文字材料）

南京大屠杀受害家庭梅寿兰家庭族谱

父亲：梅福鑫

母亲：梅成氏

儿子：梅寿明（南京大屠杀遇难者）

弟弟：梅寿芳（南京大屠杀幸存者）

妹妹：梅寿茹

本人：梅寿兰（南京大屠杀幸存者）

丈夫：吴春林

女儿：吴秀珍

女婿：梁心流

女儿：吴二珍

女婿：莫文兴

女儿：吴玉珍

女婿：耿庆虎

女儿：吴美珍

女婿：潘金贵

采访南京大屠杀幸存者梅寿兰大女婿梁心流日记

2017年4月12日下午1:30左右，徐康英和王南一起来到秦淮区胭脂巷对南京大屠杀幸存者梅寿兰的大女婿梁心流进行采访。南京的四月绿柳婆娑，碧波荡漾。胭脂巷，巷如其名，景色宜人，微风拂过巷子的一砖一瓦，一栋栋仿古的建筑映入眼帘，这大抵就是老南京的样子吧。

大概下午2:00，梁心流先生来到胭脂巷社区居民委员会，这个委员会的建筑非常漂亮，楼道墙壁上贴满了社区举办活动的各种照片。梁先生把我们带到三楼活动室，我们对梁先生进行了细致的采访。

梁先生是中专毕业的，参加过对南京大屠杀受害家庭的调查，并且还编了一本书，对战争带来的后果进行宣传，为和平事业贡献了自己的一分力量。

谈到其岳母的时候，梁先生对岳母的逝世深感痛心，他向我们详细介绍了其岳母一生的经历，包括其岳母的体貌特征他都进行了描述，可以看得出梁先生是一个非常孝顺的人。

大概一个小时后，采访结束，梁先生还把自己编写的材料复印赠送我们一份，最后我们一起在胭脂巷社会居民委员会前面拍照留念。

四、程王氏家庭

采访时间：2017年4月17日下午2:30

采访地点：南京市江宁区麒麟街道农贸市场

采访人员：涂慧、张轩瑞

外公、外婆、大舅被日军枪杀，姐弟跑反失散，房子和家具被烧光

程从宝　口述

我叫程从宝，是程王氏的三儿子，1961 年出生，家住南京市江宁区麒麟街道马家桥200号。我母亲程王氏生于1927年,已经在2012年去世了,去世之前一直和我们生活。

南京大屠杀发生时，我母亲 10 岁，她还有一个哥哥和一个五六岁左右大的弟弟，当时他们一家住在白下场这个地方。

南京大屠杀中，她的父亲和哥哥也就是我的外公和大舅舅都被日军杀害了，家里的两间屋子和所有的家具也都被日军烧光了，之后我的外婆就带着我的母亲和母亲的弟弟躲到了谢塘村的亲戚家。

因为不放心家里的粮食，他们准备回家去看看粮食，在回家途中我的外婆就被日军用枪打到了肚子，一个星期后因伤去世了。

我母亲和他的弟弟之后只能四处讨饭生活，大概在 1938 年左右，讨饭途中她和她的弟弟走散了，我的母亲后来被我父亲家收养了，而我母亲的弟弟则被另一家人收养，跟着那家人到了句容，直到 1949 年后我母亲和她弟弟才相认。

我母亲在讨饭过程中染上了哮喘的毛病，后来虽然有治但是却一直治不好，这个病也在她身上跟了几十年，直到她去世。

我母亲和我父亲结婚后，一家子以务农为生，生养了我们兄弟姐妹六个。

我的大姐叫程腊梅，在家务农，她有一个儿子和一个女儿，儿子叫张强，开校车，现在还单身；女儿叫张嵘，在国际会议大酒店当领班，已经结婚了，生了一个女儿，今年 9 岁了。

我大哥叫程从发，务农，有一个儿子和一个女儿，儿子叫程华，现在在江宁东山车站做后勤，生了个女儿。

我二哥叫程从林，只有一个儿子，也在江宁东山车站做后勤，结婚后生了女儿，已经七八岁了。

我是1961年出生的,务农,还开了一个花草店。周末,女儿就来我的花草店帮帮忙。

我两个女儿都是大学生,大女儿叫程斌,现在在江宁供销社做会计;小女儿叫程晓,在江宁收费站，已经有了个三岁的女儿，叫王琦程。

我的弟弟叫程从贵，务农，他的儿子叫程磊，在江宁东山车站做驾驶员，有一个女儿。

我的小妹叫程英，务农，她有个女儿叫程蕾，现在在淮阴读大学。

南京大屠杀受害家庭程王氏家族族谱

本人：程王氏（南京大屠杀幸存者）

大女儿：程腊梅

大女婿：张锁子

大儿子：程从发

大儿媳：陆七香

二儿子：程从林

二儿媳：侯小粉

三儿子：程从宝

三儿媳：周在香

四儿子：程从贵

四儿媳：王九娣

小女儿：程 英

小女婿：滕孝如

孙子：程华、程学志、程磊

孙女：程斌、程晓

外孙子：张强

外孙女：张嵘、程蕃

采访南京大屠杀受害家庭幸存者程王氏儿子程从宝日记

2017 年 4 月 16 日下午，采访队员涂慧、张轩瑞拜访了南京大屠杀受害者家属程王氏女士的儿子。事先采访队员们曾与程先生进行过电话沟通，了解到程先生的地址，下午 2:30，我们在江宁区麒麟镇农贸市场南门的一家花草店见到了程先生。

程先生正在忙活生意，店铺不大，但经营得不错。因为是周末，所以女儿也过来帮忙打理。程先生热情地跟我们打了招呼，当时程先生正有顾客，我们便在一旁没有打扰。

顾客走后，程先生邀请我们在旁边的一家小餐馆就座，还贴心地给我们搬了凳子，坐下后，我们对程先生开始采访。

我们首先询问了程王氏女士的情况，得知程王氏出生于 1927 年，于 2012 年离世，谈起这一话题时，程先生内心仍然是沉重的。

程先生向我们初步介绍了程王氏女士的家庭情况，程王氏一家有父母兄弟五口人，大屠杀发生时他们住在白下场，程王氏的父亲和哥哥在大屠杀中中枪身亡后，母亲随即带着程王氏和弟弟跑反至谢塘（地名）大姐亲戚家。

到了收割季节时，程王氏的母亲为了赶回家看庄稼，在回家途中被日军发现，腹部中枪，一个星期后离世。

之后，程王氏便带着弟弟逃难，以乞讨为生。我们同时了解到，1938年，程王氏的弟弟在乞讨过程中与姐姐走失，后被一户人家收养，直至1965年姐弟俩才相认。

程从宝（右）接受南京晓庄学院志愿者采访

程先生告诉我们，程女士的哮喘就是乞讨过程中患上的，一直困扰着老人。但老人离世时，走得很安详。

讲到关于母亲的这一段记忆，程先生手中攥着一张纸巾，不断揉捏，眼睛也湿润了，显然难以触碰这段伤痛的回忆，但程先生非常配合我们的工作，虽然有些回忆遗忘了，他都一直试图回想。

后来我们与程先生谈起了家庭的生活现状，程王氏共有六个子女，组成了一个大家族，以务农为生，自食其力，至今生活得很安康，兄弟姐妹之间相互扶持。

采访将近结束时，程先生接了一个电话，从程先生的电话里我们得知他需要去进货，于是我们找到了正在给花浇水的程先生的女儿，并交换了联系方式，方便后续工作的联系。

程先生的女儿感慨，大屠杀这件事简直太惨绝人寰了！“没办法，但我们必须还原这段历史。”我这样安慰她。

我们请程先生的女儿回家找一找老照片，希望能翻拍给我们留作保存。

采访结束，程先生与我们挥手告别。

五、高如琴家庭

采访时间：2017年7月4日

采访地点：南京市鼓楼区环宇城玺荟酒店公寓12楼14室

采访人员：陈艺文、马婉蓉

日本兵一枪打死我外婆、打伤我母亲大腿

高如琴　口述

我叫高如琴，1937 年的时候我 4 周岁，家住在中华门西门城堡桥六角井。当时家里有：我、父母、两个姐姐和两个哥哥。当时父母三四十岁，哥哥是 9 周岁，大姐姐 15 周岁，小姐姐 11 周岁。

1937 年 12 月 13 日，日军进城的时候，我们一家就一同去了我外婆家（秦淮河边，中华门城堡的外面），因为当时秦淮河河水比较浅，后门是在河边底下，所以我们一家打算从河边出去，顺着河沿逃出去。

哪知道隔壁房子进来两个日本兵，看到了我们从河边逃出去的样子，于是他就过来找我们，我们也只好站住不跑了。

当时母亲和外婆中间夹着我站着的，日本兵拿起枪就开，第一枪，打中了母亲的大腿，是从大腿打过去，伤口一般化，并不是重伤。

日本兵一看没死人，于是再开一枪，第二枪直接打中了我外婆的心脏，我的外婆就喊了一声“哎哟”，就放开了牵着我的手，随即倒下。

日本兵看到有人死了，于是就放过了我们。

如果不是因为我外婆死去的话，那下一枪就应该是打我了。后来，外公把外婆的尸体放在大门口，简单料理了一下后事。

外公当时是做毛笔的，在日军来之后不久也死了。

接下来我们一家就知道不能再待在这个地方，便开始逃难。父亲就带着我们（除了我大姐姐）一直逃到难民所。这个难民所是在上海路那儿，因为上海路那里有洋房的，就在那办了个难民所。

我们在难民所里都睡在地下。我们在那边待了大概一周不到，等到外面平定之后，日军不再乱杀人我们才回家。

而我大姐姐当时是认识了红十字会的人，所以没有跟我们去难民所，而是跟着红十字会的人一起逃难。总之日军进城就是烧杀抢夺。

我的父亲是南京人，一直是靠织锦缎子维持家庭生活，家里也比较清苦。母亲是主内，大姐姐就去拣茶叶，我读书读到小学。家里的条件一直到哥哥在 13 岁学徒的时候才有所好转。

1952 年父亲得了高血压，中风去世。1969 年母亲病死。现在为止，我只剩两个哥哥了，两个姐姐都已经去世。我的大姐是 70 多岁死去，死得比较早，二姐享年 87 岁，

于 2015 年去世。

抗日战争胜利后，我读到小学（高岗里小学）毕业，家里穷，也无法支持我再继续读书，那会儿也没有工作。

1957 年，我结婚；1958 年，我生儿子；1962 年，生的女儿。我的丈夫向宁观是通过邻居介绍认识，他是北方人，唐山部队里的。

1949 年他 16 岁参军，先后在陆军军官大学和陆军航空兵学校进修，他负责空军地勤工作。

1956 年我就去了南京制药厂，在那一直到 1987 年底才退休，在这个制药厂待了 32 年。我丈夫 1959 年转业回到南京，和我一起在制药厂工作。

我们的后半生就是一起带孙子，后来又带上孙女。我们孙子现在已经 32 岁，结婚了；孙女是 2014 年于晓庄师范学院毕业，后在公司里做文书工作。

2013 年 8 月，我的丈夫从床上摔下来腿受伤，导致骨头摔坏，就做了陶瓷移植手术，平时穿裤子等都比较吃力。

原来我们住在儿子的老房子里（光华门那里），但是儿子的房子要爬楼 5 层，行动不太方便。2016 年听到这个地方卖房的消息，儿子就带我们来到了这里买了房，公寓房有电梯，1 月份正式入住这里。

我患有痛风，关节痛，而且在同龄人当中属于偏胖体质，所以不能吃太多的豆制品。

现在住的离儿子家步行一会儿就到了，平时媳妇会多买点菜和米等放在家里屯着。家里就我和老伴两人居住，我负责家里烧饭、洗衣服、打扫卫生，老伴会玩玩电脑、看看新闻等。

南京大屠杀受害家庭高如琴家庭族谱

外婆：曹氏

母亲：曹桂英

父亲：高兴旺

哥哥：高祥其

哥哥：高祥林

姐姐：高如华

姐姐：高文惠

本人：高如琴（南京大屠杀幸存者）

丈夫：向宁观

儿子：向宁

孙子：向军

孙女：向敏

采访南京大屠杀受害家庭幸存者高如琴日记

2017年7月4日，采访工作人员陈艺文、马婉蓉来到南京市鼓楼区环宇城玺荟酒店公寓12楼14室采访南京大屠杀受害家庭幸存者高如琴。下午2:40，我们来到高如琴老人家的楼下，高如琴老人的丈夫下楼来接我们上去。

进屋后，我们几位落座，开始了采访。

高如琴老人叙述道，她家当时住在六角井，家里有父亲、母亲、两个大概9岁的哥哥、15岁的大姐、11岁的二姐。

1937年12月13日，日军进城，她的父亲、母亲、她和哥哥姐姐们在外婆家。听到日军进城，母亲、外婆和她顺着河边走，她走在外婆和母亲中间，这时两个日本兵看到了他们，就开了一枪，子弹从母亲大腿肌肉穿过。

日本兵见没有人死去，就又开了一枪，这一枪打中了外婆心脏，外婆叫了一声，就倒下了，日本兵看到外婆倒下，就离开了。

料理了外婆后事，父亲带着高如琴逃到了上海路的难民区，他们吃稀饭，晚上睡地上。因为有亲戚在红十字会，高如琴的大姐去了红十字会躲避灾难。在难民区躲了几天，回到家中，父亲织锦缎子，外公做毛笔。

1945年，高如琴读小学。1956年，高如琴老人在南京制药厂工作，直至1987年退休。

1957年和向宁观结婚。1952年，父亲高血压，突发脑血管病去世。1958年，高如琴生了儿子，1962年，高如琴生了女儿。

南京大屠杀幸存者高如琴夫妇（中）与南京晓庄学院志愿者合影

1969年，母亲生病去世。2015年，二姐去世。

高如琴老人的丈夫向宁观1949年在航空学校毕业，在唐山从事空军地勤工作，到1959年来到了南京，在南京制药厂工作。

2016年儿子给老人买了现在的有电梯的房子，方便老人生活。儿子住得离老人家很近，方便照料老人。

高如琴的女儿小时候患过小儿麻痹症，一条腿无法活动，高中毕业后，做会计，直到退休。当我们询问高如琴老人的身体状况时，老人表示自己尿酸高，有痛风，体重稍微超出一点，其他都没什么。

向宁观老人还用手机找出了以前的一些照片给我们翻拍。

最后，我们与高如琴老人、高如琴丈夫向宁观合影。

六、查富奎家庭

采访时间：2018年6月5日下午3:00

采访地点：南京市秦淮区双塘里1号101室

采访人员：耿嫣然、季萌萌

我们院子里有五个人被日军刺伤、一人死亡，我父亲被戳了5刀身受重伤

查贵龙　口述

我叫查贵龙，是南京大屠杀幸存者查富奎的儿子。我父亲于1915年出生，于2012年4月25日去世，享年98岁。

1937年12月13日南京大屠杀时，我父亲家住在太平苑11号，家里有十几号人一起住，我父亲当时有兄弟七八个，但是都不记得名字了，后来房子不够了还翻新了一次。

南京大屠杀的事我是听我父亲说的，当时日军到我们院子不分青红皂白，逮到人就刺、就捅，一个院子里同时有五个人被日本兵刺伤，一人死亡。

我父亲被日本兵戳了5刀，身受重伤，后来用香灰把伤口捂起来，逃过一劫。

听我母亲说，后来我父亲就住进了金陵大学避难所，在那里待了很长时间。我母亲也是南京大屠杀幸存者，她叫杨翠华，于1998年去世，享年75岁。

我还记得我父亲说过我有一个二伯伯，当时去新疆石河子当兵了，后来在新疆去世了。

我父亲真的是命大福大。在经历过南京大屠杀以后，一直活到98岁，在96岁时跌了一跤住院，在此之前一直无病无灾。

我父亲1950年在南京棉织厂工作；1958年“大跃进”时期在南京港务局工作，一直到1978年退休。

我父母生了9个孩子，现在还有6个健在。

我大姐叫查贵玲，1946年出生，今年73岁，退休之前是车工；大姐夫叫曹明森，

1940年出生，今年79岁，退休之前是钳工。

二姐查贵平，1951年出生，退休之前为医院护士；二姐夫陈家和，1949年出生，退休之前做的销售。

三哥查贵勇，1954年出生，退休前在钢铁厂做操作工；其妻付秀琴，1956年出生，退休前为电焊工。

四哥查贵强，1957年出生，退休前为锅炉工；其妻陈顺珍，1961年出生，退休前做销售。

五姐查贵红，1960年出生，退休前为车工；五姐夫王建华退休前为操作工。

我是老六，我叫查贵龙，1963年出生，退休前为理货员；我妻子叫包茜，1968年出生，退休前为值班电工。

南京大屠杀受害家庭查富奎家庭家谱

父亲：查富奎（南京大屠杀幸存者）

母亲：杨翠华

长女：查贵玲

女婿：曹明森

次女：查贵平

女婿：陈家和

长子：查贵勇

长媳：付秀琴

次子：查贵强

儿媳：陈顺珍

三女：查贵红

女婿：王建华

三子：查贵龙

儿媳：包茜

采访南京大屠杀幸存者查富奎儿子查贵龙日记

2018年6月6日，耿嫣然和季萌萌一行来到位于南京市秦淮区双塘里一号的查富奎老人的小儿子查贵龙的家中。

在本次采访之前，我们和查先生通过电话简单交流过采访的目的，查先生表示愿意接受采访，作为出租车司机的他，为了接受本次采访，特意放弃了一个下午的出租车生意。在查先生的家中，查先生及其妻子包女士热情地接待了我们。

查富奎老人生于1915年2月27日，于2012年4月25日在医院因病去世，享年98岁。在此之前，老人身体状况良好，仅因跌倒住过一次医院。

在南京大屠杀之前，老人没有接受过教育，主要是依靠做小本生意维生。在南京大屠杀之后，由于身体在大屠杀期间受到伤害，维生更加艰难。

1949年后，由于自己身体所受的伤害，每当老人讲述起自己在大屠杀时期的经历时，总是情绪激动。1950年，老人在南京棉织厂工作；1958年，老人到南京港务局工作，直至1978年退休。

查富奎老人经常会给自己的子女讲述自己在南京大屠杀时候的经历，这对他的子女影响很大。

接受采访的老人小儿子查贵龙表示，在听自己父亲讲述经历的时候，感到十分气愤，对国家遭遇的灾难痛心疾首。

据查贵龙讲述，父亲生前经常去南京大屠杀遇难同胞纪念馆，他们做子女的也会去，并将自己父辈的遇难经历讲述给自己的子女听，让他们不忘历史，缅怀受难者。

七、马明福家族

采访时间：2018年6月10日

采访地点：南京市鼓楼区苏宁清江购物广场2605室

采访人员：朱杰、丁传奇

我家九位亲属惨遭日军杀害，整个村子除外出的无人幸免于难

马杰　口述

我叫马杰，是南京大屠杀幸存者马明福的儿子。

我的父亲出生于1931年，当时家里住在沙洲圩（现在属建邺区），爷爷名叫马恒兴，奶奶的名字是马马氏，当时家里共有十几口人，爷爷和我父亲的叔叔还有姑妈做生意，到处跑，卖小吃，其余家人以务农为生。

1937年日军攻占南京时，我父亲6岁，是家里的长子，奶奶当时26岁，我父亲还有一个10个月左右的妹妹当时还没有断奶，一个3岁的弟弟。日军到沙洲圩的时候，爷爷、父亲的叔叔，还有姑妈正好外出做生意，逃过一劫。

家里当时只有天花板里能藏下一个人，家里人封建思想还是比较浓郁，要保护长子，于是，奶奶就把我父亲藏在了天花板里。

南京大屠杀受害家庭幸存者马明福儿子马杰与南京晓庄学院志愿者合影

父亲在天花板里听到家里有抢东西、砸东西的声音，过了一会儿便是撕心裂肺的惨叫声，父亲躲在天花板不敢动。不知过了多久，我父亲也不敢下来，直到爷爷做生意回来了，喊他的名字，父亲迷迷糊糊听到了，才敢答应。

爷爷把我父亲从天花板里弄下来，父亲看到外祖父、二舅、三舅、母亲、弟弟、妹妹和姨表妹等九位亲属都惨遭日军杀害了。

爷爷也不敢长时间逗留，便把遇难的家人统统埋到了一个坑里，带着父亲逃走了。

村里当时除了我父亲，还有出去做生意的爷爷等人，整个村子无一幸免于难。后来爷爷又回来把当初埋葬家人的坑挖开，想给他们每个人安葬在自己的墓地里。但是当时坑里的遇难家属都化成了尸骨，辨认不出，巧的是爷爷在尸骨里发现了一颗金牙，他认得那颗金牙是我奶奶的，便一直用盒子珍藏保留着，直到“文革”期间流失了。

因为我父亲当时一直躲在天花板里，爷爷也是在日军屠杀完整个村子之后才回来，所以对日军的暴行，他们对我说的也就只有这么多。

父亲后来娶了我的母亲，名叫艾学和，1931 年出生，她也是南京人，但是母亲家里当时比较有钱，因为我的外公生意做得比较大，所以日军进城前提前跑反，他们一家逃到了淮安那一带。

1949 年以后，政府扫盲，我父亲上到了初中，住在六合里，之后父亲从事食品行业，担任了南京食品厂第一任厂长，“文革”期间被批斗，下岗了。

“文革”结束之后，父亲又组建了南京烟草公司，担任总经理，后来担任江苏烟草公司总经理，直到退休。

我父亲后来身体状况一直很好，南京大屠杀纪念馆每年也会给他一点补贴。但是母亲的离世让他很伤心，母亲去世后 100 天，父亲就也相继离世了，身体没有一点毛病，就是太想我母亲了。

南京大屠杀受害家庭马明福家庭家谱

父亲：马恒兴

母亲：马马氏

本人：马明福（南京大屠杀幸存者）

妻子：艾学和

大女儿：马惠琴

大儿子：马麒

二儿子：马潮

小儿子：马杰

采访南京大屠杀受害家庭幸存者马明福儿子马杰日记

2018年6月10日下午1:40，我们早早地来到了约定的采访地点南京市鼓楼区苏宁清江购物广场2605室。

这是一间古琴馆，里面摆放着各式各样的古董和瓷器，古色古香，时不时还有一股清香。不一会儿马杰老师就到了，问候之后，我们就开始了采访。

马杰老师告诉我们，父亲马明福小时候住在沙洲圩，爷爷马恒兴是做小生意卖小吃为生。1937年那一年，他爷爷带着叔叔和姑妈到外地做生意，12月他们不在家，家里只有奶奶持家，奶奶当时26岁，在家照顾7个月的吃奶女儿和3岁的小儿子，父亲当时6岁，是长子。

日军攻占了南京，打到沙洲圩的时候，奶奶为了保护长子，把父亲塞到只能藏一个人的天花板里，其他人全都被日本兵杀死，一共9个人。父亲躲在天花板里免遭杀害。

1949年以后，马杰老师的父亲搞食品行业，是南京第一任食品厂厂长，住在六合里，初中文化。“文革”期间被批斗，后组建南京烟草公司，担任总经理，也担任过江苏烟草公司经理直到退休。马明福老人生于1931年，于2012年5月安详去世。

八、张勤义家族

采访时间：2018年6月10日

采访地点：南京市鼓楼区草场门大街95号金润发旁肯德基店

采访人员：朱杰、丁传奇

我外婆脖子被日军子弹擦伤，村子里十几个躲在地洞里的人都被日军戳死，有个小姑娘才七八岁

白真真　口述

我叫白真真，家住鼓楼区中心园，张勤义是我的外婆，属马，1918 年生人，于 2009 年去世。

我外婆家当时以务农为生，家住在江宁殷巷渡桥，幼年父母双亡，和她外婆一起生活。

1937 年日本鬼子侵占南京的时候，我外婆已经 20 岁了，当时已经结婚，家里住的是茅草房。

我外婆记得她 20 岁那年的冬月（12 月），她和几个人在田间走，听到后面有人讲话，也听不懂。突然听到了枪声，脖子很疼，一摸发现是血，原来子弹从脖子擦过去。我外婆就拼命跑，一不小心掉到了河里，因为穿的是棉袄，我外婆一直浮在水面上，半夜醒了才爬上岸回家。

她跟我们说这条命是捡的，觉得自己赚了 60 多年。这是她自己的经历，当时村子里还有很多村民遭到杀害，有个村民的兄弟都被杀了。

我外婆当时住的村子隔三岔五就会有日本鬼子来，有的时候来得不多，生产队里年轻力壮的男人就会在空旷的地方跟日本鬼子搏斗。

日军后来把村子烧掉了，村民好多都被烧死了。我外婆还记得当时村子里有十几个人躲在地洞里，有小孩子害怕，就哭出来了，这一哭，被日本鬼子发现了。鬼子就叫他们出来，出来一个戳死一个，一共戳死了十七八个，其中有一个小姑娘，才七八岁，被鬼子挑在刺刀上，挑了很远，死了。

南京大屠杀受害者家庭幸存者张勤义外孙女白真真接受南京晓庄学院志愿者采访

我外婆上过几年私塾，有一点文化，曾经当过生产队长，在砖瓦厂上过班，后来就一

直在殷巷渡桥务农。

因为外婆会一点木匠，就很热心地帮助村里的村民修修农具。外婆后来身体状况挺好，后半生也是自己生活，一直是一个人住在拆迁的安置房里，还是在殷巷。

外婆和我们谈起日军的暴行，她一直很痛恨日本兵，当时的情况挺惨的，看到电视上的有关抗日的战争片，她都说这些战争片很写实，当时就是这样的。但是她也没有年轻时那么冲动了，这么多年过去心情也平复了很多。

我外婆年纪大了之后经常会头晕耳鸣，不知道是不是由于脖子上的枪伤留下的后遗症。在世时政府每年都给她一定的补贴。

南京大屠杀受害者家庭张勤义家庭家谱

母亲：张勤义（南京大屠杀幸存者）

大儿子：张俭忠

二儿子：张俭厚

三儿子：张俭道

女儿：张俭芳

女婿：白宏才

外孙女：白真真

采访南京大屠杀受害家庭幸存者张勤义外孙女白真真日记

2018 年 6 月 10 日，我们在电话里和白真真女士约好了上午 10 点在南京市鼓楼区草场门大街 95 号金润发广场的门口见。

我们提前了 10 分钟到，等了不一会儿我们就见到了白真真女士。因为某种原因，白女士选择了坐在肯德基里接受我们的采访。于是我们进去找了张桌子坐了下来，开始了我们的采访。

白真真女士是南京大屠杀幸存者张勤义老人的外孙女。张勤义生于 1918 年，幼年父母双亡，和她外婆一起生活。

1937 年冬，张勤义 20 岁那年，被日军子弹擦伤后跌进河里，晕了过去。因为穿的是棉袄，张勤义一直浮在水上，醒来爬上岸回家。回家发现脖子上有瘀血，耳垂上有道伤痕。

张勤义老人生前跟她的后代经常叙述当时村子很多人受到日军伤害，许多房子被烧的情况，一直痛恨着日军，看到电视剧里的战争片觉得是写实的。

张勤义一直住在殷巷，在砖瓦厂干过，之后在家务农，当过村里的队长，在村里经常热心帮助村里人，帮忙修农具、做木匠等。

张勤义老人读过几年私塾，有文化，身体挺好的，退休之后一个人住，政府每年都给她一定的补贴。殷巷拆迁之后老人搬到当地安置房。

九、向远松家庭

采访时间：2017年5月18日

采访地点：南京市鼓楼区清江西苑5号2单元101室

采访人员：涂慧、张轩瑞

日军杀的人堆成了尸山，我两次上尸山也没有找到哥哥和叔叔的尸体

向远松　口述

我叫向远松，1928 年出生。1937 年前的两年多时间，日军就开始空袭，不分军队平民。

南京当时是中华民国首都，南京沦陷后日军进城就到处杀人放火。当时由地痞流氓组成的维持会，在宝塔桥西边的观音庵（是个非常干净圣洁的佛教圣地）里铺满稻草，把我们这些跑反没跑成的都赶进去。

1937 年 12 月 13 日这天，日军到当时的大机关里抢东西，我们就待在难民营里。14 日早上，给了我们几口稀饭馒头，然后就把我们赶到了马路边上（宝塔桥西街），让我们男女老少跪在马路两边迎接日军。

8:00 开始，一直跪到中午 11:00 左右，汉奸探子报道“皇军来了”。前面是步兵，后面是马队，再后面是大官。当官的下马后汉奸把他们迎到了难民营，那些当兵的看到有几个人没跪下来，就开枪打他们。

14 日下午才让我们回去，大概下午 3:00 多钟回到难民营。当时天冷，又跪了那么长时间，又害怕，回去后很多人就生病了，3 天死了 12 个人。

1911 年英商和记洋行成立，我祖父和我爸爸都是在武汉做船的船工，非常辛苦危险，我祖父听说和记洋行要盖房子，我祖父母、我父母亲、叔叔就都来这里当工人了。

我母亲会打蛋技术，能一下子把蛋黄和蛋清分离下来。我爸爸是做屠宰的，把猪呀鸡啊的宰干净了后运到船上。

我的哥哥叫向远高，日军来的时候他没躲起来，因为他有麻子（麻风病），有传染性，他认为日军不会抓一个麻子，结果还是被抓起来了。

日军来了后就开始搜捕，搜中国军人，跪在地上的人就乱了，里面当官的日本人

一看到外面乱了就赶紧出来，看到自己的兵没什么问题就行了，死了中国人无所谓。汉奸说：皇军讲了，不许乱动，都跪好，听皇军的话，知道谁是中国兵就报告。

我们当时躲在庙门的后面，回来后我妈妈就说怎么没看到你哥哥和四叔呢？第二天一早，我们就约了几个小孩准备去找。

当时难民营的门都不关，日本兵直出直进。我们几个小孩出来后听到有车的声音，就是那种三轮摩托，日本兵开着那车直冲我们，一直把我们逼到墙边，我裤子都撕破了。日本兵要把我们几个带走，但是那种摩托车坐不了那么多人，日本兵就说把我们放在车头上带走，结果车一开动我们就掉下来了，日本兵就说不要了，想想要是我们真被带走的话，不知道会发生什么呢，还能回来吗？

因为我们走得不远，离我家也不远，我们几个就回家了，看到家对门一个姓韩的，是卖牛肉的韩爷爷，他听到我家有声音就出来了，看到我们，喊我小名，问我们在干什么，我们就说是来找我哥哥、叔叔的。

他说："你叔叔我不晓得，但你哥哥被日军抓走了，是在煤炭港被他们杀了。"韩爷爷说哥哥是被冲进家里的日军捆走的，韩爷爷偷偷跟在后面，发现哥哥被关在煤炭港外的国民党仓库里，仓库里有3000多人，都是散兵……日本人只有几十个人，不能把3000多人都放出来，就对着仓库扫射，仓库下面浇汽油烧。

韩爷爷说他那天夜里听到声音出去看到火光冲天，天快亮的时候，他躲在那里看到仓库已经没了，剩下一片赤土。

我回去后就跟大人讲，我妈妈说活要见人死要见尸，我就和几个小孩又走出去找。

当天下午，我们就看到国民党士兵的尸体在一个地方，普通民众的在另一个地方。第二天我和我妈妈出去找，我妈妈小脚，头上裹着头巾，拄着拐杖。

当时长江边上有个江滩，当兵的抓得太多了，就沿途找大房子把他们关起来，夜里就派卡车来，把他们弄到车上，开到江滩上，叫他们下来，一排一排地排好，然后用机关枪扫射，人一排排地倒下去，人叠人。我当时是小孩子，还好奇那些人的尸体怎么那么整齐，后来才晓得为什么。

早上去一直到中午，我妈妈说黄衣服的都是当兵的，你哥哥是黑衣服，你叔叔是蓝衣服，就找黑衣服和蓝衣服的。找尸体也要有方法的，你不能翻手，要翻袖子。第一次上尸山没找到，我妈妈哭了一天一夜。

第二天还去找。宝塔桥西侧，和记洋行东边，我叔叔在那里卖柴草，我们过去一看，东西还在，人不在。

当时有6个人在那里一起卖柴草，其中一个姓全的跟我们说，其他5个都死了，说日军用刺刀刺柴草堆，他们没办法就从后门逃，和难民一起跑，有六七百人。他们一直往江边跑，日本兵就这样追，到了草鞋夹就开机关枪扫射。

那个姓全的在跑的途中看到一个下水道就拱进去了，日本兵一直往一个方向追，其他人没注意他这边，于是就活下来了。

而我四叔被打死推进了江里，这些都是他告诉我们的。我妈还是不信，于是就有了第二次上尸山，尸体都堆积如山。

日军白天到难民营里抓男人，难民营里哭声震天，老人抓着不让走，就把老头老太打昏打死。

夜里来抓女人，那个时候难民营里都是六七十岁的，因为所有人都装扮起来了。日本兵很精，他把头巾一拿，看你的头发是黑是白，看皮肤，实在不行就剥衣服。

我有一个同学叫刘发明，他妈妈才不到 40 岁，日本兵把她衣服一剥，就说“好的好的”，他老子不到 40 岁，但是个瘸子，就没抓他，两个人抱在一起不肯分开，一出大门，日本兵就把这个瘸子拴在树上，用绳子勒死了，又把他妈妈抓到老百姓家，5 个人轮奸。

刘发明当时跟在他妈后面走，日本兵一脚把他踢多远，他看到他爸爸死了，又看到他妈妈一丝不挂奄奄一息，就到难民营里喊邻居帮忙，结果他妈妈被背着走到一半就死了。他外公外婆是苏北人，说南京不能待了，就把他带到泗阳去了。

日军在南京搜捕，放火，杀人，到处都是残垣断壁。有一户人家只逃走了小姊妹两个，有对夫妻女人被抓，男人就拦着，日本兵一刀削了男的脑袋，剥那女人的衣服，那女人挣扎不肯，一口把日本兵手指头咬了，日本兵急了就把她和婴儿都宰了。

我们在难民营里住了七天八夜，难民营里也不安全，我父亲就带我们回家了，回家也不安全。在难民营里的时候，我们在庙门口，日本兵找女人，我母亲还比较年轻，我们就挖了一条沟，沟不大，因为我妈个子比较小，我们一听见外面有声音，我妈就躲进去，我就睡在茅草上，茅草盖在我妈身上。待那七八天，我妈就躲了 30 次。

日军杀了很多中国人，在棉花地，一个哨兵用机关枪扫射 30 名中国兵。我们家附近有个菜地，菜地里有个防空洞，四个日本兵追 18 个中国兵，追到了这里面，十八个就被打死了，一个没剩。

那个时候中国人懦弱，那个时候中国兵没有战斗力，兵败如山倒，江上漂的都是尸体。南京当时是中华民国首都，是六朝古都，历史这么悠久的地方，被日本人搞得腥风血雨，哭声震天。

1944 年 9 月 26 日，蒋介石在重庆派飞机轰炸和记洋行这儿的日本军营，我们家就在军营旁边，有炸弹扔偏了，扔到了工人住宅区，姚太兴杂货店——一个三层楼房被炸出一个大坑，老板他妈是一个不能走路的老太太，整天抽鸦片，她的一条腿被炸到了电线杆上，那个老板是看到那条腿上的花鞋了才晓得那是他母亲的腿，最后棺材里就放了一条腿。

江必亮的姐姐江平安也被炸死了，我妈妈也在那次轰炸时被炸死了。

1944年9月26日，我已经初中了，本来成绩挺好的，1949年前为考会计学校，我父亲给我还请了私塾先生。

当时我家被炸的无立足之地，我生平第一次懂得什么叫无立锥之地。可以说那是改变我一生命运的一天。当天晚上，我爸爸就把我送到了义和蛋行学徒，从一个学生变成了一个学徒。

我之前已经学了两年珠算，毛笔字写得也很好，我还记得毛笔字比赛那天正好是我生日，我妈妈说等我回来就给我烧肉丝面，我写完急死了。家里被炸，当天晚上我爸爸就把我送过去了，老板就跟我讲我要做的事。

早上起来第一件事就是下门板，吃饭要给师傅添饭，等他们吃完了我才能吃，旁边有个杂货店，有个专门的小格子卖小菜，我就到那边吃小菜，吃了四个月萝卜干。

老板的账房先生姓胡，生病了，老板就自己算账，我实在看不下去了，就跟老板说："你这样算要算到什么时候啊？"老板说："那能怎么办？"又过了两天，我说："我来给你算算怎么样？"老板想："你一个小孩子……"不过还是说："你来试试。"七八笔账我几分钟就算好了。第二天我又带着算，老板也算。过了五六天，老板把老板娘也喊过来，跟我说："以后你就到胡先生的账房里算账。"之后日子就好过了，我就跟他们一起吃饭，也不用帮师傅添饭了。

后来老板非要把他的二女儿许给我，那个女儿有点傻，我一吓就走了。1946年我考上南京会计学校。

1948年底，我父亲让我和一个安徽的女人结婚，我不肯，那个女的就要跳河，没有办法我只好和她结婚了。

1952年底，我考上了中央地质部，被分配到了云南，那时候我已经有个大女儿了。我就在云南野外地质部工作，后来在那里入了党，工作了32年，1984年才回到南京，中途我妻子去探亲，就有了我二女儿。回来后我又到了地方上，在下关区继续工作。

我的祖父叫向近荣，我的祖母是匀氏，我的父亲叫向春林，母亲是王氏，二叔叫向中钰，三叔叫向中喜，四叔叫向中林，还有个五叔记不得叫什么了……还有一个大姑妈、二姑妈。我的大哥叫向远高，大姐叫向秀英，二姐叫向秀莲，在江心洲，三姐叫向凤英，还有个妹妹叫向秀琴。

我的大女儿叫向绍荷，女婿叫葛徽荣，他们有一个女儿叫葛舒荃，外孙女婿叫倪弘，小曾外孙叫瑞瑞。

我的儿子叫向绍明，在审计局工作，媳妇叫刘静，我的孙子叫向晗，孙媳妇叫施晨，他们有两个孩子，重孙叫向希泽，重孙女叫向锦玥。我还有个小女儿叫向绍丽，小女婿叫张俊翔，他们的儿子叫张凌潇。

南京大屠杀受害家庭向远松家庭族谱

祖父：向近荣

祖母：匀氏

父亲：向春林

二叔：向中钰

三叔：向中喜

四叔：向中林（南京大屠杀遇难者）

母亲：王氏

哥哥：向远高（南京大屠杀遇难者）

大姐：向秀英

二姐：向秀莲

三姐：向凤英

妹妹：向秀琴

本人：向远松（南京大屠杀幸存者）

大女儿：向绍荷

大女婿：葛徽荣

外孙女：葛舒荃

外孙婿：倪弘

曾外孙：瑞瑞

大儿子：向绍明

大儿媳：刘静

孙子：向晗

孙媳：施晨

曾孙：向希泽

曾孙女：向锦玥

小女儿：向绍丽

小女婿：张俊翔

曾外孙：张凌潇

采访南京大屠杀受害家庭幸存者向远松日记

2017 年 5 月 18 日下午 2:30，志愿者涂慧和张轩瑞如约来到南京大屠杀幸存者向远松老人家中。

听到我们到了楼下，老人还特地下来开门。老人腿脚不便，我们了解到是老人前阵子动了股骨头手术，但已经差不多恢复。

老人将我们迎进家门，请我们在书桌前坐下，书桌旁是整齐叠好的报纸，老人面前是已经提前准备好的相关资料。尽管老人已 90 岁高龄，但依然精神抖擞，非常配合我们的调查。

老人首先询问了朱成山研究员的近况，还关心我们的学校，甚至详细地记下了我们的学校名字、专业名字，老人的字迹也非常齐整。

开始采访时，老人首先向我们展示了一张非常珍贵的手绘资料，这份侵华日军进入宝塔桥地区示意图是老人和另一位当年的幸存者一起回忆出来的，上面详细地还原了当年宝塔桥地界的样貌，甚至店铺的名称都一一写了出来。老人还提到了一位日本专家松冈环女士，我们了解到，这位女士非常重视老人的经历，每年都会来中国看望老人。

老人还向我们讲述了当年两次上尸山寻找哥哥、叔叔的过程，十分悲痛。除此，他还为我们讲述了亲眼所见的一些惨案：一对夫妻被迫分离，丈夫被打死，妻子被强奸致死……

通过老人的叙述，我们仿佛回到那段黑暗的岁月。这些年，老人也在通过各种渠道，讲述自己当年找哥哥的亲身经历，以证历史。

老人对我们说他当年写得一手好字，算得一手好算盘，还受到了校长的奖励。讲到兴致处，老人甚至背出了口诀表，手中还不断比画，让我们这些后辈心生敬意。

但是老人对我们说，1944 年 9 月 26 日改变了这一切，那天因为轰炸，他们家的房子被炸毁，母亲也不幸去世，而那天正是他的生日，母亲说等他回来给他煮面吃。没有了地方住，他第一次真正地体会到什么叫无立锥之地，那天晚上，他就被父亲送到

向远松老人（右）接受南京晓庄学院志愿者采访

一家店里做徒弟，改变了学生的身份。听到这里，我们不禁为老人感到悲痛，战争，让多少人的命运发生了改变！让多少家庭支离破碎！

采访完毕，老人又拿出了全家福照片，让我们采集信息。当我们提出能否和老人合影时，老人愉快地答应了。

老人还主动提出如果信息不够完整，可以电话联系，并且表达了自己对我们这次微观史调查的重视。

十、杨翠英家庭

采访时间：2016年11月5日

采访地点：南京市鼓楼区司背后9号2栋204室

采访人员：徐康英、许凤

我爷爷、父亲和舅舅被日军枪杀，弟弟饿死，
母亲哭瞎了眼，我的耳朵被日本兵打聋了

杨翠英　口述

我叫杨翠英，1925 年 7 月 3 日出生。1937 年南京大屠杀之前，我家住在南京许府巷 33 号之一，有两个房间。我们家是招女婿，外公叫爷爷，外婆叫奶奶。家里还有爸爸、妈妈、弟弟、妹妹、叔叔、婶婶、舅舅，全家人靠种菜为生。

1937 年 8 月日军开始丢炸弹，白天夜里都来炸，轰炸了四个多月。那时候南京是中华民国首都，蒋介石和国民政府迁到四川重庆，街上的大户人家也到重庆去了。日军进城前，奶奶、叔叔逃到农村去了。

1937 年 12 月 13 日，日军攻进了南京城，我和家人躲在傅佐路 14 号的难民区避难。但是难民区也不安全，我家中四位亲人在南京大屠杀期间死了。爷爷杨世培被日军打死，尸体也被用卡车拖走，填了鱼塘。我父亲杨学文、舅舅杨贤银在大方巷傅佐路 14 号难民区被日本鬼子用刺刀刺死。

父亲死了 5 天后，母亲在难民区生下了弟弟杨毛娃，没几天弟弟饿死了，母亲天天哭，哭瞎了双眼。我家许府巷的房子也被日军烧了。大屠杀期间，我的耳朵被日本兵打聋了。

美国的华小姐在金陵女子学院（现南京师范大学）操场边搭了粥棚，为难民煮粥，还给受害家庭发了领粥的票，我们就靠吃难民区施的粥维持了一个月之后，华小姐也没办法了，就不再提供粥了。

我妈妈眼睛看不见，让我去河里摸螺蛳回来砸碎，加点青菜烧汤度日，后来螺蛳也摸不到了，我们几乎吃不上饭。

再后来平定一些，日本人招工，100人左右，我去报名了，但是没钱拿，只是发半斤米、半斤山芋干。我们是早上7点上工，晚上7点下工，日本人是两班倒，做工的时候不准讲话，否则被打，所以我们干得很辛苦。当时日本人设了四个厂，有洗被厂、缝纫厂、裁布厂和捆绑厂，我在缝纫厂干活。

干到1945年8月15日的时候，那天下午4点左右，厂里摇铃，通知出来开会，宣布说日本投降了，让我们不要打日本人。还通知我们第二天带口袋领大米和山芋干，后天就不用上工了，我们听了都非常高兴。

之后，我和家人又把菜地种起来，房子被烧了，就住在邻居家的房子里，邻里之间互相照顾。

南京大屠杀前父亲活着的时候，我在路园花圃小学读书，南京大屠杀以后，父亲死了，我就不上学了，弟弟妹妹也没有机会读书。

1949年南京解放以后，我家还是种菜。1958年的时候赶上“大跃进”，大炼钢铁，在中央门附近，我们把弄来的石头、铁石、石灰石等，放上焦炭烧，炼钢铁。后来，钢铁不炼了，我又去了化工厂，再后来又去了鼓楼区房管所工作，直到退休。

南京大屠杀受害家庭杨翠英家庭族谱

本人：杨翠英（南京大屠杀幸存者）

丈夫：杨德仁

长子：杨国祥

长女：杨怀清

二女：杨有荣

小女：杨文霞

小儿：杨国根

采访南京大屠杀受害家庭幸存者杨翠英日记

2016年11月5日，采访工作人员徐康英、许风来到南京市鼓楼区司背后9号2栋204室，采访南京大屠杀受害家庭幸存者杨翠英。老人的大女儿杨怀清女士一并接受采访。

杨翠英老人在南京大屠杀期间被日本兵打聋了左耳，接受采访时她戴着助听器。老人说话声音洪亮，表达流畅，给我们讲述了南京大屠杀期间，他父亲等4位亲人被杀、刚出生的弟弟饿死、母亲眼睛哭瞎的家庭受害情况，讲述中老人数次流下眼泪。杨怀清女士作了补充。

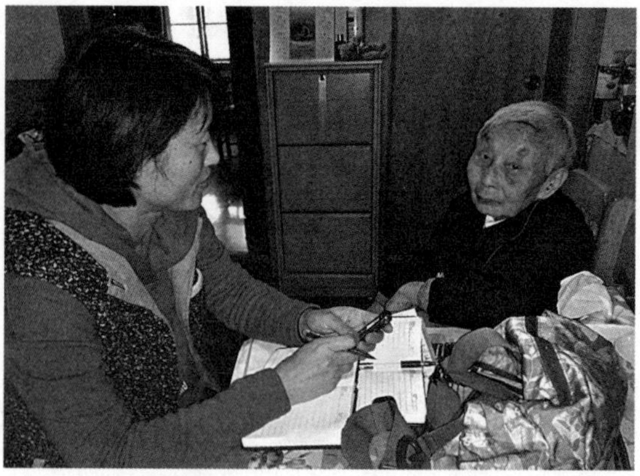

南京大屠杀幸存者杨翠英（右）接受许凤老师（左）采访

老人非常惦记已经退休的朱成山馆长，她告诉我们朱成山馆长对他们这些幸存者非常好，请我们转达对朱成山馆长的问候，她说："请你们看到朱成山的时候给我带个信问候他，我想他，他对我们这些大屠杀幸存者好得不得了，朱成山馆长退休了，我们都想他。"我们将她的问候用手机录下来，发给了朱成山馆长。

十一、王长发家庭

采访时间：2017年7月3日

采访地点：南京市秦淮区八宝前街72号3栋209室

采访人员：叶伟蓉、朱林曦

我的两个姐姐被日军糟蹋了，两个哥哥被拉去当壮丁，大哥去了就再也没回来

王长发　口述

我叫王长发，家住太平南路八一医院附近，七八岁的时候我母亲就去世了，家里有两个哥哥和两个姐姐。我跟着我父亲做点小生意。因为家里穷，我没有上过学，经常是白天帮着父亲忙忙，晚上就在墙上借着路灯看看小广告来识字，遇到不认识的字就记下来。

1937年前，日军还没有到南京的时候，就用飞机轰炸，炸死了很多人。在日军还没来的时候，宁海路那里设了一个难民区，动员老百姓去那里避难，少部分人念家不想去难民区，当时我们一家都去了那里。

日军进城后，那些少部分没有去难民区的老百姓和国民党的兵们都被打死了。日军把房子烧了，把人扔进江里，看见人就打就抓，大家吓得不敢出门，街上一个人都没有。

那个时候成立了一个红十字会，专门去收尸体。日军看见年轻的女人，就和她们说，帮我洗衣服烧饭，其实就是强奸，不去就拿枪打那些女人。我的两个姐姐就是这样被日军糟蹋了，她们回来以后就哭。那些女人都把脸上抹黑，打扮得像老太婆，就是为了不让日军抓去。

我的两个哥哥被日军拉去当壮丁，大哥去了就再也没回来，二哥回来了。后来日军安民了，我们就回家了，家里被翻得乱七八糟，值钱的全被拿走了。我大女儿丈夫的母亲就是被日军强奸杀害了。

日本投降后，我在常府街日本工厂做工。1950 年我去三五二一工厂做工，一直到退休。我 24 岁结婚，我的妻子在南京服装厂上班。我晚年生活很幸福，身体很好，喜欢运动，对于现在的生活很满足。

南京大屠杀受害家庭王长发家庭族谱

本人：王长发（南京大屠杀幸存者）

妻子：齐爱珍

大女儿：王焱

大女婿：吴昌水

二女儿：王海燕

二女婿：白少亭

三女儿：王莉萍

三女婿：马少堂

四女儿：王强

五女儿：王霞

五女婿：章悦

采访南京大屠杀受害家庭幸存者王长发日记

2017 年 7 月 3 日，我跟我的搭档朱林曦来到了王长发老人的家中。刚一进门我们就注意到老人的家里挂了许多照片，他高兴地向我们介绍照片上的人都是他的朋友。看得出来，他是个性格乐观、广结善缘的老爷子。

他看我们还年轻，就热心地给我们讲了很多养生的知识。说起长寿秘诀，王长发说自己信奉两句老话：“一是‘人老心不老’，心态好精神面貌才能好。二是‘天天百步走，活到九十九’，生命在于运动。把自己照顾好，儿女们也能省心。”

在他七八岁的时候，母亲就已经去世了，幼年因为家境贫寒又适逢乱世，王长发一直没机会进学堂念书。1937 年，他年仅 15 岁，是家里最小的孩子。他的哥哥被日本兵抓走后，被扔进了河里，再也没有回来过。难民区也并非绝对安全的所在。“日

南京大屠杀幸存者王长发（左）接受南京晓庄学院志愿者朱林曦采访

本兵隔三岔五就来难民区抓人，手上有茧的、额头上有勒痕的年轻人都是他们的目标。”

有一天，王长发的两个姐姐也被掳走了。“两个姐姐当时都是十七八岁的年纪，我记得有四五个日本兵用枪和刺刀指着她们，其中一个小头领一挥手说：‘走，两个一起。’我父亲拽着姐姐的衣裳，死活不放手，哭着问那些日本兵要带她们去哪里、做什么，小头领上前当胸一脚就把父亲踹开了，边拖姐姐边说：‘给我们洗衣、做饭。’”时隔近80年，当年那一幕的每一处细节，王长发都记得异常清晰。那天夜里，两个姐姐互相搀扶着回到难民区。王长发躺在被窝里，听着她们彻夜低泣。“我后来才知道，那天姐姐们被带去了一处临时慰安所，给日本兵糟蹋了。”老人停顿半晌才又开口：“反抗不了，日本兵有枪、有刀，我们有什么？人为刀俎我为鱼肉，你想反抗，除非豁出命。”

所幸的是，家里面也没有什么值钱的东西，只是被翻过了，没有太大的损失。

1949年后，王长发进入了三五二一厂工作，才在厂办的夜校里上了几年学，后又通过自学，学会了识字阅报。进厂那年，王长发28岁。“我们厂主要生产一些海陆空军的军事装备，像子弹袋、炮衣等等。”

58岁时，为了让女儿顶职，王长发提前退了休。

如今，王长发老人时常被各个学校邀请做报告。“南京大学、九中、北京东路小学的学生也会来家里坐坐，问问当年的故事。”老人笑道，“趁着自己腿脚方便，思维还清晰，我愿意多跟孩子们讲讲过去，讲到讲不动为止。”

老人一生育有5个女儿，在老伴罹患胰腺癌去世后一直独居，转眼已近30年。庆幸的是，老人身体康健，早两年还参加了一场公益跑步活动，一口气跑了5公里。

十二、赵传仁家庭

采访时间：2018年6月3日

采访地点：南京市建邺区兴隆大街栖庭小区1307室

采访人员：李田田、朱延驰

日本鬼子把我的祖母强奸了，还抓走了我的祖父，至今生死未卜

赵志锋　口述

我叫赵志锋，是南京大屠杀幸存者赵传仁的大儿子，今年71岁，现居住在兴隆大街栖庭小区5栋1307室。

我的父亲赵传仁出生于1925年1月2日，日军进城那年13岁，居住在洪武路，靠我的祖父刻章为生。家里总共六口人，分别是：曾祖母赵王氏、祖母赵素秋、继祖父潘东发、父亲赵传仁、母亲朱敏、亲祖父李××（具体名字不详，只知道姓氏），我的父亲一直称自己的继父为父亲，称亲生父亲为舅舅（因为其生父抽鸦片导致家庭没落，母亲因此改嫁）。

1937年日军攻打南京的时候，我们家住在洪武路的闺衣营，当时很多人家都跑反了，曾祖母认为自己是满族人、年事已高且失明，不会遭到日军的毒手，连难民区都没有去。我的祖母因为生小孩还没有满月，祖父要照顾我的曾祖母和祖母，也没有走。除了我的父亲和我的曾祖母，其余人均躲在里屋厨房里。

我的父亲有天晚上出去摔了好几跤，回来之后发现自己全身都是血，因为路上尸横遍野，都是被日军残忍杀害的人。

有四五个日本兵住到了我的家里，在他们住进来的前两天并没有对我们施以暴行，但是在第三天日本兵带我父亲出去找粮食，找到粮食后准备去厨房做饭，发现了躲在厨房里的四人。残忍的日本鬼子把我的祖母强奸了，他们接连不断地对我的祖母进行侵犯。这给当时年幼的我的父亲心里留下了挥之不去的阴影。

此外，日军还抓走了我父亲的亲生父亲李××，这一抓就杳无音讯，至今生死未卜。

当时，我的继祖父在南京刻章很有名气，日本兵发现后便让他刻章。这一刻就是三天三夜，无休无眠，日军逼迫我的继祖父坐在高凳上，不停地一个接着一个地刻章，最后，他的屁股竟然磨出了两个洞！这种残酷的行为一直到三天之后，一位日本军官拿纸写了几个字，让继祖父把刻了军官名字的章盖在上面，然后贴到门口，自此之后，日军便不来我的家中侵犯。

我父亲的表舅为国民党的空军军官，1948年逃往台湾，把自己在秦淮区集庆门大街九儿巷的一栋大房子留给了我的父亲居住，我们一家便搬到了那边去。

父亲赵传仁跟着我的继祖父学会了刻章这门手艺。1950年，父亲到《新华日报》印刷厂工作，我们一家就搬到了中山南路296号（也称平安里），在那里居住了8年。

1956年，《南京日报》成立，从《新华日报》社抽调了些人员过去，我的父亲就

是其中一个。1958 年“大跃进”，我们家搬到了莫愁路桃园 5 号。1979 年，《南京日报》开始分房子，我们家分到了光华门蓝旗街。

1985 年我到南湖二中工作，1989 年学校分房，我分得的在莫愁新寓郁金里，父亲与我住在一起。

2011 年，我的父亲逝世。他临逝世前还特意交代我们后代不要忘记这件事。他去世前一个月，他告诉我：“要去见你的妈妈了。”

可见这种伤痛是永恒的。

我的父亲对待南京大屠杀这件事情还是比较理性的，因为当时有一个住在我家里的日本兵并没有干什么坏事。他说过：对于人民不反对，但对于侵略战争是坚决反对！

南京大屠杀受害家庭赵传仁家庭家谱

曾祖母：赵王氏

祖母：赵素秋

生祖父：李 ××

继祖父：潘东发

本人：赵传仁（南京大屠杀幸存者）

母亲：朱敏

长子：赵志泽

长媳：曹新英

长女：赵世秋

女婿：李仲平

次子：赵志俊

儿媳：陶延玲

三子：赵世杰

儿媳：孙秀琴

采访南京大屠杀受害家庭幸存者赵传仁儿子赵志锋日记

2018 年 6 月 3 日下午 2:30，我们按照约定来到了南京市建邺区兴隆大街栖庭小区 5 栋楼下，由于小区安保措施做得极好，每一栋楼都有门禁，因此赵志锋先生的夫人曹新英阿姨亲自下楼接我们。

一进家门便看到赵志锋先生坐在客厅里等待我们，落座后曹阿姨还为我们一人倒了一杯水，短暂交谈后我们便正式开始了采访。

赵志锋先生向我们介绍，他的父亲赵传仁是南京大屠杀幸存者，在日军攻入南京时只有13岁，与祖母、父母和弟弟一起生活在南京洪武路，由于祖母眼盲并且是满洲人，赵传仁一家没有跑反，而是住在原地。

南京大屠杀受害家庭幸存者赵传仁儿子赵志锋（左一）接受南京晓庄学院志愿者采访

日军到他家后，赵传仁的父母皆躲藏在房子里间，赵传仁与祖母则在外间看着家。开始两天日军没有到里间搜查，后来日本兵在厨房搜出了赵传仁的父母。日本兵将赵传仁的生父李某带走并且之后再无音讯，日本兵将赵传仁的母亲拖到一边强暴多次才放回。

赵传仁的继父，是有名的刻章师，被日军关起来，让他刻章，竟然连续刻了三天三夜。

赵志锋先生还告诉我们，当时他的母亲朱敏也只有12岁。日军攻入南京时朱敏一家人跑反到安徽才幸免于难，但是朱敏当时也因此而生了一场大病。赵志锋先生告诉我们，他父母两个人对于南京大屠杀事件都是痛得刻骨铭心，每年12月份，他们都会骂一骂当年那些侵略者们。

赵志锋先生还告诉我们，父亲赵传仁从1950年开始到《新华日报》印刷厂工作，并且边工作边自学，观念也很开明，对于日本人并不是全部深恶痛绝，而是只痛恨侵略者。

赵传仁老人晚年的时候还曾多次接受日本人比如松冈环等人的采访。父亲死前还在叮嘱子女们永远不能忘记历史。但是赵志锋先生也说：现在的人们对南京大屠杀事件了解太少了，等自己这一辈人哪一天也去世了，恐怕南京大屠杀事件就更不被世人所知了！希望你们的工作能够帮助更多的年轻人了解历史，铭记历史！

采访结束后，赵志锋先生帮我们详尽地整理了家庭系谱图，我们还给赵叔叔与曹阿姨两人拍了张合照，采访结束后曹阿姨将我们送出了小区。我们也希望我们的采访能够帮助更多的年轻人铭记历史，发愤图强，壮我中华！

十三、陈德寿家庭

采访时间：2016年11月12日

采访地点：南京市鼓楼区察哈尔路67号小区6栋1单元201室

采访人员:徐康英、许凤

我父亲被日军带走枪杀，姑母因被日军强奸不从而被刺刀刺死

陈德寿　口述

我叫陈德寿，1932年10月18日出生。1937年南京大屠杀之前，我家里是做服装的，父亲在三山街天京街古钵营4号开了个服装店，专门承接批量服装的加工。我家里有4台缝纫机，还有师傅、徒弟，日子过得还算殷实。

当时家里有我爷爷、奶奶、父母、姑母，带着我和表弟、表妹共8口人。我的爷爷陈金波是湖北黄冈人，来到南京做工，所以当时我们没有自家的房子，全家租住在三山街附近，古钵营4号，一个三进院的第三进院里。

1937年，日军进城之后，到处烧杀抢掠，好多人都逃难去了。前面两进院的人都跑反走了，我家因为父亲承包了江宁保安大队的服装，钱全部投进去买了原料，没法走。

1937年12月13日早上，日军放火烧房子，我父亲和邻居去救火时被日军抓走了，就再也没有回来。到了九十点钟的时候，一个日本兵提着长枪来到我家，爷爷奶奶拿出香烟、糖果给他，以为招待一下就行了。

日本兵不要，要找姑娘，祖父拦不住，当时母亲怀孕，姑母陈宝珠抱着2岁的小表妹，手搀着4岁的小表弟，日本兵开始拖她，姑母是有文化的人，死活不从。日本兵把姑母从第三进房子拖到第二进房子里，我跟着奶奶赶过去，姑母把孩子交给奶奶，和日本兵周旋。日本兵火了，拿出刺刀刺姑母的大腿，姑母倒在了地上，日本兵又往她身上刺了5刀，然后跑了。姑母由于流血过多，心里难受要喝糖水，奶奶从后面房子端了水来，她已经没气了。

姑母死了，爷爷用门板把姑母的尸体放在了第二进房子里。到了晚上，我母亲生了我妹妹，家里生活更困难了。日本兵每天白天都来骚扰，母亲生小孩的血纸就放在床边，日本鬼子有时还要掀开被子看。家里吃得也没有了，日子更难熬了。

6天之后，一个懂得中国话的日本兵，他也是被强征的，帮爷爷找了口棺材，把姑母的尸体放进去，第二天我的舅舅找人把姑母埋了。

舅舅有认识的人在难民区当医生，便把我和母亲带到难民区住下来。住了40天，日军不杀人了，舅舅和爷爷才把我和母亲接回家。后来才知道，父亲被日军抓走后要

带他走，在过堂时，父亲说家里上有老下有小不能走，和父亲同时抓的另外两个人也不肯走，一个被刺死，一个被砍头。

2015年陈德寿（左四）赴日参加证言集会，与日本友人林伯耀（左三）等合影

日军答应第二天放他走，但是第二天他却被杀害了，是被刺刀刺了太阳穴，胸口也被刺了一刀。当时有认识父亲的街坊在三山街承德寺看到他的尸体，就把尸体用被子裹起来，摆到门板上，放到防空洞里面。40多天后爷爷和我找了舅舅去收尸，把他埋在了中华门外。

那时，爷爷奶奶年纪大了，母亲也没办法挣钱，只好变卖家产生活，后来母亲也当过奶妈。

在我9岁那年，妹妹染上了痢疾，不久就死了，奶奶也染上了，也死了。我们没钱安葬她们，邻居就劝说母亲改嫁给第一进院的老吴，他有些钱，和母亲年龄也相当。母亲答应了，拿了钱把奶奶、妹妹安葬了。

爷爷带着我们三个孩子没法生活，把表弟送到了孤儿院，后又把表妹送人了，我们后来去找他们都没有找到，据说都死了。家里只剩下了我和爷爷两个人维持生计，有时继父也会接济我们一下。

我12岁的时候，日本投降了。我去了徐寅记做学徒，爷爷一人只好进了老人堂。熬到1948年的时候，继父也生病了，那时，母亲又生了弟弟。弟弟8个月大的时候，继父旧病复发，吐血而亡。母亲只好靠帮人洗衣服维持生活。

1949年南京解放后，我回到了母亲那里。1949年后我爷爷住在安德门养老院，1950年去世。

后来，南京大光路的三五二一厂招工，我去做了一段时间。1950年12月，汉中路的解放军被服四厂，就是现在的三五〇三厂招工，我考进去之后，家里生活才有了保障，逐渐好起来，每个月工资养活三口人没有问题。后来，厂子搬到了三牌楼，上班远，我就在山西路、琅琊路租了房子。厂子后来也给分了10.6平方的房子住，我把母亲带过来一起住，我母亲1983年去世。

1959年，经人介绍认识我夫人王秀华（1941年生），她从淮阴来到了南京，结婚后也进了三五〇三厂。1959年底生了女儿陈嵘，女儿读苏州铁路师范学校，毕业分配到南京铁路子弟学校当物理老师。女婿叫怀荣发，现在是南京第十二中学副校长。女儿后来调到南京第二十九中学，今年已经退休。外孙加拿大留学回来，现在苏州工作。儿子是1963年出生，1983年抵职到三五〇三工厂，先到缝纫车间，后调动到驾驶班，现在一个公司给老板开车。儿媳妇是南京制药厂的，孙女陈雨昕北京语言大学毕业去意大利学习，现在上海工作。

采访南京大屠杀受害家庭幸存者陈德寿日记

2016年11月12日下午2:00，采访工作人员徐康英、许凤来到鼓楼区察哈尔路67号小区6栋1单元201室采访南京大屠杀受害家庭幸存者陈德寿先生。老人住的房子比较旧，类似过去的筒子楼，但是家里收拾得干干净净。其夫人王秀华一并接受采访。

老人听说许凤是二十九中的老师，非常开心地说："我女儿也在二十九中当老师，刚刚退休。"采访过程老人思路清晰，讲述得比较有条理，其夫人也在一旁边听边插话。

他告诉我们2014年和2015年两次赴日作证言，一次是女儿陪同，一次是孙女陪同。还将其手机里拍摄的赴日照片打开给我们看。采访结束时，老人打开写字台上的一个笔记本，请我们留下姓名和联系电话，我们看到这个本子上记录了每次到家里来采访的时间、人员和单位，有《江苏卫视》《金陵晚报》带领小记者、南京大学的志愿者来采访，可以看出老人非常细心。

陈德寿夫妇身体蛮好，他们俩每天早上5:00多起床，然后去山西路青少年文化宫那里的公园锻炼身体，老人说有时候还在家里用缝纫机做点活。

十四、刘兴铭家庭

采访时间：2017年7月6日

采访地点：南京市秦淮区瑞金路御河新村7-201室

采访人员：陈艺文、马婉蓉

日军到刘岗头村烧杀，枪杀了包括我父亲在内的42个男人

刘兴铭　口述

我叫刘兴铭，1936年出生，1937年南京大屠杀的时候，我们家共有6口人，我的父亲、母亲、2个哥哥、1个姐姐和2岁的我。

1937年之前，我家原本是个大户，住在江宁区汤山街道青林社区刘岗头村。爷爷

是江宁区政府参议员，拥有七八匹马和骡子，后来爷爷由于反对国民党把树林砍掉的行为急血攻心去世。父亲是国民党保长。

1937年12月，日军兵分两路进行屠杀：一路是走土路山路，从镇江句容过来；一路是公路，从汤山麒麟门那过来。中国的6789部队与日军在光华门交战，打了40多个小时，最终由于中方无后援部队几乎全军覆没。从那时起，便开始了惨烈悲壮的南京大屠杀，日军烧杀抢掠无恶不作。我所遇到的正是从镇江句容走土路来的日军的暴虐罪行。

12月13日凌晨2:00，日军到刘岗头村，对我村居民烧杀，那次共抓了42个男人，其中包括我父亲，我的一个哥哥和我也在内，我被父亲抱在怀里。日本兵将我们带往刑场，要求我们自行将衣服脱掉，蒙住我们的眼睛，跪着等待，日军则用机枪进行射击。一轮射击后，我的父亲被射中歪倒在我身上，而我弱小的身躯则被父亲紧紧夹在臂下护住。

射击完后，日本兵还要补刀，对每一位刑场中的受害者再次用刺刀杀害，唯恐有人还活着得以逃脱。但是，幸运的是，由于我被父亲藏在臂下紧紧护着，身体也娇小，所以未受伤害。等日军离开我们村庄，我的母亲用锅底的煤炭涂抹在脸上，从刑场中将我抱回家。

1938年，母亲带着剩下的哥哥、姐姐和我前往镇江句容东阳镇圩区逃难，在逃难途中，9岁的姐姐由于背着3岁的我不堪重负，疲劳吐血而亡，哥哥由于逃难过程中挑担疲劳而亡。

最终一家只剩下我和母亲两个相依为命，以带来的米为生，圩区避难地的街坊四邻有时会接济我们。过了2个月左右，我和母亲从镇江回家，结束了避难生涯，给年仅29岁的父亲收尸。虽然天井前面的房屋被日军烧毁，但天井后面的房屋还在，母亲和我因此有地方可居住。

从那之后，母亲便雇佣人帮忙种田以维持生活，可是那个时代寡妇门前是非多，而母亲性格刚强，就只好将田出租给人以免谣言。按理每年割稻子700斤，但是承租人使坏，将稻谷弄得潮湿，使得我们实际上收割到的稻谷能用的也就不到500斤。为了减轻生活负担，母亲又养了多只鸡，种菜卖菜等。

我初中肄业后，想去参军，但由于我是独子本是不被允许，可是自从经历南京大屠杀后，我的内心就抱着必须报仇的决心，想要入伍为国献力。最终，1957年我参军，在南京步兵学校干了7年，以排级干部转业。

1960年我在部队结婚，部队营长帮我谋划婚礼，大表哥打野兔、野鸡等作为餐桌食物。

1962年我理应被分配到江苏泗阳转业，但我的妻子儿女在南京，与泗阳相距甚远，我便没有服从规定去泗阳报到。

直到“文化大革命”后期，我找到在安徽江浦的部队，部队根据我的档案，对我不服从规定的行为做出了降职处分。后我拿着介绍信到江宁县民政局等待重新分配工作，但民政局局长说我已经39岁且为农村户口，无法安排合适的工作，最后与我协商以生活费补贴作为补偿，从那时的每月12元直到现在的每月1800元，后来我就以种田为生。

母亲是1908年出生，在75岁那年，得了血泡，按道理只要把血泡挑掉即可，于是母亲就去医院找身为医生的干儿子帮忙挑出血泡，然而由于干儿子的失误，太忙而忘记将医药器具消毒，导致母亲感染上破伤风，仅24小时便离开了人世。

众人大多劝我让医院承担相应的责任，但是母亲的干儿子素来待我家很友善，且母亲的去世已成定局无法挽回，我便没有追究医院责任，生怕医院对他做出处分。

母亲的一生自从南京大屠杀后都一直为我省吃俭用，而我也没能让她享受较大的福气，这是我最大的遗憾。

我妻子是南京汽车厂模具工，直到退休，2014年查出患有肺癌去世。

我有一个儿子、一个女儿、一对双胞胎孙子和一个外孙。女儿家迁到苏州定居，女儿本是南京汽车制造厂工人，女婿本在南京江宁开饭馆涮羊肉，移到苏州后，由于苏州人胃口不一致，苏州的涮羊肉生意无法经营，故后来女婿也便不再从事其他。外孙从国外留学回来在苏州从事计算机工作，除去年薪等福利，月工资8000元，所以女儿家算是稳定幸福。

只是我的儿子，由于曾是劳改犯，即使放出来了，也没有一份像样的工作，现在只得在家楼下经营小便利店维持自家开销，还好媳妇善解人意自强不息，在一家店的推销员中算得上出类拔萃。我的双胞胎孙子在上高二，我为他们的将来关于住房方面都做了一份打算，我自己现在不给我的儿女添任何麻烦，我有自己的养老福利，这也都得益于国家的繁荣进步，百姓才能安康幸福。

我现在作为南京大屠杀的幸存者，享受着国家的优厚待遇，每年均有对应的政策补贴，还有医疗费用的报销，比如85%的看病报销，80%住院报销。为此，两年前我就参加了秦淮区志愿者活动，共同维护社会治安，即使只是绵薄之力。

唯一可惜的是，我错过了两次见习近平主席的机会，归咎于我儿子打架闹事被判处15年有期徒刑。除此之外，我还将自己在南京河西的保障房出租，每月租房收入有800元，我的晚年生活就是帮忙照顾孙子，老伴在世时会一起打牌，去世后我闲暇时间会去光华门跳广场舞，身体一向没有大问题，除了之前检查有脂肪肝。

南京大屠杀受害家庭刘兴铭家庭族谱

祖父：刘汉臣

父亲：刘家凤

媳妇：刘胡氏

本人：刘兴铭（南京大屠杀幸存者）

妻子：储翠华

女儿：刘广慧

女婿：时爱民

孙子：刘广勇

孙媳：郑春红

曾大孙子：刘世龙

曾小孙子：刘纪龙

采访南京大屠杀受害家庭幸存者刘兴铭日记

2017年7月6日，采访工作人员陈艺文、马婉蓉来到南京市秦淮区瑞金路御河新村7-201室采访南京大屠杀受害家庭幸存者刘兴铭。

南京大屠杀幸存者刘兴铭（中）与南京晓庄学院志愿者陈艺文、马婉蓉合影

下午4:00，我们来到刘兴铭老人所在小区，上楼，陈艺文给老人打了一个电话，老人开门，请我们进去。看到我们来，老人很开心。

我们几位落座，开始了采访。刘兴铭老人向我们讲述了南京大屠杀发生前后他的家庭状况，以及他学习、工作、生活的情况。

老人的身体非常健康，精神很好，言语间流露着对国家的感谢，一直表示自己感受到了国家的关怀。

老人找出老照片给我们看，我们有选择地进行了翻拍。采访过程中，老人对我们的工作表示肯定，认为大学生多参与这样的活动非常有意义。

最后，我们与刘兴铭老人合影。

十五、万荣生家庭

采访时间：2017年5月24日

采访地点：江苏省句容市大卓乡后本湖村81号

采访人员：费仲兴、徐康英

日军把抓来的人关在槽坊里，我父亲被烧伤，舅舅和被关的30多人都被烧死了

万全明　口述

我叫万全明，是南京大屠杀受害者万荣生的儿子，1946年生，属狗，现住江苏省句容市大卓乡后本湖村81号。

1937年12月5日，我父亲万荣生被日军放火烧伤了。我父亲是从槽坊里逃出来唯一没有烧死的，他被烧的那年才16岁。我母亲叫万秧子，属猪的。我父亲原来姓裔。

我母亲一生下来就同他订了奶婚。我外婆生了一个儿子一个女儿。我母亲的哥哥万加林被烧死在槽坊里，当时只有21岁。他今年结婚，明年就烧死了（注：这是句容人特有的表达方法）。他老婆都怀上孩子了。她娘家的老子就把她介绍给句容二圣那边的一个湖南佬。孩子生下来一年多，我外婆又把她叫回来。她叫万全英，现在住在北相大队的北庄。外婆儿子万家林被日军烧死了，如果女儿再给人（嫁人），家里不就完了吗？所以，外婆家就不能认娃娃亲了。这边的老太太找我父亲家商量，父亲家这边就说："这样子吧，以后两边跑跑。"

我父亲一家全在苏州，在甪直那边开了两家理发店。他为什么要跑到后本湖来呢？因为1937年他父亲刚好死了3年，冬月初五（12月7日）是忌日，他要提前回来祭奠。他一回来就折锡箔，准备冬月初五上坟。

正好遇上跑反，日本鬼子在冬月初三（12月5日）就来了。当时他才16岁，一个城里人，到农村来了。村里的人全往北边大山里跑。自卫队是维护村上治安的，他们没有跑。不但没有跑，还要去欢迎人家。以前也不晓得这个那个的兵，兵多啦，不识货，又是国民党的兵，又是汪派的兵，不晓得是什么兵。

自卫队就是现在的基干民兵，排了队去欢迎的。万加林是自卫队的，他也去了。出去欢迎时，他们走的那个路是丹阳到行香再往西去的一条大路，土路。他们在村外的路口排了队欢迎，都穿着制服。结果，一去就跑不掉了。又听不懂他们的话，乌拉乌拉的，后来就被日本人押进村里关在槽坊里。自卫队有枪的，不多，不是每个人都有。

当时日本鬼子来了，不知是一个连还是一个营，估计最多就一百来人吧。进村后首先安排吃饭，在槽坊边上裔立宝、裔立珠两家落脚，吃饭。为什么呢？他们两家都

江苏省句容市大卓乡后本湖村万全明（右）接受费仲兴教授（左）采访

有拜佛念经的地方。日本人信佛，就在这两家吃饭，这两家的房子就没有烧掉。日本人把人关在槽坊里，他们轮流吃饭，外面有人站岗。

关在槽坊里的人有两个人从槽坊里逃出来了。一个是张小狗子，一个是张长亭。张长亭从窗户里逃出来，衣服都烧着了，跳进水塘里划水，往对岸划，对岸就是他家。日本兵开了一枪，打得他趴下了，当场没有死，后来才死的。

槽坊蛮大的，里面有磨子，有大缸。日本人浇上汽油烧槽坊，因为槽坊是泥巴石头砌砌板子夹夹的草房，一点火就烧起来了。他们的衣服头发全烧光了。力气大的人把缸倒过来。里面有三十来号人呢，不是一个两个，各人想办法逃命。

我父亲是年纪最小的，从苏州过来，一个人也不认识。他爬到门这边，使劲开门，打不开。后来房子烧得“嗙”的一声倒下来了，他就冲出去了。正好前面有条防坦克的壕沟，下面有点水，他也不晓得高低，一跌就跌进去了，趴在那里不动了，因为壕沟有水救了我父亲一命。

被烧死的人，尸体都运回去了。怎么分辨出来的呢？跑反是冬天，有的人在东，有的人在西。听说有人被烧死了，他们就回来找。有的认衣服，有的认鞋。自卫队的人当时都穿制服，集体做的，都一个样，但内衣不一样，鞋不一样。男的死了，娘老子要去找。没有娘老子的，老婆要去找。就是根据穿的衣服、内衣、鞋子。后来都认出来了。没有弄大坟堆，各家葬各家的。

我父亲本来姓裔，招到姓万的家里来做上门女婿，就姓万，他在苏州叫裔荣生，在后本湖叫万荣生。他还有一个弟弟、三个妹妹，现在都在苏州。

我父亲当时被烧得那个样子，他不能回去。后本湖村上有间小房子没有烧掉，他就住在那里，在李合景家治疗。治了一个多月，才回苏州治疗。

他是不到20岁的时候在苏州同我母亲结婚的，后来就不回来住了。有时也回来一趟看看。我是在后本湖出生的，有兄弟4个，只有我1个在后本湖，姓万，他们3个在苏州，都姓裔。

我父亲他61岁从苏州退休，回到了句容，活到75岁去世。【万全明拿出一只电子钟给我们看】这是我父亲到句容开会时发的，是一个到句容来找幸存者的日本人送的。句容市把幸存者召到句容，在句容招待所开了一个会，请大家吃了一餐，给每个人发了东西。

日本人太奸了，给中国人送个钟，送终了。这个钟的质量是好的，我用了几十年了。

父亲是幸存者。他只讲自己的经过，其余的事不清楚。他到句容市里去开会，照例档案馆应该留下记录的。这不是他一个人的事啊。以前，一个阶级仇，一个民族恨。

现在，阶级仇没有了，只有民族恨。我们实事求是，确实是这个情况。日本人在掩盖，想改变事实。

中国人一定要拿出一些实事求是的东西来，让子孙后代永远不会忘记。按道理，二战结果，日本是要赔偿中国的。后来说，他们已经亡国了，不是正常国家了，算了，不要他们赔了。哪晓得他们搞军国主义，现在专门想打人，侵略别人，这种国家不能同情。但他们的人民不坏。

我大哥叫裔根林，属羊，75岁，供销社退休的，现在还在。我是老二。老三叫裔桂林，属牛，曾在空军后勤当兵，去世了。老四叫裔东林，属蛇，今年65岁，在苏州吴县动力机械厂工作过，现在还在甪直。

我父亲是供销社系统退休的，有退休工资。他弟弟叫裔东海。我还有3个姑妈。我父亲估计是1930年左右去苏州的。

我爷爷早就去世了，他会针灸、推拿、理发。没有本事，哪能在甪直落脚呢？我父亲搞针灸也蛮可以的，我还有他留下的许多东西。他给人针灸，不要钱。（万全明拿出针灸用的银针和一个圆柱状的针筒，还拿出两本书，都翻得很烂了，其中一本是“文化大革命”期间出版的《农村医生手册》。屋里挂有他母亲的遗照，但没有他父亲的。）

南京大屠杀受害家庭万荣生家庭家谱

本人：万（裔）荣生（南京大屠杀幸存者）

弟弟：裔荣海

妻子：万秧子

大儿子：裔跟林

二儿子：万全明

三儿子：裔桂林

四儿子：裔东林

采访南京大屠杀受害家庭万全明日记

2017年5月24日，我们再次赴江苏省句容市大卓乡后本湖村，上次采访认识的村民万家才带我们去了后本湖村81号万全明家。

一到他家他就拿出一只电子钟给我们看，说："一个日本人到句容来找幸存者，句容市把幸存者召到句容招待所开了一个会，请大家吃了一餐，给每个人发了这个钟。日本人太奸了，给中国人送个钟，送终了。这个钟的质量是好的。我用了几十年了。"

万全明是后本湖村被日军关在槽坊里放火烧伤的（万）裔荣生的儿子，也是（万）裔荣生留在句容唯一的儿子，其他子女全部在苏州。采访中我们弄清楚了几个问题：

1. 1937年12月日军已经侵华逼近南京，裔荣生一家为什么从苏州角直镇回句容？

万全明告诉我们12月7日是祖父去世三周年的祭日，全家回来祭祖的。

2. 为什么在句容就叫他万荣生，苏州领的身份证上是裔荣生？

万全明告诉我们，父母从小定的是奶亲，外婆只有一儿一女，儿子在那场浩劫中被烧死了，如果女儿再出嫁，外婆家就没有人了。裔家按照1.2亩地的产量，每年交120斤稻子给万家，以后就可以分万家的土地和房产了，父亲也是两边住，主要在苏州角直镇，母亲一直住在句容。父母生了四个儿子，把他（二儿子）留在了句容，姓万。

（万）裔荣生会针灸、推拿、理发，家里还有他生前看的书。退休以后他回到了句容，后来生癌症去世。他的四个儿子是：

大儿子：裔跟林，苏州市角直镇供销社退休；

二儿子：万全明，句容市大卓乡后本湖村原生产队长；

三儿子：裔桂林，空军后勤服役，已去世；

四儿子：裔东林，苏州市吴县动力机械厂退休工人。

万全明告诉我们，父亲长期住在苏州，烧伤以后的情况自己不了解，他的小叔叔——（万）裔荣生的弟弟裔荣海现在还健在，住在苏州市角直镇，并答应帮助我们联系其叔叔，叔叔可能知道得更多一些。

采访结束以后，万全明还带我们去了村头指认槽坊的位置。

十六、濮业良家庭

采访时间：2017年7月3日
采访地点：南京市建邺区小青路42号金州苑小区7栋3单元105室
采访人员：陈艺文、马婉蓉

我亲眼看见日本鬼子杀人、强奸

濮业良　濮传谨　口述

（备注：由于濮业良先生年纪较大，故此录音由濮业良本人及其小儿子濮传谨共同完成）

我叫濮业良，今年95周岁，1937年的时候我15周岁。我们家是做生意的，卖牛肚子的。当时家里有12口人，父亲、母亲、哥哥、嫂子、侄子、我、4个弟弟和2个妹妹。

日军来的时候，父母带着哥哥、妹妹、弟弟一同去了六合，家里就留我一个人和三伯父照顾家里的生意，因此我和三伯父就躲到难民区(靠近南大鼓楼那一带)，具体地点是渊声巷19号。

我与日军的接触总共有三次：第一次是在难民区，日本兵来难民区抓人，见到手上有茧子的，一般是右手上，逮住就抓，但是我是左手茧子。日本兵当时带来一个年轻人到二楼看到我，就逮住我，当日本兵准备将我俩带走时，出现了一个妇女，走向了三楼，这个日本兵就跟着她一起去了三楼，并跟我和那个年轻人说："你们待着别走。"

而我，因为自己住的地方就在这里，也没别的地方跑，于是日本兵让我待着不动，我也就没走，但是那个跟我一起的年轻人就逃跑了。过了几分钟，那个日本兵回来了，发现只有我一个人在，就知道那个年轻人逃跑了，于是这个日本兵就从二楼的窗户那往下看，正好一片荒地，看到了那个逃跑的年轻人，一枪打死了他。而他的牺牲也正好给我带来了机遇，日本兵看我没跑就放过了我。

第二次也是我在难民区的所见所闻，日本兵来难民区例行检查，当时我们旁边正好有姑嫂两人，姑姑大一点，嫂子年轻一点，身旁还有一个大的小孩大概10岁，嫂子的手里还抱着个小娃娃。这时候，日本军官就带着2个日本兵，将我们都赶出去，把那个嫂子强奸了。第二天，姑嫂就离开了难民区。

第三次是我和同龄人去抬水，被日本兵看见了，于是日本兵就让我们把水桶放下，安排我们去抬子弹，从鼓楼抬到夫子庙，之后就是被日军安排做苦力，给我袖章，让我天天干活。

有一天，我听见也是厂里的一个烧菜的女的说，明天日本人要带我们一同去芜湖，我心想，不好，这是要带我们离开南京。南京这个地方我熟悉，于是我就带着同龄人逃跑。等跑到了新街口那里的时候，到处都是日本兵，日本兵看见我们就问我们是干什么的，我就给他们看，我有被日军标记成使唤工人的袖章，日本兵就想带走我，我就拎着漆桶，拿着刷子，附近有油桶，我说是刷漆的，所以不能走，这才逃过了一劫。

后来，我们就过了街，到了难民区，过后很害怕，于是三伯父就找人把我们都送过江，当时那个江面上全是死尸，最后到了六合竹镇和我的父母们汇合。

我和父母们一直在六合那待了将近大半年，直到1938年8月我们重新回家。

1938年，我的父亲得了伤寒，却不敢去医院看病，因为一旦日本人知道有伤寒的人是一定要枪毙的，因为他们认为伤寒会传染给他，所以被发现伤寒的人格杀勿论，最终我的父亲就只能在家等待死亡。

我的表哥，是修电路的，有老茧，被日本兵看见就认为是当兵的被装上车带走，之后就没了踪迹，据说是被日军带到江边杀死的。

我的妻子，也有过经历。当时12岁，她住在美国人开的女子中学，有很多人躲在里面当成难民区，有不少人被日本兵抓去强奸，还有些妓女知道日本兵要强奸，就主动站出来应付。

1938年，成立汪伪政府，见到日本兵一定要鞠躬，不然日本兵就要杀人。父亲死后，我当年16周岁。哥哥是修无线电的，跟着国民党军队跑到江北，直到1949年后才回来跟着共产党工作。家里的重担就在我一个人身上。于是，我和一个远房哥哥一起做卖鸭子生意，一家负责开一年，店就在家附近：中华门城墙雨花路报恩寺旁。在不做生意的一年里，我就去卖牛肚子、牛头肉，如果有时候碰到日本人来买东西，我们是不敢收钱的。

我们的家是在中华门城墙紧靠城墙边上，是日军经常轰炸的地方，我们回来后就发现我们家的屋顶上都是死尸，还有各种炮弹造成的房屋损毁，家里人就一起清理死尸。这是常见的事，在城墙那还有哑巴走在路上因为飞机扔炸弹头被打飞了，在一个人家里有人吃酱发现酱缸里有颗人头。我们当时住在中华门六角井，现在被保护起来做文物。

1945年8月15日，日本谷寿夫在雨花台被枪毙的时候，我和一群人一起放鞭炮庆祝，终于结束了这一段悲惨的历史。

我是回民，1951年跟自家亲戚即表妹结婚成立家庭，1952年因为公私合营我的生意就不做了，就去蔬菜公司当会计，一直做到退休。妻子在秦淮区工业公司工作直至退休，1982 年去世。

哥哥是在首都钢铁厂干活直到退休；三弟弟是会计学校毕业，等到 1949 年后就去支援甘肃酒泉直到退休，6 年前去世，享年 86 周岁；四弟弟是跟着国民党开车，1949 年跑到台湾定居，现今 88 周岁；五弟弟是在东井亭江南光学仪器厂工作；六弟弟是南京师范毕业的，后去徐州农村教书，在那去世，享年 60 多岁；大妹妹在小厂里退休，已去世；小妹妹是在粮食局做会计，已退休，现在 86 周岁。

我在下放前一直住在中华门城墙六角井，后来搬到南湖沿河一村，2007 年搬到现在这个地方，也就是小青路 42 号金州苑小区 7 栋 3 单元 105 室。

南京大屠杀受害家庭濮业良家庭族谱

父亲：濮启和

母亲：濮沈氏

哥哥：濮业栋

本人：濮业良（南京大屠杀幸存者）

妻子：沈秀芳

弟弟：濮业森

弟弟：濮业松

弟弟：濮业柏

弟弟：濮业臻

妹妹：濮美蓉

妹妹：濮美英

大儿子：濮传政

二儿子：濮传跃

三儿子：濮传谨

三儿媳：吴春萍

大女儿：濮丽娟

小女儿：濮伟念

孙女：濮家鹏

采访南京大屠杀受害家庭幸存者濮业良日记

2017 年 7 月 3 日，采访工作人员陈艺文、马婉蓉到南京市建邺区小青路 42 号金洲苑小区 7 栋 1–5（3 单元 105 室）采访南京大屠杀受害家庭幸存者濮业良。

南京大屠杀受害家庭幸存者濮业良（左一）及其儿子濮传谨（左二）与南京晓庄学院志愿者合影

上午10:10，我们来到濮业良老人家楼下，老人的儿子打开了楼道门，邀请我们进去。

濮业良老人、老人小儿子、陈艺文、马婉蓉几位落座，开始了采访。濮业良老人表达不是很连续，需要小儿子濮传谨进行转述。

通过濮传谨的转述，我们了解了南京大屠杀前后濮业良家庭的经历及其所见所闻、生活工作情况。

濮业良老人现在和小儿子濮传谨住在一起。老人的身体还不错。

最后，我们与濮业良老人、老人儿子濮传谨合影。

十七、徐惠芳家族

采访时间：2017年6月11日

采访地点：南京市雨花台区共青团路四村11栋1单元301室

采访人员：陈艺文、马婉蓉

日军一次抓走了12人，其中包括我的舅舅徐兆才，都没有回来

徐会贤　口述

我叫徐会贤，是南京分析仪器厂退休工人，现在70周岁。

2002年后，我到南京邮电大学从事宿舍管理工作10年多，后因为家庭装修，2014年回到家里。

我是在2016年被南京语言文字委员会认定为江苏省语言保护工程南京方言口头文化传承人，之后去南京鼓楼区赛虹桥的工作室，跟着负责人陈忠霞老师从事公益演出。

我的母亲叫徐惠芳，1922年11月13日出生，于2013年3月4日去世，享年91周岁，是南京大屠杀的幸存者。

1937年左右，母亲一家有我的外公、我的外婆徐朱氏、我的母亲徐惠芳、我的舅舅徐兆才4人，住在水斋庵22号。

当时，我母亲的四姨娘是出家人，尼姑，没有名字，有法号“圣荣”，她住所的

前门是五福里 19 号，后门是鸣羊街 61 号，庵叫佛胜庵。她跟虹桥山西路祖师庵有来往。母亲联系四姨娘一起逃难。当时一起逃难的总共有 7 人，我的母亲徐惠芳 15 周岁，我外婆徐朱氏 30 多岁，我舅舅徐兆才 18 周岁，还有我母亲的四姨娘法号“圣荣”，四姨娘的徒弟法号“松前”，还有我母亲的 2 个表妹朱福信、朱福行。当时这些人一起逃到了山西路祖师庵。

日军是 12 月 13 日进城的，1937 年 12 月 15 日上午 10:00 左右，来了两个日本兵，开着车子，到了山西路祖师庵，车停在外面。当时就把我四姨婆圣荣和她的徒弟松前抓走，因为我的四姨婆圣荣尼姑是剃头的，日本兵没认出来，以为她是男的，而我四姨婆就不肯走，认为她是个出家人又是个女的。日本兵上来就用枪托打她的头，于是我四姨婆一疼就发出来叫声，日本兵一听是女人的声音，就放过了她。

而松前当时只有 15 岁，身材比较高大，那一次共拖走了 13 人，其中还包括我的舅舅徐兆才。除此以外，在这 13 人当中，还有一个是钟表店的老板，这个老板从口袋里掏出 50 元，给了其中一个日本兵，日本兵用枪头打了他一下，他就又从口袋掏出 50 元给了另外一个日本兵，于是日本兵就把他往地上一推，没带走他，剩余的 12 个人都被日军押到车上。

我的外公当时没有去祖师庵，因为我有一个远房的二舅舅、二舅母是资本家，二舅舅叫姚正，二舅母叫夏红琴，相对生活比较好，在日军进城的时候，他们逃往农村了。

他们是开店的，他们逃往农村时，那些钱财能带走的带走，不能带走的只能留下来，所以就让我的公公给他家看店（店的地点在五福街崇恩街 10 号）。

因为我外公当时一家条件不好，即使逃往农村，到了别人家也是要吃苦受罪。

于是我的外婆就把我的舅舅、我的母亲带到了祖师庵，但是谁能想到，日本兵没有到我外公在的地方，只是到了我外婆去的地方。

母亲的腿上有一个非常大的疤，是在大屠杀期间造成的，具体原因当时没在意没细问。而我外公因为我舅舅被日本兵带走，和我的外婆经常因为这件事吵架，没过多久，就活活气死了，享年 40 多岁。我外公生前没什么大的工作，只是做一个小细活，是做井的原材料。

我母亲生前身体还是挺好的，工作到 80 多岁。2013 年 3 月 4 日去世，在医院住了 12 天，享年 91 周岁。平时没怎么去过医院，一辈子很勤劳。

母亲是小学四年级的文化，报纸看得懂一些，但是还是以工作为主，20 世纪 30 年代母亲住在水斋庵五福里，1950 年母亲和我搬到鸣羊里 2 号的出租房居住，一直到 1989 年 12 月 30 日我在厂里分到宿舍，母亲就和我搬来这里（雨花台区共青团路四村 11 栋 301 室），直至去世。

因为我母亲的表妹朱福信是在陕西省安康市的一个机关事业单位工作，写信给母亲，让母亲向有关部门反映当时舅舅的不幸。

于是我就亲自找到了南京大屠杀纪念馆，将当时事件的来龙去脉讲清楚了，按照条件我的母亲是符合幸存者条件的，于是我的母亲被认定为幸存者。母亲住院期间的费用都由纪念馆给报销了。

（备注：由于徐惠芳女士已故，以上录音是根据被采访者徐惠芳女士的小儿子徐会贤先生口述整理）

南京大屠杀受害家庭徐惠芳家庭族谱

母亲：徐朱氏

四姨妈：圣荣（法号）

哥哥：徐兆才（南京大屠杀遇难者）

本人：徐惠芳（南京大屠杀幸存者）

丈夫：徐功铭

儿子：徐崇锦

孙女：徐园园

儿子：徐会贤

儿媳：陈如意

孙女：徐晓程子

孙女婿：余剑潇

曾孙女：余兮萌

采访南京大屠杀受害家庭徐惠芳儿子徐会贤日记

2017年6月11日，采访工作人员陈艺文、马婉蓉到南京市雨花台区共青团路四村11栋1单元301室采访南京大屠杀受害家庭幸存者徐惠芳，老人的儿子徐会贤接受采访。

南京大屠杀幸存者徐惠芳的儿子徐会贤（左）向南京晓庄学院志愿者讲述母亲受害情况

当天上午10:40，我们来到徐会贤先生家小区，陈艺文给徐会贤先生打了一个电话，我们上楼，来到徐会贤先生家。见到我们，徐会贤先生很高兴，热情地接待我们，为我们倒了两杯茶，当时，徐会贤的妻子、女儿和外孙女在家。

我们几位落座，开始了采访。徐会贤先生首先介绍了自己，1947 年他在南京分析仪器厂工作。2002 年，他在南京邮电大学做宿舍管理工作 10 多年。2014 年，他待在家。2016 年，他被语言文字协会授予江苏省语言保护工程口头文化传承人，经常参加公益演出。

他的母亲徐惠芳一家经历了南京大屠杀。

徐惠芳的表妹朱福信联系徐惠芳，商量要不要把徐惠芳的哥哥徐兆才被抓走的事反映给相关部门。徐会贤联系了南京大屠杀纪念馆，为这事奔波，打报告，写申请，向有关部门反映。几个月后，徐兆才的名字被刻在南京大屠杀纪念馆的墙上。

徐会贤把当时南京大屠杀纪念馆送给他的书、母亲徐惠芳的证件和照片给我们看，我们一一进行了翻拍。

徐会贤的母亲徐惠芳在 23 岁和徐会贤的父亲结婚，徐会贤说，他的母亲很勤劳，一直在工作，没有停过，先是家属工，后来又在童装厂做小工，最后在一家回民开的饭店值班，一直做到 80 多岁。

每年 12 月底，市政府、南京大屠杀纪念馆等都会给补贴。子女对徐惠芳很好，徐惠芳身体一直不错，直到 91 岁，先是气管不好，吃了点药，没有痊愈，又去社区医院，最后转到市里医院，住了 12 天去世了。

最后我们与徐会贤及其妻子、外孙女合影。

十八、梅秀英家族

采访时间：2017年11月19日星期日

采访地点：南京市玄武区西家大塘43号2单元605室

采访人员：李田田、朱延驰

我舅舅被日军强行抓走再也没有回来，大姨夫兄弟俩走在路上就惨遭日军杀害

刘淑芳　口述

我叫刘淑芳，是梅秀英的大女儿，今年 72 岁，现居住在南京市玄武区西家大塘 43 号 2 单元 605 室。日军进城那年，我母亲 12 岁，住在升州路糯米巷 3 号，外公名叫梅有松，从事织造业，外婆梅张氏是家庭妇女。当时我们家是小康家庭，生活条件良好。舅舅梅家炳 30 多岁，已经结婚并开有一家小百货店，与舅妈住在下浮桥毛衣

市7号，育有一男一女两个小孩，男孩3岁，女孩1岁。此外，我还有两个姐姐，大姐张梅氏和二姐许梅氏，两人均已出嫁。

1937年12月份，母亲在家中经常听到枪声，当时，许多居民已经开始往江北地区跑反。我的外公外婆舍不得家，就让我的母亲和舅舅一家一起往江北跑反，外公和外婆留下来看家。由于当时已经封江，母亲一行人没有能够过江，于是她们就到鼓楼区一所亲戚家的空房子里避难。

日军进城后到处杀人放火。有一天，日本兵来到我母亲居住的地方破门而入，舅舅梅家炳当时肩上扛着3岁的儿子，日本兵一把抢过我哥哥就往地上摔，万幸的是哥哥没有什么大碍，现在也已经80多岁了。此外，日本兵还检查了舅舅的手，因为舅舅的手上有老茧，日本兵就说他是“中央军”，并强行抓走了我舅舅。当时我的舅妈为了保护我的母亲和她自己，将两人的脸上抹黑，还把我母亲的头发剪成了光头。因为母亲剪成了光头，日本兵以为她是男性，就用枪杆在她的头上敲了一下，我母亲当时头上就起了一个大包，很久才消去。舅舅被抓后，母亲准备追出去，刚出门就发现街上有日本兵在追着一对男女，追上后用刺刀将那对男女无情地捅死，我的母亲当时还小，被这一幕吓坏了，没敢继续追，回屋后和舅妈两人抱头痛哭。

后来，她们发现鼓楼已经不能再住下去了，于是全家又搬到金陵女子学院，母亲和外婆、舅妈及两个小孩，睡在大学的楼内地板上，外公住在大学外边邻居亲戚家里，在学校里面还会有一些食物的供给，勉强可以维持生活。她们就这样一直躲着，直到外面局势稳定才出来。

被日军杀死的人很多，每天有红十字会收尸埋尸，我母亲她们到处寻找舅舅的尸体也没有找到。大姨夫张金洪当时40多岁，住在中央门外迈皋桥，是个种田的农民。一次，他和他的弟弟经过中央门时，惨遭日军毒手，两人均被残忍杀害。中华人民共和国成立初期扫盲，我母亲读了一点书，她每每提到日本人都会恨。此外，在每年清明节之前，她都会在日历上提前标出清明节，并在清明节那天到南京大屠杀纪念馆的哭墙纪念我的舅舅，每年都是如此，我们兄弟姐妹7个，有时间都会陪她一起去。

南京大屠杀受害家庭梅秀英家庭家谱

父 亲：梅有松

母 亲：梅张氏

哥 哥：梅家炳（南京大屠杀遇难者）

本 人：梅秀英（南京大屠杀幸存者）

女 儿：刘淑芳

儿 子：刘宪行
女 儿：刘淑娟
儿 子：刘宪发
女 儿：刘淑琴

采访南京大屠杀幸存者梅秀英女儿刘淑芳日记

2017 年 11 月 19 日星期日早上 8:00，我们前往南京大屠杀幸存者梅秀英大女儿刘淑芳女士家中采访。

早在 7 月初，我们组朱延驰志愿者便与刘女士取得过联系，但是不幸的是当再次联系时梅秀英刚刚过世，我们只能送上劝慰并将采访推后。

10 月 15 日周日，我们再一次联系了刘女士，但不巧的是刘女士身体抱恙并且要于次日到医院检查身体，刘女士告诉我们她可能需要住院治疗，采访因此再一次推后。

11 月 18 日，我又一次联系了刘女士并且双方约定于第二天登门拜访。

我们 9:30 从地铁上下来，顺着手机导航步行前往西家大塘 43 号楼，但是那一片三个小区混杂，导航路线总是被墙中断，最终还是求助门卫叔叔才顺利找到 43 号楼。

刘女士很热情地将我们迎进门，落座后我们摘下了自己的工作证向刘女士证明身份，然后做好准备工作便开始了采访。

因为刘女士是梅秀英的大女儿，也是梅秀英生前陪伴最多的人，所以刘女士自然而然地就讲起了梅秀英奶奶过去接受其他采访的时候讲的经历。

据讲述，南京大屠杀爆发那年梅秀英仅 12 岁，家境殷实，与父母、兄嫂及侄子一起住在城南水西门升州路。日军进城后梅秀英与兄、嫂、侄子一起逃往江北，梅父梅母留在家中守着家。

南京大屠杀幸存者梅秀英（中）生日与子女合影

但是他们跑反时封江了，被迫躲到了鼓楼区亲戚家的一所空房子，嫂子一人躲到了阁楼上，哥哥在下面哄着孩子，梅秀英剃了光头，戴上帽子，脸上涂了黑灰，扮作男童模样。日本兵冲进来抢过孩子扔到地上，用刺刀挑去梅秀英头上的帽子看到是个光头“小子”，狠狠敲了一下就拉着哥哥出去了。后来一家人再也没有见过哥哥，遍寻尸体直至下关河无果……

刘女士还告诉我们她的母亲非常痛恨日军，而且每年都算着日子到清明节这天带领一家儿女到哭墙去祭奠哥哥……

采访结束后，刘女士送我们到门口，与我们亲切告别。我们踏上了归途。

十九、周成英家族

采访时间：2017年4月15日

采访地点：南京市雨花台区龙福花园8栋307室

采访人员：陈艺文、马婉蓉

我母亲在菜地边的水塘里和马路上，看到了很多被打死的中国人尸体

丁毅　口述

我叫丁毅，1954年出生，现在63周岁，是受害者周成英女士的小儿子。

周成英女士是1922年9月11日出生，于2013年2月25日离世，享年91岁，是第二批被认定的南京大屠杀幸存者。

当时家庭的组成，有公公周长铃、姨母周秀珍、母亲周成英、舅舅周凤芝共4个人。日军侵略南京时，公公周长铃40岁上下，姨母周秀珍17岁，母亲周成英15岁，舅舅周凤芝12岁，因为外婆在母亲周成英5岁时病故，因此未参与该事件中。当时，公公以种菜为生，姨母和母亲就是跟着父亲在家种田种菜。

1937年日军侵占南京时，公公家住在莫愁路旁边的五台山不沿街的茅草屋。当时日军进城时，人称“鬼子进村”时，公公周长铃被日军抓去，押解。母亲和姨母就跟着日军吵着要父亲，等到了汉中门的地方，日本兵不肯放人，转而追击母亲和姨母，在牌楼巷5号，到了这户人家时，母亲周成英穿过小路，躲在芦苇搞得泥巴墙里才得以逃生。

姨母周秀珍在那户人家的帮助下假扮成孕妇，当日军进来以后，没找到人，只看到一个孕妇躺在床上就放弃了追击行动。

而公公周长铃在被押解的路上，天色渐黑，江边芦苇丛生，由于这是日军刚开始未成形的押解行为，因此日军人数不多，而由于被押解的中国百姓较多，公公周长铃借着夜色得以逃脱。

最后公公带着姨母、母亲和舅舅一家人躲到了金陵女子学院难民区。

虽然母亲等人因为幸运得以逃脱，但是母亲、姨母等当时所见所闻颇多，从而留下了深刻的印象。据母亲的回忆，当时她在种田的菜地边的水塘里及马路上看到了很

多被打死的中国人的尸体。

母亲说，日军由于南京战役的持续时间长，对中国军人尤其憎恨，于是对逃跑的中国军人格杀勿论。日军当时例行检查，一旦头上有帽子痕迹的，手上有老茧的，日军认为食指扣抢是军人，针对大部分青壮年大肆屠杀。

由于母亲当时一家在不沿街的茅草屋生活，没有引起日军注意，但是，沿街的那些家庭的房屋损失则较为惨重。母亲等人在一个多月后才得以回到原住地。

公公周长铃在母亲结婚后一个人生活，于 1964 年即离开人世，享年约 67 岁。

1949 年后，国家为了让大家尽量认字，进行扫盲，母亲周成英通过扫盲学会识一点字，会简单地看报，但是不会写字。

母亲生前情况较为良好，住在南京市建邺区宫后山 152 号，子女轮流照顾，最后住在养老院。

母亲和父亲，共育有 3 儿一女。大儿子丁立，72 岁，工人，现已退休；大女儿丁辉，69 岁；二儿子丁勇，66 岁；小儿子我丁毅，63 岁，原是厂技术工人，现也已退休；小女儿丁蓉，已故。

姨母共孕 8 个孩子，其中大儿子也已过世。

（备注：由于周成英女士已故，以上录音是根据被采访者周成英女士的小儿子丁毅口述整理）

南京大屠杀受害家庭周成英家庭族谱

父亲：周长铃

姐姐：周秀珍

哥哥：周凤芝

本人：周成英（南京大屠杀幸存者）

丈夫：丁 ××

大儿子：丁立

大儿媳：戚秀兰

孙子：丁子剑

孙媳：陈芳

曾孙女：丁子娟

二儿子：丁勇

二儿媳：张怀英

孙女：丁子侠

大女儿：丁辉
大女婿：严阵
大外孙女：严洁
孙女婿：纪旋
小外孙女：严燕
二女儿：丁蓉
二女婿：王来福
外孙：王欣
小儿子：丁毅
小儿媳：张桂芹
孙子：丁云弢
孙媳：张丽

采访南京大屠杀受害家庭幸存者周成英儿子丁毅日记

2017年4月15日，采访工作人员陈艺文、马婉蓉到南京市雨花区龙福花园8栋307室采访南京大屠杀受害家庭幸存者周成英，老人的三儿子丁毅先生接受采访。

上午9:20，我们来到丁毅先生家楼下，先给丁毅先生打了电话提前通知，之后我们上楼，他已经打开了门。见到我们，丁毅先生很友好地请我们进了门，丁毅先生的夫人也在家中。

我们几位落座，丁毅先生精神很好，说话清晰，表达流畅。

他谈到周成英女士并没有向子女提起南京大屠杀这些事，直到南京大屠杀纪念馆建馆，有相关人员到访询问周成英女士有关南京大屠杀的史实，周成英才向子女说起。

南京大屠杀幸存者周成英女士（第二排右一）结婚后的第一次全家福

通过丁毅的劝解，周成英女士同意向有关人员讲述，周成英女士最终不愿意按手印，因为对她而言，按手印是类似于1949年以前的卖身契。

丁毅先生还向我们讲述了他母亲周成英女士在南京大屠杀期间的逃跑路线，他们家是草屋，比较偏僻，所以没有财产损失。

丁毅还说道，当时菜地池塘边上都是尸体，头上有戴帽子的印记的、手上有老茧的都被拖出去枪杀。

丁毅先生说南京大屠杀之后他母亲周成英女士参加了识字班，通过扫盲，周成英女士能简单看报纸，不能写字。

周成英女士和她的姐姐后来因迁坟有矛盾不再来往。丁毅说："母亲晚年生活平淡，没有再提起这些事，晚年由几个子女轮流照顾，最后住在养老院，享年 91 岁。"

我们询问丁毅先生是否有他母亲的生活照，丁毅先生表示有。于是，丁毅先生找出了他母亲的一些照片，其中一张证件照、一张周成英女士与她丈夫出游的照片、一张丁毅父亲过生日的照片、一张丁毅兄弟姐妹的照片以及一张丁毅妹妹的照片，我们进行了翻拍。丁毅先生表示了对日本人天生的一种讨厌，日本人自己不承认自己犯下的错误。

采访快要结束时，我们让丁毅先生登记了一些信息，他有些记不清周成英女士的身份证号，于是，他打了一个电话询问了亲戚，把表格填好了。我们提出想让丁毅先生写一张族谱，丁毅先生表示，他记不清楚写不了，就此作罢。

最后，我们与丁毅先生和他夫人合影。

二十、金茂芝家庭

采访时间：2017年7月3日上午10:00

采访地点：南京市江宁区麒麟镇锁石村

采访人员：耿嫣然、季萌萌

我亲眼看见日本兵抽出刀，一刀把我父亲连膀子带身体砍了下来，父亲死了

金茂芝　口述

我叫金茂芝，1928 年出生，今年 90 岁了。我父亲是山东人，家里从清朝政府后期因为大水灾荒从山东搬了过来，当时只有三个人，我祖母和我父母。

我是土生土长的南京人，出生在孟庄。

南京大屠杀的时候，家里有我祖母、我父亲金兆坤、我母亲金杜氏、三个妹妹金世安、金世华还有一个小妹妹一起生活。

我父亲那个时候在南京一个采石场打工，做苦力，后来要造炮台，工头带着我爸爸和一堆人到江阴去了，炮台还没造好，日本人就打上海了，工头就把我父亲他们带

回来了。回来以后，有人回山东了，有人回安徽，来得早的过江去了，来得迟的封江了就过不去了。

父亲回来以后就开始收拾东西搬到山上的山洞里了，在山洞里待了五六天。日军到这里来时，这里有座木头桥，桥被烧了，日本兵过不来了就开始爬山，我们就退到小山的山洞里。

日本兵一边打一边修桥，当天晚上就开始打仗，打了有两天一夜。当时日本兵不会管是兵还是老百姓，看到人就打，到第二天下午，桥修好了，车子先过去了，还有兵在山上，过去之后又开始打。

躲在山洞里的一个小孩（后确定为张开山）出来小便，日本兵看到山洞里有人出来，就开了一枪，小孩的腿被打伤了。

然后日本兵就开始对洞里扫射，洞里有另外一家的爷爷、奶奶，还有一个小孩，爷爷趴在那里，打到了后背，小孩被爷爷抱在怀里被打死了，奶奶站在洞口挡着子弹，也被打死了，后来爷爷也死了，那一家死了三口人。

小孩的爸爸、妈妈带着姊妹五个在另外一个山洞里，听着枪响，就跑上来看，看到兵就想跑，然后日本兵把他的爸爸、妈妈和姊妹五个都打死了。那一家子一共9口人还剩两口人，还有一个跟他的二哥哥（应该是表哥）躲在另外一个山洞里。

还有我姑父和另外两三个人也出来的，后来也被打死了。那一天日军总共打死了十三四个人。

我父母和祖母当时躲在后面的山洞里，日本兵来看到我祖母穿着破棉袄趴在山洞里，就走掉了。

后来日军进城了，我们就都跑出来了。第二天我们就下山了，从天上看到南京城里的炮火，日军已经打到南京了。

我们的房子都被烧掉了，山里面有工房，我们就住工房里，里面大概住了一百多号人，过了一个星期，很多人都搬走了。

本来我们也准备走了，但是我祖母那个时候感冒了，我父亲就打算过段时间再走。

有一天听到外面有枪声，我们就觉得稀奇，就跑出去看，看到了两个日本兵在外面，底下还有很多日本兵。然后日本兵进来带走了五六个年轻人，我父亲在内，还有一些工人，一共带走了十几个。我们几个小孩就跟着跑，跑到山底，有很多日本兵。

我当时有点害怕，我父亲就转头看了我一眼，示意让我回去。我就躲在树后面看，看到他们又走了一小段路。

我父亲就开始和日本兵讲话，用手势交流，不知道讲了什么，突然日本兵就生气了，我就看到日本兵抽出刀，把我父亲连膀子带身体砍了下来（看老人的手势，大概是三分之一的身体，竖着砍下），我很害怕但是不敢动，怕被打死。

然后日本兵把其他人都打死了。有的怕没被打死，就用刀在他们身上不停地戳。

日本兵走了以后，我们就跑到了房子里面，因为我当时离得最近，我看得很清楚，就跟我妈妈还有姨娘说了这件事。房子里的人都听到了，他们就开始看自己家里有没有人被打死，大家都哭了起来。

这时候家里只有我祖母和我妈妈，还有我们姊妹四个，我姑父他们家也只有我姨娘带着小表妹。别人都跑了，我们家里没有人带，也跑不了，就趴在山上的山洞里待了一夜。

第二天日本兵又来了，但是找不到人就走了。第二天晚上，我们就继续往大山深处跑，那里有两个年轻人，把我们带到其他地方躲了四个月，又回来了。

回来以后家里就我妈妈和我姨娘两个人带我们姊妹五个（我们家四个和姨娘的一个孩子），最大的才 9 岁，那个时候的女孩都是小脚，我们也没有办法干活，就只能四处乞讨，或者在地主家荒废的地里捡点烂山芋什么的吃。

到 15 岁我才开始劳动，就开始种地，种点干粮。板桥那里有座山，山上有个碉堡，有几个日本兵在那里看守桥，日本兵经常过来抢吃的，也打死不少人。后来日本投降之后，日本兵从山上下来还跑到村子里来闹，我们村有几个人本来特别生气想杀了他们，但是上面出台政策不给杀，就只好让他们走了。

到 18 岁日本投降以后，国民党来抓人去当兵，我祖母不让我去，因为家里只有我一个男孩子，所以后来我到南京的一个部队待了一年以后就回去了。回去之后说还是要去参军，就去参加附近的自卫队，一直到 1949 年。

1949 年后我就开始白天劳动晚上学习，上夜校。后来就开始搞土改，分田分地。到 1955 年开始入党，跟着党干这个干那个。当时入党是秘密的。当时特别苦，天天没得吃，夜里还要学习。

后来开始搞“大跃进”，我领着一班人，当时搞军事化，我又当连长又当指导员。到 1959 年就公开了，当时组织上给我们每个人 1 支枪和 5 颗子弹，每天晚上就巡逻，保护百姓。

1959 年成立支部，我就成了副书记兼大队长，相当于现在的主任，带着老百姓开荒，种田种地。

“文革”期间，我的会议记录和其他材料全被烧掉了，到现在我什么资料都没有，所以现在连劳保都没有。

金立本口述补充

我叫金立本，今年59岁了，现在在南京市路政支队工作。

我父亲是金茂芝，是南京大屠杀幸存者，1928年出生，今年90岁了。我们家是从山东过来的，过来之后住在锁石村，当时家里有我爷爷金兆坤、母亲金杜氏、我父亲金茂芝、我父亲的妹妹金世安、二妹妹金世华以及一个小妹妹住在一起，家里一共7口人。当时我爷爷在江阴炮台干活，后来日本人从上海打过来，炮台没建好，也建不起来了，就回来了。我父亲他们就在山上种菜、砍柴，然后到城里卖柴。

1937年日军占领南京时，两个日本兵比赛杀人，从中华门杀到了汤山。有一天有很多日本兵到村子里来，当时人们都在山上，我爷爷以为可以干活，就和村子里的一帮年轻人下山，我父亲那时八九岁还小，就和一群小孩子跟在后面跑，我爷爷他们就让小孩子赶快回去。我父亲就躲在一棵树后面，亲眼看到我爷爷以及所有的青壮年都被砍死，一共杀了12个人，还有我父亲的姑父也被杀害。

抗日战争开始之后，我父亲他们村子里的人就在山上搭棚子住，平时没有日本兵来就到山底下种种地，要要饭，有日本兵来了就躲进山洞里。我们那里有个凳子山（化音），山上有个碉堡，碉堡那里有几个日本兵看守，他们经常在村里做坏事，杀人放火抢人家鸡，什么都干过。

1945年之后，我父亲就在家里打打零工，种种地；1949年开始，我父亲开始上夜校，回来之后在村里保护老百姓，做治安。

1949年我父亲开始成为治安主任，1951年开始参加革命，1955年入党，当时是秘密入党，到1959年大家才知道。之后我父亲成为大队副书记兼大队长，后来一直是基层干部，到83岁还是党小组长。当时山东有个大地主叫王来成，他有个亲戚是当时在通缉的汉奸，我父亲就把他们捉住了，送回了山东。

我父亲一共有8个子女：

大女儿金秀兰，丈夫叫韩真宝，他们的儿子叫韩金；

二女儿叫金秀红，丈夫叫钟礼文，他们的女儿叫钟金，儿子叫钟山；

三儿子叫金树本，夫人叫张连娣，他们的儿子叫金明；

老四是我，金立本，我老伴叫娄春花，儿子叫金涛；

五女儿叫金秀玲，丈夫叫刘长宾，他们的儿子叫刘通路；

六女儿金秀芳已经去世了，有一个儿子叫韩龙；

七女儿叫金秀萍，丈夫叫周顺平，有一个女儿叫周金；

八女儿叫金秀琴，丈夫叫黄进水，儿子叫黄荣。

南京大屠杀受害家庭金茂芝家庭族谱

父亲：金兆坤（南京大屠杀遇难者）
母亲：金杜氏
姐姐：金世安
姐姐：金世华
本人：金茂芝（南京大屠杀幸存者）
大女儿：金秀兰
大女婿：韩真宝
外孙：韩金
二女儿：金秀红
二女婿：钟礼文
外孙女：钟金
外孙：钟山
大儿子：金树本
大儿媳：张连娣
孙子：金明
小儿子：金立本
小儿媳：娄春花
孙子：金涛
三女儿：金秀玲
三女婿：刘长宾
外孙：刘通路
四女儿：金秀芳
外孙：韩龙
五女儿：金秀萍
五女婿：周顺平
外孙女：周金
六女儿：金秀琴
六女婿：黄进水
外孙：黄荣

采访南京大屠杀受害家庭幸存者金茂芝日记

2017年7月4日，南京大屠杀微观史调查志愿者耿嫣然和季萌萌来到位于南京市江宁区锁石村的金茂芝老人家中。

在前一天对老人二儿子的采访中，我们得知老人还在世，而且身体硬朗，对大屠杀时期的事情记忆也比较清晰，于是我们在征得金立本和金茂芝老人的同意后，于次日再次来到老人家中。

金茂芝老人已经90岁了，但是身体依然很硬朗。老人对当年的事情印象非常深刻，而且也愿意向后人讲述当年发生的事情。

据金茂芝老人讲述，他的父亲是山东人，在清朝后期（具体日期不详）父母和祖母从山东因洪灾逃荒至南京，他本人也生于南京，并且一直生活在南京。

在南京大屠杀发生之前，金茂芝的父亲在南京的砂石厂做工。因为国民政府要修筑炮台，所以金茂芝父亲跟随砂石厂的部分工人到江阴修炮台。炮台还没有修筑完成，日军就已经打进上海。于是，工头就把金茂芝父亲等一拨工人带回南京。

但是有一部分工人虽然是在南京谋生，但老家并不在南京，于是很多人打算回老家。当时长江被封了，走得比较早的工人成功渡江，比较晚的工人就没能回去。

当时老百姓都跑反住在山洞里，有一家有一个8岁左右的孩子，到石洞外小便，被山洞对面碉堡里的日本兵看见，就一枪打在了孩子的腿上。小孩大一点的哥哥看见小孩受伤了，就出来救他，却被日本兵从碉堡上用枪打死。

孩子的爸妈带着其他五个孩子在另一个山洞里，听到声音后出来查看，结果全部被打死。

另外一个家庭是，日本兵打死了家里的老人和孩子共三人。还有几个想要逃跑的工人也被日本兵打死。

攻打结束后，大批的日军进入南京市区，人们发现比较安全，就从山洞出来找食物，发现家里的房屋全部被烧毁。

后来，金茂芝听到枪声以后跑出去观看，当时以为仅仅是日本兵进村抢食物，没想到日本兵抓了五六个人。金茂芝的父亲也被日本兵带走，金茂芝当时并未觉得害怕，还和村里的其他几个小孩一同一直跟着自己的父亲等人。但是后来被父亲用石头恐吓后，就躲在附近的树下。

金茂芝亲眼看见自己的父亲用手势在和日本兵交流，尔后金茂芝父亲被日本兵一刀砍死，但是金茂芝没敢动弹。后来老人目睹了日本兵用刀捅其他人。而后有人逃跑（具体是被抓住的人还是和金茂芝一起的小孩，未详），但都被日本兵用枪打死。后来金茂芝回家后对自己的祖母、母亲还有姨娘讲述自己看见的事情。

南京大屠杀幸存者金茂芝参加 2014 年 12 月 13 日国家公祭日留影

当时金茂芝家里只剩下金茂芝的祖母、金茂芝的母亲、金茂芝的姨娘还有包括金茂芝在内的五个小孩，其中有一个是金茂芝姨娘家的小孩，其中 9 岁的金茂芝最大。金茂芝一家后来跟随其他人逃至其他地方个把月后返回。

后来，金茂芝一家人以要饭维生。到金茂芝十几岁的时候，金茂芝开始在荒地上种植山芋等东西，金茂芝的祖母、母亲还有姨娘，因为小脚不能从事这些劳动，就继续要饭。

在日本投降之前，依旧有日本兵在山村庄对面的碉堡上看守桥，有时候会下来抢掠百姓的庄稼，有时候也打死过百姓。后来即使是日本投降以后，日本兵还是会从碉堡上下来，抢掠百姓。

在金茂芝 18 岁的时候，应当去当兵，但是金茂芝的祖母不同意，于是带着金茂芝等人在其他地方躲了一阵子。在金茂芝 19 岁的时候，国民政府仍然要他去当兵。

1949 年后，金茂芝进入党校学习，也到夜校学习过，在土改期间，金茂芝白天忙着分地，晚上学习，在此之前金茂芝并未受到过教育。

1955 年，金茂芝秘密入党。入党后一直听从组织安排，也一直在基层从事工作。据金茂芝讲述，他从事基层工作的时期，生活条件很艰苦，金茂芝每次去市或者县开会，都是赤着脚走过去的。

1959 年，金茂芝担任副书记兼大队长，领导当地的民兵，管理治安工作。期间，政府曾发给金茂芝五枚子弹，用来防卫。

金茂芝一直在基层从事工作，期间曾有一段时间到机电站工作。后来，当地百姓强烈要求金茂芝重回基层主持工作，金茂芝又重新返回基层工作。至今，金茂芝仍然是所在村子的重要人员。

采访南京大屠杀受害家庭幸存者金茂芝儿子金立本日记

2017 年 7 月 2 日，南京大屠杀微观史调查志愿者耿嫣然和季萌萌来到位于安德门附近的金立本（南京大屠杀幸存者金茂芝的二儿子）家中进行采访。

金立本家中藏有金茂芝老人的一些资料，据金立本讲述，父亲一家是由山东的台儿庄逃难至南京，父亲在南京出生，并且一直生活在南京锁石村。

在南京大屠杀之前，父亲家庭靠要饭、砍柴、耕种山边荒地维生，其中，父亲的三个姐妹主要是要饭。南京大屠杀之前，祖父金兆坤跟随国民党在江阴修筑炮台，后逃至南京，赶上日军打过上海。

在南京大屠杀期间，祖父、姑爷爷和舅爷爷遇害，当时被杀死的百姓很多。12 月某日，有日本兵经过老人居住的锁石村附近，后有两名日本兵返回举行杀人比赛，当场砍死了祖父。在祖父被日本兵带走的时候，父亲和其他几个小孩曾一直跟随着他们，但是在祖父拿起石头的恐吓之下，不再跟随，就地藏在边上的树丛里。父亲亲眼看见祖父被日本兵用刀砍死。后来，日本兵发现山上藏有百姓，就用机枪扫射，但是父亲幸免于难。

在南京大屠杀之后，父亲一家人还是和以前一样居住在山洞里。在山洞的对面有碉堡，并且有日本兵看守，碉堡里的日本兵有时会下来到村庄里烧杀抢掠，这时，百姓就会逃到山上，等日本兵走后再下山。在此期间，会有专门的人监视，如果日本兵来了就通知大家。

1945 年后，父亲靠种地、砍柴贩卖维生。

1949 年，父亲上夜校，在此之前父亲没有接受过教育。

1949—1955 年，父亲在大队担任治安主任。在此期间，由于捉逮过外来逃荒人员和一些小偷得罪过别人。

1955 年之前，在党校学习过两次。

1955 年，父亲秘密加入中国共产党，直至 1959 年左右家人才知晓。

1959 年，担任大队副书记兼大队长，直至 1969 年。

父亲到 83 岁时仍担任大队党小组长，工作积极。

二十一、张开山家庭

采访时间：2017年7月3日上午11:00

采访地点：南京市江宁区麒麟镇锁石村

采访人员：耿嫣然、季萌萌

我父亲被日军一枪打中屁股，看见鬼子一次杀了四十几个人

张勇祥　口述

我叫张勇祥，是南京大屠杀幸存者张开山的儿子，我父亲已于 2012 年 4 月 26 日

去世，享年84岁。当时住在锁石村，家里有我爷爷和我父亲在内的姊妹六个生活在一起。当时靠帮我父亲的三舅舅种菜地为生。

南京大屠杀时，我父亲住在对面的山上（锁石村对面的山）山洞外面的棚子里，我父亲的哥哥张开宇和另外一个表哥跑到了别的地方，我父亲没跑掉，和我爷爷还有别的人一起蹲在山洞里面，一共11个人。当时我父亲要上厕所，他非要出去，日本兵看到山洞里有人出来了，就对着我父亲开了一枪，打到了我父亲的屁股。

日本兵过来以后，我父亲就开始装死，趴在地上一动不动，没被打死。我父亲的母亲和几个姨娘当时躲在草棚里，日本兵一把火就都烧掉了，烧死了四个人。天黑了之后，我父亲的大哥和表哥回来了，听到我父亲的哭声，我父亲的哥哥就把我父亲背起来，背到山下去了。

我父亲的表哥和三舅舅就说要把他扔了，我父亲的大哥就不肯，因为家里一家九口只剩他们两个人了。后来我父亲屁股上的伤就自己好了。

当时我父亲看到金茂芝父亲被日军杀掉了，一次性被杀了四十几个。我们那边有烧石灰的工人，有的一家都被杀掉了，有的一家全逃掉了，我父亲都看到。

1949年以后，我父亲就开始拉驴车，卖柴。后来我父亲的大哥生病了，我父亲就把驴车卖了，卖了300块给我父亲的大哥治病。1962年我父亲开始当生产队队长。

我父亲有7个孩子，其中三儿子过继给我父亲的哥哥张开宇。

老大张大平，已经65岁了，他老伴叫陈思平，有一儿一女，儿子叫张伟，老婆叫林静，孙子叫张林博；女儿叫张文燕，丈夫叫梁培。

老二是我，张勇祥，我夫人叫艾华，有一儿一女，儿子叫张培，老婆叫包宁静，有一儿一女，分别叫张翰之和张静蕊；女儿叫张莲，丈夫叫张路，有一个女儿叫张庭轩。

老三叫张兴，老伴叫陈新眠，有一个儿子叫张伟，他的夫人叫唐露，有一个女儿叫张梓涵。

老四叫张勇平，夫人叫钱春霞，有一个女儿叫张甜甜。

老五叫张勇胜，夫人叫刘龄，有一个女儿叫张佳慧。

老六叫张晓顺，是妹妹，老伴叫潘庆发，有一个儿子叫潘瑞，一个女儿叫潘子悦。

老七叫张玲玲，也是个妹妹，丈夫叫王世发，有一个儿子叫王洋，夫人叫王重芳，有一个女儿叫王月涵。

南京大屠杀受害家庭张开山家庭族谱

本人：张开山（南京大屠杀幸存者）

妻子：孙桂兰

大儿子：张大平
大儿媳：陈思平
孙子： 张伟
孙媳：林静
曾孙：张林博
孙女：张文燕
孙女婿：梁培
二儿子：张勇祥
二儿媳：艾华
孙子：张培
孙媳：包宁静
曾孙：张翰之
曾孙女：张静蕊
孙女：张莲
孙女婿：张路
曾外孙女：张庭轩
三儿子：张兴
三儿媳：陈新眠
孙子：张伟
孙媳：唐露
曾孙女：张梓涵
四儿子：张勇平
四儿媳：钱春霞
孙女：张甜甜
五儿子：张勇胜
五儿媳：刘龄
孙女：张佳慧
大女儿：张晓顺
大女婿：潘庆发
外孙：潘瑞
外孙女：潘子悦
二女儿：张玲玲

二女婿：王世发

外孙：王洋

外孙媳：王重芳

曾外孙女：王月涵

采访南京大屠杀受害家庭幸存者张开山儿子张勇祥日记

2017 年 7 月 3 日，在采访完金茂芝老人后，我们在金茂芝老人女儿的指引下，来到了同在锁石村的张开山老人的二儿子张勇祥家中（张开山老人已经去世）。

据张勇祥讲述，大屠杀发生时，张开山老人是 8 岁。在南京大屠杀之前，老人一家一直住在锁石村。

在南京大屠杀期间，父亲和家人一起躲在山洞里，但是期间出来小便，被对面碉堡里的日本兵用枪打伤了屁股，但只是受伤并未死亡，父亲的一个哥哥为了救父亲却被日本兵打中死亡。祖父还有其他几个子女在另一个山洞里，听到动静后出来查看，都被日本兵从碉堡上用枪打死。

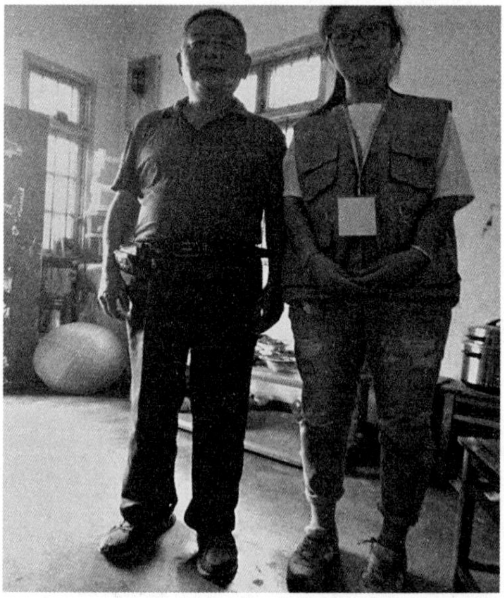

南京大屠杀幸存者张开山的儿子张勇祥（左）与南京晓庄学院志愿者合影

父亲在大屠杀期间也曾亲眼看见金兆坤（金茂芝老人的父亲）等四十几个人被日本兵用机枪扫射死亡。

在南京大屠杀发生之前，父亲一直帮其三舅放牛种地，并没有接受过教育，在 1962 年左右，父亲在锁石村担任生产队队长。

张开山老人的儿子告诉我们，在父亲去世时，家里的旧物都随着下葬了，南京大屠杀幸存者证书也被收回。他拿出老人用布包裹着的遗照，出于对老人的尊重，我们并没有打开拍摄照片。

二十二、马秀英家庭

采访时间：2017年7月2日上午10:00

采访地点：南京市秦淮区银龙景苑6栋2单元308室

采访人员：耿嫣然、季萌萌

三哥被日本兵抓走打死，二哥从死人堆里爬出来幸免于难

马秀英　口述

我叫马秀英，1922年3月26日出生。我是回族人，是土生土长的南京人，南京大屠杀前住在南卫巷，当时家里有我母亲马王氏、大哥马广庭、二哥马广福、三哥马广源和我共5口人，我父亲在我三个月大的时候就去世了。当时我哥哥们在家里种菜地，我妈妈在家里帮人家做衣服。

日军进城时，我和母亲走在路上，远远看见日本兵都扛着枪。日军进城后，就开始不停地放枪，我们都躲在地洞里面，有人来送饭给我们吃。后来我们回家时，看见路上都是被枪打死的人，我的三哥哥马广源被日本兵抓去了，后来也不知道在哪死的。我的二哥哥马广福当时在死人堆里，躲在一个死人的身下，没被打死，半夜里爬了出来。

1949年以后我们还是住在南卫巷，家里和以前一样，我妈妈马王氏做裁缝，哥哥们种菜地。

我有一个儿子叫马大兴，儿媳妇叫孙秀英，他们有一个儿子叫马俊，在燃气公司上班，孙媳妇叫于海娟，有一个女儿叫马雯倩，在晓庄学院读书。

南京大屠杀受害家庭马秀英家庭族谱

母亲：马王氏

哥哥：马广庭

哥哥：马广福

哥哥：马广源（南京大屠杀遇难者）

本人：马秀英（南京大屠杀幸存者）

儿子：马大兴

儿媳：孙秀英

孙子：马俊

孙媳：于海娟

曾孙女：马雯倩

采访南京大屠杀受害家庭幸存者马秀英日记

2017年7月3日，南京大屠杀微观史调查志愿者耿嫣然和季萌萌在老人儿子马大兴的带领下来到位于银龙景苑的马秀英老人家中，现在老人和儿子儿媳一同居住在银

南京大屠杀幸存者马秀英（左）与南京晓庄学院志愿者合影

龙景苑 6 栋。

据老人亲口讲述，南京大屠杀发生时，自己已经 19 岁，居住在南卫巷。在南京大屠杀发生之前，在老人 3 岁时，她父亲就已经去世。后来一直是老人的母亲马王氏依靠给别人做衣裳（裁缝）维持一家人的生活，包括老人和她的三个哥哥。

在南京大屠杀发生时，老人一家居住在难民所里，老人亲眼看见日本兵扛着枪，而后老人随同家人躲进了地洞。后来老人返回家里的途中，目睹街上无数被日本兵杀害的百姓的尸体。

在南京大屠杀发生期间，老人的三哥哥被日军抓走后被打死，而二哥哥马广福则从死人堆里爬出来了，幸免于难。

老人的家庭在大屠杀之前一直做小生意维持生活（母亲是裁缝），家里没有条件送她到学校念书，因此并未接受过教育。南京大屠杀期间老人家中没有房屋被烧毁。1949 年后，老人家庭依旧靠小生意维持生活，而大哥则务农（种菜地）。

二十三、沈桂英家庭

采访时间：2017年4月16日下午3:00

采访地点：南京市江宁区汤山镇言家村54号

采访人员：耿嫣然、季萌萌

三个亲人被鬼子枪杀，头都被打通了，跑反回来三间房子被烧光了

刘开芹　口述

我叫刘开芹，是南京大屠杀幸存者沈桂英的大女儿。

1937 年我母亲 10 岁（虚岁），那时住在句容县花木李（化音）。当时家里有太爷爷沈永强、太奶奶沈氏、爷爷沈宝坠、奶奶言至玉、大姑姑沈桂兰、二姑姑沈桂荣、小叔叔沈桂芝和我母亲共 8 口人。南京大屠杀时具体年龄已不记得，只知道当时爷爷和姑外公是青壮年。当时家里务农为生。

1937年日军进城后，到处杀人放火，我太爷爷、爷爷和姑外公以及村上的一些男丁都被日本兵用枪打死了，我母亲一下子失去了三个亲人。后来去收尸的时候看到他们的头都被打通了。后来跟随奶奶跑反到龙潭（南京营防），回来以后房子都被烧了，共三间房子。

1938年，日军来抓壮丁做苦力，因为家里没有男丁，我奶奶就被拉过去做苦力，但是做不动，日本兵就用枪托把她的腿打伤了。奶奶腿受伤后，就开始了乞讨生活。

1949年后，我母亲沈桂英以务农为生，奶奶言至玉1976年左右去世，享年73岁。

大姑姑沈桂兰一直住在句容石狮，也以务农为生，于1976年去世。

二姑姑沈桂荣早年跟随家里的一位姨父——国民党的一位少将师长出去抗日，二十几岁在湖南鸿江因病逝世。

小叔叔沈桂芝一开始以务农为生，后成为基层干部，是个党员。

我有两个妹妹和一个弟弟。二妹刘开涵1957年出生，退休以前是单位会计，她老伴叫徐生树，退休以前是江宁公安；三弟1959年出生，退休以前是南京三钢的钢铁厂工人，老伴董力玉，退休以前在水泥厂做化验员；小妹刘开兰1962年出生，退休以前为驾驶员，老伴李君全，是交通技师学院的行政干部。

我有一儿一女，大女儿刘甜，1982年出生，现为土桥医院医生；女婿东洪光，现在江宁区人社局工作。二儿子殷叶翔，1989年出生，搞机械工程。

二妹有一个女儿，1986年出生，叫徐珲，是社区干部；丈夫叫马存，是现役军人，开直升机的。

三弟有一个儿子，叫刘文嘉，1987年出生，在江宁公安局刑警大队工作；妻子唐缘，是环保公司化验员。

小妹有一个儿子，叫李正堂，1988年出生，是交通技师学院的教师；妻子张月也是该校的教师。

南京大屠杀受害家庭沈桂英家庭族谱

祖父：沈永强（南京大屠杀遇难者）

父亲：沈宝坠（南京大屠杀遇难者）

母亲：言至玉

姐姐：沈桂兰

姐姐：沈桂荣

弟弟：沈桂芝

本人：沈桂英（南京大屠杀幸存者）

大女儿：刘开芹
外孙女：刘甜
外孙女婿：东洪光
外孙：殷叶翔
二女儿：刘开涵
二女婿：徐生树
外孙女：徐珲
外孙女婿：马存
儿子：刘开荣
儿媳：董力玉
孙子：刘文嘉
孙媳：唐缘
小女儿：刘开兰
小女婿：李君全
外孙：李正堂
外孙媳：张月

采访南京大屠杀受害家庭幸存者沈桂英日记

2017年4月18日，采访小组成员耿嫣然、季萌萌来到南京市江宁区汤山街道采访南京大屠杀幸存者沈桂英。同时接受采访的还有老人的大女儿、小女儿和儿子。沈桂英老人已经90高龄，听力有明显的障碍，而且意识也不是十分清醒。

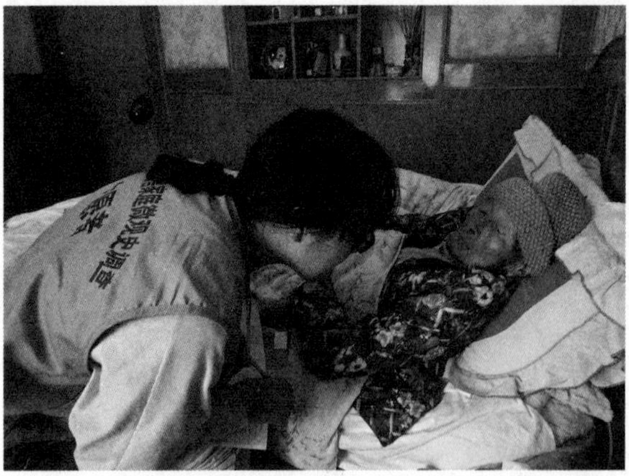

南京大屠杀幸存者沈桂英（右）接受南京晓庄学院志愿者采访

在我们开始采访的时候，老人不断地念叨着，感谢炮兵学院退休的也曾调查过南京大屠杀的费教授。

老人情绪很激动，一直紧握耿嫣然的手，念叨着感谢我们来采访她，而且对自己年龄大不能口述表示愧疚，在不断地哭泣中痛骂日军，说日本兵杀害了她的家人。

由于和老人存在沟通障碍，我们就提出要采访正在照顾她的小女儿刘开兰，而小女儿则表示要请老人的大女儿刘开芹过来接受采访。

据刘开芹的讲述，由于老人家庭遇害的时候老人尚且年幼，对当时的事情记得不是很清楚，所以对她们讲述的事情并不是很多。但是老人印象深刻的是，自己的父亲、爷爷、姑父惨遭日军杀害，母亲也因为做苦力的时候的一些意外被日本兵打伤了腿，最后整个家庭为了生计，不得不出门乞讨。从她大女儿刘开芹口中得知，老人的父亲和爷爷都是脑袋被打通的，而且在我们和老人交流的过程中，老人也在不断地念叨。

当刘开芹被问及老人给她讲述的南京大屠杀的事情对她们的影响时，她情绪十分激动，包括一直在边上的老人的小女儿刘开兰和儿子刘开荣。他们一致不断强调：我们要讲出南京大屠杀的事情，让日本鬼子没机会改历史。日本鬼子是坏人，还想抢占我们的钓鱼岛，我们现在国家强盛了，不会让他们得逞。

采访结束后我们给刘开芹200元的信息采集费，而她误以为钱是我们出的，一直拒绝，表示讲述这些都是她们应该做的。我们一直在不断地强调这是政府给的信息采集费，她才收下。

二十四、顾秀兰家族

采访时间：2017年5月20日

采访地点：南京市鼓楼区司背后2号9栋206室

采访人员：霍方婷、丁传奇

我母亲二哥的孩子在日机轰炸中被砸死，村里树上都挂着村民的尸体

龙润菊、龙巧玲、龙晋源　口述

我母亲顾秀兰1924年11月10日出生于江苏泗阳朱家庄附近，家有四个子女：我大舅顾振喜、二舅顾振平、姨妈顾秀琴。大舅比母亲大20岁，比二舅大10岁，比姨妈大四五岁。

1925年前我母亲（当时两三个月）随父母逃荒搬到西华门，在飞机场附近以种菜为生。七八岁时在西华门东厂，秦淮河西边，也就是冯玉祥家附近的民众教育馆学习。

1937年七八月份中午务农时母亲准备回家吃中饭，刚到家便听到一声巨响，门前不远处的小树林被炸得尘土飞扬。母亲看到上方有飞机经过（飞机上插有旗子，当时不知道是日本旗）开始投炸弹，飞机场、村庄都被炸毁。轰炸过后，母亲亲眼看到尸体、残肢、衣物等挂在树上，自家十多间房屋和菜地都被炸毁，二舅的儿子（不满周岁）当时在家中被桌子压死。

之后，一家人搬到华新巷（宁海路与上海路交叉口，顾家大塘附近）仍以务农为生。二舅在回原来的家中准备找些务农工具、生活用品时不巧遇到两个日本兵，日本兵挥着军刀砍到二舅帽子，担子也翻了，二舅赶忙跑走才侥幸生存。

1937 年 12 月 12 日，外婆听说日军将要进城，外公（当时 60 多岁）带着母亲（13 岁）准备出挹江门到江边乘船，半夜逃到江北老家，但江边已有很多人挤着上船逃难，外公年龄也大，与母亲未能上船。之后由于承载过重，船便翻了，船上的人也掉入江里，很多人随江流漂走，外公和母亲亲眼看到几千人淹死了。

当时天也亮了，没有船跑不掉，外公就带着母亲往回跑，经过挹江门，城门洞里已有很多过江逃难没走掉的人被机关枪扫死，尸横遍野，堆积如山。

外公就拽着母亲越过死人堆，快中午时才跑回家。外婆看到外公和母亲跑回来，赶紧让他们回家躲起来。

因为怕日军来抢夺年轻女孩，母亲与姐姐以及附近一个女孩（邢淑仪，比母亲小 1 岁）三个人去金陵女子学院避难所避难，在门口犹豫不敢进去时遇到美国的华小姐（魏特琳，当时大家都叫她华小姐），华小姐连忙让她们进去躲起来。

姨妈当时已经怀孕，期间奔波又受惊吓导致早产大出血，因住在楼梯穿风的地方，得了产后风，不治身亡，年仅 18 岁不到。

在避难所避难的半年中，也有日本兵想进来，但因为华小姐的保护以及避难所的操场草地上铺有美国国旗，日本兵就不敢进来了。母亲及其他躲在避难所的人在里面做些手工维持生计，中间也为日本人炒过花生。

1938 年之后又搬到天主教堂，有嬷嬷照顾，并在建造的职业学校做手工劳作至 1939 年。

期间，日军在南京驻扎下来，一次外公将种的菜拿出去卖，碰见一个叫川崎的日本兵让外公把菜送到兵营，因为不给钱，外公与其理论时被痛打，并被用大石头砸到胸膛，吐血，之后被抬回家两天不到便去世了。

一位同住在华新巷的西北地方军官魏利华逃走后，家中的花匠留下来看房，花匠弟弟过来时被日本兵绑在树上用刀刺死。

一个理发店剃头匠的妻子（当时已怀有身孕）被四个日本兵轮奸，不忍屈辱欲跳河轻生，被丈夫救回安抚才活下来，将孩子生了下来，但心中已受到不可掩盖的创伤。

日军到处抓青壮年，认为这些青壮年中有躲藏的国民党士兵，倘若没有家人领走就当场枪毙。母亲家附近的一个邻居邢寿田（女儿是和母亲一起避难的邢淑仪）也被抓走，当邢寿田看见外婆经过，喊外婆“妈妈”，外婆也假装配合才得以逃生。

外公去世后母亲便没有上学，只上到初一。1949 年后华新巷被改为南京幼儿师范学校，之后母亲搬到上海路北秀村11号居住，并担任居委会主任，工作至1968年，因“文化大革命”失业，以打零工抚养子女。

（备注：由于顾秀兰女士已93岁高龄并患老年痴呆症，不能完成采访，因此此次采访对象为其子女龙润菊、龙巧玲、龙晋源。）

南京大屠杀受害家庭顾秀兰家庭族谱

爷爷：顾 × ×

叔叔：顾永升

叔叔：顾永贵

父亲：顾永高

姐姐：顾秀琴（在南京大屠杀中早产，18岁去世）

哥哥：顾振喜

外甥：顾元善

曾外甥：顾玉姐、顾玉林、顾玉花、顾玉芳、顾玉良

外甥：顾元福

曾外甥：顾玉龙、顾玉梅、顾玉萍、顾玉香

外甥女：顾元风

哥哥：顾振华

外甥：顾长根、顾靠山、顾翠云、顾长发、顾长顺

本人：顾秀兰（南京大屠杀幸存者）

儿子：龙庆源

孙子：龙潜坤

曾孙：龙木和

女儿：龙润菊

外孙：田野

女儿：龙巧玲

外孙女：唐媛园

曾外孙女：刘译熙

儿子：龙晋源

孙子：龙宇

曾孙：龙岚希

南京大屠杀幸存者顾秀兰（中）及家人接受南京晓庄学院志愿者采访后的合影

采访南京大屠杀受害家庭顾秀兰日记

2017 年 5 月 20 日，天气炎热，我和搭档霍方婷准时到达新模范马路司背后的顾秀兰家。因为顾秀兰老人年事已高，接受采访的是她的两个女儿和一个儿子。

龙氏兄妹三个人分工明确，详细且有条理地给我们讲了顾秀兰老人 1924 年年前举家从江苏泗阳逃荒到南京，全家落户南京西华门飞机场附近并以务农为生。

1937 年 7 月份左右，家里的田地被日本空军轰炸，可以清楚地看到飞机上日军的旗帜。顾秀兰二哥的孩子也在轰炸中不幸被坍塌的房子和桌子砸死，村里的树上都挂着没有幸免的村民的尸体，很是触目惊心。家里的十几间房被夷为平地，于是全家搬到了华新巷。

12 月 12 日，听说日本军队要进城，顾秀兰的父亲连夜带着她去江边渡船逃跑，可是船上人太多，无法登船。船开出去以后失衡翻船了，因为是冬天，很多人都溺水淹死了。

无法过江，顾秀兰的父亲只好带着她返回了华新巷。在路过挹江门时，父女俩看见城门里尸体已经堆成了山，据说日军在城门口架了机枪，只要是路过的都扫死。幸运的是父女俩到城门的时候日军已经撤离了。

日军进城后，因为顾秀兰老人和邢淑仪老人当时是年轻的女子，于是在金陵女子学院避难，躲了将近一年，期间做一些手工维持生计。避难所的操场上铺着美国国旗，防止日军轰炸，所以相对安全。可是期间日军也要求进避难所搜查，被驻守的美国教师义正词严地拒绝了。

1949 年后，因为顾秀兰老人读过书，文化程度相当于初中，所以一直在上海路北秀村任居委会主任一职直到“文化大革命”。“文化大革命”风波之后，顾秀兰老人失去了工作，靠打零工养活四个子女。

如今，顾秀兰老人年事已高，精神恍惚，但身体仍然健康，令人欣慰。

历时一个半小时的采访，我和搭档全神贯注地听他们讲述顾秀兰老人的故事。

顾秀兰老人将自己的经历都写在本子上，并详细地和子女讲解的伟大举动令我们感动。

老人的小儿子也希望能够提供渠道让顾秀兰老人和当时一同在避难所的邢淑仪老人见一面，可见两位老人超越亲情的深厚友谊。

再三感谢后，我们向龙氏三兄妹告别，圆满完成了这次采访。

二十五、陆长英家族

采访时间：2017年6月4日

采访地点：南京市秦淮区小西湖58号102室

采访人员：霍方婷、丁传奇

西干长巷14家躲在城墙边地洞里避难，有12家被鬼子一个不剩地全部杀光

殷美玲　口述

我母亲一家1937年前住在西干长巷的城墙边，家里以卖柴火、做小生意、卖菜维持生计。

那年（1937年）我母亲陆长英15岁，日军打进来的头一个月，就有飞机不停地来轰炸，搞得人心惶惶。在日军进城前，城里的有钱人、中央军（国民党军队）当官的能跑的都跑了。

没过多久，城南城北到处响起了炮声，大概是鬼子到了城边，与中央军交上了火。当时城里乱作一团，中央军还在不断地抓差当兵，老百姓知道鬼子要来，都携家带口往外逃。

母亲记得日本鬼子是在夜里进城的。得知日本鬼子要进城之后，住在城边的14户人家都在城墙边挖了地道躲了进去，外面枪炮声不断，城墙被大炮打得塌了下来，碎砖碎土落下把母亲家住的地洞口都堵了。

日军打到中华门后，深更半夜的也不知是几点钟，就用枪托把我母亲和家人从地洞里赶出来，说是要搜查有没有中央兵。

第二天，鬼子又挨家挨户抢东西，抢到的盐、米等食品，让小孩子先尝，证实没问题后才拿走。上午，日本兵扛着机枪来到我母亲家的地洞门口，把机枪架在一家人的头上，拿长枪柄对她们打来打去，问我外祖父干什么的。外祖父比画着说是种田的。之后，母亲的哥哥被他们抓走当差，母亲被逼着和一名孕妇抬一具日本兵的尸体，放在干柴上烧。

母亲的姐姐陆徐氏被迫为他们就地烧饭，谁知饭给烧煳了，被一个鬼子痛打了一顿，母亲也被日本兵用锅铲打到了手，留下了后遗症，一直都没有好。外祖父见他们

被打，赶快喊："火小一点！"母亲和她姐姐重新又煮，饭煮好后，鬼子让母亲的姐姐先吃几口，然后才将米饭用盆子装满全部带走。

母亲说她看到的很多，只能记得当时给她印象最深的几次。

给鬼子抬尸体的那天上午，在地洞拐角处，她看到几个日本兵让一个40多岁的男子帮他们从城墙上往下扛东西，干完活后，鬼子就狠心把他从城墙上往下推，谁知那人被挂在一根树枝上，鬼子见状，便捡起石头，照准那人乱砸一通，直到那人被砸死才笑哈哈地住手。

下午，在西干长巷，她又看到一个高个子男人坐在城墙脚下，被路过的鬼子一刀砍下去，整个人被一下子劈成了两半，惨不忍睹。到现在想起来，她还心惊肉跳。晚上，母亲家隔壁地洞里的人出来小解，被日本兵一枪打死，说他是"中央兵的干活"。

开始，日本兵要杀的首先是中央兵。鬼子打进来时，中央兵已溃不成军，不知是没有还手之力，还是不想还击，在船上的官兵竟一枪不发，真是在等死。

母亲一家躲在地洞里，就听到中央兵被鬼子打得鬼哭狼嚎，看到日本鬼子用铁丝把中央兵一个个从肩胛骨处穿起来，整船的人被推到河里，活活淹死。

后来，日军像是发疯了一样见人就杀。西干长巷14家在城墙边挖地洞避难，有12家被一个不剩地全部杀光。

母亲家因为地洞挖得深，洞门口又被碎砖石和几具死尸堵着，才幸免于难。两天后，母亲的哥哥从鬼子那儿偷跑回来，一家人在阴暗潮湿的地洞里实在待不下去了，要么饿死、冻死，要么被日本兵发现杀死，外祖父和母亲的哥哥就决定趁天黑带全家人逃命。

母亲一家先是往芦苇地里（现南湖一带）逃。那天晚上，外祖父准备好了过河用的绳子，带着家人爬出了地洞，外面到处是死尸，从城墙下到河边全都拉上了电网。

一家人从电网下面小心地爬过去，往水西门方向跑。水西门大桥已被炸坏，来到河边，准备牵着绳子涉水过河，谁知河中整个堆满了尸体，那时也不知哪来那么大的勇气，一家人脚踩着软软的死尸，手牵着手过了河。

刚上岸，正巧迎面碰到两个骑自行车的日本兵，见到母亲和她的姐姐便大叫着"花姑娘，花姑娘"，上来就拉住我母亲挎在膀子上的包袱。母亲死命扯着不放，外祖父急忙大声叫喊："扔掉包，快跑！"于是母亲就将包一松，挣脱了鬼子，向苇子里跑去。

那鬼子见状，气急败坏地抓住外祖父，一巴掌把外祖父打倒在地，摔在了水塘里，以至于后来外祖父一个冬天都穿着湿棉裤，整个腿都烂掉了。就在这时，远处开过来一辆坦克车，车上的人对两个鬼子叽里呱啦地叫了一通，好像是要他们赶快回去。

这样，外祖父他们才趁机得以逃走。母亲拼命地往芦苇地里奔，一口气跑到苇心。这时，天已亮了。前面又是一条小河，隐隐约约地看到十几个被杀死的中央兵躺在河里，母亲顾不上多想，就从他们身上爬了过去。

上岸后，见不远处有间草棚，我母亲便一头钻了进去。一个时辰后，听到外祖父他们在河对岸喊我母亲，便急忙又爬过河去，回到了他们身边。上午，又有十几个鬼子来到苇里抓人。

无奈，一家人又逃到了赛虹桥，在那儿的苇地边搭棚子、挖坑。鬼子来的时候，小孩就赶紧躲到坑里，外祖父母便用块木板撒上土铺些草坐在上面来掩护他们，但这方法总不是长久之计。以后，母亲和她姐姐及邻居的几个小丫头每天天不亮就钻芦地里，拔些青菜，用破锅煮了吃，到晚上才敢出来。

不久，鬼子听说苇子里有“花姑娘”，但又不敢进去，就用汽油放火烧芦苇，弄得她们无处藏身。后来，全家又逃到了江心洲，起先是十几家搭棚子住在一起，大家天不亮就顺着江边跑，到晚上再回来歇脚，直到棚子被日本人烧了，一家人就又来到洲上的一个村庄，用两块大头（银圆）租了一间房子，白天躲到床下的地洞里，晚上出来，就这样一住就是一年多。

在外面奔波了一年多后，全家人又回到了南京城里。

母亲的哥哥那时以挑担子做生意为名，和游击队接上了头。当时鬼子已开始搞安民登记，每个人都要领身份证，一些保长、甲长和汉奸勾结日本人，处处欺压老百姓，六亲不认。所有的城门查得都很紧，日本鬼子主要是害怕游击队进城。

一天，母亲在水西门老城门口看到一名妇女在城门口贩盐，被汉奸和鬼子发现，唤3条狼狗活活将其咬死，鬼子的狂笑声一直回响在母亲的耳边，想甩都甩不掉。母亲每每和别人讲述这些事，眼泪都止不住地流。

父亲也是南京大屠杀的幸存者，比母亲大3岁，家里是卖水果为生，做一些小生意。当时日本人以杀中央兵为由，把所有壮丁都抓到五台山，如果没有人来认领就全部用机关枪扫死，父亲刚被远方堂哥救了下来，日本兵就开枪了，真的是捡回了一条命。

安定之后，母亲一家又以做小生意维持生计。母亲在世的时候，当时大拇指因为把饭烧糊被日本军用铲子打变形，母亲每谈到南京大屠杀，记忆都很清楚，就连住院的时候还经常和护士谈及此事，因为在南京大屠杀期间看到许多残忍的场景，导致后来母亲的心脏不是很好。

外祖父于一九五几年去世，一九七几年母亲在苏北住了几年，后来搬到了现在的小西湖。

（备注：由于陆长英女士已故，此次采访对象为其女儿殷美玲，但是以上内容为老人生前的口述以及文章记载内容）

南京大屠杀受害家庭陆长英家庭族谱

父亲：陆步有

母亲：陆叶氏

弟弟：陆长林

表哥：陆士锦

本人：陆长英（南京大屠杀幸存者）

丈夫：殷招祥

大儿子：殷宪锦

二儿子：殷宪铎

三儿子：殷宪钰

四儿子：殷宪林

五儿子： 殷宪钢

大女儿：殷美玲

外孙：刘辉

外孙媳：姚洁平

曾外孙：刘希姚

二女儿：殷淑华

三女儿：殷淑琴

四女儿： 殷淑平

五女儿：殷淑珍

采访南京大屠杀受害家庭幸存者陆长英之女殷美玲日记

2017 年 6 月 4 日下午，我们来到原陆长英幸存者现殷美玲女士的居住地采访。当我们寻找具体住址时发现殷美玲女士已经敞开房门等待着我们。

说起母亲，殷美玲女士不禁感叹，母亲是一位记忆力极好的人，对于南京大屠杀的经历也记忆犹新，但母亲已于 2004 年 12 月 21 日去世，倘若母亲还健在，肯定能说得更好。

在采访之前，殷美玲女士已打印好母亲在 2001 年接受采访的文章，并依照着母亲曾说的经历再一次向我们诉说。

陆长英幸存者在南京大屠杀时才 15 岁，与父母及哥哥住在西干长巷，以做小生意、卖菜维持生计。

当日军从栖霞山方向来，大家一共十几户人家挖地洞躲起来，在日军半夜打到中华门时被从地洞里抓出来质问有没有中央军。第二天日军开始抢夺各家各户的粮食，像米、盐之类的，都是在让小孩子尝过之后没问题才拿走。之后母亲的哥哥被抓走当差，母亲也被逼着抬日本兵尸体放在干柴上烧。躲在地洞的母亲一家听闻中央兵被用铁丝一个个穿过肩胛骨推到河里活活淹死，14 家躲地洞的家庭有 12 家被全部杀光，侥幸活下来的母亲一家还有偷跑回来的哥哥实在忍受不了，准备趁黑逃命。在往芦苇地逃跑涉水过河时，不巧遇到日本兵，母亲与舅舅还有外公都走散了。之后逃跑多个地方，最后，一家在江心洲躲了一年多。

殷美玲女士和我们说了很多，期间多次提到母亲都难忍眼泪，因为老人在为日军做饭的时候还小，把饭烧糊，日军用铲子把老人的手打变形，这变形的手终生恢复不了。

母亲在大屠杀中看到许多人惨遭屠杀，也亲眼看见日军实行良民政策时一名妇女贩盐被日军和汉奸唤出的 3 条狼狗活活咬死，这段记忆如何也挥之不去，更让母亲落下心脏不好的病根。外公在冬天穿棉裤逃跑时在水里泡，腿也烂了。

采访结束之后，殷美玲女士一再强调当时的中央军毫无抵抗能力，只能任人宰割，更别提保护老百姓。

一次空前的屠杀，给所有的家庭带来前所未有的恐惧惨痛的逃难经历，留下无法抹去的身体伤害、心底烙印。一个国家只有强大起来才能成为所有人民的依靠，勿忘国耻，才能从悲愤的历史中奋力崛起。而作为渺小的一个个个体的我们，只希望在此次志愿活动中竭尽全力挽救弥补缺失的证据，安抚一个个遭受痛苦的家庭。逝者安息，生者释然。

二十六、伍正禧家族

采访时间：2017年7月8日下午2:00

采访地点：南京市玄武区丹凤新寓4栋508室

采访人员：霍方婷、丁传奇

我的祖父被日本兵枪杀，三个表哥和一个表叔被抓走再也没有回来

伍正禧　口述

我叫伍正禧，出生于 1924 年 8 月 15 日。

我的家族很大，有二十几口人，住在周必由巷，家里有两间平房，靠开早点铺子和茶馆为生，生活还算富足。

1937 年 12 月份，日本飞机就在南京天空打转。鬼子进城前一个月有炸弹轰炸，

前四五天的时候街上有逃跑的中央兵。

日本鬼子侵占南京之后，家里两栋房子被日本鬼子和当地老百姓抢劫一空，日本兵抬着枪，把门捣开了，把家里的箱子都捣捣，有一半的衣服都被拿走了。

日本鬼子来抓劳动力，把三个表哥和一个表叔都抓走了，他们都从此便失去了音讯，再也没有回来。

我的祖父挨了日本兵三刀，左胸一枪，小肚子上刀口很长，血流不止，嘴里也往外吐血，胡子上全是血，很痛苦。家里人也没有办法，把祖父抬到了鼓楼医院，鼓楼医院里里外外都是日本兵，不敢进去，只能回去把被子撕开来，用棉花塞住伤口，才塞住，棉花就红了，血又涌了上来，晚上 6:00 多离世了。

之后家里人躲进了南阴阳营难民区，难民区人很多，还有国民党军人，穷苦老百姓去我家偷的衣服、板凳和桌子在难民区门口卖，我们看到那是自己家的东西也没有办法。

只有十三四岁的小孩子敢出来，女孩子要用锅灰抹在脸上，剪短发，不然就会被糟蹋。

有个中国汉奸叫王承典，在日本留过学，在现在的鼓楼公园那边开店，会日本话，在上海路口被日本人拦下，和日本人讲了很多话之后日本人要了他的汽车，他和日本人一起对付中国人。

我们在难民营待了两年半，稍微安定之后，才回到家中。日军安民定乱，组织伪政府，也开始有大米、煤炭供应，但都是假文明，时有女子被糟蹋，跳河跳井。有对夫妻两个抱小孩看到日本兵，丈夫把孩子抱走了，妻子光天化日之下被糟蹋了，我觉得日本兵比任何畜生都坏。

后来家里开始以卖炒花生和杂货为生，花生一毛钱一袋，在老虎桥、民区卖火柴香烟，但是日本兵还是会经常来，只给一点钱，拿走很多东西，也不敢说。反抗的话，日本兵就用枪拐子打。1949 年后，家里又做起了早点铺子的生意。

我小时候读过私塾，13 岁之后就没上过学，去过日本三次，和朱成山馆长一起去参加和平集会，我和日本老百姓讲述南京大屠杀时候我们的遭遇，当地老百姓也会流泪，我觉得日本人也有好的。我很同情遇难者，憎恨日本兵，亡国之人受的罪很多，我永远也忘不了日本兵的兽行。

南京大屠杀受害家庭伍正禧家族族谱

祖父：伍迪荣

祖母：伍柏氏

大伯：伍从兴

伯母：伍黄氏

表叔：马成喜

父亲：伍从发

母亲：伍沙氏

大哥：伍正孙

侄儿：伍必亮

二哥：伍正宝

侄儿：伍桂林

三哥：伍正财

侄儿：伍必宽

本人：伍正禧（南京大屠杀幸存者）

妻子：梁秀英

采访南京大屠杀受害家庭幸存者伍正禧日记

2017 年 7 月 8 日中午，我与我的搭档乘坐地铁提前到达了与伍正禧儿子约定的地点，等待几分钟后，伍正禧的儿子推着老人出现在我们面前，我们跟随着进入他的家中。老人已经 80 多岁的高龄，拿着一把折扇坐在藤椅上，我们在简单的问候之后开始了采访。老人记性很好，我们也很快进入了状态。

从老人的口中得知，日军来南京之前，他们的家族很大，有二十几口人，住在周必由巷，家里靠开早点铺子和茶馆为生，生活还算富足。

日军来之前一个月，飞机扔炸弹轰炸。日本鬼子侵占南京之后，家里两栋房子被日本鬼子和当地老百姓抢劫一空。日本人抬着枪，把门捣开了，把家里的箱子都捣捣，有一半的衣服都被拿走了。

日本鬼子来抓劳动力，把三个表哥和一个表叔都抓走了，他们从此便失去了音讯，再也没有回来。祖父挨了日本兵三刀，左胸一枪，小肚子上刀口很长，血流不止，嘴里也往外吐血，胡子上全是血，很痛苦。家里人也没有办法，把祖父抬到了鼓楼医院，鼓楼医院里里外外都是日本兵，不敢进去，只能回去把被子撕开来，用棉花塞住伤口，才塞住，棉花就红了，血又涌了上来，晚上 6:00 多离世了。

之后家里人躲进了难民区，穷苦老百姓去老人家偷的衣服、板凳和桌子在难民区门口卖，我们看到那是自己家的东西也没有办法。只有十三四岁的小孩子敢出来，女孩子要用锅灰抹在脸上，剪短发，不然就会被糟蹋。

南京大屠杀幸存者伍正禧（左）与儿子（右）合影

稍微安定之后，才回到家中。日军安民定乱，组织伪政府，也开始有大米、煤炭供应，但是都是假文明，时有女子被糟蹋，跳河跳井。有对夫妻两个抱小孩看到日本兵，丈夫把孩子抱走了，妻子光天化日之下被糟蹋了。

后来家里开始以炒蚕豆、花生为生，但是日本人还是会经常来，只给一点钱，拿走很多东西，也不敢说。反抗的话，日本人就用枪拐子打。1949 年后，家里又做起了早点铺子的生意。

伍正禧老人和朱成山馆长去过日本做演讲，每次讲到激动的地方都抑制不住自己的情绪，心跳加速，所以不轻易接受采访。

伍正禧老人说在日本的时候，日本的老百姓听他讲日本军队侵华，也会流眼泪，所以伍正禧老人觉得日本老百姓也有好人。

老人的记忆力和清晰的思路让采访很成功，我们也收获了很多。

二十七、谭学英家庭

采访地点：南京市江宁区汤山作厂大高村50号

采访时间：2004年6月8日、2017年4月18日

采访人员：费仲兴、耿嫣然、季萌萌

我父亲因为不给鬼子“洋火”脚被砍伤，我丈夫被鬼子打后得上了喘病，喘的时候饭都不能吃

谭学英　口述

我叫谭学英，1929 年生，属蛇，现在住作厂大高村 50 号，我娘家在新庄，靠近炮校小西门。听上辈人讲，老家是苏北洋溪港的，是挑了一担箩筐逃难过来的。

到新庄落户时，炮校正在盖房子。我 5 岁那年跟了大人到炮校里，见有人把吃剩的馒头丢在水缸里，捞起来洗洗就吃。我不识字，以前当过小队的妇女队长，全靠脑子记，现在记性不好了。

日军打过来之前，他们的飞机来炸炮校，放下来的炸弹像煤气罐，有这么长（用手比画，有1米多），可奇怪得很，这些大炸弹一个都没有响。日军过来后，也没有动它。

日本飞机、中国飞机在天上打，那声音呜呜地，炮校的警报一阵又一阵地响，我们都躲在家里不敢出来。有一架日本飞机掉下来，在作厂言家村前头一点烧起来了，去看的人挤得满满的。日本兵跳伞跳下来，求中国人不要杀他，后来也不知道杀了没有。

跑反那年我9岁。村上许多人都跑到南圩去了，我父亲不肯走，我们就全留下来了。

有天下午太阳快下山了，一个鬼子闯进我家喊："马儿、马儿。"问我父亲要洋火（火柴）点烟抽。

父亲知道洋火是不能给鬼子的，他们拿了洋火要烧房子的，就递给他一把菜刀。鬼子立刻从身上拔出一把刀，在父亲脚上砍了一刀，砍完就出门。出了门，他看到了我家的一头猪，举刀一砍，把猪头砍下来了，叫我们村的王老头等几个人抬到炮校。王老头后来给我们说，鬼子把猪架在火上熏，没有开膛破肚，也没有剥皮就吃了。

父亲脚上被鬼子砍伤后，鲜血直流。他想，在村上待不下去了，还是跑吧，就带了我、我哥和母亲连夜动身，朝狮子沟（今句容石狮）跑。当时天寒地冻的，父亲的脚都冻得麻木了，不能走路，他就从新庄一直爬到狮子沟。路上有许多死人，他都是从死人身上爬过去的。

到了万家村，我们就躲在附近的小山上。过了好多天，他脚上的伤口才慢慢好起来。可有一天，他在万家村又碰到了鬼子，那个鬼子用枪托敲他的脑壳，他被打得昏死过去了，过了好长时间才醒过来。

第二年开春安民了，父亲才带着我们回到新庄。到家一看，房子全被烧光了，一家四口全住在露天。

我哥在炮校放鹅，被鬼子抓住了毒打一顿，昏过去了，喷点冷水再打。父亲知道后立即去找乡长、保长，托他们找翻译求情。他们跟翻译说："他是本地人，你们得放他。"鬼子就把人放了。

有年腊月里，5个新四军便衣到炮校来摸库房，被鬼子抓住了。鬼子在小西门外的小山上挖坑把他们活埋了，土堆到胸口，他们就全闷死了。

鬼子不准别人去收尸，这5个人上半段露在那里，一直到春天、夏天烂光为止。句容茅山的新四军派人来讨这5个人，还发了传单，日本人关了大门，不给。

鬼子快投降的时候，阴历四月左右，他们在炮校小西门外头的小山上竖了四根木桩，用木板搭架子，一层一层地搭了好几层。他们叫伤兵们自己走上架子，用白布裹起来，一个挨一个地躺下。

有的伤兵只是腿上、膀子上受了点伤，自己能走路的，也要上去。然后，鬼子从上头浇汽油，点火烧，被烧死的伤兵有一千来个呢。

那一股股黑烟，中间红红的，冲到老高老高，烧了大半天才烧完。烧完了，地上全是灰，别的什么也没有，日本兵也不收，也不埋。烧的时候，有许多日本女人背着祖宗牌牌，站在那里给伤兵送行。

那时候我 17 岁，剃着光头，看起来像个小男孩。我在炮校挖野菜，站在旁边看，鬼子赶我，不让我看，我还是全看到了。

后来，鬼子投降了，枪也缴了，中国人没有去杀他们，让他们全回去了。中国人待日本人那么好，可他们回去了还不认账，这些人真是坏透了呀。

【2004 年 10 月 20 日补充】我丈夫叫高德义，小名叫大宝。鬼子在作厂安营后，有一天他们从炮校出来，前头一支人马走过去了，后面一支人马还落在后头，中间有段空档。我丈夫早上出去砍柴，就从空档里穿过马路。

鬼子立刻冲上来，把他抓到炮校里打，打死过去了再用冷水浇，架着走，再用木杠子压他，踩他。有人跑来告诉家里人，他父亲就去找乡长。乡长跑到炮校说："他是我们村上土生土长的，是好人。"

鬼子就把他放了，他在家养了个把月才慢慢恢复过来的。当时翻译对他说："你从两支队伍中间穿过去，剪了人家的队伍，不吉利，人家出门就打不了胜仗。"翻译还告诉他，若不是乡长求情，他们就准备把他活活打死，乡长再去晚一点，他就要被打死了。

那时，我还没有嫁过来，我结婚后才听他说的。我 13 岁死了老子，17 岁死了妈。16 岁八字到这里（指定亲），17 岁鬼子投降，9 月里就把我接过来了。

我丈夫被日本人打过之后就得上了喘病，一个来月发一回，喘的时候饭都不能吃。

1949 年后到八三医院检查，不是肺结核，也不是肺气肿，而是打伤得的喘病，就给他埋洋线，做试验，不收钱的。这样一治，病更厉害了，发高烧。后来取出洋线，吃中草药，也没有调好。

医生说，打伤得的喘病，调不好了。后来，他又得了肺结核，69 岁就去世了。他是属猪的，比我大 6 岁。

我们养了三个女儿三个儿子。小儿子出车祸，19 岁就死了。大儿子户口迁到泗洪，在那边成家了，抬了个下岗媳妇。我大孙子的儿子苏州大学毕业，现在每月挣一千来元钱。二儿子叫高树录，生了一男一女。他儿子叫高雷，上到高中，前年吃毒疤疤（毒烧饼）死了。现在二儿子有点呆了，说话不行。政府安排他在开发区上班，给工人买菜。他老婆原来在塑料厂上班，高雷一死，她急得两只膀子不能动，现在还没有上班。

南京大屠杀受害家庭幸存者谭学英2004年接受费仲兴教授采访后留影

采访南京大屠杀受害家庭幸存者谭学英日记

2017年4月18日，采访小组成员耿嫣然、季萌萌来到南京市江宁区汤山街道采访南京大屠杀幸存者谭学英的儿子高树录。

在我们开始采访的时候，老人说自己年纪大了，记不清了，并给了我们原炮兵学院教授费仲兴的电话。费仲兴教授在2004年开始一直在汤山进行南京大屠杀采访。

采访高树录老人结束后，我们给了老人200元的信息采集费。老人表示我们很辛苦，也希望这样的事可以一直坚持下去。

在告别老人之后，我们前往住在苜蓿园的费仲兴教授家。趁着夜色我们和费教授聊了很久，费教授跟我们说了一些当年他采访老人的经历，以及谭学英老人当时接受采访时的精神状况。

最后费教授鼓励我们继续坚持做好幸存者采访，还将他采访的关于谭学英老人的资料传给了我们，并表示如果在采访期间有任何需要汤山街道那里幸存者老人的资料都可以来找他。

二十八、付兆增家庭

采访时间：2017年7月1日

采访地点：南京市六合区十村西19栋4单元107室

采访人员：涂慧、张轩瑞

我二姑被日军开枪打死，我被子弹擦伤大腿至今留有伤疤

付兆增　口述

我叫付兆增，1936年出生，南京大屠杀发生的时候，我2岁。

日军1937年进城，在中华门，这个历史上你们都应该晓得，中华门保卫战嘛，日军就是从中华门进城的，我老家就在中华门附近，不远，大概就十几分钟的路，长乐路一带，靠夫子庙那里。

日军进城后，实行“三光政策”，杀人放火，火光冲天，当时我们不晓得，老百姓哪知道他进城了，我母亲抱着我和我的二姑三个人正好到门对面一个广场看失火是什么东西。正好两个日本兵从三七八巷进来，我们住388号，因为来的都是分小队啊，两个兵一组、三个兵一组的，两个兵正好走三七八巷一拐看到我们了，什么都不管，看到我们中国人就屠杀，就开枪，两个兵都开枪，我二姑当场被打死，我呢受伤了，这个伤疤就是的。

我二姑跑到马路对面后，我们不是就是到对面的吗，我二姑就跑到这边，不过就10米，栽下来就死了。

我母亲当时抱着我，也是我命大，正好有一枪从我们中间穿过去，等于是从我腿上擦过去我母亲上面穿过来的，要稍微偏一点，就没有我了。我们家里情况就是这样子。

我父亲当时在家，日本兵坏，打到我们以后，我们跑，我们走一个巷子，在我们家后门绕一下子。日本兵对路不熟，是想追我们的，正好走到巷子口有家理发店，看到理发店里面有夫妻两个，就把他们打死了。

我们走了以后，在另一边绕了一下子，绕到我们家后门喊我父亲。这是第一次危险，没被打死。日本兵不敢进家里的，但是他看到那两个躲在门后面，以为他们要干什么，就把他们杀了。这是我经历的一险。

我当时2岁，要哭，不能声音大，我母亲就用乳头，不是吃奶吗，就捂住我嘴，捂得脸都发紫了，要窒息。这两次都危险，但没死掉。

南京大屠杀想想真的难过，被杀了30万人，我们那一带到处都是死尸，正好我们靠武定门那里，武定门那里有个正觉寺，是个和尚庙，庙里十几个和尚都被日军打死了。

第二天我们跑反到难民区，就待了一天不到，离我们没多远，跑大概就半个小时，因为我们家就在那里，又不远，所以就回来了。

我家里当时有个织云锦的机子，我父亲在家里就搞这个，靠这个谋生。后来这个机子坏了，就不搞这个了，之后就做点小生意维生。

现在在南京像我们这样直接受害的人不多了，很多人家里人受伤，但自己没受伤，很少有身上留下伤疤痕迹了，那个夏淑琴也是的。

上次习近平主席来，我也去的，就坐在第一排。

我现在对日本印象很不好，日本这个大和民族的确蛮坏的，明朝不是叫倭寇嘛，专门做海盗，后来我们甲午战争给他们赔了很多钱，加上他自己又有个明治维新，他才慢慢发展起来。现在国家强大了，日本人就不敢动了，我们在钓鱼岛巡航，他也不敢动。

我1958年考上浙大，没去，因为1949年后我母亲去世了，就剩我父亲一个，我们父子两个。

我没去以后，正好有件巧事。当时户口管得严，我到澡堂洗澡，遇到个邻居，跟我讲南京钢铁厂要人，问我去不去，我当时正在等通知，就随口说了句“去”。他说：“好，那你明天去报道。”这样报道以后呢，户口一迁，结果录取通知书来了，南钢也不放了，浙大还给我保留了一年学籍，这个机会就没了。

1961年，我到了南京化学工业公司，一直到1996年退休。当时在南京钢铁厂，在中心办公室，这个专业也好，后来到了南化，就在技术监督库。

我父亲叫付全胜，母亲是付吴氏。

我1959年结婚，妻子叫王秀珍。大女儿叫付玲，也是在南化工作，1961年出生，已经退休了，现在就在北京带小孩。大女婿原来在扬子，叫高永橙。他们的女儿叫高燕，常州大学毕业的，女婿叫高非，南农的，是北京人，所以就都到北京去了，曾外孙女叫高佳怡。

小女儿叫付蓉，1963年出生，也在南化工作的，小女婿姓蔡，在南钢工作，小女儿有个女儿叫杨非，曾外孙叫张承阳。

我的儿子叫付强，在南化工作，儿媳叫徐玉香，孙子叫付春乐，是哈工大毕业的，博士生，前一阵他有篇论文发表了，欧洲那边还请他过去讲学，我孙子很厉害的。

南京大屠杀受害家庭付兆增家庭族谱

父亲：付全胜

母亲：付吴氏

本人：付兆增（南京大屠杀幸存者）

妻子：王秀珍

大女儿：付玲

大女婿：高永橙

外孙女：高燕

外孙婿：高非

曾外孙女：高佳怡

小女儿：付蓉

小女婿：蔡 ×

外孙女：杨非

曾外孙：张承阳

小儿子：付强
小儿媳：徐玉香
孙子：付春乐

南京大屠杀幸存者付兆增（前排左二）全家福

采访南京大屠杀受害家庭幸存者付兆增日记

2017年7月1日下午，志愿者涂慧、张轩瑞来到幸存者付兆增老人家中采访。前一天，老人听说我们要来时，还特地告诉我们路线，十分贴心，听说我们到了公交站台，老人冒着小雨出来接我们。到了老人家中，老人的妻子热情地给我们倒了两杯茶，并请我们入座。

开始采访前，老人给我们看了他2岁时被日军枪击的大腿，狰狞的伤疤横亘在老人腿上，惹人注目。

1937年时，老人仅2岁，随父母以及亲戚住在长乐路附近。日军进城当天，老人的母亲抱着他和二姑外出，不幸遇上日本兵，二姑当场被击中，死亡，老人大腿被子弹擦过，侥幸生存下来。

老人的母亲带着他逃回家通知老人的父亲，追不到老人的日本兵冲进了一家理发店杀害了店主及其妻子。一家人在难民营待了一天后又返回原来的家。

采访过程中，老人不时发出叹息声，想起那段时光，他还是难过不已。

1958年时，老人考取浙江大学数学系，因母亲过世，家里只剩下父亲一个人，又在南京钢铁厂工作，落了户口，因此放弃了上大学的机会。1961年开始在南京化学工业公司技术监督库工作，直至1996年退休。他说现在想想，放弃了也好，不然也没有现在的一切。

老人还向我们展示了珍贵的老照片，照片上是老人去过的旅游景点，每一张老人都印象深刻。老人还指着电脑的锁屏图片向我们介绍他的后代怎样有出息，并不时露出喜悦骄傲的神情。

采访结束，老人又询问我们回去的路线，并且帮我们做好安排。在送我们到公交站台的路上，老人不时询问我们的一些情况，并表示我们做这个活动很好，还给我们讲他是如何教育自己的孙子的，看得出来，他是一位非常注重孩子教育、关心后辈的老人。老人目送我们上了公交才离开。

二十九、贺孝和家庭

采访时间：2017年6月4日

采访地点：南京市雨花台区宁南郁金香花苑13栋4单元107室

采访人员：涂慧、张轩瑞

藏在斩龙桥洞里的百姓被发现后，日军用机关枪扫射的只剩下3个人

贺双生　口述

我叫贺双生，是贺孝和的二儿子，我父亲最近几年和我们住一起，最近身体也不太好，肠癌才做的手术。

日军侵略南京的时候，我父亲他们跑反到中华门那里，以前的名字我不太记得清的，现在叫下码头，那里的斩龙桥一个洞里，很多人都逃到了那里，有大人有小孩。

小孩子的哭声把日军引来了，日本兵用机枪扫射，死去的人的尸体盖在了我父亲身上，我父亲就逃过了一劫。当时洞里还有一个叫郭秀兰，也是大屠杀幸存者，她的父亲听说了就到洞里找人，救了三个人，一个郭秀兰，一个我父亲，还有一个我不记得叫什么了。

之后，我父亲他们就躲到了庙里。我们家那时候是养奶牛的，在三牌楼、中山门都有，住在中华门那里，奶牛都被日本人宰了，房子也没了，房子具体怎么没得我也不是很清楚，就是南京大屠杀的时候没的。

之后，就在下码头那一带租房子住。我有个姑妈，在南京大屠杀后，日本投降前，走散了，具体时间我也不清楚。

10多年前，南京大学的志愿者寻找幸存者问到了家门口，我们一说，有这么回事，他们就让我们自己带着材料去找南京大屠杀纪念馆。

中华门纪念碑那边，西街，那个洞里死了很多人，当天还是第二天的就被日军烧掉了。

我父亲还上过私塾，是很不错的，但是在那个洞里被日军的子弹还是刺刀的划过脑袋，出来后脑子就不太清楚了。

我父亲他们姊妹四个，大姑妈叫什么我记不清楚了，二姑妈叫贺孝英，三姑妈叫什么我也不清楚，就是那个走散的到现在也没有联系到，我父亲最小。

南京大屠杀后，我祖父就靠给人家算命打卦养家，祖父母叫什么我不清楚。我父

亲后来是给人家做体力活，拖拖板车、拖马粪什么的，1949年后在秦淮区遵义板车室拖板车，后来在南京汽车运输公司做装卸工，一直到退休。

我父亲一直到30多岁才结婚，我母亲叫赵兰珍，没有工作，家庭主妇，2002年去世了。

我父亲有两个儿子，我哥哥是1963年12月出生的，叫贺维勇，在南京汽车运输公司做调度，我嫂子叫阮爱红，已经下岗了，他们有一个女儿，叫贺恒欣，1988年中秋节那天出生的，在苏果超市做管理工作。

我是1966年出生的，在南京汽车运输公司做修理工，1995年开始继承家里的手艺，做花灯，就是继承我祖父的，我祖父那时候算命，过年啊什么的就给人家做花灯。我妻子叫陈维兰，家庭主妇，我们只有一个儿子，叫贺豪，1993年12月12日出生的，现在算待业吧，就是工作不稳定。

大姑妈务农，有四个男孩一个女孩，有个儿子叫张强华，在供电局工作。二姑妈家有三个儿子两个女儿，在燕子矶那里，我记得有个儿子在汽车制造厂工作。

南京大屠杀受害家庭贺孝和家庭族谱

二姐：贺孝英

三姐：贺 × ×（南京大屠杀中走失）

本人：贺孝和（南京大屠杀幸存者）

妻子：赵兰珍

儿子：贺维勇

大儿媳：阮爱红

孙女：贺恒欣

二儿子：贺双生

二儿媳：陈维兰

孙子：贺豪

采访南京大屠杀受害家庭幸存者贺孝和儿子贺双生日记

2017年6月4日上午9:30，志愿者涂慧、张轩瑞来到南京大屠杀幸存者贺孝和的儿子贺双生家中进行采访。

贺先生亲自出来给我们开了门，请我们进屋。进屋时我们见到了一旁坐在小床上的贺孝和老人。贺先生告诉我们，老人得了肠癌，前阵子刚做完手术，身体有些虚弱，因此不能接受我们的采访。

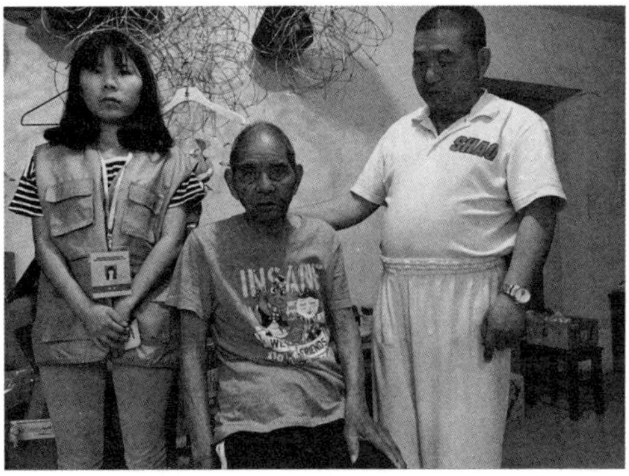

南京大屠杀幸存者贺孝和（中）及儿子贺双生（右）与南京晓庄学院志愿者合影

坐下来后，贺先生向我们大概讲述了父亲贺老先生之前的经历。贺老先生一家之前是靠做奶牛生意，卖奶为生，当时住在中华门，开的奶牛场在三牌楼和中华门之间，大概位置在现在的邮电学校附近。

日军进入南京后，当时在中华门附近生活的住户很多都躲到了中华门现在的下码头地带，有一个叫斩龙桥附近的洞里。贺老先生当时在外和几个小伙伴一起玩，也一起进去躲了起来。

由于有婴儿的哭声，于是藏在洞里的百姓被发现，日军用机关枪扫射洞内百姓。尸体倒下后，盖在了贺老先生身上，贺老先生得以幸存，后被朋友父亲找到，救了出来。当时出来时，贺老先生脑后受了伤，脑子就不太清楚了。

南京沦陷后，贺老先生一家人在中华门附近租了房子安定下来，但当时的家产全都没了，连奶牛也被抢走。日本投降前夕，贺老先生的父亲过世，于是贺老先生出来工作。也是在 1945 年之前，贺老先生的三姐走失，从此再也没有找到过。

谈起中华门这段历史时，贺先生强烈要求在中华门万人坑上建一座纪念碑，以正日方视听。我们了解到，每到 12 月份时，贺老先生的情绪都不太好，比较急躁，是当年目睹的屠杀事件给他留下的后遗症。

采访结束后，我们一起和贺老先生、贺先生合了影，并且给了贺先生 200 元的信息采集费，并签下收条。和贺老先生道别后，贺先生很客气地将我们送出门。

三十、李高山家庭

采访时间：2017年5月9日

采访地点：南京市鼓楼区凤凰街三村15栋301室

采访人员：涂慧、张轩瑞

我父亲是从死人堆里爬出来的，失散的姐姐 1949 年后才找到

李真铭　口述

我父母他们老两口有五个子女，大女儿和四个儿子，我是三儿子，老四。我母亲已经去世两年了，到今年的 6 月 2 日整整两年。

我父亲李高山 13 岁那年去当兵，他的生日他自己记得的是二月初二，资料上的年龄是我们后来帮他推算的。1985 年，我父亲第一次回广东茂名市高州，见到了亲姐姐，他的姐姐说他是农历八月十五出生的。

我父亲 12 岁时，他的父亲就去世了。他的父亲当时在广州就是开一些偏方帮人家治些头疼之类病痛的医生，这个过程中结识了不少朋友。他的母亲在他父亲去世后不久，在他 13 岁的时候也去世了，他的大姐李月英当时已经嫁人了。

1949 年后我父亲一直往家里的老地址写信，然后当地的邮递员就帮忙找到了他姐姐，双方不断写信，发现各自的信息都吻合，就确认的确是一家人。于是我父亲在 1985 年就第一次回老家见到了他的这位大姐。除此以外，我父亲还有一位二姐，给人家做童养媳了，到现在也没有找到。

我父亲在他父母亲去世后，家里比较穷没有饭吃，就通过他父亲的一个朋友介绍到部队当兵，讨口饭吃。但是他当时只有 13 岁，年龄不够，正好当时国民党军队里有一个逃兵，叫张发（音）的逃走了，就有了一个空额，于是我父亲就顶替了他，在广东军 154 师 3 营 3 连做勤务兵。

不久，他们部队在汕头乘船北上到了苏州，训练了几天，当时淞沪会战已经开始，蒋介石就让广东军去支援，此时我父亲他们的部队已经到了昆山，于是他们就徒步，在混乱中往南撤。当时日军在不断地轰炸，大路不能走，我父亲他们的军队就沿着铁路走，当时还不断地有特务投炸弹，报告他们的位置，因此一路下来伤亡很大。

1937 年 12 月 12 日，南京大屠杀的前一天，我父亲他们的部队到了下关煤炭码头。154 师镇守挹江门一线。当时城门已经关起来了，于是他们先把人背到城门上，然后那些人再往下面抛绳子，这样子把人接上去。

这个时候，城门上有一批军人，城门下也有一批军人，我父亲他们从广州过来的时候身上还穿的夏装，十分单薄。日军从中华门进入南京到了挹江门，包围了城下的守军，守军们就都缴械投降了。日军将投降的守军们都绑起来，从挹江门到盐仓桥，沿着中山北路，让他们每隔一米蹲一个。

天黑后，据我父亲回忆大概是晚上 10:00 左右，日军在以前的北洋水师海军司令部那里找到一栋两层洋房，然后把所有投降的军人赶到里面去，人多得进不去了，他们就拿枪捣，硬把人捣进去，人在里面都背贴背。

人都进去后，他们就拿枪扫射，因为我父亲年龄小，个子比其他人都矮了一头，所以就没有扫射到他。那些被射到的人因为太多了，一个压着一个，最后把那栋房子里的一面墙都给压倒了，墙倒了之后，露出了一个通往二楼的楼梯，我的父亲从人堆里被挤出来，看到有大人上楼，他也跟着上去了。

日军听到房子里还有动静，知道里面还有人活着，就往房子倒汽油，放火烧。二楼有个露台（晒台），站在台上基本就能碰到瓦的尖顶，剩下的人就把瓦往下推，日军听到瓦的声音以为房子要倒了，就往前撤。

那些逃到二楼的一些大人之后就往下跳，因为本来就受伤了，再这么一跳就造成了二次伤害。而我父亲因为年龄小不敢跳，就顺着墙趾溜下来了，一共六个人逃出来。逃出来后，他们躲到了一处民房，趴在水沟里，在壁罩里躲了五天五夜。

第六天，有两个人在房顶上走的时候被巡逻的两个日本宪兵看到了，日本宪兵就爬上民房顶抓住了我父亲他们六个人，发现他们几个就是被他们抓到洋房里要杀死的人里的，于是就把他们领到洋房旁边的水塘，因为就两个日本宪兵，也没带绑人的工具，所以在第一声枪响的时候，我的父亲就拼命地逃走了，沿着被押的路线逃，最后躲在了一户人家的床底下。

那家房子的女主人听说家里这边的房子被烧了，不放心，把脸涂黑了回来看看房子，结果看到了躲在床底下的我父亲，看见他是个小孩而且穿的单薄，就给他换了衣服把他带到了宁海路的难民营。

日军进难民营抓劳丁，找小男孩给他们做苦力，晚上再把他们送回来。日军开拔走了后，还给他们做了良民证。

难民营里一个女的看我父亲可怜，家里也只有一个女孩，就把我父亲领回去养了。之后，这家人因为被催债，就把我父亲送给了妹妹家（妹妹家也没有男孩），帮他们家干活，他们就管我父亲一顿吃，给个地方住，之后这家人自己生了三个女儿两个儿子。

一九七几年，我父亲看到了万人坑的新闻，他就主动找到了纪念馆，把自己的经历说了出来，纪念馆经过考证也证实我父亲的这段经历是真实的。

我父亲20多岁的时候想要离开养父母家（建邺区老党校、朝天宫附近），因为他的养父母都是回民，就给他找了个家里是回族的妻子，也就是我的母亲，我母亲比他小9岁，1937年时才4岁，所以当时的事情她都并不怎么记得。

我的父亲成家后，养父母给他在市公安局旁边秣陵路那里找了个小门店，就给了他三袋面粉的钱。1949年后，公私合营，我父亲的店和其他几家店合起来成立了建邺区挂面厂，然后又到了市粮油食品厂，一直工作到1987年退休，之后又继续留用。

我的姐姐叫李凯杰，1951年出生的，原来是石鼓路小学的一名老师，后来是南湖一小的副校长，我的大姐夫叫马庆惠，普天通讯公司工作，他们有一个儿子叫马欣，1977年出生，在中兴通讯公司工作，儿媳妇叫祖莉，在南理工教书，他们有个儿子，叫马睿儿，2007年出生。

我的大哥叫李真庆，1953年出生，在粮油食品厂工作，大嫂叫邹守珍，在东方无线电厂，他们有一个女儿，叫李瑶，1998 年出生，在江苏新闻出版学校读书。

我二哥叫李真孝，1954 年出生，在南京汽车运输公司，二嫂叫王建英，他们的儿子李东是 1981 年出生的，在商务信息服务公司工作。

我是 1956 年出生的，原来在江苏电力公司，我的夫人叫徐菊芬，在电力仪表厂，我们有一个女儿叫李玮，她是1986年出生的，现在在燕子矶社区做村干部，还没有结婚。

我的弟弟叫李真铎，1958 年出生，在南京经古商贸公司，弟妹叫李红霞，他们的女儿叫李玥，1987 年出生，女婿叫李冬冬，是 1986 年出生的。

南京大屠杀受害家庭李高山家庭族谱

本人：李高山（南京大屠杀幸存者）

母亲：王淑华

大女儿：李凯杰

大女婿：马庆惠

外孙：马欣

外孙媳：祖莉

曾外孙：马睿儿

大儿子：李真庆

大儿媳：邹守珍

孙女：李瑶

二儿子：李真孝

二儿媳：王建英

孙子：李东

三儿子：李真铭

三儿媳：徐菊芬

孙女：李玮

四儿子：李真铎

四儿媳：李红霞

孙女：李玥

孙女婿：李冬冬

采访南京大屠杀受害家庭幸存者李高山儿子李真铭日记

2017 年 5 月 9 日，采访小组涂慧、张轩瑞来到南京市鼓楼区凤凰西街三村，对南

1996年南京大屠杀幸存者李高山（左）赴日本参加证言集会

京大屠杀幸存者李高山老人的三儿子李真铭先生进行了采访。

下午 2:30，我们来到了李高山先生家中，李老先生正在午休，接受我们采访的是李老先生的儿子李真铭先生。李真铭先生亲切地问我们是否需要喝茶，坐下后，我们开始了采访。李真铭先生告诉我们，老人听力不太好，前阵子摔伤了，所以身子骨不好，还患上了胆结石，这次就由李先生代替父亲接受采访。

李真铭先生向我们回忆了李老先生当年参加南京保卫战的经历。原来李老先生并非江苏人，来自广东，只因当年父母都已身故才参军，当年的编制是广东军 154 师 3 营 3 连。李真铭先生向我们详细讲述了当年李老先生是如何被日军俘获，又如何几次三番从日军枪下逃生，最后被难民营的一对夫妇收养的经历。讲到李老先生躲在民房的经历时，李真铭先生为了让我们更直接地了解当时的情形，拿出纸笔在纸上详细地画出了他们躲藏的地方。

采集完信息后，李真铭先生又拿出了老人珍藏的照片，向我们一一展示讲解。交谈中我们了解到，这些年一直是李真铭先生在陪同父亲参加各种活动。李真铭先生还告诉我们，这些年朱成山馆长一直很关心李老先生，非常感谢朱馆长。李先生还向我们展示了老人获得的勋章，以及幸存者证件。

采访结束后，我们提出能否和老人合影时，李真铭先生爽快地答应了，给老人穿戴好后，我们见到了坐在轮椅上的李高山老先生。老先生精神状态不错，见到我们很高兴，还与我们握手。

李先生还主动提出要替我们和老先生合影，合影后，我们将信息采集费递给了李真铭先生，并请他按了手印。

采访结束，我们与两位告别，并一再让老人保重身体。李真铭先生还亲自将我们送到了楼下，并嘱咐我们路上小心。我们与李先生挥手告别。

三十一、张兰英家族

采访时间：2017年7月4日下午1:00

采访地点：南京市鼓楼区凤凰西街凤凰新村6栋209室
采访人员：王茸婧、朱杰

我母亲的大哥被日军刺伤大腿，大伯被枪杀，两个表姐被强奸

沙学和　口述

我母亲张兰英今年89岁了，出生于1929年。她眼睛看不见。两条腿开过三刀，只能在家走走，在外面都不敢走路，怕跌跤。我在外面做出租车生意，每天中午不管走得多远，都要回家来给她做饭。

这边有一份2008年12月母亲到日本参加和平集会接受采访的发言稿，去日本的时候是纪念馆的刘主任带母亲去的，在日本大约待了一个星期左右，具体是什么会议我也不太清楚。

在南京大屠杀期间，母亲家只有9岁，三个日本兵来到当时她居住的地方，把隔壁孙大哥杀了，家里的钱也抢了。日本兵看到孙大哥的胳膊上有牛痘疤痕，以为是中国兵，所以就把孙大哥一枪打死了。后来日本兵又看见了母亲的大哥张怀芝，也就是我的大舅，看见他手上包了纱布，以为也是中国兵，就把他绑起来扒衣服。就用刺刀刺伤了他的左大腿，后来一直腿行动不利索。

母亲的大伯原住在郭府园，在逃难的路上被日本兵枪杀了。当时大伯家的其他人躲起来了，南京城的许多人都躲到避难所去了，所以母亲大伯一家只有他自己被杀。

日本兵到了我们家，要吃饭，让我外婆给他们煮饭，吃完饭一把火把三间小草房烧了，钱抢了。房子被烧了之后，他们在防空洞里住了一段时间，三个月之后，平息之后又出来，自己在原来的位置盖了房子。日军还在小北圩，强奸了母亲的两个表姐。当时看到两个表姐被强奸都不敢过去，直到日军走了才过去。凤凰西街当时已经没有人了，该烧的烧该抢的抢，人都走了，就剩几户人家，不像现在成千上万户的。

我外婆裹小脚，走路不方便，就没有办法逃走，平常也就在家煮饭并且给人家绣花绣鞋子，做手艺为生。

外公和我二舅，在中山码头开船，日军攻占南京后，外公和二哥随着公司开船逃离了这里，也没有顾得上家。

家里只有母亲、我大舅张怀芝、三舅张怀德和我外婆还没有逃走。当时东德河、西德河、王家塘、胡家坝里堆得全是尸体，都是死的百姓和士兵，这些都是母亲亲眼看到的，因为就住在这附近。

日军把尸体抛到江东河里，还炸断了江东桥，烧了模范监狱，在江东门挖了坑，把尸体埋了进去。从江东桥到上新河一段路上都是尸体。尼姑庵、观音庙、地藏庙都

被烧了，杨二凤躲在庙里，被活活烧死。

母亲的右腿当时被日军用枪砸了一下，现在想起日军的暴行情绪还是很激动。看到自己哥哥被伤害，邻居被打死在自己面前，心里肯定会有阴影。

我们家里有四个孩子，老大是插队的知青，叫沙学高，老二沙秀兰，老三沙秀华，我叫沙学和。每家各有一个孩子，沙秀华和我家里是一个儿子。去日本采访的时候是老三带我母亲去的，当时我没时间去，我开出租车的。

社区居委会给我评了孝心奖，在外面的橱窗里有。我每天中午都要回来，就算走到机场也要回来给母亲做饭。母亲两只眼睛看不见，腿里也有钢筋，还有人造骨头。我晚上就在这里住，陪老人家。

母亲以前没有读过书，也没有受过教育，我外公回来之后就继续开船。我母亲之后一直在拖板车，在大件运输公司集团，差不多在 1980 年的时候退休的。母亲 19 岁的时候结婚，我父亲沙国振，是在织布厂工作到退休。我父亲是 1990 年去世的。

大哥插队之后就留在农村没有回来，是化肥厂的。

老三沙秀华是在毛纺厂工作的，现在退休了。老二是在供销社工作的，现在也退休了。

我以前是在大件公司拖板车，是顶替母亲职位的，过去都是顶替的工作，后来出来开了出租车。

大舅也是拖板车，二舅和三舅后来都在中山码头开船。

日本那边把南京大屠杀幸存者的证言集结出书，并且寄到这边来。老人参加活动的资料被保存在长崎和平资料馆。

南京大屠杀受害家庭张兰英家庭族谱

大伯：张 ××（南京大屠杀遇难者）

大哥：张怀芝（南京大屠杀受伤者）

二哥：张 ××

三哥：张怀德

本人：张兰英（南京大屠杀幸存者）

丈夫：沙国振

大儿子：沙学高

大女儿：沙秀兰

二女儿：沙秀华

小儿子：沙学和

采访南京大屠杀受害家庭幸存者张兰英日记

张兰英（中）和儿子沙学和（右一）与南京晓庄学院志愿者朱杰（左一）合影

2017年7月4日下午1:00，我们来到了鼓楼区凤凰西街凤凰新村6栋209室，见到了张兰英老人以及她的小儿子沙学和。前一天我们在联系张兰英老人的时候，她的儿子沙学和表示老人听力不好，听不见我们在讲什么，所以需要他的讲述，而他只有中午有时间来接受我们的采访。

到达老人家里的时候，沙学和先生正在给张兰英老人喂饭。老人腿已经不能走路，眼睛因为青光眼，所以也看不见，耳朵也听不清楚，我们采访的时候，都是老人的儿子来回答的。

沙学和说因为以前总是听母亲讲这些事情，所以自己也对这段经历比较了解，他从房间里拿出很多资料给我们看。其中包括张兰英老人2008年12月10日在熊本市国际交流会馆的发言稿、张兰英老人的发言照片，以及在南京饭店拍的南京大屠杀幸存者的合影。

在征得同意之后，我们对这些照片进行了翻拍。我们看着发言稿，对着发言稿上讲得不详细的地方进行了询问。沙学和先生也就他所知道的部分一一为我们讲述。

为了给我们更好的讲述，帮我们更好的理解，沙学和找出了一张自己绘制的地图，地图上画的是附近的地方，每个地方所发生的事情都给予了标注。沙学和说这是以前他根据老人的讲述所大体绘制的。我们也将这张地图拍了下来。

当我们问到南京大屠杀有没有给老人留下什么阴影时，沙学和说，老人每次只要想起当时的事情，情绪就会很激动。

张兰英老人现在和小儿子沙学和住在一起，由小儿子照顾。沙学和是出租车司机，每天都在外面出车，但是不管在多远的地方，每天中午都要回家来给母亲安排好可口的饭菜，因此，他的孝顺事迹也被社区刊登在告示栏上。

老人去日本发言的时候是由二女儿沙秀华和纪念馆的刘主任陪同过去的，回来之后日本那边又把这些幸存者的证言整理成册，从日本寄了过来。

三十二、郑锦阳家族

采访时间：2017年7月1日下午2:00

采访地点：南京市秦淮区秦虹路龙蟠花苑9栋29号402室

采访人员：朱杰、王苇婧

我家八间房子被日军烧光，小姑夫和两个小表弟被杀死，姑妈被轮奸

郑锦阳　口述

我叫郑锦阳，今年90岁。1937年的时候我10岁。我们一家是老南京人，从我的太爷爷、太奶奶开始，200多年，我们就住在南京信府河(今南京市秦淮区信府河)49号，这条河一直通到夫子庙。

1937年，在阴历6月份的时候，日军就开始对南京进行轰炸，我的四爷爷、三爷爷还有叔叔都搬走了，家里只剩下我、母亲、父亲、弟弟、太太，还有一个姑奶奶。我太太当时80多岁，姑奶奶也有五六十岁了。我们家是一个大院子，一共有三进，每一进是五间房。我、弟弟、父亲、母亲就住在二进里面，太太和姑奶奶就住在三进里面。

父亲当时是做护航生意的，也就是给地主把码头上的货物搬运到店里。生意不是天天有，父亲没有固定收入，也没有机关单位，所以就走不掉。

我们隔壁住着我的小姑妈和小姑夫，山东被轰炸之后，他们从山东那边跑反过来，带着他们的两个儿子，也就是我的两个小表弟，住在我们隔壁。

1937年农历八月十五中秋节的那天，是日军轰炸最严重的一次。日军实行轮番轰炸，我们躲在家里挖的防空洞里头。

那天因为飞机来轮番轰炸，我们都不能做饭，怕炊烟会引来日军。我们饿了一天。轰炸的时候有一颗炸弹飞到了我们的大厅，开始没有炸开，也没有烧起来，我父亲看到大厅有火球在燃烧，于是就往上面浇了一盆水，然后火球燃烧了起来，烧了我们八间房子。

当时信府河退潮，河床都是干的，平常吃的水都是从中华门挑来的。我们和邻居都没有水救火，于是我们一家人就躲在河道里，直到大火把我们家的八间房子烧完，火停下来，我们才从河道里出去。

南京大屠杀是发生在1937年12月13日，头天晚上，也就是12月12日，外面都是机枪、大炮声，日军在攻城。我的父亲和母亲一夜没睡守着我们。

第二天早上非常安静，父亲说可能有大事要发生，就叮嘱我们千万不要出去。但

是隔壁的小姑妈没有时间去看孩子，我的两个小表弟听到外面安静之后就从家里跑了出来，在外面玩耍，大喊大叫。他们一叫，就引来了日本兵，日本兵看到有两个小孩子，就举起刺刀把他们挑了起来，再摔到地上，血流满地。表弟们的呼痛声引来了我的小姑夫，日本兵看到小姑夫出来，就一人给了一枪，把小姑夫还有我的两个小表弟杀死了。我姑妈听到动静，也从房间里跑出来，看到这个场景当场昏死过去。后来听父亲对母亲说，姑妈昏死过去后，被日本兵轮奸。

父亲把姑父和两个小表弟的尸体拖到堂屋去放着，把姑妈接到了我们家里住。

我们有一个邻居老太太，那年冬天来问我的太太借棉袄，我的太太给了她一件，并把她送出家门。邻居老太太贴着墙走回家的时候，在路口正好被日本兵看到，日本兵就打死了她。

当时我太太一只脚跨在门槛外，一只脚在门槛里，老年人行动不方便，没来得及躲得过日本兵，太太的一条腿被日本兵打中，向后倒了过去，倒在了门内。我父亲之后就把太太抱到了屋里。当时缺医少药，也不能去医院，我父亲就用棉絮堵住太太的枪口。太太流血不止，满屋子都是有血迹的棉絮。后来日本兵进到这个屋子中，看到满地是血棉花，床上是个老太太，捂着鼻子就走了。

太太因为枪伤所以死了。她死后母亲就用帐子还有席子盖住了她，并且在太太脸上盖了卫生纸。后来的日子日军每次过来，看到这种景象，就以为是什么传染病，捂着鼻子就走了，也没有来找我们。我们就这样逃过了。

日军来的那几年，地主的船也停运了，父亲也因此没有了工作。家庭没有了收入。

我以前 4 岁的时候上了私塾，一直上到 7 岁，后来又上了小学。日军来的时候正好我该上小学三四年级，所以就没有读。直到 1939 年开学的时候，我进了夫子庙小学，读五六年级。夫子庙小学当时是日本人办的，还要学日语，我们就不想学日语，六年级的时候用鸭蛋壳画成日本人头的样子吊在教室门口，还连累了我们的校长张察余，校长被调离了夫子庙小学。

小学毕业的时候，父亲已经生病了，我选择了一所职业中学，南京市第一职业中学，在那边读了初中和高中。那时候学费一学期 5 块钱，加上别的费用一学期 10 块钱。我就争取每学期能出一次作文，争取发表，拿到 5 块钱的奖金，这样我的学费就有了。然后又和家里一样贫困的同学去扫马路，劳动一次 5 块钱，这样的话书本费等就有了。

就这样我读了 3 年。毕业后我报了师范学校，在现在鼓楼区北阴阳营那个地方，因为师范学校可以分配工作。我 17 岁毕业，但其实从 15 岁的时候就开始当了小学老师。

1949 年后我也一直是小学老师，直到 1985 年底我退休。我弟弟上了小学五六年级，本来我帮他报了中学，但是他小学没有毕业，所以就去不成。于是我弟弟就去做学徒，学的电讯。1949年后在518厂做电讯工作，成为一名工程师。

南京大屠杀受害家庭郑锦阳家庭族谱

母亲：鲍延桢

弟弟：郑锦明

本人：郑锦阳（南京大屠杀幸存者）

大女儿：曾昭玮

大儿子：曾昭骏

二儿子：曾昭恒

三儿子：曾昭龙

四儿子：曾昭容

采访南京大屠杀受害家庭幸存者郑锦阳日记

2017年6月30日下午，我们打电话联系了郑锦阳老人，约定第二天下午2:00接受采访。

7月1日下午2:00我和我的搭档来到了秦淮区龙蟠花苑9栋29号402室。郑锦阳老人开门迎接我们。我们进门看见他的儿子曾昭龙也在。郑锦阳老人90岁了，但是精神依然很好，说话也很清楚，就是耳朵不太好，我就坐在老人旁边，尽量大声地交流。

我们开始了采访，问了些老人在南京大屠杀中的经历。老人向我们讲述了自己亲人在南京大屠杀期间的悲惨遭遇以及南京大屠杀后自己的生活、学习、工作的情况。

南京大屠杀受害家庭幸存者郑锦阳（中）与儿子曾昭龙（右）接受南京晓庄学院志愿者（左）采访

老人小时候上过私塾，因为成绩优异，拿着奖学金读师范学校，出来当了老师。结婚后生了一个女儿四个儿子，现在生活条件还算可以。

“日本人坏死了，我到现在都恨日本人。”老人现在也很关心国情，没事看看《海峡两岸》之类的节目。采访之后，我们拍了几张老人的照片，还拍了老人南京大屠杀幸存者的证，然后我们就跟老人道别离开了。

三十三、沈宗海家庭

采访时间：2017年7月3日下午2:00

采访地点：南京市玄武区百子亭34号

采访人员：霍方婷、丁传奇

日军见到避难所里的小伙子就拉走，我二伯被抓走，至今杳无音信

沈永波　口述

我父亲沈宗海是一位不太喜欢聊天的人，也就是在去世前这几年才和我聊起当年南京大屠杀的事，说得也不多。

父亲出生于1928年12月，2016年去世，1937年前与家人住在中华门剪子巷附近，家中有哪些人不清楚，大家几户人家一起在弄堂口，上面有棚子顶，摆点酱油、盐等做些小生意。日军进城前，国民党部队撤退了以后，家里人都分开跑反了。

我父亲和我二伯（16岁）躲进了现在的南京师范大学，当时躲在金陵女子学院南京安全区避难所的大多是老百姓，也确有没有来得及后撤的士兵脱下军装跟着老百姓混到里面去的。日军就以里面混有士兵为借口进去搜查，看见小伙子这类人就都带走，日军也不管他们是不是士兵。

我父亲9岁还很小没被抓，二伯就被抓走了，至此二伯就没有音讯了，不知道是被拉去干活或是枪毙，之后找也没有找到。我父亲在避难所过的生活如何以及住了多长时间我不知道。

当时日军一直占领南京，等战火平定后我父亲又回到原来的住处。爷爷奶奶当时年纪比较大，就在家里没有逃跑。回到家里，我父亲就被爷爷奶奶还有大伯照料。

后来我父亲说得比较憎恨的是亡国奴的日子确实不好过，日军占领以后，为了和平的现象，让我父亲他们上学学日语。

该学的要学，该附和的要附和。关于南京沦陷后这些经历，我父亲写过一份口述放在纪念馆里。

我父亲后来在一个印刷厂（名字不清楚）当学徒，1949年解放，新华书店成立，公私混营，于是就到归属新华书店的印刷厂工作。我之后也问过我姑妈（1937年时还没有出生），以前姑妈的哥哥姐姐有没有说过这段遭遇，她说没有。后来我父亲与奶

奶分家后搬到了大板巷，升州路附近，生活还算正常。

家中有一份非常详细的族谱，我搬家的时候看到的，但是现在还没找到，但确定还在家中。

采访南京大屠杀受害家庭沈宗海儿子沈永波日记

2017年7月3日下午2:00，我们来到百子亭34号采访沈永波先生。

沈永波的父亲沈宗海出生于1928年12月，于2016年去世。沈永波先生在采访过程中多次感慨如果调查能够早一点，父亲还健在的话也许能获得更多的信息。

因老人生前沉默寡言，不愿与人交谈，并且父子俩性格相冲，因此沈永波先生与父亲交谈起南京大屠杀也是在父亲去世前几年。

虽然沈永波先生从父亲口中得知的信息很少，但他告诉我们父亲曾经写过当时的经历，手稿如今也和收存的两件文物一起放在纪念馆里。

从采访中我们得知，老人原住在中华门剪子巷附近，和周围十几户人家一样在弄堂外做点小生意为生。

父亲兄弟姐妹一共12个，具体的姓名在家族谱中。但在1937年时家中只有几个孩子（具体的不清楚），当时家里的人都分开逃跑，老人（9岁）与二伯（12岁）一起逃到金陵女子学院（现南京师范大学）。

日军以避难所里混有中国兵为由进入女子学院，将其中年轻的小伙都抓走，二伯也被抓走，从此就没了消息。沈宗海老人当时在避难所住了一段时间（具体时间不清楚）后回到家中，由父母和大伯照料。安定下来后日军说要和平，老人被要求学习日语。

后来在一个印刷厂（名字不清楚）当学徒，1949年解放，新华书店成立，公私混营，于是就到归属新华书店的印刷厂工作。

老人曾经说过比较憎恨的是亡国奴的日子确实不好过。这也是我们唯一得到的老人对于南京大屠杀经历的感叹。

在采访过程中，沈永波先生也调侃父亲生前不爱与人交流，当看到其他幸存者被采访时疑惑

南京晓庄学院志愿者（右一）采访南京大屠杀受害家庭沈宗海儿子沈永波（左一）

为什么没有人来联系父亲。而关于父亲对于南京大屠杀这期间的经历，如果提前几个月，在老人还没有去世时也许能够更清楚地了解当时的情况。

我想，这也是在提醒我们，时间不等待任何人，作为一名志愿者，我们应尽自己全部的努力尽快完善各项内容资料，要把握如今仍在世的幸存者的人数，尽可能多去采访。

三十四、陈素华家庭

采访时间：2017年7月2日

采访地点：南京市玄武区尖角营5号1单元301室

采访人员：李田田、朱延驰

我在难民营看见有四卡车的青壮年被拖走枪杀，我叔叔死于日军之手，嫂子被日本兵强奸致疯

陈素华　口述

我叫陈素华，现居住于南京市尖角营 5 号 1 单元 301 室。

我出生于 1928 年，日军南京大屠杀的时候我才 9 岁，当时家里有两间瓦房，一间是门面，用来做小生意，还有一间用来居住。

日军开始屠杀之后，一家人除了我和母亲，其余人都逃到了四川。我们母女二人留下来被日军逼到了难民营，家里的店面也被日军占领了。

刚开始的难民营里还有一些青年壮劳力，但是，没过多久日军就以给这些人安排特别好的工作为由诱惑这些青壮年走出了难民营，足足有四卡车人，结果这些人第二天就被拉到雨花台杀死，足足四卡车的青壮年就这么被日军残害了。

其中还有比较感人的一幕，在一位年轻人准备走出去之际，一个素不相识的老太太跪在他面前说："千万不要出去，日本人肯定没有安什么好心，留下来吧，以后我就是你的亲娘，千万不要出去！"于是这位年轻人就断了出去的念头。在得知出去的人都被杀死之后，这位年轻人对那位老人甚是感激，觉得是老人救了他一命。

此外，令人发指的杀人比赛的起点，就在我们家的后院。我的叔叔陈政贵也死于日本兵之手，嫂子也被日本兵强奸致疯，日军极其残忍。

我在年老之后，经常给附近的一些孩子们讲日军当年所犯下的种种罪行，不管是小学生还是大学生我都爱和他们讲，因为我想让更多的人了解到过去的这段历史，让更多的人知道日军的残暴。

我现在基本上每天都会不断地念叨着怕怕怕，因为日军当年的残忍给我留下的阴影太深。

南京大屠杀受害家庭陈素华家庭族谱

本人：陈素华（南京大屠杀幸存者）

丈夫：郑智民

大女儿：郑春萍

大女婿：闵凯声

外孙：闵震

外孙媳：韩红霞

曾外孙女：闵睿

二女儿：郑秋萍

二女婿：井福友

外孙：井灵

外孙媳：宋 × ×

曾外孙子：井小鹏

三女儿：郑爱萍

三女婿：李来喜

外孙：李俊

外孙媳：陈凤娟

曾外孙女：李昱欣

四女儿：郑钻萍

四女婿：冯幸民

外孙：冯涛

外孙媳：王小玲

曾外孙：冯一涵

儿子：郑顺强

儿媳：吕欣

孙子：郑辰

孙媳：× ×

曾孙女：郑茜瑶

采访南京大屠杀受害家庭幸存者陈素华日记

2017年7月2日星期日早上9:00，采访志愿者李田田、朱延驰出发前往尖角营5号1单元301室陈素华家进行采访。

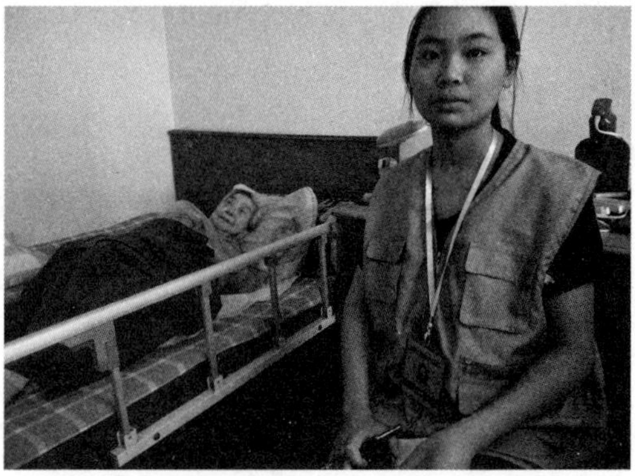

南京大屠杀幸存者陈素华（左）接受南京晓庄学院志愿者采访

本来与陈素华奶奶的儿子预约的时间是11:00，但是我们提前到了20分钟。在楼下与陈奶奶的儿子通话后，被告知陈奶奶及女儿在家，于是我们就上楼了，并且受到了陈奶奶及女儿的热情接待。年已90岁的陈奶奶身体还算健康，听力也还不错，见我们来了还招呼让女儿倒水给我们喝。

陈奶奶因为之前突发脑溢血，现在讲话有点不清楚，所以陈奶奶的女儿就在旁边帮我们传达陈奶奶的话。

陈奶奶告诉我们，日军进入南京时她只有9岁，一家人除了她和母亲，其余人都逃到了四川，留下来的她们母女二人被日军逼到了难民营。

最初难民营里还有一些青年壮劳力，日军以给这些人工作为由诱惑这些青壮年走出了难民营，结果这些人第二天就被拉到雨花台乱枪扫射致死，足足四卡车的青壮年就这么被日军残害了。

此外陈奶奶还告诉我们，日军曾在他们家后门口进行了凶残的杀人比赛。陈奶奶自家的叔叔陈政贵也死于日本兵之手，嫂子也被日本兵糟蹋致疯。

对于那段历史，陈奶奶对日本人的种种暴行恨之入骨，并且那种恐惧也深藏心中无法抹去。据陈奶奶的女儿告诉我们，陈奶奶还经常会念叨："害怕，害怕。"

陈奶奶以前行动方便的时候还经常跟邻里及附近的小孩讲这段历史，她经常告诉孩子们一定不要忘了历史国难，要铭记于心，发愤图强。

采访临近结束的时候，陈奶奶的儿子也回来了，他与陈奶奶的女儿一起帮我们完成了家庭系谱图的整理。采访结束后，我们与陈奶奶道别。陈奶奶的子女将我们送到了门口。

三十五、王福义家庭

采访时间：2017年7月6日

采访地点：南京市六合区南钢六村2栋107室

采访人员：李田田、朱延驰

日军杀人、强奸，做尽了伤天害理的事情

王福义　口述

我叫王福义，现居住于南京市六合区南钢六村2栋107室。

南京大屠杀那一年我10岁，和母亲相依为命。那时我住在西康路的一间棚子里，我们家是做皮匠生意的，家里条件不是很好。

日军来了之后，我与母亲便逃到了石中路的难民区，在难民区期间一直靠着美国人开设的学校施舍的稀饭生活下来。等局势稳定了一些之后，我们便到了北京西路，在那继续做皮匠生意。我和母亲一直在北京西路待到日本投降，等日本投降之后我们才又搬回西康路。

日军那时候做了很多伤天害理的事情，我印象最深刻的就是万人坑事件。当时日军在华东水利学院附近杀害了有近万人，因此被称为万人坑。那个万人坑现在由于建设的需要只留下了一个碑在那儿，坟墓已经没有了。

还有一件事情也令我极为愤怒，在上海路旁边有一个水塘，水塘里有四具被日军残害的村民尸体，那时候我们没有水吃，但是又没有人敢把尸体打捞出来，附近的村民只能吃泡有尸体的脏水。

汉口路有一位朱爷爷，因为舍不得自己的房子就没有跑，结果日军来了之后把他杀了，并把他扔到了墙根那边，占领了他的家，尸体都没有人处理，还是有一天附近的居民偷偷地跑进去用芦席把朱爷爷盖了起来。

位于难民区内的陈爷爷家的儿子也平白无故地惨遭了日军的毒手。我隔壁是一间公馆，里面住着三个20多岁的女孩子和一个男孩子，三个女孩子均遭到了日本兵的性暴力。在遭到了伤害之后三个女孩子都逃跑了，一个男孩子也被日本兵杀害了。

还有一位张妈妈，她与8岁的儿子也住在难民区内，日本兵想强奸张妈妈，张妈妈不从，日本兵就用枪口捅了捅她儿子，以示威胁，张妈妈最后为保护儿子而屈服。

我的姐姐因为嫁人了就没有和我们住在一起，在日军来了之后，她躲进了金陵女子学院。

我对日军很痛恨，因为他对我们造成了太多的无法抹去的伤害，现在想来还是心有余悸的。

南京大屠杀受害家庭王福义家庭族谱

母亲：周志华

本人：王福义（南京大屠杀幸存者）
妻子：董玉兰
大儿子：王勇
大儿媳：杨金妹
孙子：王超
二儿子：王强
二儿媳：孙香
孙女：王雨馨
女儿：王英
女婿：骆宏志
外孙女：骆连菲

采访南京大屠杀受害家庭幸存者王福义日记

2017年7月7日早上8:00，志愿者李田田、朱延驰前往南京市六合区南钢六村2栋107室采访王福义老人。我们抵达单元楼门口的时候，老人正在树下纳凉，我们与老人打过招呼后老人的大儿子便出来了，他将我们与老人一同迎进家里。老人的儿子十分贴心地将我们引进开了空调的内室，于是我们便开始了采访。

老人今年已经92岁，但是他对日军当年的暴行仍然记忆深刻。

老人告诉我们，南京大屠杀那一年他只有10岁，他的父亲早已去世，姐姐也已经嫁人，家里只剩下他和母亲两个人。家庭生活条件也不是很好，只有一间小棚屋。

南京大屠杀幸存者王福义（左）和妻子董玉兰（右）合影

日军来的时候他与母亲逃到了难民区。虽然老人与母亲并未遭到什么迫害，但是万人坑事件却让老人永生难忘。当时日军在华东水利学院附近坑杀了近万人。

此外，在上海路附近的一个水塘里漂浮着四具被日军残害的村民的尸体，当时水非常少，附近的村民都只能用水塘里的水，可是由于对日军的恐惧，水塘里的尸体却无人敢打捞，村民们只能吃浸泡着尸体的水。

老人告诉我们，汉口路有一位朱

爷爷，因为舍不得自己的房子就没有逃跑，结果日军来了之后把他杀了，并把他扔到了墙根那边，占领了他的家，尸体都没有人处理，直到有一天附近的居民偷偷地跑进去用芦席把朱爷爷盖了起来。位于难民区内的陈爷爷家的儿子也平白无故地惨遭了日本兵的毒手。

他家隔壁是一间公馆，里面住着三个20多岁的女孩和一个男孩，三个女孩均遭到了日本兵的强暴。在遭到了伤害之后三个女孩子都逃跑了，而那个男孩也被日本兵杀害了。

还有一位张妈妈，她与她8岁的儿子也住在难民区内，日本兵想强奸张妈妈，张妈妈不从，日本兵就用枪口捅了捅她儿子以示威胁，张妈妈最后为保护儿子而屈服。

老人告诉我们，尽管南京大屠杀过去这么多年了，老人仍然无法原谅日军的暴行，无法对日军的惨绝人寰释怀。

这一次采访也多亏了老人的儿子王勇叔叔的配合与帮助，帮我们两方传递解释。采访结束以后，我们与叔叔和爷爷亲切道别，叔叔还嘱咐我们如果有事在吃饭时间打家里座机一定可以取得联系。

三十六、岑洪桂家庭

采访时间：2017年7月5日下午3:00

采访地点：南京市建邺区凤栖院40号301室

采访人员：沈亦涵、金萍萍

我妹妹的下巴给打穿，小弟弟被活活烧死，大街小巷都是死尸堆

岑洪桂　口述

我叫岑洪桂，今年94岁，我的身体现在还好，没有什么大病大难的。我的老伴今年92岁，耳朵有点聋，腿脚也不利索了。

2013年，我曾经跟随国内的代表团到日本，作为证人讲述当年的那段历史，我一共去了长崎、熊本、福冈这三个地方。

我记得最清楚的一件事就是，在场的听众中有好多都是日本的青年学生，他们好多人都不清楚当年日军在南京进行大屠杀的时候杀了30多万人。

我老家是徐州的，后来因为家里穷，在我10岁的时候，我们一家都到了南京，以要饭谋生。

日军攻占南京城的时候，我那个时候14岁。日军在12月11日、12日的时候，

就来轰炸南京了。他们主要的目标就是大型的工厂，于是把中华门的晨光机械厂（那个时候主要生产枪炮子弹的地方）还有下关的电动厂都给轰炸了。于是电路设施全部都被破坏了，整个南京城就被攻陷了。

13 日上午的时候几十架飞机在南京上空盘旋，时不时地就轰炸一番，后来日军进城了以后，奉行“三光”政策，即杀光、烧光、抢光。

那个时候好多人看到日军进来了以后，都很害怕地往房子里面跑，然后日本兵就放火把房子给烧了，人们就从房子里面跑出来，然后日本兵看到远的人就用机枪扫射，近的人就直接用刺刀上去刺，大街小巷都是死尸堆在一起，血腥而又可怕。

那个时候我们住在汉东门外北华长街，我们的房子就是用稻草堆出来的，日军来的时候我们就逃到了桥洞里面。在逃的过程中，我父亲和我妹妹被日本兵开枪扫到了，子弹把我妹妹的下巴给打穿了，但是我父亲没有被打死，日本兵就把我父亲给抓走了，让我父亲给他们找花姑娘，等走到水西门的时候，看到有两个女人的时候，我父亲乘机就跑了回来。

后来，日军又来了，他们在我家放火烧房子，那个时候我有一个 3 岁的小弟弟在家里的床上睡觉，其他人都在洞里面，我就想跑进去把我弟弟给抱出来，日本兵就用枪指着我，示意我不能进去，要是进去的话就要开枪了。屋子里面弟弟一直在哭，我在外面又很急，后来我的裤子还被烧着了，至今都还有伤痕在，我弟弟就这样被活活烧死了。

之后，我妹妹也被抱回来了。日军从水西门一直到汉中门，烧了将近 2000 多户。

第二天日军在汉中门石城桥那里杀了 2000 多人，日军先杀有疤痕或者有帽檐印记的人，后来又把平民老百姓给杀了。先用机枪进行扫射，之后再用刺刀，把没扫的人给刺死，尸体全都扔到了河里。

我姑妈那个时候住在五台山那边，南师大在那边成立了难民营，我姑妈就躲到了那里面。当时附近有一个小学，日军到了那里以后，把里面所有的人包括小学生全部都给杀死了，可以说是惨绝人寰。

我们的房子被烧了以后，就一家都逃到了郭角，那边有我父亲认识的人，之后又逃到了太山庙的地方，我们一家全都躲在了庙里面，然后前面有一片竹林，里面藏着一部分国民党的伤兵，等到日本兵搜到这边的时候，本来还没发现他们的存在，但是发现了有鸡可以吃，在捉鸡的过程中，发现了这些人，最后全部把他们给打死了。

1949 年以后，我在一家工厂工作，之后工厂就倒闭了。我在 20 世纪 50 年代的时候就入了党，是一名老党员了。

我父亲叫岑秀楼（90 岁去世），我母亲叫岑高氏（30 多岁去世），共生育了 5 个子女，老大叫岑洪英（96岁，在徐州老家），老二是我，老三叫岑洪正（80多岁去世），老四叫岑洪新（78岁去世），老五叫岑洪兰（82岁）。

南京大屠杀受害家庭岑洪桂家庭族谱

父亲：岑秀楼

母亲：岑高氏

大姐：岑洪英

本人：岑洪桂（南京大屠杀幸存者）

大弟：岑洪正

小弟：岑洪新

小妹：岑洪兰

采访南京大屠杀受害家庭幸存者岑洪桂日记

2017年7月5日下午，我们来到幸存者岑洪桂老人的家中，家里还有一个腿脚不太方便的老伴儿。闷热的天气，老人自己穿上衣服，却为我们开了电风扇。

风扇旋转的叶片不停地甩动，外表虽然锈迹斑斑，却也转得很快，就像老人虽已94岁高龄，说起这段历史，没上过学的他，表达能力却丝毫不逊色于我们年轻的这辈。

老人出示相关证件的时候，特意拿起了自己2013年左右赴日本参加和平集会的护照，他去了长崎、熊本、福冈三个城市进行相关证言。其中老人清晰记得一位日本男学生提问老人，为什么我们不知道我们日本人在你们中国南京屠杀了30万人。老人好一句回答："那时候还没你们呢！"

1937年12月11日左右，日军就开始对城里重要基地进行轰炸，炸了中华门外生产飞机、大炮、机枪的晨光机械厂和下关电动厂，企图让南京的电力系统瘫痪。

当时他们住在汉中门外北华长街城墙边外，靠父亲推着独轮车帮人家贴砖瓦生活。日军进城后，他父亲先带着5岁妹妹从汉中门逃，被日本兵看见，日本兵便朝他们开枪，子弹穿过妹妹的下巴，但没致死。妹妹倒下被扔在一边，日本兵抓走了父亲，让父亲带他们去找花姑娘。他们朝水西门方向走去，看见了两个花姑娘，日本兵便直朝着两个花姑娘追去，父亲也就乘隙逃走了。

那时候他们家里其他几个躲在城墙下面的洞里了，家里睡着他3岁的弟弟。日本兵来到他家就要烧房子，老人冲过去想要进去救弟弟，日本兵拿着刺刀戳着他不给进，威胁他如果进去就戳死他，他眼睁睁地看着日本兵烧了房子。弟弟叫了五六声就没声了，活活地就被烧死了！

南京大屠杀幸存者岑洪桂（左二）接受日本友人林伯耀先生（右一）和日本广岛大学杨小平博士（左一）采访后留影

南京大屠杀幸存者岑洪桂（中）与南京晓庄学院志愿者合影

他站在门口没走，看着被烧的房子，火势也烧上来烧伤了他的左小腿，现在还有疤痕。说完老人撸起裤腿，疤痕清晰可见。老人父亲当天晚上抱着受伤被撂下的妹妹回来与他们团聚。那一夜，汉中门到水西门 2000 多户全部被烧光，汉中门石城桥现在还有一块碑立在那儿。

之后，一家人就开始往郭角那儿逃，老人父亲有个朋友帮忙，一家人坐着船往太山庙附近逃。老人谈到一个画面印象很深刻，他背着妹妹往竹林里跑，日军就在后面追，竹林里还有一些国民党伤兵，日本兵就开枪扫射，打死了很多伤兵。妹妹趴在他背后，受伤的下巴一直在淌血，妹妹稚嫩的声音跟哥哥说自己伤口在流血，想喝水，哥哥知道受了枪伤不能喝凉水，只能让妹妹忍着。

令老人印象深刻的还有住在五台山小学里的姑妈陈朱氏，她亲眼看见日本兵来到那个小学里，将所有小学生杀死。老人一度激动，厉声喝道："简直惨无人道！"这一幕给姑妈、给老人都留下了深深的阴影。

在采访到老人晚年生活时，我们了解到老人是一名老党员，他多次提到不忘初心跟党走，没有中国共产党就没有新中国，不能忘记 12 月 13 日这个特殊的日子。老人还时刻关注着时政，自己其他事已经做不了了，只能做好本职，加强监督，坚守自己，将希望寄托到年青一代身上！

采访快结束了，头顶正上方的风扇还在嗡嗡运作，风力不减，94 岁高龄的岑洪桂老先生就像这风扇一样，虽已锈迹斑斑，却坚守自己，为人们送去一份清凉，即使只能囿于一点，也不愿意让人生空转！

三十七、周湘萍家庭

采访时间：2017年7月4日下午2:00

采访地点：南京市秦淮区海熙护理院

采访人员：沈亦涵、金萍萍

我爷爷、父亲被鬼子抓走，尸骨无存，姐姐被强奸

周湘萍　口述

我叫周湘萍，今年89岁，现住在疗养院里面，原先是和小儿子生活在一起的。

1937年时我才9岁，我是和我爷爷、奶奶、叔叔、父亲、母亲、哥哥、姐姐、弟弟生活在一起。

日军进城前，我们全家都没有走，因为我爷爷是独臂，他那个时候喜欢画画，我父亲要大家往难民营里面去避一避，我奶奶不同意去，因为房子是自己家的不舍得，于是我父亲说："要死就死在一起，就不走！"

日军在进城前一天晚上就一直在那里炮轰南京城，我们几个小的就全部躲在那个防空洞里面，临走的时候我父亲给我们每人一串铜板，到时候走丢了就可以用，但是在跑的过程中，铜板全散了掉在了地上。

第二天日本鬼子就进城了，我们就全部回了家。因为我们住的巷子比较浅，日军很容易就来到了我们家。日本鬼子进了我们家以后，就把我父亲、我叔叔和我哥哥都拖走了。后来我们全家就全部出来跪在地上求他们不要把人都带走，但是日本鬼子始终不同意放人。

日本鬼子要抓他们去做劳工，后来经过求饶以后，大概是下午4:00多的时候，日本鬼子就只把我父亲给带走了，并说我父亲过几个小时就会回来了，但是等到晚上还没有回来，然后我爷爷就要去找他，后来还跑到城门那里去找，最后爷爷也没有回来。

后来有人说看到我爷爷在和日本鬼子交涉的时候，被抓去了。之后我母亲和我哥哥一大早也出去找人，翻遍了尸体也没有找到，然后一大家子就在那里哭，后来渐渐也就放弃了寻找我父亲的尸体。

之后日本兵也经常来我们家巡逻之类的，我记得比较清楚的就是有一次日本兵来我们家的时候，因为是冬天，他们一进门以后就抢了我们家里的木柴和能烧的东西，点燃以后木柴发出的噼里啪啦的声音把我们这些小孩都吓得害怕极了。

当时我姐姐是13岁，周围的人都说这样的年纪很危险，就把我姐姐藏在了茅草里面。但是日本兵也有经验了，就用刺刀在茅草里面乱戳，后来我们家里人还是让我

姐姐出来了，一出来后就被日本兵拖到隔壁的房子里给强奸了，到了晚上才回来。回来以后，我母亲给我姐姐洗了洗身体，并给她做思想工作，让她先安定下来。

我母亲那个时候还算幸运，当时日本兵冲进我家的时候，我母亲正好躺在床上喂奶，几个日本兵看了以后，没有找我母亲的麻烦。

过了一段时间后，日军没有刚开始那么残暴了，有的时候我们在巷口玩耍的时候，日本兵还会给我们糖吃，以此作为娱乐的方式。后来日军在中华门这个地方召集人手做日本工，并且会发放工资。

为了生存我们家几乎就全部出动了，我被分配在工具室，负责记录工具的进出，我奶奶负责在工厂里面抽丝，我母亲帮人家洗衣服，我姐姐在工厂里面做一些成品，我叔叔因为智力有问题，所以在大街上给人家算命。不到一年以后，日本就投降了，所有的工人就全部解散了。

后来我 11 岁的时候，因为家庭生活困难，就让我去给人家做童养媳，那个人家在水西门，比我们家还穷，生活条件很差，我实在忍受不了了，就自己跑回来了，再也没有回去。1949 以后，有人就把我老伴介绍给了我，我老伴在鼓楼派出所工作。

【下面是老人的小儿媳妇的话语】

我婆婆晚年的时候不怎么好服侍，性子比较倔强，老是喜欢说自己小时候受过的苦，但是她对自己还是蛮好的，蛮注重自己的。因为毕竟是有文化的，她晚年的时候还喜欢自己写写东西。

南京大屠杀受害家庭周湘萍族谱

父亲：周在贵

母亲：周王氏

本人：周湘萍

丈夫：孙友路

女儿：孙培玲

大儿子：孙培凯

二儿子：孙培祥

采访南京大屠杀受害家庭幸存者周湘萍日记

2017 年 7 月 3 日下午，我们在周湘萍小儿媳孙立萍的带领下来到老人的疗养院海熙护理院采访。老人今年 89 岁了，除了耳朵不太好外，身体还算硬朗，平常由一个护工照料着，子女们时常来看看她。

老人回忆道：当初日军进城时，他们一大家子居住在秦淮区王府里3号，也就是现在的梅安里，老人才9岁。其他邻居都逃往了难民营，都空了。而家里三代人居住在一起，对居住了几十年房子有感情的奶奶不愿意离家，想守着家，爷爷安慰着老伴儿说：不走就不走了。便和家里的叔叔、我父亲这一家商量着让我们逃走，他们留在家看房子，父亲却说："我们也不走了，你们老的不走，我们都不走，要死就死在一起！"这句话至今让老人铭刻在心。爷爷却反劝他们说："你们年龄还小，还有很多路要走。"最终却没有扭过老人的父亲，全家人齐心留在一起了。

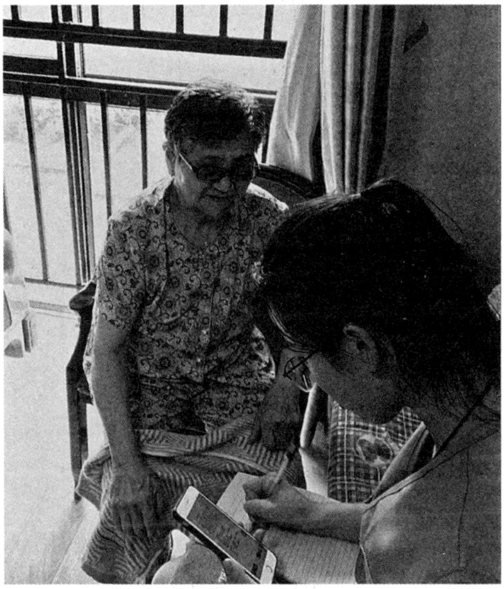
南京大屠杀幸存者周湘萍（左）接受南京晓庄学院志愿者采访

鬼子来时，全家人便把所有积蓄化成铜钱，每人身上背着几卷，从挖好的防空洞里逃亡，防空洞挖的范围很宽广，巷里之间都是互相通着的，她们姐妹几个都从防空洞里逃出去了。但是鬼子进城后，又逃回了家。

一次，日本兵刚从空房里搜查出来，独臂的爷爷、父亲、叔叔三个男人正巧外出去上厕所，被捉住了。原本躲着的全家人得知后，全部出来跪在地上磕头恳求饶过家里三个人，无情的日本兵不为所动。后来老人的父亲主动要求带走自己一个人，留下其他两个，再加上老人的母亲拉上几个孩子又是一通磕头求饶，日本兵才答应带走父亲一个人。全家人都记得那一天的下午4:00，家里的顶梁柱被带走了。日本兵嘴上说几个小时就回来，到了天黑都没回来，着急的爷爷外出去找，却也没有再回来。老人的母亲和哥哥也慌神了，看着别人一个个回来了，自己家的两个男人却没了踪影，一大家子都在哭，猜测两个人是被日本兵打死之类。

老人的母亲和哥哥第二天一大早就出去找，看见街上满地的死人，有人告诉他们看见他们家老周，说是被日本兵打了倒在了地上。老人的母亲回家大哭大闹，后来又有人说是被带到江边上去了，靠不住了，全家人在家里磕头祈祷，渴望家里的顶梁柱回来撑起这个家，却都无济于事。

此后，日本兵经常来家里，那时候正值12月，很冷，日本兵为取暖，把家里能烧的都烧了，什么摇篮之类的，都被扔到大火里，噼里啪啦的火声让全家人都胆战惊心。

家里有个姐姐叫周湘莲，比老人大4岁，个子又高，落得一副姑娘模样。家里人害怕姐姐被鬼子搜到强奸，就把她藏到茅草堆子里。鬼子到厨房拿了刀四处戳茅草，找年轻女人。家里人生怕姐姐被刀刺伤，喊着让她出来算了。姐姐一出来就被日本兵带到外面的空房子里被几个日本兵轮奸，晚上她才回家，哭着闹着，家里人也没有什么办法。老人的母亲便用热水帮姐姐洗了洗身子，看着自己女儿被糟蹋的身体，心里一阵泛酸，嘴里说着“算了算了，能怎么办，受苦的不只你一个女人”，来安慰哭闹的姐姐，此后姐姐一度以泪洗面。

那时候家里生活贫穷，连吃都成问题，大家都想着怎样过活，也就没有在意老人的姐姐被蹂躏的污点，再也无人谈起这件痛苦的往事。老人的姐姐出嫁后也没人知道这件事，直至80多岁临终，她婆家的儿女们才知道母亲以前被日军强奸的事实。

当时日军搜查时，老人的母亲也才30多岁，但是看在她还在床上给弟弟喝奶，日本兵也就算了，放过了对她的奸污。

后期，稍微稳定下来了，日军不再大规模烧杀抢掠，让他们为其工作来挣得劳务费。做日本工时，由于老人识几个字，就被派去工具室记录工具进出的情况，工具室里的小年轻日本人还挺好的，经常一起聊天，谈对方的家庭，让老人知道并不是每一个日本人的面目都是可憎的。

那时候老人的母亲帮人家洗衣服，姐姐帮日本人做工，叔叔替人算命，也算活了下来。

快结束采访的时候，老人还拉着我的手说幼时家里男人们被带走后，生活十分困难，自己也在11岁就到了别人家做童养媳，日子十分艰苦，甚至比家里还苦，吃也吃不饱，曾一度逃回来，却也遭到母亲的呵斥，说自己逃回来太丢人，可是童养媳的艰苦生活让她再也不想回去，一心想要逃出来过上稍微好点的生活。

1949年后，经别人介绍才认识了现在的老伴儿，在鼓楼派出所工作，两个人简单安稳的生活对于幼时经历过苦难的周湘萍来说就是最大的幸福。

三十八、李宝玉家族

采访时间：2017年5月12日下午1:00

采访地点：南京市玄武区富贵山4号11栋

采访人员：沈亦涵、金萍萍

日军强行霸占我外公的车子，开枪打死我叔公

戈松林　口述

我叫戈松林，是南京大屠杀幸存者李宝玉的儿子，今年59岁，自己经营一家建

材店。

日军攻占南京的时候，我母亲才十一二岁这样子，在家里是排行老大，下面还有3个弟弟、妹妹。那个时候我母亲他们家住在佛心桥附近，那个地方比较偏僻，我外祖父他们就在那一块种玉米之类的庄稼，他们就用玉米秆之类的把房子围起来，以免被日本兵发现。

有一次日本兵来巡逻时发现了我母亲他们，当时我母亲年纪小，就钻到了玉米秆下面，我母亲的表姐还有几个老人没有来得及逃，就被日本兵发现了。我母亲的表姐当时已经有16岁了，日本兵看到了就要抓走她，旁边有个老人想要护着她，日本兵就朝老人开了一枪，老人当场死亡。

我母亲的表姐手掌也被打穿了，她就顺势躺在地上装死骗过了日本兵，然而日本兵并不甘心，朝着玉米堆子里面就用刺刀戳，幸好没有戳到我母亲。

后来表姨娘也和夏淑琴他们一起去日本进行申诉。日本兵之后又经常来扫荡，我母亲被迫和家人一起逃往珠江路的难民营，有的时候会在晚上偷偷跑回来。

后来局势稳定下来，我外公的一些亲戚从山东逃到南京，我外公那个时候在南京干一个大的工程，并且在那个时候就买了一辆车，往返于新街口和码头之间。日军强行霸占了我外公的车子，让他们为日军修路、建公司之类的。

然后我叔公被日军抓去给一个日本厂长开车，那个日本人脾气不好，动不动就打骂。有一次那个日本人又在车上发牢骚，我叔公就忍不下去了，在回去的路上，到了马群的时候，我叔公借机说车子走不动了，需要人下去摇一下，那个日本人虽然不情愿还是下去了，我叔公立马发动车子，把日本人当场就撞死了。

我叔公就把车子和人全部扔掉了。我叔公跑回来找我外公帮忙，我外公立马就给他一点钱，让他快点跑回老家去，但是后来还是在九华山的地方被日军抓到了，之后被枪毙了。

日军还曾找过我外公要他住的房子，我外公不给，但是后来还是被抢走了，我外公因此得了抑郁症，不久就去世了。接着，我外婆隔了两年也去世了。之后，我母亲他们就被我叔公领养了。

我母亲与我父亲在20世纪40年代的时候结婚，婚后生育了6个子女，主要靠着种菜卖菜维持生计。

我母亲晚年的时候和我弟弟生活在一起，2003年得了老年痴呆，有一次还走丢过，在她小时候生活过的地方珍珠桥找到的。

2007年，我母亲的病症就变严重了，对于现在的事情什么都不记得了，但是对于小时候的事情仍然记得很清楚。

采访南京大屠杀受害家庭幸存者李宝玉儿子戈松林日记

2017年5月12日，南京的天气变化无常，上午还是乌云密布，大雨滂沱，下午却开始放晴。戈先生居住的小区里，浓荫蔽日，雨后的风夹杂着大雨冲刷泥土的清新气味扑鼻而来，紧接着扑鼻而来的就是进门之后茶叶的香。戈先生给我们的第一印象是精神。我们褪去穿梭于大街小巷采访的疲惫，变得和戈先生根根立起的头发和涩中带香的茶一样精神抖擞。

戈先生自己经营一家建材店，爱人已经去上班了，自己空闲时间可以随意支配，吃完午饭便坐在家中等我们了。

南京大屠杀时，他的母亲那时候还小，才十一二岁，家里还有个16岁的表姐，其余都是些中老年人，一家人居住在佛心桥附近，以种田为生。鬼子开始扫荡了，他们一家人就把田里的玉米秆都收割堆得高高的。

有一次，鬼子一来，他母亲反应迅速地躲进玉米秆子里，16岁的表姐没能来得及躲进去。他母亲拨开玉米堆子，亲眼看着日本兵是如何打死那位护着表姐不让日本兵带走的远房亲戚的。看完被杀戮的现场，她开始了自己的保卫战。日本兵端着配置刺刀的枪反复地戳着玉米堆子，就像电视剧里演的那样，还好他母亲身子小加上及时躲闪，没被发现。这一次突袭扫荡，子弹打穿了她表姐的手掌，留下终身的疤痕！

他母亲当时年幼，虽经历过那场浩劫，却也没有太多的记忆。她说得最多的还是自己的父亲做的生意如何被日本人瓜分，自己的另一个山东逃荒来的表叔如何一气之下杀死了那个日本人，最后在逃亡山东的路上被捉住送了命。

南京大屠杀后，外公因为自己的一无所有也得了抑郁症，过了两年，抑郁而终。紧接着两年之后，外婆也随着离世。母亲及几个弟弟妹妹成了孤儿。各位表叔感恩

南京大屠杀幸存者李宝玉儿子戈松林（左）接受南京晓庄学院志愿者金萍萍（右）采访

南京大屠杀幸存者李宝玉儿子戈松林（左）接受南京晓庄学院志愿者沈亦涵（右）采访

母亲的父亲当时做生意的时候接济他们，因此他们待母亲及弟弟妹妹都非常好，视如己出。

采访接近尾声，戈先生却给我们续了茶，似乎不愿我们离去。茶香的氤氲，淡淡的烟雾，我们也就想这么和戈先生一直聊下去，去触及去感同身受那个年代让人叫不出声并刻骨铭心的痛，一起缅怀历史！

三十九、江宝珠家族

采访时间：2017年4月20日下午2:00

采访地点：南京市秦淮区风光里小区31栋114室

采访人员：金萍萍、沈亦涵

我母亲的两个哥哥被日军乱枪扫射而死

武道龙　口述

我叫武道龙，是南京大屠杀幸存者江宝珠的儿子。我出生于1951年，在我们家排老小。

南京大屠杀的时候，我母亲才14岁，她还有2个哥哥：大哥叫江源，22岁；二哥叫江辉，19岁，2个人都不识字。我外公叫江云浦，我外婆叫江崔氏。

当时我母亲一家都逃往金陵女子学院避难所避难，日军进城以后，见人就杀，完全是杀红了眼。后来他们到了金陵女子学院避难所，虽然他们不敢大规模地在那里屠杀，但是进行一些小规模的骚扰还是拿他们没有办法的。

有一天，日军抓走了我母亲的两个哥哥和她的父亲，把他们抓到一个地方，先是让他们打扫房间，等到打扫完的时候，日军的很多把机枪就从窗户口伸了进来对他们扫射，房间里面杀不了的，就把那些人驱赶到江边再进行屠杀。我母亲的两个哥哥就死在了乱枪扫射下，但是我母亲的父亲并没有被日军杀死，因为我外公是一个瘸子。日本兵不杀老人、孩子还有残疾人。

后来，我外公就逃回了金陵女子学院避难所。那几天，我母亲脸上涂满了灰，怕被日军抓走了。在避难所里面躲了一个礼拜之后，他们才回到了原来的家。

原来的家住在中华门剪子巷，家其实就是土坯房，什么值钱的东西也没有，所以日军进去扫荡也没有破坏什么，因此房子还可以住。

因为两个哥哥都死了，家里的劳动力缺失了，我外公腿脚又不方便，我外婆带着我母亲去捡那些半新不旧的衣服回来之后，把他们全都洗干净再拿出去卖。一家人就靠着这个生活下去。

我母亲长大以后，就去南京秦淮区燃料公司去做分发燃料的工人。我父亲在南京大屠杀的时候跟着他们全家逃到了安徽老家那边，他 31 岁的时候因意外去世了，生前是靠卖水来贴补家用的。

我父亲死了以后，我母亲凭借一个人养活了外婆和我们兄妹三人。我母亲就这样把我们三个人抚养长大。我母亲在晚年的时候和我生活在一起，虽然照顾一个老人很不容易，但是我一点都不感到厌烦，因为他是我的母亲。她有的时候经常想去以前的老家看看，我只要一有空，就带着她去中华门的剪子巷看看。

在她 90 岁以前，她的意识还是蛮清楚的，身体蛮健硕的，但是过了 90 岁以后，意识就没以前那么清楚了。在她 92 岁的时候，因为肺部发炎，救治无效去世。

我母亲生了我大哥、我二姐还有我。我大哥叫武道华，今年 72 岁，我嫂子叫张水珍，今年 69 岁，他们两个都在我母亲工作的地方南京市秦淮区燃料公司上班，现在都已经退休了，住在清虹小区。我大侄子叫武煜，今年 40 多岁，现在搞销售工作，大侄媳妇叫陈玲，在保险公司工作，我侄孙叫武冠文，今年 12 岁。我小侄子叫武骥，今年也 40 多岁，自由职业，小侄媳妇叫徐艳芳，在搞一些扩建工作，他们的儿子才刚出生不久。

我二姐叫武月玲，在她 50 岁的时候，因突发脑溢血去世，我二姐夫叫何茂祥，今年 72 岁，退休前在南京汽附二厂搞汽车配置工作。他们的女儿叫侯培蓉，如今 40 多岁，但还是在家。

我有一个女儿叫武海燕，今年 37 岁，是家庭主妇。我女婿叫李群，如今是开驾校，我外孙叫李伟，今年 6 岁，他们都住在梅花山庄。

南京大屠杀受害家庭江宝珠家庭族谱

大哥：江根源（南京大屠杀遇难者）

二哥：江辉源（南京大屠杀遇难者）

本人：江宝珠（南京大屠杀幸存者）

丈夫：武志泉

长子：武道华

长媳：张水珍

长孙：武煜

孙媳：陈玲

曾孙：武冠文

孙子：武骥

孙媳：徐艳芳

曾孙：武禹廷

女儿：武月玲

女婿：何茂祥

外孙女：侯培蓉

二儿子：武道龙（南京大屠杀受害家庭讲述人）

二儿媳：李勤（1983年离异）

孙女：武海燕

外曾孙：李伟纶

采访南京大屠杀受害家庭幸存者江宝珠儿子武道龙日记

2017年4月20日下午2:30，我和搭档沈亦涵循着地图找到了武道龙先生的小区。小区很气派，是新建的小区，配有电梯，楼下还停着一辆绿色的宝马跑车，绿化环境也不错。可就是在这样舒适的环境下，也难掩老人一颗落寞孤寂的心。

之前联系老人的时候，老人的语气态度都很强硬，脾气不是很好，询问其家人时也是一股不耐烦的样子。

武道龙先生独自开了门，屋子很大，客厅里他母亲——幸存者江宝珠的遗像挂得很显眼。

南京大屠杀幸存者江宝珠儿子武道龙（左）与志愿者沈亦涵（右）合影

我们环顾屋子四周，并未见到其他人。家中有些许脏乱，我们猜测家中只有老人一人居住。我们坐在一张桌子旁进行了采访。老人估计刚用过餐，油腻的桌子充斥着花生米和白酒的气味。

武道龙先生的口齿不是很清楚，夹杂着浓烈的南京口音，我们希望有家属陪同以便采访的顺利进行。但从老人口中得知，他与老伴于1983年离异，带着女儿一直和老母亲一起居住，女儿出嫁后便带着老母亲一起居住，母亲2015年11月老死，年终92岁。

武道龙先生在2011年退休于南京药检厂工人的职位。老人家中养了很多鸟，我想在老人的心中它们就像家人一样陪同在自己的身边，在茶余饭后排遣自己无尽的寂寞失意。

当我们的采访开始涉及老人母亲当年讲述的南京大屠杀史实时，老人不由地点起了一根烟，吐了一口厚重而又绵长的烟圈后叹了一口气才开始他的讲述，讲述中他无数次重复，他的母亲如何目睹日军从 12 月 13 日上午 9:00 持续至下午 5:00 的惨绝人寰的屠杀，机枪的扫射将难民营旁边的湖水都染成了红色，那时年仅 14 岁的母亲躲在难民营旁看着和自己两个哥哥一样大的青壮年们任他们屠杀，其心情之悲痛是后人们无法感知的。

此时，老人深黛色的浓重的眼圈上滑过透明的泪，他养的鸟儿们似乎也读懂了老人的悲伤，叽叽喳喳叫的声音更大了。老人虽脾气不好，性格坚硬，但谈及这段历史他仍流下了少见的泪水，其中的伤痛怕是我们这些新生代们无法体会到的。

在江宝珠老人的后半生，他们常去日军侵略之前的家中华门剪子巷，虽然那只是个毛坯房，但却占据了江宝珠老人无数的回忆，每逢去那儿总是泪眼婆娑，流泪的不只母亲，还有从母亲的故事里感同身受的儿子武道龙老先生。他们也去南京大屠杀纪念馆，去看、去听、去说。老母亲的后半生身体上也有些问题，肺炎等，在医院里也住过一段时间。人家说老人家越到老越不好照顾，武道龙先生却说母亲十分好照顾，不闹不叫，给自己省了不少麻烦。

采访最后我们问及老人的子孙们是否愿意听老人讲述那些南京大屠杀的历史，老人表示子孙们并不厌烦，他强调这是国殇、国耻，每一个中国人都应该铭记的，怎么可能会嫌烦？

最后老人在我们临走时，激动地说十分赞同我们做这些工作，从老人的鼓励中，我们增强了志愿服务的热情，也更加坚定了砥砺前行的心！

四十、蔡丽华家庭

采访时间：2017年7月4日

采访地点：南京市鼓楼区水佐岗73号2栋403室

采访人员：叶伟蓉、朱林曦

日军见人就杀，父亲为了保护我们姐弟俩惨死在鬼子刀下

蔡丽华　口述

我叫蔡丽华，1926 年出生，日军攻进南京城的时候我 11 岁，上小学 3 年级，家

住城南胡家花园附近。我家里一共6口人，父亲、母亲、我和3个弟弟。我的爷爷是一位织锦工人，父亲在中华门外的一个米业工会做工，母亲在家做家务。

日军刚进城的时候，我的小姨带着我和大弟弟去金陵女子学院避难，那里没有住的地方，我们只能睡在草地上，下雨下雪都把被子淋湿了，每天只吃两顿稀饭。后来老百姓都说太平了，于是我的小姨带着我和弟弟回家了。

有一天日本兵晚上冲进了我家，我父亲赶忙把我和我的2个弟弟藏进桌肚底下，我的小弟弟被我的母亲抱在怀里。日本兵刚进来就用枪把我的母亲的头打破了，流了好多血，母亲把怀里的小弟弟递给我抱，又被日本兵用刺刀在脊背上刺了两三刀。后来我的父亲被日本兵用刺刀在腿上刺了十几刀，日本兵走的时候打了我父亲一枪，把他打死了。

父亲走的时候才36岁。当时周围死的人很多，日本兵看见一个打死一个，我们都吓得不敢出来。我父亲死后，我和我的母亲以及3个弟弟在家相依为命。

后来门东剪子巷有一个专门救济寡妇的地方叫清洁堂，我和我的母亲就在那里做工，一个月5角钱和15斤米，就一直靠这个为生。

再后来我大一点了，就去了烟厂做工，经常饿着肚子包香烟。我还做了日本工，给日本人洗被子，工钱更少。

我是1949年以前结婚的，我的丈夫叫丁松寿，是一名铁路工人。我结婚后自己上夜校，读到了五年级。后来在居委会工作，是妇女代表，还是一名小组长，工作很优秀，妇女主任很喜欢我。

我有三个儿子，两个女儿。我的大儿子叫丁健，大儿媳叫李晨，孙子叫丁亮，孙媳叫王文娴，曾孙叫丁煜萌；二儿子叫丁俊，二儿媳叫孙春玲，孙子叫丁磊，孙媳去世了，曾孙叫丁云浩天；三儿子叫丁伟，三儿媳叫程莉；大女儿去世了，我很伤心；二女儿叫丁莉，二女婿叫马彰仪，外孙叫马叙圃，外孙媳叫丁红娟，曾外孙叫马振霖。

南京大屠杀受害家庭蔡丽华家庭族谱

父亲：蔡××（南京大屠杀遇难者）

本人：蔡丽华（南京大屠杀幸存者）

丈夫：丁松寿（南京大屠杀遇难者）

大儿子：丁健

大儿媳：李晨

孙子：丁亮

孙媳：王文娴

曾孙：丁煜萌
二儿子：丁俊
二儿媳：孙春玲
孙子：丁磊
曾孙：丁云浩天
三儿子：丁伟
三儿媳：程莉
孙子：丁煜轩
大女儿：丁萍
大女婿：吴玉民
外孙：吴涛
外孙媳：方静
二女儿：丁莉
二女婿：马彰仪
外孙：马叙圃
外孙媳：丁红娟
曾外孙：马振霖

采访南京大屠杀受害家庭幸存者蔡丽华日记

2017 年 7 月 4 日，我和搭档朱林曦来到了蔡丽华老人的家中。老人今年 91 岁了，对于我们的采访，她显得有些局促，不知道该从哪说起。

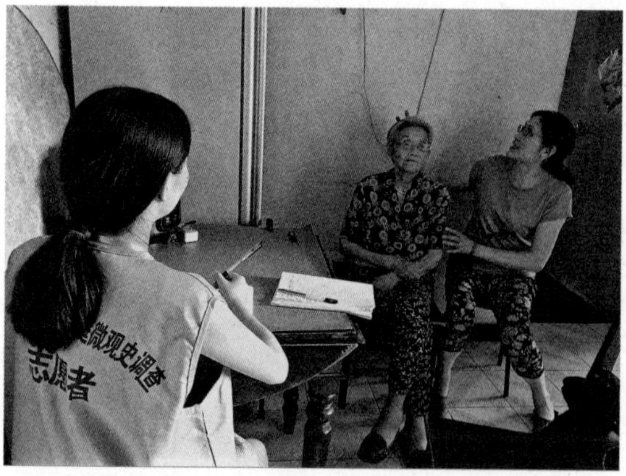

南京大屠杀受害家庭蔡丽华（中）与女儿（右一）接受南京晓庄学院志愿者采访

日军刚进城的时候，小姨带着她和弟弟去金陵女子学院避难。在金陵女子学院避难的人很多，她只得睡在草地上，不避风雨，在寒风刺骨的冬日里艰难地存活下来。后来听闻太平了些，才带着弟弟回到了家中。

1937 年的一个夜晚，日本兵冲进了他们家，父亲为了保护他们姐弟俩，死在了日本兵的刀下，那一年，父亲也才 36 岁。所幸天黑，她和几个弟弟得以存活。

失去了父亲，家里也就失去了依靠，迫不得已，蔡丽华随着母亲一起去清洁堂做工。等到大了一些，就去了烟厂找个活计，时常饿着肚子包香烟。后又到日本人开的工厂做工，工钱更低，生活颇为艰难。直至1949年后，生活条件才得到了些许改善。

说起自己的儿女，她哽咽了。大女儿死得早，而自己的二女儿又有眼疾，讲到这些，她的眼里冒着泪花："我的女儿你看多好的一个姑娘啊，偏偏眼睛不好。"不由让人叹息。

我们问道："周围还有什么人受到了日军的迫害吗？"她突然激动起来："太多了！日本兵见人就杀！"还好亲戚没有受到伤害。

老人如今住在水佐岗73号大院内，生活平静。

四十一、陈桂香家族

采访时间：2017年7月6日

采访地点：南京市建邺区莲花新城南苑1栋1单元201室

采访人员：叶伟蓉、朱林曦

表姐为保护我被鬼子强奸，奶奶被打死，姨父被一刀砍了头

陈桂香　口述

我叫陈桂香，1925年1月11日出生，家住南京河西头关村。我的父亲是国民党的税务员，他在我5岁的时候就去世了，我的母亲在我8岁的时候也去世了，我一直和奶奶生活在一起，家里没有经济收入，基本靠村里邻居的接济。

日军攻入南京的时候，我14岁，家里的亲戚或者邻居有钱的都跑到了重庆、江西、安徽，我和奶奶没有钱就一直躲在家里。当时奶奶把我和表姐藏到了一个姓胡的邻居家的阁楼里，日军来邻居家搜东西，听见了我和表姐说话，表姐为了保护我被日本兵强奸了。后来日本兵要找花姑娘，就要把我抓走，我不肯，趁着当时日本兵手松的机会跑掉了，一直被日本兵追到江边，掉进了江里，被一个80多岁划船的老人救下来，他把我藏进了江边的一个玉米秸秆堆里。

到了晚上，我偷偷跑回家发现我奶奶已经被日军打死了，村里的邻居帮忙把奶奶安葬了，又商量着有没有好心的人把我收养了。后来一个姓魏的老人把我收回家当童养媳，他的家里有一个和我年纪差不多大的姑娘，也是童养媳，他把我们俩藏在草堆里藏了三个多月，每天送一次或两次饭给我们。

躲过这三个月后，魏家就把我嫁出去了，我结婚的时候14岁，我的丈夫是一位农民。我的姨父姨母家在日军攻进南京的时候也遭受了残忍的迫害，当时他们结婚才三天，

遇到日军攻城，就四处躲藏，却被日本兵发现，我的姨母亲眼看着我的姨父被日本兵一刀砍了头。

我的表妹也被日军糟蹋而死，村里的村民被日军抓走干活，干得不好就用刺刀刺死。

1949 年后，我们村办了民校，我就去上学，后来加入共产党，成为一名村干部，我一直做村干部做到退休。

我现在对日本的态度就是：日本人民是很友好的，但对那些杀人的坏人就该杀该罚。

采访南京大屠杀受害家庭幸存者陈桂香日记

2017 年 7 月 6 日，我们来到了莲花新城南苑陈桂香老人的家采访。老人因三个月前一个人外出散步，在青石板上摔倒了，左腿骨折，近期已经长好，但还是走不动路，只能坐在轮椅上。她的儿子告诉我们，现在老人每天要走一个小时，然后去医院做康复治疗。

陈桂香老人生于 1925 年，1937 年时，家住南京西善桥附近，从小就是孤儿，跟着奶奶一起生活。幼年家里很穷，一直靠着村里人接济过活，因此在日军进城时，家里也没有遭受什么损失，但她的夫家能吃的东西全都被抢走了。

今年已经 92 岁高龄的陈桂香，回忆起南京大屠杀那段历史，老人说她很恨日本打仗的人，但日本还是有好人的。

当时，日军占领南京时，她只有 14 岁，亲眼看见了日军的各种暴行。日军进城后她就躲在邻居家的阁楼上，不敢下楼，但仍然难逃一劫。“有一天中午，我与表姐正在讲话。不巧，来了四五个日本兵，听到我们讲话了，他们就端起枪喊了起来：‘大大的花姑娘。’表姐年纪比我大，给日本兵带走了。我什么也不管了，从阁楼上跳了下来，一边跑一边喊：‘奶奶，日本人要把我逮到了。’”陈桂香回忆当时跑出去不远，还是被日本兵抓

南京大屠杀受害家庭陈桂香（第二排右四）全家福

住了。奶奶也跟在后面来了，她就一把抱住奶奶，哭着喊："奶奶救我，奶奶救我。"

陈桂香至今还清楚地记得，当时奶奶下跪求饶，那个络腮胡子、满口金牙的日本兵却用枪托打奶奶，连续狠打。奶奶无力手松了，她被日本兵拖着找床铺。在进门槛的时候，日本兵的枪掉在地上，他转身去捡枪，手一松，她拔腿就跑。

"日本兵在身后打了五六枪，侥幸没有射到我。跑到江边，一个80多岁划船的老人救了我，我才第二次从日本人的魔爪里逃了出来。"

老人哽咽着说，可是等她回到家之后才知道奶奶已经被日本兵打死了，当晚就被村里的邻居安葬了。讲到奶奶的时候，陈桂香老人抹了把眼泪，声音沙哑讲话断断续续。没了奶奶，就只剩她一个人了，回忆起来便觉得难受。后来她被一户姓魏的好心人家收留，但始终不是办法，在14岁那年便嫁了人，夫家是农村的，种了几十亩地，她就在家里做点农活。

1949年后，陈桂香老人上了民校，加入中国共产党，当起了村里的干部，直至退休。目前老人的生活状况较好，居住在了新的小区，和她的儿子住在一起。

最后陈桂香表示，她不恨日本人民，日本人民是和平的，她恨的是杀人的日本人，是打仗的人。

四十二、黄卓珍家庭

采访时间：2017年7月2日下午5:00

采访地点：南京市六合区横梁锦绣紫荆园5栋102室

采访人员：叶伟蓉、朱林曦

哥哥被日军带到下关扔进了江里，我家路边死了很多人

黄卓珍　口述

我叫黄卓珍，1937年时，我14岁，家住老门西四圩头，家里是开小店的。日军进城时，家里没有什么可卖的，我父亲就去卖菜了。当时日军一大早就进了城，挨家挨户搜。我母亲听到日军来了，就把我藏到烧锅那边的草堆里躲起来，但我哥哥没有躲，就被绳子绑了抓走了。

我父亲看见我哥哥被抓走，一路跟着一边在那哭，日本兵看见我父亲在那跟着，就把我父亲踢多远的。我哥哥被日本兵带到下关江边，扔进了江里。我家周边的人同样遭受了这样的迫害，很多人都被扔进江里。日本兵也不讲理，看到人就打就杀，路边死了好多人。

南京大屠杀受害家庭黄卓珍（左）与儿子（右）合影

我父亲看到这样的情形，就赶快把我送到外国人开的女子学院里。刚开始女子学院不愿意收留我们，但我们也不听他的，就住进了女子学院。女子学院里人很多，没有吃的，就喝稀饭，后来就是玉米兑点米煮的稀饭，也没有地方睡，就睡在走廊那边，下雨下雪也都睡在那。

所幸女子学院里有熟人在那烧饭，盛稀饭的时候会给我多点，也给我找了一个走廊里面的位置，淋不到雨雪。那个稀饭就和水一样，但那个时候已经不能考虑吃了，要考虑活命。我在那里天天也不梳头也不洗脸，怕被日本兵抓走。

日本兵还经常翻墙头，向华小姐要姑娘，华小姐也没有给他，我们那个时候喊外国人喊华小姐。

后来日本宪兵来了，安民了，日本兵也不再乱杀人了，华小姐就让我们出去了。回家后家里也没有吃的，也没有买卖做，就喝稀饭。

我出去后就在日本人开的厂里洗衣服，一天发一斤米，一块日本钱，每个星期日本人都会开车到新街口把日本钱换成中国钱。

我 17 岁就结婚了，丈夫在照相馆里工作，我在家里做做家务，帮别人洗洗衣服，做做杂务挣点钱。

我有六个儿子一个女儿。大儿子叫王定邦，儿媳妇叫潘超，孙子叫王兵，孙女叫王琳。

二儿子叫王定国，儿媳妇叫李虹，孙子王伟，孙女王萍。

三儿子叫王定荣，儿媳叫梁美琴，孙子叫王奇。

四女儿叫王惠珠，女婿叫靳桂根，外孙女叫靳莉敏。

五儿子叫王定峰，儿媳叫陈风琴，孙女叫王晶。

六儿子王定辉，儿媳叫王敏，孙子叫王立。

七儿子叫王天河，儿媳叫高红俊，孙子叫王盛达。

南京大屠杀受害家庭黄卓珍家庭族谱

本人：黄卓珍（南京大屠杀幸存者）

大儿子：王定邦
大儿媳：潘超
孙子：王兵
孙女：王琳
二儿子：王定国
二儿媳：李虹
孙子：王伟
孙女：王萍
三儿子：王定荣
三儿媳：梁美琴
孙子：王奇
女儿：王惠珠
女婿：靳桂根
外孙女：靳莉敏
四儿子：王定峰
四儿媳：陈风琴
孙女：王晶
五儿子：王定辉
五儿媳：王敏
孙子：王立
六儿子：王天河
六儿媳：高红俊
孙子：王盛达

采访南京大屠杀受害家庭幸存者黄卓珍日记

2017年7月2日，我们历经3个小时的车程来到了横梁黄卓珍老人的家采访。我们到达的时候老人刚刚睡醒，她头发花白，目前由她的六儿子照顾。

通过她的六儿子我们了解到，现在老人因为年岁已高，听力大不如前，只能通过在她的耳边大声吼叫才能勉强听清楚。

采访过程中，我们的问题多半都是经由她的六儿子传达的。她讲话的逻辑性并不强，一遍一遍地向我们重复着：后来日本宪兵来了，安民了，我们就没那么苦啰。

黄卓珍老人的哥哥不幸被日本兵抓去投到了江里，据她描述，当年她周围有很多人，也遭遇了同样的迫害。日本兵不讲道理，看到人就打杀，路边死了很多人。

日军来后，老人就到金陵女子学院避难了，在那里避难的人很多，下雨下雪都只能睡在走廊里，身边就只有一条被子。在讲到在金陵女子学院避难的经历时，她着重提到了一位令她感触颇深的华小姐（当时普遍称呼外国女子为华小姐）。她说在日本兵向华小姐索要姑娘时，是华小姐保护了大家，为她们提供了住处和庇护，一直到日本宪兵到来，她们才离开金陵女子学院。

在问到老人是什么时候结婚的，她神情不再那么沉重，告诉我们，是 17 岁，丈夫是在照相馆工作的。老人的六儿子也打开手机给我们看他父亲拍的照片，照片拍得很好看。

最后我们给他们母子拍了张合影，结束了今天的采访。

四十三、余昌祥家族

采访时间：2017年6月2日下午2:00

采访地点：南京市秦淮区朝天宫黄鹂新村5栋204室

采访人员：叶伟蓉、朱林曦

我父亲当拉夫时被日军打死，舅父被戳了 7 刀，肠子都流出来了

余昌祥　口述

我叫余昌祥，一九二七年农历十月十九日出生。我 4 岁时就过继给舅父当养子，一直和舅父一家生活在一起，小时候在私塾上了几年学后就到了雨花路小学上学。

舅父家做收购猪皮的小生意，把猪皮卖到饭店。日军攻进南京城时，我才 11 岁，住在中华门外的宝塔山六六巷 4 号，我亲生父亲住在中华门外的西街。

日军到南京来就烧杀抢掠，强奸妇女，每到一家后就翻东西，翻到值钱的就带走，有时候自己拿不动就找拉夫。

我父亲就是被拉去当拉夫的，他把东西送到西街小市口的铁路边后，就被日本兵打死了。

当时祖母、舅母和我与 40 多个人躲在中华门外扫帚巷一个米行的地洞，地洞里条件很差，那么多人吃喝拉撒都在那里，粮食不缺，但没有干净的水，煮稀饭都有一股小便味。

有几个男人留在上面，其中包括我的舅父。当时日本兵让那几个男人把衣服解开检查身体，但把衣服解开后，日本兵就直接拿刺刀戳进身体里。我的舅父被戳了七刀，

打了两枪，然后昏过去了，肠子也流出来了，直到晚上才醒。我舅父自己慢慢按摩把肠子揉进去，很艰难地爬到家里去想弄点水喝，家里的水缸没有水就喝了淘米水，又爬到床边把床单拉到床肚地下，就在那儿躺着。

第二天，日军来我家翻东西，因为蚊帐长遮住了我的舅父，他就没有被日本兵发现。到了晚上我舅父爬到地洞口喊，里面的人不开门说我舅父已经死了，是鬼魂，然后我舅母听出了我舅父的声音，开了门。我舅父、舅母在地洞里住没有几天，就去了难民营调养身体。

与我舅父一同遇害的还有一个姓方的电工，那个电工的手臂被戳了好几刀，被戳以后一下奔到了地洞口钻了进去，正好一个老太太在那边，她急忙把地洞口用草遮住，日军追过来见洞口很脏就去别的地方了。方电工进去地洞后，对他的母亲、姐姐和弟弟说让他们把他弄死，他疼得吃不消怕一喊招来日军。他的姐姐和弟弟就将他勒死了。

当时地洞里有两个两三岁的小孩，一直哭闹，为了不让日军发现这个地洞，他的父母亲将那两个小孩捂死了。地洞里的人把这些尸体放到旁边的一个岔道里，直到第二年的五六月份才弄出来。

我和祖母在地洞里待了十几天就上去了，住在一个生病的老邻居家里，照顾那个老太太。当时六六巷2号住着4个中央军，我亲眼看见两个日本兵一个站门口一个进去，一只手拖一个把他们拖出来，用刺刀戳进喉咙一搅，血喷出来，我吓得叫起来。

那四具尸体一直摆在那，直到第二年五月份红十字会的人说天太热了尸体容易腐烂，日军又说不处理好就烧房子，实在没有办法就把这四具尸体扔进了井里，在井里放了好几个月才打捞上来。

到了第二年春节我和祖母才搬回自己家。

1949年后，我上夜校一直上到初中，之后到了财政局做行政工作。我觉得年轻人要学门技术，就要求领导让我去当工人，正好有支援三线的一个工作，我就去了合肥矿山机械厂，在那里待了12年。

1965年回到南京，当了几年工人后又回到科室做行政工作直到退休。我现在晚年生活过得还不错，也很开心。

我老伴已经过世了，我与她从小就认识，当时南京大屠杀时他们一家去了老家宝应县，后来才回来。结婚后我妻子在东方玻璃厂上班，那边待遇很好，她入了党，而且她上夜校上到了高中。

我大女儿叫余惠霞，大女婿叫帅家齐，外孙女叫帅兰，外孙女婿叫龚涛，我的曾外孙女现在在美国，叫龚帅予。

二女儿叫余惠如，二女婿叫王立志，外孙子叫王晟，外孙媳妇叫胡苏，曾外孙叫王萌浩。

三女儿叫余惠明，三女婿叫徐维民，外孙女叫徐璐，外孙女婿叫汪洋，曾外孙叫汪溢清。

南京大屠杀受害家庭余昌祥族谱

本人：余昌祥（南京大屠杀幸存者）

妻子：帅素华

大女儿：余惠霞

大女婿：帅家齐

外孙女：帅兰

外孙女婿：龚涛

曾外孙女：龚帅予

二女儿：余惠如

二女婿：王立志

外孙；王晟

外孙媳：胡苏

曾外孙：王萌浩

三女儿：余惠明

三女婿：徐维民

外孙女：徐璐

外孙女婿：汪洋

曾外孙：汪溢清

采访南京大屠杀受害家庭幸存者余昌祥日记

2017 年 6 月 2 日，我跟我的搭档顶着火辣辣的太阳，一路问路找到了余昌祥老人的家。

我们的心情格外好，之前我们打电话的时候是他的大女儿接到的，她说道他们也是前两天才搬到老家来住的，一听到我们说要去采访，立马就答应了，让我们对这一次的采访多了几分期待。

我们在下午 2:00 多到达，巧的是老人也刚起床。他一点都不像是个 91 岁的老人，除了因为骨质增生的关系腿脚不太利落之外，身体很好，比一般的老年人看起来精神很多。

南京大屠杀受害家庭余昌祥（右一）与日本友人山内小夜子（左二）合影

南京大屠杀受害家庭余昌祥（右一）接受南京晓庄学院志愿者采访

采访开始时，他的大女儿热心地为我们倒了茶水，给我们心里增添了几分暖意。他讲的话带有轻微的口音，我听得不是很清楚，反复向他确认了很多细节。

整个采访半数以上是以老人的自述为主，他讲得很详细，需要问的地方比较少。他讲到他的舅父被日本兵伤害的细节时，他的女儿就打断他："爸爸，你还没讲完呢！"他后来就讲："自己慢慢地爬到了地洞里，后来我的舅母和舅父就到难民营去了。"他们父女两人的相处很融洽，更像是朋友一般的相处模式。

他讲到当时地洞里有两个两三岁的小孩，一直哭闹，为了不让日军发现这个地洞，他的父母亲将那两个小孩捂死时，我的心不由得一紧，"啊"地惊呼一声。我明白这一切都是为了生存，可这些也让我觉得非常难过，眼泪就这么含在眼眶里，心情久久不能平复。

他讲到他舅父和父亲的遭遇时，显得很平静，但我仍然从他的眼睛里看出了几分难过。当时年仅10岁的他，却要面对失去父亲的伤痛，实在太勉强了。

采访临近尾声，在我们的恳求下，他的大女儿余惠霞给我们看了他的照片。我们夸赞他："爷爷年轻的时候好帅气啊！"老人咧嘴一笑。我们了解到老人先后去过很多地方分享他的经历，因此，对于我们的采访显得很温和，讲话的条理和逻辑都很清楚。最后，我们挥手告别，踏上了返校的路程。

四十四、石秀英家庭

采访时间：2016年11月19日下午2:00

采访地点：南京市鼓楼区东柏果园36号301室

采访人员：徐康英、许凤

父亲和哥哥至今也不知死在什么地方

石秀英　口述

我叫石秀英，1926年10月26日出生。

1937年南京大屠杀之前，我家住在七家湾鼎新桥牛首巷2号。

我们家的房子是租住的，芦席棚子搭的，中间隔了一下成两个半间。家里有父亲、母亲，兄弟姐妹6个。

父亲叫石昌福，母亲叫石马氏（小名叫冬冬，是冬月生的），大姐叫石玉珍，当时已出嫁。哥哥叫石坤宝，从小被外婆带到上海生活，外婆去世后，舅舅娶了舅母，哥哥18岁时从上海回到南京，在评事街一家鸭子店做学徒。母亲靠着做点外活挣钱，父亲早上挑菜篮子去卖菜，下午挑着点心担子卖绿豆丸子、白果，做点小生意糊生活。我妈找些外活做，冬天帮助人家做八瓣帽子，夏天做扇子。当时二姐15岁，我11岁，也帮助母亲做外活。还有一个弟弟9岁，妹妹5岁。

1937年8月，日军飞机轰炸南京，我和家人躲在了后院里，敌人丢炸弹时，我们便往河边的防空洞里钻。

日军进攻南京城，一家人往难民区跑，但是人住满了，没办法，父亲便买了芦苇席，在上海路山坡子搭了个"人"字棚，用稻草铺地，住在里面。当时我二姐15岁了，睡在棚子里不好，当时姑妈家住洋房，父亲便把二姐送到姑妈那里。

日军进城后，12月13日姑妈让父亲买点酱送来下饭，父亲去了宁海路买酱，送完酱回来的路上被日军抓去。到晚上看我父亲没有回来，哥哥带着我和弟弟到姑妈家找，姑妈说父亲没有吃中饭就走了，母亲知道情况不好，整天哭。三个月后我们才知道，是大姐夫的堂哥看见父亲在水西门附近跟着一群人走，因为蹲下来系棉裤带子，被日本兵戳了三刀死了。

12月22日的时候，哥哥和弟弟拿茶壶去充水，半路上哥哥被日军抓上卡车带走了（和父亲相差8天）。弟弟回家告诉母亲哥哥被抓走了，母亲天天哭啊，到处找哥哥，还拿个竹子到水塘里找，水塘里的尸体不是没有头就是没有膀子的，一直没找到，我哥哥下落不明，至今也不知死在什么地方了。

三个月以后我们回到家中，父亲和哥哥不在了，全家人生活没有办法过，家里床铺的芦席底下有一点铜板，我们买点吃的。母亲出去给人家做帮工，不敢让二姐出门，她就在家里做做外活，我就帮人家倒马桶、刷马桶糊生活。

五年以后，母亲因胃病复发，没钱买药，不久就过世了。

二姐出嫁后，剩下我和弟弟、妹妹三个没法生活。弟弟石坤玉当时14岁便去学徒做童工，后来给舅舅家领养去了上海。妹妹11岁，给人家做了童养媳。

当时太平南路上（现在的太平商场附近）有所回民学校，我就每天中午为人家上学的小孩送饭，慢慢度生活，我们兄妹几个没有一个人能有机会读书。

现在我和二姐及妹妹都叫石秀英，因为父母去世以后，没报户口时都叫这个名字了，其实二姐小名叫红玉，大名应该叫石桂英，今年95岁还健在。妹妹小名叫巧字，大名应该叫石凤英。我排行老四，小名叫小四子。

日本投降后，我22岁结婚了，丈夫叫王开华，属鼠，大我十几岁，在三牌楼开了个小饭馆。

1958年我参加了工作，在三牌楼迎宾食堂，干了25年，55岁退休。1959年的时候丈夫突患脑溢血病逝，当时小女儿才5岁。

我有三个女儿：大女儿王秀萍，1948年出生，在山西路和平食堂工作，已经退休，大女婿在南京电子管厂工作，内退后突患脑溢血去世，现在我一直和大女儿一家一起住；

二女儿王秀红，1968年到宿迁插队，后在淮安师范上学，分配当老师，二女婿在教育局工作；

小女儿在电信局工作，小女婿部队转业分到建邺区民族宗教局工作。

我有一个曾孙，两个曾孙女。

我现在生活很幸福，小女儿经常带我出去玩，去过日本及中国的香港、北京、云南、贵州。

南京大屠杀受害家庭石秀英家庭家谱

父亲：石昌福（南京大屠杀遇难者）

母亲：石马氏

大姐：石玉珍

哥哥：石坤宝（南京大屠杀遇难者）

二姐：石秀英（桂英）

本人：石秀英（南京大屠杀幸存者）

小妹：石凤英
丈夫：王开华
大女儿：王秀萍
二女儿：王秀红
小女儿：王 ××

采访南京大屠杀受害家庭幸存者石秀英日记

2016 年 11 月 19 日下午 2:00，采访工作人员徐康英、许凤来到南京市鼓楼区东柏果园 36 号 301 室采访南京大屠杀受害家庭幸存者石秀英。

我们在老人家门口打了电话，老人边接手机边给我们开了门。两室一厅的房子，简朴整洁。

在方桌边坐下后，老人给我们讲述了家庭受害情况，谈到父亲被杀、哥哥失踪至今下落不明，老人流下了伤心的眼泪。

石秀英老人丈夫早逝，她含辛茹苦将三个女儿拉扯大，现在和大女儿生活在一起，大女婿前几年内退以后脑溢血去世。现在住的房子是石秀英工作单位的上级主管部门鼓楼区商业局、其女婿的工作单位南京电子管厂和鼓楼区房管所合资盖的，他们花了 2 万多元买下来的。

老人身体挺好，她住的房间床上还有正在织的毛线衣，许凤问她："您现在还织毛线衣？"她说："是的，孙子小时候穿的毛线衣，还有曾孙子现在穿的毛线衣都是我织的。"

女儿对老人很好，经常带她出去旅游，去过日本及中国的香港、海南、新疆、广

南京大屠杀受害家庭幸存者石秀英（中）与女儿旅游合影

南京大屠杀受害家庭幸存者石秀英（右）接受许凤老师（左）采访

西桂林、云南、北京、贵州。

她告诉我们去过贵州三次，因为小妹夫是贵州人。石秀英因为没有上过学，没有文化，不会写字，在我们的要求下她在采访登记表上签了个“石”字，采访信息费用表按了个手指印。

四十五、马庭宝、马庭禄家族

采访时间：2016年11月29日下午2:00

采访地点：南京市秦淮区璇子巷51号

采访人员：朱成山、徐康英、王南

江苏卫视莫妍坤带摄制组、中国新闻社江苏分社朱晓颖记者随同采访

南京大屠杀中我家有5个亲人被枪杀、1个被强奸

马庭宝　口述

我叫马庭宝，1936年3月28日出生，我们是回族人，祖籍南京，老一辈是江宁湖熟人。到祖父祖母那一辈，大概1910年的时候搬到现在七家湾大辉复巷29号，不是我们自己的房子，是租住。

当时家里有祖母马沙氏、父亲马玉泉、母亲温志华、伯父马玉龙、哥哥马庭禄和我共6口人。二姑妈杨马氏和二姑爹杨守林和我们住一起。

日军侵略南京时，祖母大概40多岁，伯父29岁，父亲26岁，母亲20岁，二姑妈22岁左右。当时父亲做茶行生意；伯父做点小生意，卖菜卖鱼；祖母和母亲缝补袜头。

日军进城时，大姑爹（名字不知道，大家喊他冯老大）在剪子巷做炒货生意。日本兵来时，他和大姑妈冯马氏以及一些邻居躲在中华门内一个简易防空洞里面，有个小孩子哭起来，为了防止日本兵发现，家人就用床单捂住小孩的嘴，结果小孩被捂死了，后来日本兵还是发现了他们。大姑爹被日本兵当场用刺刀戳死了，姑妈和一些妇女也被日本兵糟蹋了。大姑妈于1949年因心脏病去世。

当时因为家里穷，不能逃到外地，祖母、伯父、父母亲、舅公温志学、二姑爹杨守林、二姑妈和我，都逃到了金陵大学难民区避难。

后来日本兵来到难民区，大概是1937年12月17日到20日，他们把父亲、二姑爹、舅公抓走了，用绳子捆绑着押上了大卡车，一同被抓的还有很多人，装了几卡车拉走了，后来他们都没有回来。

一同被抓的有个叫薛德强的年轻人，他趁日本兵不注意的时候逃出来，躲在了宁

海路的尼姑庵里面的茅厕缸里，日本兵追到里面，嫌臭没有找到他，才得以幸存。

后来听薛德强说这些人都被拉到中山码头的江边用机枪屠杀了。祖母、母亲听到父亲、二姑爹、舅公被杀之后哭得不像样子。在难民区时，祖母、母亲她们全都剪了头发，用锅灰抹在脸上。日本兵看她们脏得不像样子，就不再来找她们了。

平静之后，我们就从难民区回到了家里。伯父因为左眼失明，人家都喊他眊（mào）子，日本兵才没抓他。父亲被杀后，母亲改嫁给了伯父，这时家里的生活非常困难，母亲缝袜头，祖母会中医刮痧给人家看病，伯父卖鱼、卖菜、卖瓜，以此为生。

我六七岁时就跟大伯卖西瓜，帮他看钱。他眼睛不好，有个日本人过来吃西瓜，不给钱，还用西瓜皮砸他。

1937年时我身上长满了疮，别人都劝我母亲把我甩了，母亲舍不得，就把我放在了垃圾堆，后来听到我哭声，又把我抱起来了。

日本投降的时候，国民政府也登记过这些情况，拿出照片让我们确认，我们认不出来，因为当时很小，他们都叫我的小名“润毛”。

母亲改嫁后又生了3个弟弟妹妹。三弟弟马庭友1939年7月出生，四弟马庭富1941年出生，小妹马贵珍1949年出生，她是南京煤气公司的劳动模范。目前兄妹5个都健在。伯父1965年左右因高血压去世。

1949年4月23日，我到新街口欢迎解放军，共产党对日军的侵略情况也进行过统计。后来政府每个月会救济我们，之后我就进馆（上学）了。

1952年小学毕业后到第四区文化馆文艺宣传队，领导知道我们家有困难后就让我在堂子街壁画馆做讲解员，5000元一天（相当现在5毛钱），我演快板、相声。

1953年3月5日斯大林去世，好多人听了广播都在哭，有一个复员军人哭着说：“死了爹妈，也不能死斯大林。”

后来考华东工业部南京机械厂，后来改叫南京机床厂，我考了第一名，当时工资拿到278000元（相当于现在27块8毛），给家里150000元，自己留120000元，其中100000元是伙食费，当时五香蛋1.5元（相当于现在1分5）、烧饼油条1元（相当于现在1分）。

我哥哥、妹妹全是党员，当时让我填表，我在宣传队跳舞、唱歌没有填，我后悔没有入党。

在机床厂工作的时候每年都会当工会积极分子，厂里就让我做党的宣传员，为《新华日报》《南京日报》写稿子。

1990年我内退，后来在部队做车工，还做齿轮，50岁左右做工艺员，1996年3月正式退休。

1957年结婚。老伴李宝华比我小2岁，老伴当时没有工作，1958年到毛巾厂做工，后来又到革新塑料厂做工，1998年12月份退休。老伴于2012年去世。

1978年12月份，七家湾大复巷29号拆迁，我们搬到了璇子巷。

我有3个小孩，2个女儿，1个儿子。

大女儿马明虹，1958年8月27日出生，南京第二压缩机厂退休；大女婿沈新柱，灯泡二厂退休；外孙女叫沈媛媛，1982年出生；曾外孙叫董沈慷，2010年出生，7岁了。

二女儿马明兰，1962年11月出生，在塑料三厂工作，已退休；二女婿尤则文，也在塑料三厂工作，已退休；外孙叫尤磊，1989年出生，在南京当过兵，现在自谋出路，做滴滴打车。

儿子马明才，1964年12月3日出生，在塑料十五厂工作，后来厂子倒闭，现在做临时工；媳妇叫吴云梅；孙女儿叫马倩，1991年9月6日出生，现在在上海高铁上班。2016年10月份，我又有了曾孙女，现在才一个多月。

哥哥马庭禄有个女儿，有外孙了。

三弟马庭友在南京制药厂退休，弟媳妇叫陈红，他们有3个儿子，都已结婚；小强有个女儿，小杰生个儿子；

小弟弟马庭福在南京冷冻机厂退休，弟媳妇叫赵桂英，他们有一儿一女，儿子叫马骏，女儿叫马燕，都已结婚，并且都有孩子了。

妹妹马桂珍是南京煤气公司劳动模范，妹婿王春明，金陵船厂退休，两人有一个儿子叫王兆海，在农业银行工作。

马庭禄　口述

采访时间：2016年12月2日下午2:00

采访地点：南京市秦淮区西关头

采访人员：徐康英、王南

江苏卫视记者胡於琪及摄像组随同采访

我叫马庭禄，1934年3月4日出生，我们是回族人，祖籍南京，老一辈是江宁湖熟人，到祖父祖母那一辈，大概1910年的时候搬到现在七家湾大辉复巷29号，不是我们自己的房子，是租住。

当时家里有祖母马沙氏、父亲马玉泉、母亲温志华、伯父马玉龙、弟弟马庭宝和我共6口人。二姑妈杨马氏和二姑爹杨守林和我们住一起。日军侵略南京时，祖母大概40多岁，伯父29岁，父亲26岁，母亲20岁，二姑妈22岁左右。当时父亲做茶行生意；伯父做点小生意，卖菜卖鱼；祖母和母亲缝补袜头。

1937年日军侵占南京时，家住七家湾大辉复巷29号。日军进城时，大姑爹（名字不知道，大家喊他冯老大）在剪子巷做炒货生意。日本兵来时，他和大姑妈冯马氏以及一些邻居躲在中华门内一个简易防空洞里面，有个小孩子哭起来，为了防止日本兵发现，家人就用床单捂住小孩的嘴，结果小孩被捂死了，后来日本兵还是发现了他们。大姑爹被日本兵当场用刺刀戳死了，姑妈和一些妇女也被日本兵糟蹋了。

大姑妈于1949年因心脏病去世，丢下一儿一女，儿子冯新荣，女儿冯艾霞。

有个邻居在大辉复巷31号，叫杨启康，他们家比较宽裕的就逃到外地去了，留下一个老太太在家看门。家里来了日本兵，日本兵就想奸污那个老太太，因为老太太对自己家熟悉，就绕来绕去躲着日本兵。日本兵没抓到她，一生气就把他们家的四进房子点火烧了。

当时因为家里穷，不能逃到外地，祖母、伯父、父母亲、舅公温志学、二姑爹杨守林、二姑妈和我，都逃到了金陵大学难民区避难。

后来日本兵来到难民区，大概是1937年12月17日到20日，他们把父亲、二姑爹、舅公抓走了，用绳子捆绑着他们押上了大卡车，日本兵还喊着："苦力的干活！"一同被抓的还有很多人，装了几卡车拉走了，后来他们都没有回来。

一同被抓的有个叫薛德强的年轻人，他趁日本兵不注意的时候逃出来，躲在了宁海路的尼姑庵里面的茅厕缸里，日本兵追到里面，嫌臭没有找到他，他才得以幸存。

后来听薛德强说这些人都被拉到中山码头的江边用机枪屠杀了。祖母、母亲听到父亲、二姑爹、舅公被杀之后哭得不像样子。

在难民区时，祖母、母亲她们全都剪了头发，用锅灰抹在脸上。日本兵看她们脏得不像样子，就不再来找她们了。

平静之后就从难民区回到了家里。伯父因为左眼失明，人家都喊他眊（mào）子，日本兵才没抓他。父亲被杀后，母亲改嫁给了伯父，这时家里的生活非常困难，母亲缝袜头，祖母会中医刮痧给人家看病，伯父卖鱼、卖菜、卖瓜，以此为生。有个日本人过来吃西瓜，不给钱，还用西瓜皮砸伯父。

1942年的时候，我当时9岁，在南京大顶乡小学读书，后又迁到别的地方读了几年，在青海工作的时候也修过学业，现在相当于初中文凭。

母亲改嫁后又生了3个弟弟妹妹。三弟弟马庭友1939年7月出生，四弟马庭富1941年出生，小妹马贵珍1949年出生，她是南京煤气公司的劳动模范。目前兄妹5个都健在，伯父1965年左右因高血压去世。

1949年后，1955年我响应党的号召去青海工作，在西宁市邮电局做话务员，1956年入团，1959年入党。在西北工作5年，1959年底1960年初回到南京，回到南京后在街道党委工作后被调到建邺区建筑公司搞团委工作，一直在建筑公司到退休，现在每个月3400元的退休金。

我1975年结婚，老伴俞珠兰，1949年4月10日出生，比我小15岁，老伴没有工作。现在的生活就靠我一个人的退休工资来支撑。

有一个女儿，1971年出生，是过继过来的，现在在布料城做营业员，女婿马文革于2016年2月因肝癌去世，外孙马青卓在苏州上4年制幼教。

南京大屠杀受害家庭马庭禄、马庭宝家庭族谱

祖母：马沙氏

父亲：马玉泉（南京大屠杀遇难者）

母亲：温志华

本人：马庭禄（南京大屠杀幸存者）

妻子：俞珠兰（马庭禄妻）

养女：魏招妹

女婿：马文革

孙子：马歆卓

本人：马庭宝（南京大屠杀幸存者）

妻子：李宝华（马庭宝妻）

长女：马明虹

女婿：沈新柱

外孙女：沈媛媛

外孙女婿：董文田

曾外孙：董沈慷

曾外孙：董沈

次女：马明兰

女婿：尤则文

外孙：尤磊

儿子：马明才

儿媳：吴云梅

孙女：马倩

孙女婿：侯晓峰
曾孙女：侯雨含

母亲：温志华
伯父（继父）：马玉龙
弟弟：马庭友
弟媳：陈虹
侄儿：马明强
侄媳：陈金珠
侄孙女：马佳丽
侄儿：马斌
侄媳：都红英
侄孙：马振杰
侄儿：马波
侄媳：陈瑜
侄孙女：陈楠
弟弟：马庭福
弟媳：赵桂英
侄儿：马骏
侄媳：陈倩
侄孙女：马卉
侄女：马燕
侄女婿：李祥宝
侄外孙：李冉
妹妹；马桂珍
妹夫：王春明
外甥：王兆海
外甥媳：陈宁
外甥孙女：王让

采访南京大屠杀幸存者马庭宝日记

2016 年 11 月 29 日，朱成山、徐康英、王南前往南京市秦淮区璇子巷 51 号南京大屠杀幸存者马庭宝家中采访，前几天电话联系了马庭宝先生，他听说朱成山馆长要到他家，非常激动地说：“纪念馆去过多次，也和朱馆长交流多次，朱馆长来家中还是第一次。”

下午 2:00，我们准时来到马庭宝家，他已经在院子门口等我们了。这是个老旧房子，靠近中华门，马庭宝家在二楼，没有卫生间，家里收拾得整整齐齐、干干净净的。

南京大屠杀幸存者马庭宝（左二）与朱成山（左一）、徐康英（右二）、王南（右一）在其家门口合影

马庭宝接受了朱成山馆长的采访，还拿出自己收集整理的有关南京大屠杀的报纸给我们看，并找出家庭相册给我们翻拍。

其夫人前几年去世了，女儿每天回来陪他。一个月以后，马庭宝还给我们提供了家庭谱系。

采访南京大屠杀受害家庭幸存者马庭禄日记

2018 年 12 月 2 日下午 2:00，我们来到南京市秦淮区水西门外西关头 1 号 1 单元 201 室马庭禄家进行采访。敲门时屋内传来小狗的叫声，马先生夫人给我们开了门。江苏卫视记者胡於棋及摄像组随同采访。

出生于 1934 年的马先生说话声音洪亮，他告诉我们自己是回族人，祖籍南京，老一辈住江宁湖熟，到祖父、祖母那一辈，大概 1910 年的时候搬到南京城里，就住在七家湾大辉复巷 29 号。

马先生告诉我们：1937 年 12 月份天很冷。日军进城后，他父亲马玉泉、二姑爹杨守林和舅公温志学在金陵大学难民区被日军用卡车押走，至今下落不明，大姑爹冯从在防空洞被刺刀刺死。

马先生说，家仇国恨我们不会忘记。日本右翼分子到现在还不承认南京大屠杀。我们要保卫世界和平，关心国防建设。国家强大了，子子孙孙才能过上和平安宁的生活。

马先生的父亲被杀后，母亲改嫁给了伯父，全家生活困苦。那时候马先生还小，到懂事以后才知道伤心。

1949 年后，1955 年马先生响应党的号召去青海工作，在西宁市邮电局做话务员，1956 年入团，1959 年入党。在西北工作 5 年，1960 年初回到南京，回到南京后在街

南京大屠杀幸存者马庭禄（中）与徐康英（右）、王南（左）合影

道党委工作后被调到建邺区建筑公司搞团委工作，一直在建筑公司工作到退休，现在每个月3000多元的退休金。

马先生老伴没有工作，身体多病，眼睛瞎了一只，两只耳朵听不到，家里养了只小狗，有人来了敲门小狗会扒门，马夫人看到小狗扒门就知道有人了。现在的生活就靠他一人的每个月退休工资来支撑。过继过来一个女儿，1971年出生，在布料城做营业员，女婿马文革于2016年2月因肝癌去世，外孙马青卓在苏州上4年制幼教。

采访结束以后，马先生和我们在家门口合影后，一直把我们送到水西门广场。广场上很多晒太阳的老人看到他问："今天怎么出来迟了？"他说："家里来人了。"原来天气好的时候他都要出来走走，和广场上的老人聊天。

四十六、裔荣生家庭

采访时间：2017年6月7日

采访地点：苏州甪直镇黄娄小区三期6栋103室

采访人员：费仲兴、徐康英

我哥哥被日军放火烧伤，后头颈的疤痕永久性地留着

裔荣海　口述

我父亲叫裔会广，老家在句容后本湖。母亲张双英也是句容人。我兄弟姐妹5个。大姐裔荣宝和哥哥裔荣生都去世了。二姐裔银宝90岁，住在苏州敬老院。三姐裔新宝88岁，因生活困难，她从小就送给甪直乡下人了，但我们现在还有来往。我最小，86岁。我妻子叫管水仙，82岁，她是甪直本地人。

我父亲是1934年去世的，只有36岁，正年轻呀。他得了霍乱，当时卫生差。

跑反时，我和哥哥跟着母亲从苏州逃到句容，为父亲上坟，纪念他去世3周年。那时候我才6岁，不晓得会在那里碰上日本鬼子。我写了一份材料，上面都讲了。

【管水仙插话，一口苏州方言，语速很快】

他父亲去世正好3年，他们去上坟，要到句容去。他们3个一起去的。他父亲是在角直生病去世的，后来，骨灰拿到句容去了。

他大老倌（指裔荣海的哥哥裔荣生）的人马（个头）比他还要大。脸上、脖子上、手上，烧得不得了，手上全是疤。当时没有钱看病，拿点菜油涂涂。他退休后回到后本湖去的，回去后不久就生癌，去世了。

裔荣生原来姓裔，招女婿招到万家，就姓万。荣生的戒指婆（妻子）姓万，叫万秧子。她的哥哥万加林被鬼子烧死，家里没有男人了，荣生就招过去了，在那里养了一个儿子，叫万全明。

他们一直住在句容。万秧子到角直来过，来玩玩的。她思想上不肯到角直来住。她养了4个儿子，只有1个在句容，另外3个都在这里，在苏州、木渎。他们都知道爸爸被日本人烧伤的事。

我告诉你啊，他（指裔荣海）接到你们打过来的电话，知道你们要来，他哭啦。他死了娘老子都没有哭。你们来访问，他想起了自己的大老倌，难过得哭起来了。

他（指裔荣生）作孽（方言：可怜）啊，困难哪，没有享到福。退休了，生癌死的。他退休后就住在句容了。我们这里生活不习惯，买菜，路远得不得了，买点肉啊豆腐啊，都没有买处。他在这边身体一直蛮好的。难看是难看，脸上、脖子上、手上处处有疤，但对身体没有影响。

阿嫂（指万秧子）在句容先死，他生癌，后死。

我在纤维厂、棉织厂和机械厂都干过，最后在角直机械厂退休。现在一个月能拿3000多元，花不完了。

【裔荣海接着说】

理发店就在角直镇上，是一栋小楼，门面不大，只有一间房屋。上面住人，下面开店。我姐姐先做，后来她出嫁，我哥哥和我就一起做。到1956年就不做了。那时候叫合作化，不叫公私合营。合作化后，我做会计，他还是理发。后来，因为理发店人太多，统一调整，他就到北桥农村代销店工作，一直干到退休，回句容。在回去之前，他们夫妻两个一直是分居的。

南京大屠杀受害家庭裔荣海夫妇（左一、左二）接受费仲兴教授（右一）采访后合影

他被日军烧伤的事，角直的许多人都知道。他没有在大会上讲过。在句容有没有讲过，我就不知道了。

他的照片，以前是有的，搬了几次家，照片都丢了。

我有一个儿子一个女儿，儿子在街道办当公务员，儿媳在一个镇上当镇长。

（整理人：费仲兴）

【下面是裔荣海写的一份证明】

我的父亲在13岁时经至亲介绍到苏州角直镇学理发手艺，成年后结婚，生下兄弟姐妹5人，2男3女。姐最大，16岁，哥13岁，我最小，3岁。当时父亲染上瘟疫霍乱病，虽经治疗，无济于事，最后亡故。3年后，为了纪念父亲，去句容后本湖村。当日正在纪念过节时（即1937年12月5日），午饭时忽听人说村西来了一队身穿军装的部队，村上年长的就派一批年轻力壮的青年去迎接他们，总共18人（包括我哥在内，他只有16岁）。结果都被日军关进村上的槽坊房屋内。疯狂的鬼子将茅草房点火燃烧起来，不久被关的青年小伙奋勇突门而出，但被守在门外的鬼子用枪一一打死。

但是我哥人小力弱，跟在后面也逃出槽坊。前面的人跌倒了，他也跟着跌倒在地上的壕沟里，但身上的衣服被火烧着，幸亏沟内有水，他顺便动一下，没有被鬼子发现。最后听听没有声响，他就立起身来逃回家中。

母亲见哥哥被烧得不像人了，立即换下被火烧毁的衣服。因为被火烧伤的，哥哥日后头胀得像笆斗一般大，头颈及手都烧得发炎起来。当时也无钱医治，只用菜油抹在痛处，约经半月才回苏州角直镇。

后经治疗，颈项上多处发炎的地方，约半年后才结痂痊愈，后头颈部分的疤痕就永久性地留着。

以后，在自己理发店经营。以前理发店靠姐姐经营，姐姐出嫁后，再由哥哥经营着。我成年后也跟着哥哥学了手艺。

我哥哥由于被日本鬼子烧伤，身体受到了严重的损伤，不幸于1997年患上了食道癌症，后经治疗无效，于秋冬时亡故。

证明人：裔荣海，2017年6月6日。

南京大屠杀受害家庭裔荣生家庭家谱

父亲：裔会广

母亲：张双英

大姐：裔荣宝

本人：裔荣生（南京大屠杀幸存者）

妹妹：裔银宝

妹妹：裔新宝

弟弟：裔荣海

弟媳：管水仙

采访南京大屠杀受害家庭裔荣海日记

2017年6月7日上午，采访工作人员费仲兴、徐康英乘坐火车到苏州火车站，然后打车去角直镇，采访南京大屠杀受害家庭裔荣海。

我们到达苏州角直镇黄娄小区大门口时，裔荣海已经骑着电动车到大门口来接我们了。裔荣海得知我们来采访，亲手写了两张纸，详细描述哥哥被害的情况。

裔荣海的夫人说："我告诉你啊，他（指裔荣海）接到你们打过来的电话，知道你们要来，他哭啦。他死了娘老子都没有哭。你们来访问，他想起了自己的大老倌，难过得哭起来了。他（指裔荣生）作孽（方言：可怜）啊，困难哪，没有享到福。退休了，生癌死的。"

采访结束以后。裔荣海夫妇一定要留我们在他们家吃饭，女主人烧了四菜一汤。一周以后，裔荣海还给徐康英打了电话告诉我们给他带的韩复兴的鸭子很好吃。

四十七、张成和家庭

采访时间：2017年5月26日上午9:00

采访地点：南京市玄武区珠江路688号卓越大厦1015室

采访人员：徐康英、王南

日本鬼子当我面强奸母亲和其他妇女

张成和　口述

我叫张成和，1933年出生在南京北郊五班村的一个贫苦农家。父亲张金才，1895年出生，在我出生还不到2个月的时候，便因贫病交迫离开了人世。

母亲张史氏，1896年出生，于1973年去世。我有一个胞姐小伢子患病夭折。二姐张秀珍，1924年出生，被沾亲的潘家领做童养媳，成人后嫁给潘家潘长才，于2002年去世。一个哥哥张成聋，1926年出生，又聋又哑，终生未娶，于2003年去世。

1937年12月，南京沦陷前后，我作为5岁左右的幼童，听到枪炮及轰炸声，非常害怕。当时，村里有条件的村民，都跑反到江北等地避难。一些生活贫困、老弱妇

徐康英（右）采访张成和（左）

幼的，只好跑到附近山丘丛林中避难。日军进村见到没有人，便把一个20余户的农舍全部烧光，我家泥糊芦苇竹编墙的草房被烧焦。

记忆中，周边的小村庄那几日白天烟雾滚滚，晚上火光缭绕，十分可怕。在稍微寂静或傍晚后，若有探报没鬼子时，便会有人偷偷回村探望。有时母亲便抱着我，牵着聋哑哥哥回村看看，当时我的脸紧紧埋在妈妈怀里，不敢看路边。特别是白天，路旁、田间或池塘边到处都是被日军杀害的村民。我们躲在山沟丛林中缺吃、寒冷，不敢到处走动，当时真的是恐怖极了。

到1938年春稍事平静后，逃难的村民陆续返回，收拾残垣断壁，种田务菜谋生。当时我家草房化为灰烬，还有不敢返家的村民就在村旁后山坡挖坑支锅度日。

一天上午，几个端着枪的日本兵巡逻到后山处，当时，母亲抱着我，跟一些年龄相仿的妇女在山坡处晒太阳，被日军发现后，他们就把这几个妇女加上我母亲在内带到村子里面去了。母亲抱着我，被一个日本兵用枪顶着走到村中段，即到了原村中有三间七架梁房，被烧得仅留砖墙的胡长海屋内靠西北一个房间里后，把枪掉个头来直顶着被紧抱的我，“死啦死啦”的让母亲放下我。母亲无奈地只好把我放到墙角处，我害怕得不敢喘气，更不敢哭闹。

然后就看到鬼子强行把母亲推倒。母亲为了我不被鬼子伤害，跟其他几位被拉走的姐妹一样，忍气吞声地被鬼子强暴、凌辱。鬼子走后，母亲抱着我哭泣了很久。这段家仇国恨，在我的心头一直抹不去。

父亲去世后，母亲带着我和聋哑哥哥，生活非常艰难，母亲靠农忙给别人帮短工、农闲到幕府山打石子来养活我和哥哥，哥哥不到10岁就当童工来帮着家里减轻负担。

1947年4月的时候，陶行知从重庆回到南京看望他自己创办的晓庄小学，我等10人有幸被当时晓庄小学的校长胡同炳作为最贫困儿童介绍给陶行知。经陶行知汇报给宋庆龄，当月便得到中国福利基金会下属战灾儿童义养会资助，收住在晓庄小学，称“义养生”，供吃穿住和学习用品而得以求学。

1949年后，又得到政府资助，我还读完了大学。从浙江农业大学蚕桑专业毕业后，来到陕西今西北农业科技大学场站管理中心二曲试验站工作，工作期间，研究成果显著，研究出来一个蚕桑品种，命名为“707”，又叫“纲目张”，先后获奖。

1993年6月，从陕西省蚕桑研究所退休回到南京。现在在南京珠江路688号卓越大厦江苏浙江大学校友会坐班。

为了回馈社会、党对我的恩情，我将积攒下来的退休金10万元捐给启蒙母校——南京晓庄学院附属小学。

我夫人尤丽华，1929年出生于南京，1949年毕业于南京二女中，同年10月参加中国人民解放军入川，在第二军医大学学习2年。1954年复员到上海市虹口区手工业联社工作。1957年考入浙江农业大学蚕桑系。1960年毕业分到兰州中国科学院农业物理研究所任秘书工作。1962年12月调入陕西省蚕桑研究所工作，到1988年退休回南京。

我有3个孩子，2个儿子，1个女儿。大儿子张纲（罡），1962年出生，在南汽工作；女儿张纹，1966年出生，现在在搞保险事业；小儿子张结，1968年出生，自己开一家公司，主要生产电子产品、芯片之类的。

南京大屠杀受害家庭张成和家庭家谱

父亲：张金才

母亲：张史氏（南京大屠杀受害者）

姐姐：张秀珍

姐夫：潘长才

哥哥：张成聋

本人：张成和（南京大屠杀幸存者）

妻子：尤丽华

大儿子：张罡

女儿：张纹

小儿子：张结

采访南京大屠杀受害家庭张成和日记

2017年5月26日上午9:00，徐康英和王南一起去玄武区珠江路688号卓越大厦1015室采访了张成和老先生。老先生是在报纸上看到我们对志愿者培训的报道后主动联系我们的。

张老先生退休后就在珠江路卓越大厦江苏浙江大学校友会坐班，看到我们来，老先生很是热情，把他手头的资料都找了出来，一一给我们介绍，并且还允许我们拍照。

采访中得知老先生当时得到中国福利基金会下属战灾儿童义养会资助，作为“义养生”被收住在南京晓庄小学。大学学业也是在政府资助下完成的。大学毕业后，老先生来到陕西今西北农业科技大学场站管理中心二曲试验站工作，工作成绩突出，研究出新的蚕桑品种并获奖。

退休回到南京后，老先生为了表达对党、政府、社会的感恩之情，还将自己的10万元退休金捐给自己的母校。

讲到当时日本对南京的侵略轰炸时，老人说得很是详细，当时只有5岁的他在母亲的带领下去后山避难，母亲为了他不被日军伤害，跟其他几位被拉走的姐妹一样，忍气吞声地被鬼子强暴、凌辱。日军无恶不作的兽行给他一家造成了永远的伤痛。

采访接近尾声，老先生还送了我们几本书，并且热情地把我们送到电梯口。

四十八、陈玉兰家庭

采访时间：2017年6月6日上午8:30、2017年6月21日上午费仲兴、徐康英补充采访

采访地点：南京市秦淮区富丽山庄13栋301室

采访人员：费仲兴、徐康英、王南

我爷爷、大伯和父亲同时被鬼子杀害，头都砍掉在地上了

陈玉兰　口述

我叫陈玉兰，1935年11月1日出生的，我现在住在南京汤山镇寺庄187号。

我娘家是南京汤山安子桥的。我的爸爸叫陈国平，妈妈叫庄根娣，我爷爷叫陈老三。

那时我爷爷、爸爸在南京长乐路开杂货店，住在白酒坊。

听说日军要来南京，我们从南京往汤山乡下逃，走到青龙山北尚庄，躲在人家家里住了一夜，第二天一早，我爸爸就让我妈妈背着我先上山，他和我爷爷挑箩筐（行李）跟在后面。

我妈妈背着我没走多远就听到枪响，日本鬼子来了。我才2岁就那一点点大，我妈妈背着我躲在松树棵（丛）里没得死。当时妈妈还怀着孕，后来生下我妹妹，不过这个妹妹7个月大就死掉了。

我爸爸一出来就碰到日本鬼子，他是做生意的，穿的西裤上还有吊带，日本兵要杀他，我爷爷和大伯给日本兵下跪求饶，日本鬼子还是要杀，一刀一砍，一共杀了三个人。我奶奶躲在稻仓里没有出来，后来从稻仓里爬出来看到尸体，人头都砍掉在地

上了。我爸爸20岁养我的（我出生），日本鬼子杀死他时虚年龄23岁，我爷爷45岁，我大伯多少岁我不知道。

他们死了我们也不晓得弄。日军在北尚庄还杀了一些人，后来有好心人把他们尸体堆在一起埋在竹园里了，到现在也不知道在哪里，每年清明我都会对着青龙山方向烧纸，祭奠他们。

鬼子走了，我母亲就带着我和奶奶，三人要饭，要到龙潭对面的江北，住在一户人家的灶台、柴仓里。老住在人家家里也不行，那人家有个儿子没有结婚，要我妈做老婆，我妈不肯，因为有奶奶，我还小，妈妈还有身孕，他们不让我们回去。我们夜里头走的，把棉花胎抽出来，被里、被面绑在身上走到了江边上（长江）。我奶奶背着我，没有钱过江。那时候没有大船，都是小船，奶奶要把被单里子面子抵给摆渡的，让他们给我们上船。人家看我们孤儿寡母怪可怜的，好心人让我们乘船过了江。

后来我们从龙潭一路要饭到汤山，看到我们家的房子还没有被烧，当时前进3间，后进5间，但是家具都没有了，有一张八仙桌被扔到塘里去了。我们就回到汤山镇建设村上安子桥。

可怜我们三个人过着苦难的日子，没有吃没有喝，还是要饭。

过了两年，我妈重找了人（改嫁），我当时是5岁，生活困难，我妈不找人过不下去。我继父是在南京打工的，姓孙，他老家是安徽滁县，招来我家种田，改名换姓，姓陈，叫陈启望。又有（生）了6个小孩。

当时因生活困难，我10岁就被送到汤山寺庄做童养媳。

我丈夫家是贫农，兄弟5个，丈夫叫郑安林，1932年出生，是他们家最小的1个，也是5个兄弟中唯一1个读书的。我到他家时公公已经去世，婆婆对我很好，我也很孝顺婆婆。我每天一早去放2头牛，还给地主家种田。

陈玉兰（前排右一）全家福

陈玉兰（右二）及儿子郑邦生（右一）接受费仲兴教授（左一）采访

1950年的时候，我丈夫参军，参加抗美援朝，1953年入党，1958年回国，回来后送他上了3年工农兵大学。本来已经分配他去南京化肥厂的，还没有报到呢，汤山寺庄的大队书记死掉了，就让他当了汤山寺庄的大队书记，一当就是20年。

1949年以后我读了1年书，我是1956年入党，因为当时我有点文化，就让我做妇女代表，大队妇女主任，我当了20年大队妇女主任。

后来由于丈夫回寺庄做了大队书记，一家不能两个都在大队，就把我调到汤山煤基厂做厂长，做了20年。我能干，厂里不让我走，我60岁时，因血压高才退休，现在有退休工资，一个月1000块钱。我还当县人民代表18年，还是县陪审员。丈夫郑安林因心肌梗死于1998年去世，当时68岁。

我有3个孩子，2个儿子，1个女儿。

老大是女儿，叫郑邦凤，1958年出生，1977年考取南京晓庄学院，毕业后分配到南京梅园中学当老师，现在退休；老二是儿子，叫郑邦生，1960年出生，1978年考取南京物资学校，分配在南京化轻公司工作；老三是儿子，叫郑邦明，1979年考取南京公安学校，现在南京市公安局六处工作。

当时在汤山，一家3个小孩都考上学校，大家都觉得了不起。【陈玉兰二儿子插话：我们上学时是“文化大革命”期间，没有读多少书，恢复高考时我妈在煤基厂上班，认识汤山中学老师，请他们帮助我们补课的。】

2014年的时候，南京大屠杀纪念馆了解过我们家的情况，当时我也记不得大伯伯的名字，没有说，现在南京大屠杀纪念馆哭墙上有我爸爸陈国平和爷爷陈老三的名字，南京大屠杀纪念馆工作人员说我当时2岁没有什么记忆，不能算幸存者，要跟领导汇报。后来，我们再去问，门都没让进。

南京大屠杀受害家庭陈玉兰家庭族谱

爷爷：陈老三（南京大屠杀遇难者）

奶奶：陈庞氏

大伯：陈××（南京大屠杀遇难者）

父亲：陈国平（南京大屠杀遇难者）

母亲：庄根娣

本人：陈玉兰（南京大屠杀幸存者）

丈夫：郑安林

大女儿：郑邦凤

大女婿：王胜建

外孙女：王耀莹
大儿子：郑邦生
大儿媳：张健美
孙子：郑建
孙媳：丁蕾
曾孙：郑铭熙
二儿子：郑邦明
二儿媳：周巧珍
孙子：郑好
孙媳：张雨婷

采访南京大屠杀受害家庭陈玉兰日记

2017年3月28日，陈玉兰儿子郑邦生在《扬子晚报》上看到我们课题组培训志愿者及希望有更多的市民联系课题组的新闻，通过电话联系了我们。

原定5月份去采访，后来因为陈玉兰血压比较高，他儿子建议推迟采访，并于5月28日，将他拍摄的陈玉兰讲述家庭受害的录像发给我们。我们将陈玉兰录像中所讲述的情况进行了整理，和郑邦生联系补充采访。郑邦生答应将其母亲从汤山接到南京，接受采访。

2017年6月6日上午8:30，徐康英、王南来到南京市秦淮区富丽山庄13栋301室郑邦生家里，陈玉兰提前一天住在儿子家里了。

老人看上去身体很好，讲述家庭受害情况清楚。她告诉我们1949年以后读了一年书，1956年入党，做妇女代表，当了20年大队妇女主任，还当选为江宁县人民代表18年，还是县陪审员。

后来由于丈夫回寺庄做了大队书记，一家不能两个都在大队，就把她调到汤山煤基厂做厂长，做了20年。因为能干，厂里不让走，多次被评为优秀共产党员，60岁时，因血压高才退休，现在有退休工资，一个月1000块钱。她告诉我们平时她一个人住在汤山寺庄村，儿子、女儿经常去看她。

2017年6月13日，郑邦生将其翻拍的陈玉兰及其丈夫的照片、证书发给我们。2017年6月14日，徐康英将费仲兴教授2004年在汤山调查时谢福才口述中提到陈玉兰家庭受害情况的材料发给郑邦生，同时告诉他费仲兴教授也准备去采访陈玉兰一次。

2017年6月21日上午，费仲兴和徐康英去秦淮区富丽山庄13栋301室郑邦生家里再次采访了陈玉兰。

后记：2017 年 7 月 3 日晚上 8:28，郑邦生给徐康英发来微信，告知陈玉兰最近检查身体被查出是肺癌中晚期。医生认为年龄大了，不宜手术和化疗，建议靶向治疗。2017 年 12 月 31 日和 2018 年 2 月 15 日，郑邦生告诉徐康英其母亲现在继续吃靶向药，各项指标均有好转，身体无明显变化，状态良好。

四十九、葛家荣家族

采访时间：2017年5月6日上午

采访地点：南京市江宁区麒麟街道东流社区高井村54号

采访人员：徐康英、王南

我大伯不肯跑反被日军杀害了，肠子都流出来了

葛传标　口述

我叫葛传标，1943 年 9 月出生。1949 年，我们的村子叫汤山区东流镇高井村，现在村子属于江宁区麒麟街道东流社区，我家是高井村 54 号。

1937 年冬，日军来的时候，我大伯葛家荣被日军杀害。我家父亲、叔叔们一起劝大伯跑反，大伯家当时有 4 个小孩，2 个儿子，2 个女儿。因为家人多，他不肯跑，于是就带着小孩躲到灵山脚下的一个自然形成的溶洞里，我们本地人把这个溶洞叫作“井”。躲在那里的还有其他村的人。后来大伯被日本兵用刺刀戳死，他的肠子都流出来了，自己用手捧着肠子跑了 50 米左右倒在地上死了。

因为我父亲、叔叔他们跑反到了江北，到第二年的正月回来才听说，他们给大伯收尸，就埋葬在我们村边上。大伯死后，大妈带着 4 个孩子到栖霞寺的难民区躲着，大妈当时大概 30 多岁，她怕受到日军欺负，就用锅灰涂在脸上，生活非常艰难，由于没能力抚养 4 个小孩，就在栖霞寺难民区把那个小儿子送给别人了，后来这个小孩在人家家也生病去世了。

大伯家的二女儿大概是 1947 年左右得病死掉了，只剩下大儿子葛传江和大女儿葛传珍。

葛传江 1931 年出生，因为生活所迫，12 岁时去南京太平路当学徒，学裁缝，1949 年以后他去下关港务局工作了。大概 1955 年到三航三处在上海工作，他 71 岁胃癌去世。

大伯的大女儿我们的大堂姐也过世了。我们的大妈叫葛吴氏，建成沪宁高速的时候在上海过世，当时她 83 岁，跟大伯一起合葬。

父亲跟我们讲过，日军来我们村的时候，看到我母亲（徐秀英），就开始追我母亲，我母亲比较机灵，就跳到水塘里面去，躲在水塘里的一个土堆旁躲过一劫。日本兵端着枪，在村里找妇女，当时村里也没人反抗。

我们的太爷爷叫葛书炳。我们的爷爷辈有三个兄弟，老大是我们的爷爷，叫葛德来，老二叫葛德友，老三叫葛德春。

我们的父辈一共有兄弟姐妹7个人，兄弟5个，姐妹2个。老大叫葛家荣，老二叫葛家华，老三叫葛家富，老四叫葛家贵，老五叫葛家银。

葛家荣家剩下1个儿子葛传江，葛家荣现在有3个孙子，叫葛武生、葛武明、葛武进，都在上海浦东，具体什么工作我们不太清楚；葛家华家有3个孩子，2个儿子，1个女儿，老大叫葛传栋，老二叫葛传标，女儿叫葛传玉；葛家富有4个儿子，1个女儿，大儿子葛传金，二儿子葛传全，三儿子葛传龙，四儿子葛传根，女儿葛传梅；葛传贵家没有子女；葛传银家有2个女儿。

葛传全　口述

我叫葛传全，1940年6月出生，大学文化，玄武区区政府退休，现在住在玄武区花园路7号29栋201室。

我们家世居汤山东流高井村。太爷爷叫葛书炳，我爷爷叫葛德来，二爷爷叫葛德友，三爷爷叫葛德春。我爷爷有三个儿子，一个叫葛家荣，是我的大伯，我二伯叫葛家华，我父亲叫葛家富。

我大伯葛家荣是南京大屠杀的受害者，1937年冬被杀后，他们家四个小孩死了两个，我大妈葛吴氏终身没有再嫁，一直一个人生活，在农村一个妇女带着两个孩子，生活非常清苦。大堂哥去上海工作，大堂姐17岁出嫁以后，大妈就孤单一人生活在村里，我们四叔和我们家人有时候会给一些帮助。因为她是从西流嫁到我们村的，村里人也不叫她名字，就叫她“西流的”。

在我们的记忆中，大妈是一个地地道道的农村妇女，头上戴着头巾，脸上没有太多表情，笑容基本没有，少言寡语。几十年大妈家里摆设一成不变，一间矮房子、一个灶台、一张破旧的桌子和床，基本没有什么家具。

她是典型的南京大屠杀受害者，我们年轻时对大妈的苦和艰辛没有体会，现在我们年龄大了，回想起大妈这一辈子，她内心的痛苦无处述说，这在受害者的家族中是非常典型的。大妈80岁那年才搬到上海跟儿子一起住，三年后在上海去世，现在和我大伯合葬在一起。

我父亲很小就到南京学徒，我们家住在马道街。我1965年从北京农业大学毕业，分配工作。退休以后我到南京大屠杀纪念馆查资料，在哭墙上看到了我大伯的名字。

2015年南京大屠杀纪念馆搞受害者家属登记，我去登记了我和三个女儿的名字。这次我在《南京日报》上看到你们搞南京大屠杀受害家庭调查的报道，给你们打了电话。

三年前我在九三学社写了个提案，建议南京大屠杀纪念馆给我们这些南京大屠杀受害家庭的后人发个纪念卡，我们留下来可以告诉后人，日军侵华我们有家人被杀，让他们不要忘记这段历史，现在我们这些六七十岁的人还知道，再往下就不知道了。另外，你们这个调查出书希望多给我们几本，留给后代看。

南京大屠杀受害家庭葛传全、葛传标家庭族谱

太爷爷：葛书炳
爷爷：葛德来
二爷爷：葛德友
三爷爷：葛德春
大伯：葛家荣（南京大屠杀遇难者）
大妈：葛吴氏
堂哥：葛传江
堂侄儿：葛武生
堂侄儿：葛武明
堂侄儿：葛武进
堂姐：葛传珍

父亲：葛家富（葛传全父亲）
母亲：徐秀英
哥哥：葛传金
本人：葛传全（南京大屠杀受害家庭讲述人之一）、
弟弟：葛传龙
弟弟：葛传根
妹妹：葛传梅
四叔：葛家贵
五叔：葛家银

父亲：葛家华（葛传标父亲）

哥哥：葛传栋

本人：葛传标（南京大屠杀受害家庭讲述人之二）

妹妹：葛传玉

采访南京大屠杀受害家庭葛传全、葛传标日记

2017年3月28日，我们接到葛传全先生的电话，他说：自己的大伯葛家荣在麒麟门被日军杀害，愿意接受我们的调查和采访，但是自己要抽空去麒麟门老家找一下二伯的儿子，他们可能可以讲得更加详细一些。

4月中旬，我们再次联系葛传全先生，他说待自己回老家把知情人落实以后和我们联系。5月2日傍晚，葛先生与我们约定了时间和会面地点。

2017年5月6日上午8:30，徐康英和王南按照约定与葛传全先生在长途东站2路汽车站会合，见到葛先生，得知他今年已经78岁，原是玄武区农办的干部。他已经和老家二伯的儿子联系好了，我们决定一起打车前往江宁区麒麟街道东流社区高井村。

的士开到麒麟门大街后，葛先生一时还不能准确指到高井村的路，我们下车换乘901路车前往高井村。一下公交车，葛传标就在车站等我们呢。

葛传标告诉我们高井村有大半住户姓葛，指着路边一个小平房说："这个位置就是我大伯葛家荣家原来住的地方。大伯被日军杀害后，大妈一直住在这里，80岁以后去上海儿子家，3年以后去世，原来的房子已经不在了，后面的猪圈还在。"

葛传全（右二）、葛传标（左二）与徐康英（右一）、王南（左一）合影

在葛传标家，葛传全、葛传标接受了我们的调查采访，然后我们一行还去了村后葛家荣和妻子葛吴氏的墓地。葛传标告诉我们上海的大堂哥已经去世，今年清明节大堂嫂和侄儿还回来扫墓的。

中午葛传标执意要我们在他家吃饭，其夫人和夫人的妹妹为我们做了丰盛的中餐。

他们告诉我们回南京可以乘地铁4号线，下午我们步行10分钟到达地铁4号线灵山站，葛传标先生指着不远处的灵山告诉我们大伯就是在那里被日军杀害的。

五十、葛传珍家族

采访时间：2018年3月27日上午

采访地点：南京市江宁区东流社区

采访人员：徐康英、王南

我外公被日军打死，1岁多的小舅舅在跑反途中送人，至今没有音信

平圣茹　口述

我叫平圣茹，目前在南京江宁区麒麟街道东流社区做妇女工作。关于日军在我们这一带烧杀抢掠的行径，大多数是我母亲在世时讲给我们听的。母亲叫葛传珍，生于1926年，已于2012年去世。

听母亲讲，我外公葛家荣就是被日军杀死的。日军来时，我外公家住在栖霞区东流高井村，当时我母亲葛传珍才11岁，外婆让母亲牵着一头牛，让大舅舅葛传江骑在牛背上，外婆抱着1岁多的小舅舅一起跑反去栖霞寺躲避。

在栖霞寺难民区里外婆知道外公被日军杀害的消息之后，感觉无力抚养小舅舅了，当时小舅舅也就只有1周岁多，于是就把小舅舅送给栖霞寺一个专门负责烧粥的人，以后再也没有音信。

外婆和母亲一起躲在栖霞寺难民区不敢再回家去。等平静下来，外婆回到高井，叫来外公的其他四个兄弟，把外公葬在高井。

外婆就带着舅舅葛传江和母亲、姨妈生活在高井村。小姨妈在快结婚的时候生病去世了。最后外婆就剩下了我母亲和舅舅两个小孩。外婆有白内障，最后有一只眼睛失明了。

后来舅舅于1954年搬去上海了，在上海造船厂工作，他有三个儿子，分别叫葛武生、葛武明、葛武进。舅舅现在也已经去世。

我印象中，外婆性格很好，村子里都叫她上海老太。外婆心肠很好，因为我们家孩子多，外婆经常补贴我们。

我和哥哥、姐姐他们也会到外婆家去，到水塘挑挑水。由于外婆年轻时候吃苦受累，以致年纪大点就开始驼背了。

关于外婆经历的这些事情，她不跟我们提，或许是不想再回忆这段痛苦经历。大概1986年，外婆去了上海，于1996年在上海去世，后来跟外公合葬在一起。

我母亲后来住在我家，她年纪大了就爱回忆之前的事，外公被日军打死的事情母亲经常跟我讲，跟我家女儿讲。

我母亲有七个孩子，我是老五，父亲叫平治怀，是麒麟街道平家岗人，在家做点小生意，给别人补胶鞋、补轮胎。

我大姐叫平圣香，二姐叫平圣兰，三姐叫平圣芳，哥哥叫平圣道，我叫平圣茹，妹妹叫平圣珠，弟弟叫平圣祥。父亲65岁就去世了，当时母亲带着七个小孩过了一段苦日子。

南京大屠杀受害家庭葛传珍家庭族谱

父亲：葛家荣（南京大屠杀遇难者）

母亲：葛吴氏

哥哥：葛传江

本人：葛传珍

丈夫：平治怀

大女儿：平圣香

二女儿：平圣兰

三女儿：平圣芳

大儿子：平圣道

四女儿：平圣茹（南京大屠杀受害家庭讲述人）

五女儿：平圣珠

小儿子：平圣祥

采访南京大屠杀受害家庭平圣茹日记

2018年3月27日上午，徐康英和王南一起乘地铁来到东流村。我们下了地铁，往村子里面走，想在村子里找一找八九十岁的老人，了解1937年日军在东流村附近屠杀的情况。进村见到一个村民，她带我们去她爷爷家，她说她爷爷或许

平圣茹母亲葛传珍生前照片

葛家荣外孙女平圣茹（右）与王南（左）合影

知道，但是她爷爷没在家。

我们就又围着村子转了一大圈，看到了一位70多岁的老人，他说："天气渐暖，好多人都出去玩了，很少有人在家。"他领我们去了一位老奶奶家，那位老奶奶说对日军杀人的情况不了解。我们又走了近40分钟来到东流社区，社区专门负责老年人口管理这块的陈主任，听说我们的来意，看了我们提供的资料，表示愿意帮助我们找一找老人。

社区里我们遇到了平圣茹，她在社区负责妇女工作，她说她的外公葛家荣就是被日军杀死的，在社区服务中心我们见到了高井村的葛传标，原来平圣茹的外公就是葛传标的大伯，葛传标是平圣茹的堂舅。

因为平圣茹的外婆和她母亲1937年12月躲在栖霞寺难民区，我们在社区里就直接对平圣茹进行了采访，平圣茹又把我们带到她家进一步采访。她大姐年龄比较大，知道得可能比她多一些，有机会我们还将采访她大姐。平圣茹还找了一张她母亲的照片给我们。

五十一、裔文钊家庭

采访时间：2016年10月15日费仲兴、戚厚杰第一次采访，2017年3月14日费仲兴、徐康英补充采访

采访地点：南京市秦淮区瑞金路御河苑7栋202室

采访人员：费仲兴、戚厚杰、徐康英

同一天被杀20多个人，我爷爷、二叔、三叔都是被鬼子打死的

裔文钊　口述

我老家在汤山西岗头。父亲叫裔景荣，母亲叫李克香（汤山沿村人），爷爷叫裔建和。我下面有一个弟弟（文钏），一个妹妹（文钰）。我父亲兄弟四个（景荣、景华、景富、景贵），他是老大。还有个妹妹，叫景妹，名字是后来取的。她是老三，在景华后面。我们叫她姑姑，农村里喊娘娘。

我爷爷兄弟姐妹七个，他哥哥叫裔建昌，被日军打死了。他弟弟叫裔建发。建发的上面还有四个老姐姐。我的爷爷、二叔、三叔都是被鬼子打死的。

鬼子来之前，我们家是种田的。地不多，有十二三亩吧。家里很富裕。原因嘛，是我们家酿酒，做酒。我父亲几乎是专门做酒的。

我爷爷种田，他是个箍桶匠，做手艺的。做酒是个小循环：酒糟喂猪，猪粪是好

肥料，庄稼长得好，收来的庄稼再做酒。这样的小循环，不停地循环，庄稼长得好，钱也挣得多，肉有得吃，好卖。那时候有两圈猪，一个老母猪不停地生，还有两圈大肥猪，中等的猪，还不停地卖酒，生活就富了。

在跑反之前，我家有两头驴子，一头骡子。毛驴驮酒到南京卖，骡子也驮酒的。骡子力气大唉，在家里拉拉粪，拉拉这个那个的。那时候我们家很富，相当于富农那个样子。住的房子，三个地方有。老住房住人，有三间两厢，都是瓦房。有两间下房专门是做酒用的，还有一个房子专门养猪、牛、毛驴，是牲口棚。那时候我家里富。我父亲是壮劳力，几个叔叔都长大了，都是壮劳力，都有劲。加上我爷爷奶奶，都能劳动。

文化程度嘛，我父亲识字不多。二叔识字，他在上海印染厂做生意，起码小学以上，相当于初中吧。三叔、四叔我就不知道情况了，识字不多吧。

当时在西岗头姓裔的有11户，最富的一户是裔焕章。

说到家史，我简单地说一下。我们姓裔的在西岗头是有名的大户人家，书香门第。1949年后划了4个地主。我的太爷本来也很富的，因为抽鸦片，把田全卖光了，所以田就少了。那时候抽鸦片的人多，我太爷那一辈（家字辈）有3个人抽鸦片，然后就败掉了，连子孙都没有了。我太爷嘛还是有子孙的，但田地都卖光了。

我太爷叫裔家声。我太爷那一辈，还有裔焕章的爷爷那一辈，老房子连成一片，是两层楼的，高高的，漂亮得很。在西岗头，当地人说是“跑马楼”。实际上不是跑马，是前后进相通。门是石库门，上海就有。两边的石头，从上到下都是直的。墙是方方正正的大理石，石头都四五层。我当然见过的。1949年以后一直存在的，但早就烧光了。据老年人说，那房子坚固、漂亮，相当于苏州的雕花楼，规模比它大。烧光以后，到我爷爷这一代，我小时候，还有门框、窗户、围墙存在。

在1980年盖房子的时候，把它拆了，把砖头拿来用。西岗头房子下面的大砖头都是从老房子扒过来的。土改的时候，那些破烂房子分给了6个贫困户，佃户，你看那房子有多大啊！我们的房子没有动，因为我们家是贫农。

裔焕章家的房子，以后翻修改造过，因为他有钱，比以前的更漂亮，我们没见到。裔焕章是个大财主，在汤山都是有名气的。他有200多亩田，他家里人当过秀才，裔建中是个秀才。我爷爷家穷，抽鸦片抽穷的，后来靠做酒才翻了身。

我们姓裔的还有个大户叫裔建文，他家的田地也多，有100多亩。他家有好几个大学生，1949年以前的，其他户在1949年以前没有上过大学的。裔建文的儿子、侄子都上了大学。1949年以后划成分的时候，他一家就划了三个地主，你说富不富吧？裔建中就不行了，他的儿子抽鸦片，败家子。

我们西岗头姓裔的是哪个朝代迁过来的，没有记载，家谱都烧掉了。日军来的时候，我们这些好房子都被烧掉了，家谱都被烧掉了。我们家的两处房子，还有下房，都烧得光光的，一把火，什么都不剩了。

日军打来的时候就烧，又抢，又杀人。住下来以后，住在炮校，到1938年春天，还经常出来杀人放火。不是出来大队人马，而是出来一个小分队，前面有汪精卫的人带路。他们经常到宝华山去清剿国民党遗留下来的人，以后又清剿共产党的人，新四军。你戴着帽子，他把你帽子一掀，看有没有杠杠。有杠杠的，这个人当过兵，枪毙。他枪毙人随便得很。“当”一枪，放一个，“当”一枪，放一个。我们中国人又不懂他们的话。

我们西岗头有个老汉，日本兵在后面走，问他话，他是个聋子，听不到。日本兵以为不理他，不礼貌，“当”一枪，就把他放倒了。日军坏啰，把中国人的命不当一回事，杀鸡一样地杀。

那个聋子叫刘贤春，是刘道华的爷爷。青年杀得差不多了，以后连老汉也杀。我们西岗头离炮校近，人家从炮校一出来就到西岗头了。老故事说不完，日军坏得很。八年噢！

杨正保是下山村人，是我的师兄弟，在南京很有名气，是破案专家，那个人聪明得很。

在南京来讲，我是个活地图，活教材，特别是三山街一带，城南一带，我最清楚。现在80多岁的老人不多了。你在南京要是有不了解的事情，我给你说说。

南京市怎么解放的？你要是想听的话，我附带地给你说说。老费，你现在做这个事情，功在当代，利在千秋。

日军占领南京了，已经住在炮校里面了。当时我和爷爷、奶奶住在宝华山的一个庙里，那个庙叫东葛庵吧，庙里有好多菩萨，好多逃难的人住在庙里。

日军占领南京后大概一两个月吧，我们逃难，住在庙里面，准备回家，还没有走。日军到山里来了。一个小队，大概有十几个人。日军还没有进庙的时候，庙里还有些青年人，后面是青年妇女，一看日军来了，赶快从庙的后门跑到山里去了。剩下一些老汉、老奶奶，还有我们这样的小娃娃在跟前。

日本兵看到以后就问我们这些中国人，国民党的军队到哪里去了，也说不清，也说不明，他们不懂中国话，中国人又不懂日本话，中国人当然不理不哈的。日本兵看到不对劲，就用刀砍，不讲理。

我的爷爷是气管炎，日本兵问他，他也回答不出来，在那里哈拉哈拉的。日军当官的腰刀，弯弯的，架在他脖子上。是怎么捅死的，我也记不清，那时候太小。日本兵在前面已经杀了两个人了，其他人哭的哭喊的喊叫的叫，我吓得害怕，早钻在我奶奶怀里了，眼睛看都不敢看。等我回来看，我爷爷已经倒在地下了。怎么捅的，我没有详细问，也记不住，我以后也没有问这些事。有人说吓死了，我也弄不清。他就在我面前。我父亲叫我家门的人一块料理，找几个人把他抬回家了，埋在靠下山村的大塘湾子。后来我立了一块石碑，专门写上“被日军杀害”，叫人记住这个仇，这个恨。

我老伴叫杨菊莲。大儿子叫裔阿庆，二儿子叫裔阿信（他自己改为裔盛），大女儿叫裔阿妮，小女儿叫裔阿俊（原来叫阿军，她自己改的）。

我现在手也不能动了，不能写了，手麻木，脑子还清楚，耳朵也还可以。我一生经历的事情太多了。儿时的事情记得清清楚楚，现在，刚说的话马上就忘了，快得很。童年的时候玩的什么游戏，我都记得。以前没有写过回忆录，断断续续地写了点东西，没有专门写。我的电话给你，下次你们来的时候给我打个电话。

我们住在庙里，我的三叔回到西岗头拿粮食，遇到了日本兵。日本兵从炮校里面出来，从南面下山村过来，到了村里，看到有好多人，都是逃难回来的，回村里拿粮食的，被日本兵抓住了，被枪杀了。

那一天杀死的人最多。我二叔在上海。上海先被占领，他不知道老家的情况，想回来看看。正好那一天，又赶上日本兵来了。他还没有进村呢，日本兵就抓他了。日本兵叫村上的人喊那些逃跑的人回来。那些人老实得很，他们跑回来了，被日本兵抓上了。要是他们不跑回来，那就死不掉啰。那一天枪毙了20多个人。我二叔、三叔是同一天在同一个地方被日本兵枪毙的。

我爷爷是在宝华山东葛庵被杀的。那时候我还小。我们逃难出去的还没有回到村里。过年后，有一部分人回来了，所以那一次抓的人特别多。日军已经占领南京了，占领南京个把月的样子，他不放心，怕住下来不安定，经常派小分队出去清剿国民党散兵游勇，以后是新四军。

有个日本兵喝醉酒了，在汤山那边，在侯家塘什么地方，在那里闹事，调戏女人，老乡谁也不敢打。有个老汉走过来了，大概50多岁吧，是个外地人，路过的。他气得不行，就跑到他身后在脑门上当的一下，一下子就完了。他本人就跑掉了。当地老百姓受罪了。日军知道后跑来找。所以日本兵一个两个的不敢出来，怕老百姓收拾他。老百姓要收拾他的，遇到机会就干。日本兵会报复，报复厉害来。

我二叔、三叔的尸体埋在大湾塘。现在那个地方平掉了，盖起了工厂。我父亲把我爷爷、二叔、三叔埋在那个坟里。离坟地十来米处，有国民党修的一个小炮台，小碉堡，现在拆掉了。唉，中国人把这些古迹都毁掉了。炮台没有留下来，现在找不到了。

我在家里，拄着拐棍，能慢慢地摸。写东西不行了，眼睛花了。我以前断断续续

南京大屠杀受害家庭裔文钊（左）接受费仲兴教授（右）采访

写的一些南京大屠杀的情况，西岗头的情况，那些资料都交给我侄儿了。他家住在东山，电话号码有，我儿子有。我给他交代了：“这些材料要好好保管。我年龄大了，身体不行了，你算我的接班人吧。有人来问的话，叫他找你就行了。我力不从心了。”我儿子干工作，没有时间搞这些。

我侄子对这些事情比较关心，他也是西岗头人，了解情况。我儿子在外地，村上的情况不了解。我妹妹知道一些，她也不行，颠三倒四的。只有我一个人是活地图、活教材。

南京解放，和平解放，才好玩哪。马路对面嘛，我是坐东朝西的，商店的台阶，到处都是解放军。那时天亮了嘛，有人坐起来了，在那里抽烟，在那里活动，还有站岗的。马路中间有部队，他们不是一个部队的，半夜里过来的，在那里躺着，休息休息，我估计是先头部队。我商店门口呢，坐的是国民党部队（可能是国民党俘虏），有三三两两的，有一队一队的，人没有解放军多。

以前，商店的门一开，喊喊叫叫，车水马龙的，热闹得很。那一天开门，没有人了，只有到老虎灶打水的人。我商店是两道门，第一道木门开着，第二道门是铁栅栏，不敢开，害怕。南京人那时不了解解放军，都害怕，吓得不敢说话。后来一看，解放军也不干扰人，也不打人骂人，他们走他们的路，我们走我们的。到 8:00 多，出来的人多了，看他们有什么动静，看热闹。没有见过解放军唉。

第二天早上 8:00，解放军的大队人马过来了，穿得整整齐齐的，打着红旗，前面是骑马的，后面跟部队，黄衣服，整齐，武器也整齐，背包也整齐。我现在想，那可能是入城式，让人看的。后面跟着几辆坦克，还有汽车拉的大炮。后面穿各种衣服的都有，有黄衣服、蓝衣服，还有白大褂，估计是医生、护士。后面跟着一群后勤人员，有打电线的，大概有千把人，象征性的入城式。就在三山街，那是南京最热闹的地方。

1949 年以前，新街口不如三山街热闹。三山街是商业地带，黄金地带。新街口是文化地带，大商场、邮局、电影院多，戏院多，到晚上热闹。白天国民党的公教人员多，机关单位的人多。

下午，秧歌队、腰鼓队出来了，空空空，咚咚咚，跳的跳，蹦的蹦，噢哟！他们都是穿黄衣服的解放军，部队的女的，南京人第一次见到。噢哟，满大街的人都出来看，太好玩了。

我天天站在门口看热闹，我们商店在那个街口嘛。腰鼓队就是从北到南象征性地在大街上转上一圈。第三天，布告也出来了，标语也出来了，大街上拉起了横幅，还有喊口号的，小分队也出来了，十几个，二三十个，到各单位去接收。

我4—7岁念过几年私塾，7岁后在村上读小学，新文化老师教的，教室还挂孙中山像，上课对孙中山像敬礼。小学毕业初中上了几个月，是国民政府办的学校，在作厂（地名）。1946年，我15岁，到南京三山街东兴铜锡五金店学徒，这个店就在天福布店后面，在那里一共5年。

南京解放以后，我白天在店里工作，晚上就去南京一中上课，学技术，学速记。我上了立信会计学校，1951年我参加革命，分配到西安人民银行工作，后来调动到新疆乌鲁木齐人民银行，先后在乌鲁木齐、阿克苏等地工作，退休后定居乌鲁木齐。1990年在南京江宁买了房子，姑姑、舅舅、弟弟都要我回来。

我1956年结婚，爱人杨菊莲1933年出生，是西安人，退休前在工商银行工作。大女儿叫裔阿妮，1957年出生，财经大学毕业当老师；大儿子叫裔阿庆，1961年出生，原在银行工作，后下海；二儿子叫裔阿信（他自己改为裔盛），在中国人寿保险公司大行宫分公司；小女儿叫裔阿俊，1969年出生，大学毕业以后自谋职业。

南京大屠杀受害家庭裔文钊家庭族谱

爷爷：裔建和（南京大屠杀遇难者）

二叔：裔景荣（南京大屠杀遇难者）

三叔：裔景华（南京大屠杀遇难者）

四叔：裔景富

五叔：裔景贵

姑姑：裔景妹

父亲：裔景荣

母亲：李克香

本人：裔文钊（南京大屠杀受害家庭讲述人）

妻子：杨菊莲

大儿子：裔阿庆

二儿子：裔阿信

大女儿：裔阿妮

小女儿：裔阿俊

采访南京大屠杀受害家庭裔文钊日记

2016 年 10 月 15 日，费仲兴教授和戚厚杰研究员采访了南京市瑞金路御河苑 7 栋 202 室裔文钊先生。

2017 年 3 月 14 日下午，费仲兴教授和徐康英前往南京市瑞金路御河苑 7 栋 202 室继续采访裔文钊。老人身体不太好，半躺在卧室的床上，采访过程中不时地咳嗽，但是讲述得非常清楚。

老人主要讲了在汤山西岗头立碑的情况以及参加工作以后的情况。我们翻拍了裔老的一些老照片。老人以前写的关于西岗头的情况和裔氏家谱交给侄儿裔开清了，让我们找他去。

临行前老人将裔开清的电话给了我们。现在住的房子是二儿子的家，请了住家保姆，家里装了暖气，保姆告诉我裔老的儿子非常孝顺，亲自帮助老爷子洗澡。

其夫人杨菊莲补充了子女的情况，并告诉我们裔老退休前是新疆博尔塔拉自治州保险公司副经理。

五十二、孔庆泰家庭

采访时间：2018年3月28日徐康英、王南第一次采访，2018年4月10日下午费仲兴、徐康英补充采访

采访地点：南京市玄武区童卫路19号美林东苑1栋2单元503室

采访人员：费仲兴、徐康英、王南

我爷爷被杀，尸骨无存，全村 70 户人家房子被烧得就剩下 3 户半

孔庆泰　口述

我叫孔庆泰，1936 年 1 月 16 日出生，我们是句容人，当时住在句容新塘镇孔家村。爷爷叫孔昭伦，清光绪三年（公元 1877 年）十二月初三出生，爷爷在村子里面口碑很好，他是孔家族长，他人很正直，说话公道，村里都叫他“伍长老爷”。我爷爷是在 32 岁才有我父亲，父亲有 3 个姐姐。我是长孙，爷爷在世时，我还没到 1 周岁，后来听母亲和村里人讲，爷爷很宠我，他经常扛着我去新塘镇茶馆。我小名叫小宝子，村子里都说：“小宝子，你好福气！”

1937 年 11 月初，爷爷被侵华日军抓去当挑夫，帮他们挑东西往南京汤山，就再也没有回来。我父母他们带着我跑反跑到仪征谢家集，躲过一劫。1938 年 2 月份，我们跑反回到村子。当时村里约有 60—70 户人家，95% 以上都被烧光了，全村就剩 3

户半没有烧。

我家是在村西边第一家，是瓦房子，没被烧的原因是我爷爷是孔家族长，家里有孔氏家谱，放家里一个小阁楼上，被日军一个尊孔的军官看到了，所以就没有烧我们家。还有就是村东面和村西南有两家没有被烧。至于为什么没被烧，我不太清楚。那半户是我一个伯父家，他家里面的东西都被烧焦了，只是火没有把房子烧透，所以我们就说剩下半户。

日军放火烧村，用硫黄一撒再放火烧。村子被日军烧得到处断壁残垣，直到我上小学的时候，村民都是住在搭的草棚子里。

1938年春，我们回到家里时，父亲就开始找爷爷的尸体，因为父亲是长子，在农村又比较重视这个。为了找到爷爷尸体，我父亲从句容新塘一直找到白水桥，沿途山上、树林里那些没有掩埋的腐尸都翻遍了，不晓得翻了多少，也没找到爷爷的尸体。天气也渐渐热了，尸体腐烂都开始散发出味道，还是没找到。

父亲没办法，回到家里就用一段木头代替爷爷的尸体，然后把爷爷的衣服套在木头上装在棺材里下葬了。

关于这段历史，我是听父母讲给我听的。爷爷是死于日军之手，我是从南京炮院费仲兴老师写的书上知道的。

我看费老师的书，上面记录他采访句容当地的老者，他们说："日军从句容黄梅到汤山，就在炮兵学院的小南门，当时是马场，他们就在那边生火做饭，凡是句容黄梅给日军当挑夫的人都被杀了，因为日军侵华物资紧缺，供应跟不上，沿途抢劫，抓夫，句容人把东西挑到汤山时，日军连饭都不让吃，就在这边把他们都杀掉。"

我非常感谢费仲兴教授的著作，我跟我弟弟和侄儿讲，我家爷爷没有死在南京城，就在汤山炮校被杀了。

【**费仲兴：**"我对这个情况的了解是听严家村的一个老师说的，他以前编过汤山镇镇志，他了解的情况比较多，他说日军在炮校杀了很多人，当时从句容抓的人帮助日军背东西，到了炮校以后，日本兵就让他们开路、开路，让他们走，等他们往回走的时候，开枪打死。所以死了好多好多人，有一张表格上面写的有700多人。炮校当时是日本鬼子的屠杀场，到底哪些人死在炮校他也不知道。你祖父在里面非常可能。"】

我爷爷肯定就死在那里（汤山炮校）。日本侵略中国后勤跟不上，东西都靠抢，日军从黄梅抓的人送东西到这里，怎么可能给你吃饭，把人杀掉，到下一站再抓人。

【**费仲兴：**"我听汤山老人讲，炮校小西门那里有一个大山包，那里埋了好多人。"】

我父亲去世了，没有找到我爷爷，爷爷尸骨无存，一直在我心中是个疙瘩，看费老师书以后，我知道当时找我父亲白花时间了。

我们村到底死了多少人到现在不知道，那时候我小，这些是父母讲家史讲给我们听的，我一直记在脑海里。每年清明节去上坟，我父母在给爷爷、奶奶烧纸的时候磕头念念有词，叫我们不要忘记这些事情。

我们家坟框很大，中间是我爷爷，右边是我父亲，左边是留给我的，墓志就是“携儿抱孙”。现在碧桂园开发，把山头全部推平了。

我父亲叫孔宪茂，1912 年十一月初八出生，我父亲在 1976 年 6 月 8 日去世。我父亲也继承了爷爷为人正直的品质。父亲很勤劳，农忙的时候就种田，农闲时就贩酒去南京卖。

抗战期间贩酒途中遇到汪伪部队抓差，我父亲就跑，后面的部队就喊：“不许跑，再跑就开枪了！”当时父亲想能跑还是要跑的，结果就被后面部队开枪打伤大腿了，父亲就倒在水塘里，汪伪部队也没再追过来。父亲就到家里，当时腿肿得特别厉害，后来到南京鼓楼医院做了手术，才算保全了这条腿。日军侵华期间，我们家爷爷死了，父亲伤了一条腿。

我还知道我们村有两个参加新四军的人被打死在公路边上，一个叫孔庆宇，一个叫孔庆路。究竟是死于日军之手还是死于汪伪之手我不太清楚。我记得当时我家几亩水田在公路边，我跟父亲一起，抱着一条小狗，扛着一床被子去公路边看稻子。

当时日本兵经常骑着摩托车从这条路上经过，我们叫摩托车为“叭叭虫”。小狗听到摩托车的声音就会叫，为了不让日本兵发现，我就会把小狗的嘴捏住，用被子裹住扒在稻田里面。

我们村西边那里有日军打靶场地，日军会经常来我们村西头打靶。日本军官骑的马会拴在我大姑妈家的木格子窗上。我清楚地记得日本的指挥刀很长，并且日本军官中有会说中国话的，虽然不标准，但还是可以听得懂。

日军当时都是机械化部队，我们那边有座桥，日军开车就从桥上经过，后来新四军把那座桥炸了。日军发现桥被炸了，车子通不过，就来我们村抓民工，让民工去山上砍树，用木头把小河填起来，在木头上通车。

后来听大人讲，村里好多妇女被抓去给日军洗衣服，她们回来之后也会说：日本兵买来西瓜切成一小片一小片让她们吃，然后调戏她们。

我虚 8 岁开始上学，当时我就想着要好好读书，因为我辈分比较大，当时教我的先生还得叫我太老爷。

我退休之前在中国第二历史档案馆搞民国档案整理和研究，我在查相关资料的时候正好看到我家乡句容靠近汤山那一带的情况，资料上记载了妇女为了保持贞洁，她们有跳水塘里冻死、淹死的，有跳进粪坑闷死的，死伤惨重，当时就是含着泪在整理

南京大屠杀受害家庭孔庆泰（右）接受费仲兴教授（左）采访

材料。

我认为日本侵华杀害多少中国人是没有确切的数字的，因为在战场牺牲的可以统计，而民间死伤的，特别是在乡村死伤的无法统计。

我1960年7月10日于中国人民大学历史档案系本科毕业，分配到中国第二历史档案馆，参加汪伪档案整理，我就对国民政府政治制度、机构等做了大量的摘抄制作卡片。

改革开放初期我调去办《历史档案》杂志，1985年改为《民国档案》杂志。1986年开始专门搞国民党政治制度这个课题，编有：《国民党政治制度史档案史料选编》（上下2册，123万字）、《国民党政治制度史辞典》（35万字）、《国民党政府政治制度史》（60万字），参与编写《民国职官年表》（230万字）、《文献学辞典》内所有档案学词条（1.3万字）、《国民党政治制度词目汇解》（70万字）。先后在《历史档案》《团结报》《黔东南文史资料》等报刊上发表民国史论文20余篇计25万字，其中《国民党政府政治制度史》获江苏省1997—1998年度哲学社会科学优秀成果二等奖、安徽省图书奖三等奖，1988年9月3日受聘为中国第二历史档案馆副研究馆员，1993年12月20日受聘中国第二历史档案馆研究馆员。

妻子方德珍，祖籍江苏宝应，1940年1月22日生，1962年7月南京晓庄师范毕业，南京秦淮区汉中路小学高级教师。1965年5月19日与孔庆泰组成家庭。

儿子孔繁雯，1967年6月8日生于南京，1988年7月10日南京金陵职业大学园艺专业毕业，2000年4月18日任南京市白下区办公室副主任，2005年2月15日移民加拿大温哥华市。儿媳蔡纬，1967年11月9日出生，浙江诸暨市人，1988年7月10日南京航空航天大学成人教育学院计算机专业本科毕业，南京市妇幼保健院微机室主任、工程师，1992年与孔繁雯组成家庭，2005年2月15日移民加拿大温哥华市。

孙子孔祥榕，1993年11月11日生于南京。2005年随父母移民加拿大温哥华市。2010年9月2日入读英属不列颠哥伦比亚大学医学系本科。

南京大屠杀受害家庭孔庆泰家庭族谱

爷爷：孔昭伦（南京大屠杀遇难者）

父亲：孔宪茂

本人：孔庆泰（南京大屠杀受害家庭讲述人）

妻子：方德珍

儿子：孔繁雯

儿媳：蔡纬

孙子：孔祥榕

采访南京大屠杀受害家庭孔庆泰日记

中国第二历史档案馆孔庆泰老师跟戚厚杰老师关系很好，孔老师家庭受害线索是戚厚杰老师提供的。戚老师生病住院时，孔老师去看他，戚老师谈到我们正在做的这个课题，孔老师说他爷爷也是给日军杀害的，愿意接受调查。

2017 年 4 月 6 日，戚老师重病中给徐康英打电话提供了线索。此后孔老师去了加拿大温哥华儿子处。2018 年 3 月，在中国第二历史档案馆的林周佳同志的帮助下，我们联系上了回国的孔老师。

2018 年 3 月 28 日下午，徐康英和王南到玄武区童卫路 19 号美林东苑 1 栋 2 单元 503 室去采访孔庆泰老师。

年已 82 岁的孔老师精神矍铄，很健谈。他退休前从事民国档案研究，在二档馆的档案中看到很多有关南京大屠杀的资料，他认为日本侵略南京时死伤的人数不能仅仅局限于战场上、城市里，还有日军在战场外、在农村的屠杀，都应该调查。

孔老师在接受采访过程中，讲述了爷爷 1937 年被日军抓去做挑夫后失踪，一直不知道死在哪里。孔老师是看南京炮院费仲兴教授写《城东浩劫》一书，书中讲到日军 1937 年杀了许多从句容送东西来的人，孔老师才知道自己的爷爷是在汤山被日军杀害的。孔老师说希望和费教授见个面，表达自己的感谢。

采访大概进行了一个多小时，最后孔老师把自己整理的家谱拿出来让我们回去复印。

2018 年 4 月 10 日下午，费仲兴与徐康英再次来到孔庆泰老师家做二次采访，费老师带了句容的地图，并在地图上找到了孔老师家在句容新塘的孔家村。俩人见面后交谈很好。孔老师再次感谢费老师的调查让他搞清爷爷被杀的地点，了却了心愿。

孔老师答应适当的时候带我们去句容新塘了解找人，争取更多地了解日军在该村的烧杀情况。孔老师还将自己编著的 2016 年出版的《国民党政治制度词目汇解》送费仲兴老师和徐康英各一本。

五十三、朱少华家族

采访时间：2017年5月17日上午

采访地点：南京市江宁区汤山镇汤山街6号

采访人员：费仲兴、徐康英、王南

我外公、舅舅、姨娘3人都被日军杀害，外公的头被割掉了

朱尚炎　口述

我叫朱尚炎，1948年8月8日出生，属鼠，今年70岁，8岁上学，上到初二就辍学了，住在南京市江宁区汤山镇汤山街6号。

我母亲叫朱少华，她告诉我：1937年日军侵占南京从汤山路过，当时老百姓就开始跑反，那时，老百姓生火没有用煤气，家家户户都是烧柴火，妇女就用锅底的灰抹在脸上来防止日本兵迫害。

村上人就跑到村子后面，现在自来水厂附近的雷公山上。日军看到老百姓跑反了，就用三八式步枪在雷公山那里打死了300多个人，妇女儿童都有被杀害的。

我外公就是那时被日军杀害的。我母亲到处找我外公，一直没找到，最后是辨认出外公的衣服才找到的，外公的头被日军割掉了。外公叫什么名字我记不清了，去世时30多岁。外公是汤山的农民，死后葬在小楼（地名），没有墓碑。我们每年清明都去上坟，挖个坟帽子。

除了我外公被日军杀害，我母亲的弟弟（我舅舅）、母亲的姨娘都被日军杀死，他们都是在自来水厂附近的雷公山被杀害。

日军来到汤山就开始到处找花姑娘，大家都跑反了，日军只找到了1个十一二岁的小姑娘和一个老奶奶，一气之下就把这两个人装进麻袋，用炸弹炸死了。

在白家庄孟唐，日军一下就杀掉了28个人，这些人大多是青壮年，都是日军从周边地方抓来的，并且都砍了头。国民党的一个师，大概几千人在汤山被日军杀害。

后来，日军离开汤山进城了，政府成立维持会，会长叫彭德寿，当时有40岁左右，组织人员对被日军杀害的死难者进行掩埋，他人很好，没有做坏事，“文革”中也没有批斗他。他儿子在南京大学做教授，现在有80多岁了。

还有一个翻译叫赵大宝，虽然给日军做翻译，但他都是讲老百姓的好话，后来在“文革”时上吊死了。这段历史是我母亲讲给我听的。以前没有人来我们家调查过，日军杀了我们这么多中国人，还不承认，他们还去祭拜靖国神社，我就教育我们小孩不要忘记历史。

朱尚炎带费仲兴教授去看日军杀人地点

我有一个叔叔跟着汤山的部队到台湾去了，后来托邻居在台湾找到的。我到台湾去旅游，到台湾老兵住的荣军院，这些老兵包括在台湾国民党电台工作的女兵，看到我们都舍不得我们走，还送给我们她们做的手工艺品。我给他们院长捐了 100 元人民币，告诉他，我就是个农民，没有多少收入。

前些年原在汤山炮校当国民党少校的于志福老婆还从美国回来找我母亲，1948 年我母亲生我时已经 37 岁，就是这个少将老婆帮助找的医生接生的，她还能够记得我家这个地方。我母亲已经去世了，她走的时候留了个电话条子给我，全是英文，后来这个也不知道搞到哪里去了。

我母亲 72 岁去世，有 30 多年了。我母亲是童养媳，母亲十七八岁时，正好赶上跑反，跟他们家跑散了，童养媳这种关系就解除了。母亲大概 21 岁的时候，家里的男人都被日军杀死，于是就开始招女婿。我父亲叫刘潮生，是从龙潭营房陈店招到汤山来的，我和妹妹都是跟母亲姓。父亲 60 多岁生胃癌，因为没钱看病，在家上吊死了。

我有三个孩子，一个女儿，两个儿子。

女儿叫朱巧红，小名朱萍。

大儿子叫朱兴海，原来在南京工程学院做厨师，后来又学驾驶，在省劳改局办的搅拌厂开车，因为劳改局不允许办企业了，现在 40 多岁没有找到合适工作。

小儿子叫朱兵，媳妇是湖南人，在家门口开个店。

我妹妹叫朱尚英，住在李家庄。

我原来是汤山镇第二生产队的队委会委员、民兵排长。我们生产队现在已经没有土地了，政府每个月发给我们每人 700 元生活费。我身体还可以，现在我还去做工，每天可以拿 130 元，要干七八个小时。

我们村上 80 岁以上的已经没有几个人了，还有一个叫鲍秀珍，88 岁，一个叫程明月，也 80 多岁，我可以带你们去找找他们。

南京大屠杀受害家庭朱尚炎家庭族谱

外公：朱 × ×（南京大屠杀遇难者）

母亲：朱少华
舅舅：朱 ××（南京大屠杀遇难者）
姨娘：朱 ××（南京大屠杀遇难者）
父亲：刘潮生
本人：朱尚炎（南京大屠杀受害家庭讲述人）
妻子：吴新香
妹妹：朱尚英
女儿：朱巧红
大儿子：朱兴海
小儿子：朱兵

采访南京大屠杀受害家庭朱尚炎日记

2017 年 5 月 17 日上午，在费仲兴教授的带领下，我们乘公交车来到南京市江宁区汤山镇汤山街 6 号朱尚炎家采访。

费仲兴教授先告诉他自己是汤山炮院的老师，曾经和他联系过，朱尚炎立刻想起来了。我们在他家入座以后，说明了调查的要求。朱尚炎和夫人吴新香接受了我们的采访，讲述了其母亲告诉他外公、舅舅、姨娘三人被日军杀害的情况。

他还告诉我们村里老人不多了，愿意领我们去村里再找一两位老人。然后领我们去村里找到一位老人，我们进行了采访。他还带我们去了日军杀人的雷公山自来水厂附近看了一下。

五十四、吴世珍家庭

采访时间：2017年5月17日上午
采访地点：南京市江宁区汤山镇汤山街6号
采访人员：费仲兴、徐康英、王南

我爷爷被日本兵杀害了，我们村一共被杀了 28 个人，都是砍头杀的

吴新香　口述

我叫吴新香，1949 年出生，属牛，今年 69 岁，跟朱尚炎是夫妻，我娘家在南京汤山孟唐村。

我要讲的这些事都是我母亲讲给我听的，我母亲叫吴世珍，我父亲叫吴世海。

朱尚炎（中）、吴新香（右二）与采访工作人员合影

1937年日军来的时候，我爷爷吴勇友带着一家人跑反躲到芦苇荡里面去了，我姑姑因为长得好看，为了躲避日本兵，就用锅灰涂满脸也躲到芦苇荡里。

后来，爷爷不放心家里就从芦苇荡跑回家看看情况，结果被日本兵抓到杀害了。日军在我们村里一共杀害了28个人，这28个人都是从各个地方抓来的，砍头杀的，后来收尸就看衣服，再找头。爷爷安葬在白家庄那边的山上。

爷爷死后，我奶奶一直没有嫁人，守寡了一辈子，活到90多岁时去世。奶奶去世的时候我都快10岁了。

我有三个哥哥，一个姐姐。大哥叫吴新炎，后到湖南工作，现在已过世。

二哥叫吴新财，三哥叫吴新旺，他们都是农民，住在南京汤山孟唐村。姐姐叫吴新琴。

现在我们家清明还是一起去白家庄那边山上给爷爷扫墓。山上没有什么路，要一边走一边把草往两边划。我跟哥哥讲："现在都安葬在公墓了，你们要给爷爷放到公墓该我出多少钱，我出多少。"我哥哥说："山上安静，不要迁。"

南京大屠杀受害家庭吴世珍家庭族谱

爷爷：吴勇友（南京大屠杀遇难者）

父亲：吴世海

母亲：吴世珍

大哥：吴新炎

二哥：吴新财

三哥：吴新旺

姐姐：吴新琴

本人：吴新香（南京大屠杀受害家庭讲述人）

丈夫：朱尚炎

采访南京大屠杀受害家庭吴新香日记

朱尚炎夫人吴新香共同接受了我们的采访。她告诉我们娘家是孟塘村的，日军在那里杀了很多人，她爷爷吴勇友就是给日军杀死的。这些情况是她母亲讲给她听的。爷爷死后，奶奶一直没有嫁人，守寡了一辈子，活到90多岁时去世。我们采访朱尚炎以后对吴新香进行了采访。

五十五、李秀英家族

采访时间：2017年9月12日

采访地点：南京市秦淮区公园路42号体育大厦1018室

采访人员：徐康英、杨小平

我的母亲李秀英在南京大屠杀中遭受的伤害

陆玲　口述

我叫陆玲，是南京大屠杀幸存者李秀英的二女儿。

我的外公李松山是山东省郓城县李家庄人，从小习武，长大后在镖局任镖师，后到南京汉中门警察署工作。外婆李汤氏家住南京清凉山大竹园。

母亲李秀英1919年2月24日出生在南京。外婆是位开明女士，支持抵制洋货、保护民族工业的学生运动，这对年幼的母亲影响较大。母亲13岁时外婆去世，从那时候起她就担负起照顾弟妹和父亲的家庭担子。

我的父亲陆浩然1911年10月出生在天津市东门二道街，16岁随朋友来南京学徒、求学，毕业以后分配到上海川沙县政府做报务员。

1936年10月，17岁的母亲经人介绍认识了我的父亲。外公要求成婚时母亲要带弟弟（即我的舅舅）一同到陆家。

1937年3月，年满18岁的母亲带着弟弟李振声来到上海川沙县与父亲完婚。8月13日淞沪战争爆发，川沙县已经不安全了。10月，母亲带着弟弟李振声回到南京，住在外公家。11月父亲随第118师转移去武汉，途经南京准备带母亲一同走，当时母亲已经有身孕不能随行，父亲就带走了我舅舅李振声，将母亲托付给外公看护。

1937年11月，南京成立国际安全区。12月1日，国际红十字会南京分会成立。12月4日，外公将母亲安排到安全区内南京五台山附近一所美国人办的学校地下室（现在南京五台山幼儿园）藏身，地下室分男室和女室。

1937年12月13日，日军侵占南京。南京沦陷以后，手无寸铁的老百姓惨遭日军疯狂的惨无人道的血腥大屠杀。受国际红十字会保护的住在国际安全区的平民也难逃此难。

12 月 18 日，一批日军闯进母亲躲避的地下室男室，拖走一批男性青年，在这里躲难的难民有的丈夫被带走，有的儿子被带走，引发恐慌。

12 月 19 日上午，又一批日军闯进地下室女室。他们拖出包括母亲在内的年轻女性，准备装上车。母亲见此情景，想到被日本兵拖走不是被奸污就是被杀死，不能让日本兵拖走。为保卫自己的贞洁，她宁死不屈，一头撞到墙上昏死过去了。日本兵踢了踢倒在地上的母亲，看出她是孕妇，运走了其他年轻女性。

难友们把昏迷不醒的母亲抬回地下室里，放到唯一的那张行军床上。傍晚，地下室女室又闯进三个日本兵，一个身挎腰刀的军官和两个背枪士兵。两个日本兵一人拉了一名 30 多岁的妇女拖出去了。

日军军官看到睡在行军床穿着红色旗袍、蓝罩衣的母亲，他把其他人都赶出去，说“姑娘……”，就弯腰用手来解母亲衣服上的扣子准备施暴，惊醒了母亲，她看见一把刀柄离自己很近，顺手抽出日军的腰刀准备和日军拼命。

这时她想到不能白死，拼一个算一个。看到刀被母亲抽出，日军军官非常震惊，立刻用双手抓住母亲拿刀的手，并且大声呼喊。

母亲顺势从床上站起来，用另一只手抓住日军军官的衣领，并将其拖到墙角，与其搏斗。这时听到呼叫的另外两个日本兵放开了手上拖着的妇女，端着刺刀冲向我母亲。

母亲见状就用日军军官的身体做挡箭牌挡在自己胸前，冲上来的两个日本兵左边一个、右边一个，他们向母亲的腿下和脸上刺去。母亲左腿和右腿被刺数十刀，鼻子和嘴被刺裂，左眼下部被刺翻，什么都看不清了，她将口中的鲜血喷向日军，继续拼命抵抗，一个人和三个日军搏斗，终因失血过多，体力不支，抓日本军官的手没有劲了，拉不动了。日本兵一刀刺中母亲腹部，母亲立刻昏死过去，倒在血泊中。母亲的第一个孩子，已经近 6 个半月的胎儿被刺死在母亲腹中。

三名全副武装的日本兵竟然闯入国际红十字会安全保护区地下室，企图强暴年仅 19 岁手无寸铁怀有 6 个多月身孕的中国妇女，但是他们没有想到，我母亲宁死不屈，顽强反抗。难友们看着遍体鳞伤、血肉模糊的母亲，非常敬佩，也非常同情和惋惜。

日本兵走了，难友叫来外公李松山，他看到母亲全身是血，呼喊没有回声，以为自己的女儿已经死了，心痛难忍，和一名老难友到后面山上刨了一个坑准备埋葬母亲。

当母亲被抬出地下室时，12 月的南京天寒地冻，冷风一吹，母亲嘴巴冒出气泡，母亲还没有断气。在难友们的帮助下，外公将母亲送进南京鼓楼医院。

美国外科医生罗伯特・威尔逊对我母亲进行了抢救，取出腹中被刺死的婴儿，缝合了脸部的刀伤，包扎两条腿上的伤口，当时母亲头肿的斗大，上嘴唇破了，牙齿也掉了，吃饭喝水都从鼻子里流出来。

美国人约翰·马吉在1937年12月22日的日记中记载：“今天我在鼓楼医院看到了怎样的情景啊，一名19岁的姑娘怀了6个半月的身孕（第一胎），因反抗日本兵强暴，脸上有多处刀伤，腿上有多处，肚子上有一处深约2英寸，正是这一刀导致了流产。医生们正在对她施以救治。”约翰·马吉先生用摄影机记录了母亲在鼓楼医院救治的镜头。

南京国际安全区国际委员会主席拉贝先生也到医院看望我母亲。这些留在南京的国际友人敬佩母亲不畏强暴、赤手空拳与三个日本兵搏斗、维护自己尊严和民族气节的精神。

母亲在他们的照顾下死里逃生，奇迹般幸存下来，在鼓楼医院住了70多天被送到鼓楼珞珈路25号难民区住了半年。

1938年底，几经辗转回到南京的父亲在南京大学难民区找到母亲，当父亲看到自己年轻漂亮的妻子被日军残杀的面目全非、伤痕累累的样子，悲喜交集，痛恨难忍。约翰·马吉先生亲自将母亲交到父亲手中，一再关照要保护好母亲，因为母亲是众多在南京大屠杀中与日军拼死搏斗侥幸的幸存者。

1945年8月15日，日本宣布投降，中国人民取得抗战胜利。1947年南京军事法庭开庭公审南京大屠杀主犯谷寿夫，母亲李秀英作为日本军国主义侵华在南京屠杀30万同胞的见证人、受害人、活证人出庭作证。

1995年，母亲应日本铭心会邀请参加该会举办的亚洲太平洋地区战争牺牲者悼念活动，在东京、大阪、名古屋、仙台、盛冈、广岛、长冈、新潟、松本、静冈等地做报告，讲述南京大屠杀史实。

南京大屠杀给中国人民、南京人民、给我母亲及我们全家的伤害是非常大的。我出生在1942年，作为幸存者的女儿，从小就目睹了母亲因为身负37处刀伤，面部被刺数刀，身体和身心都受到极大伤害的艰难并顽强地活下来的生活经历。

因为受伤，母亲失去劳动能力，一辈子不能工作，面容的毁损经常遭到不明真相人的异常眼光，身体和精神遭受的伤害伴随终生。

我的母亲李秀英坚强而执着，她不仅养育了9个儿女，还以自己的亲身经历多次在不同场合讲述那段血淋淋的、刻骨铭心的历史，一次一次揭开自己的痛苦记忆和结痂的伤疤，为在南京大屠杀中死难的同胞鸣冤叫屈。她多次参加和平集会活动，点燃勿忘历史的长明灯，敲响牢记历史渴望世界和平的警示大钟，呼唤人们不忘历史、反对战争、热爱和平。

2004年12月4日，母亲因病去世。她带着对日本军国主义的仇恨、带着对战争的恐惧、带着37处刀伤、带着对世界和平的期盼离我们而去。

2005年1月20日，南京大屠杀幸存者李秀英诉日本右翼作者松村俊夫及日本出版社展转社发行人相泽宏明侵害名誉权案，在日本最高法院终审判决胜诉。

母亲尽管没有等到这一天，但是作为南京大屠杀的历史见证人，她反对战争、热爱和平、为人类和平所做的努力我们历历在目。

李秀英9个子女姓名：（按照子女大小排序）

大女儿：陆琴

二女儿：陆玲

三女儿：陆珊

大儿子：陆永森

二儿子：陆永鑫

三儿子：陆永庆

四儿子：陆永康

四女儿：陆琪

五儿子：陆永祥

（此稿根据采访陆玲录音整理，作为陆玲2018年12月5日—13日赴日参加证言集会的演讲稿。）

南京大屠杀受害家庭李秀英家庭族谱

父亲：李松山

母亲：李汤氏

本人：李秀英（南京大屠杀幸存者）

丈夫：陆浩然

大女儿：陆琴

二女儿：陆玲

三女儿：陆珊

大儿子：陆永森

二儿子：陆永鑫

三儿子：陆永庆

四儿子：陆永康

四女儿：陆琪

五儿子：陆永祥

采访南京大屠杀受害家庭幸存者李秀英二女儿陆玲日记

2017年9月12日，李秀英二女儿陆玲女士接受了来自日本广岛大学的博士杨小平和徐康英的采访。生于1942年的陆玲女士是李秀英9个子女中的老二。

陆玲告诉我们："自己四五岁时，天气热爬在母亲腿上，摸着她腿上的伤疤问是怎么回事，母亲说是日本兵戳的，亡国奴不能当，当时还是不太懂，后来才知道母亲脸上、身上那么多的伤疤是她在与侵华日军的搏斗中造成的，母亲是南京大屠杀受害者和幸存者。

"1950年三八妇女节，《新华日报》记者要到我们家拍照片，我们上学的都跟学校请了假，我们五个围坐在母亲身旁，母亲手上抱的是小六子。小时候母亲反复讲她的遭遇，我百听不厌。

"2003年中央电视台给母亲拍了片子，称她是民间英雄。母亲被日本兵戳了30多刀，腿上脸上都有伤疤，到1959年的时候母亲脸还很大，疤痕都是硬的，腿也是肿的，给她身体和生活带来痛苦和不便，被日军戳翻眼皮的那只眼睛，视力也不好，一直没有外出参加工作。

"母亲常年受伤痛困扰，一到阴雨天，眼睛就直淌眼泪，而鼻子上的伤更让她痛苦不堪，喝茶、吃稀饭时，往往是嘴里进鼻子里出。"

陆玲告诉我们："母亲读了四年多私塾，读《三字经》等，外婆去世后，外公又送母亲读了一年洋学堂，在培育小学，拿到小学毕业证书。母亲爱看书，可能受外公是警察的影响，母亲特别喜爱看人物传记和侦探类小说，如《包公传》《福尔摩斯探案》等，不认识的字就查字典，看我舅舅在书摊上租的书。"

陆玲说："母亲一生孕育了10个子女，记挂最多的是大的儿子，常说如果不被日军戳死在腹中，应该是1938年2月出生。

"母亲把她的全部爱给了我们9个子女。我15岁到南京电影机械厂上班，我上班日夜三班倒，家里没有钟，隔壁邻居家有一个座钟，我母亲就坐在家里听邻居家钟敲的声音，晚上10:30，母亲喊醒我，送我到厂门口，当时工厂在郊区，从我们家走到厂里要一个小时，我和母亲边走边讲话，一点也不害怕，厂里的门卫说你妈真好，然后我母亲再一个人走回去，到家半夜了，第二天一早还要起来喊我父亲上班。

"母亲一生非常辛苦，我10岁就开始帮助母亲洗衣服，全家11个人加上外公12个人，夏天一天一大盆，年龄小洗不动，邻居就让我把衣服放在小桌子上用刷子刷，每天要用一块肥皂。鞋子来不及做，我们就穿木拖上学，同学笑我，回来告诉我母亲，母亲说要穿鞋子，自己学着做。下课的时候同学去跳牛皮筋，我就纳鞋底，补衣服。春天的时候，把棉衣拆了洗干净，再翻成棉衣，全家那么多人，要忙一个夏天。母亲

南京大屠杀幸存者李秀英（前排 中）全家福

南京大屠杀幸存者李秀英（前排中）与9个子女合影

总是告诫我们，困难不求人，日子不好过，想法慢慢过。那时候父亲单位工会知道我家困难，会借钱给我家。”

1998年，日本作者松村俊夫在其《南京大屠杀的大疑问》一书中，声称活着的李秀英不是南京大屠杀时候的李秀英，污蔑她是“假证人”。事情发生以后，一批有正义感的日本律师自发组织成律师团，义务为李秀英打官司。

1999年9月17日，李秀英向东京地方法院提出诉讼，要求松村俊夫及《南京大屠杀的大疑问》一书出版社展转社、发行人相泽宏明在日本主流媒体公开道歉，并赔偿名誉权损失1200万日元。

经过漫长的8轮辩论后，2002年5月10日，东京地方法院认定了侵权事实，判处松村俊夫等被告向李秀英老人赔偿名誉权损失150万日元，但对原告提出的公开道歉这一诉讼请求未予支持。双方均对判决不满，同时提出上诉。随后的二审维持了原判，松村俊夫等又上诉至日本最高法院，三审维持了原判，没有书面道歉，只有150万日元的赔偿。

李秀英对判决结果不满意，她说：“事实就是事实，可让我无法理解的是法院既然判我胜诉，又为什么不支持他们向我书面道歉呢？钱有什么用？日本人毁了我一辈子，让我一生干不了活，还有孩子……钱能赔我孩子吗？”陆玲两次陪同母亲赴日，目睹母亲在法庭上坚韧不屈的精神。她至今还收藏着陪同母亲赴日的机票和登机牌。

作为南京大屠杀幸存者的子女，2017年12月5日至13日，76岁的陆玲再次赴日，在东京、大阪、名古屋、静冈参加和平集会，讲述母亲受害情况，陆玲也成为第一位赴日作证言的南京大屠杀幸存者后人。

回到南京的陆玲接受了《新华日报》记者采访，她说：“母亲走了，南京大屠杀历史真相还需要作为家族记忆代代传承，我要替母亲继续说下去。”

历史与记忆

下册

117户南京大屠杀受害家庭（族）微观史调查与研究

曾向东　徐康英　朱成山◎主编

南京出版传媒集团
南京出版社

侵华日军暴行史研究

图书在版编目(CIP)数据

历史与记忆：117户南京大屠杀受害家庭（族）微观史调查与研究 / 曾向东，徐康英，朱成山主编. -- 南京：南京出版社，2019.4

（侵华日军暴行史研究）

ISBN 978-7-5533-2450-0

Ⅰ. ①历… Ⅱ. ①曾… ②徐… ③朱… Ⅲ. ①南京大屠杀－研究 Ⅳ. ①K265.607

中国版本图书馆CIP数据核字（2018）第263490号

丛 书 名： 侵华日军暴行史研究

书　　名： 历史与记忆——117户南京大屠杀受害家庭（族）微观史调查与研究

作　　者： 曾向东　徐康英　朱成山

出版发行： 南京出版传媒集团

南 京 出 版 社

社址：南京市太平门街53号　　邮编：210016

网址：http: //www.njcbs.cn　　电子信箱：njcbs1988@163.com

天猫1店：https: //njcbcmjtts.tmall.com/　天猫2店：https: //nanjingchubanshets.tmall.com/

联系电话：025-83283893、83283864（营销）　025-83112257（编务）

出 版 人： 项晓宁

出 品 人： 卢海鸣

责任编辑： 刘　娟　焦　博

装帧设计： 王　敏

责任印制： 杨福彬

排　　版： 南京新华丰制版有限公司

印　　刷： 江苏扬中印刷有限公司

开　　本： 787毫米×1092毫米　1/16

印　　张： 27.75

字　　数： 530千

版　　次： 2019年4月第1版

印　　次： 2019年4月第1次印刷

书　　号： ISBN 978-7-5533-2450-0

定　　价： 116.00元（全二册）

营销分类：社科　历史

天猫1店　天猫2店

第二篇　跑反逃难受害者与家庭的历史记忆及其幸存后的生活状况

南京沦陷前后，南京市民发生了三次大规模的人口迁移，俗称“跑反”或“逃难”。

第一次大规模跑反，发生在1937年8月。随着战事的紧张，8月1日，国民政府军事委员会发布了公务人员三日内转移妇孺家属的通知。由于这个通知极其仓促，引起了人们的极度恐慌，一时颇有山雨欲来风满楼的气象。还由于国民政府对人员的疏散毫无计划，加之3日、4日，南京城又遭受台风暴雨的袭击，其强度历史罕见，造成对客流的阻滞，使得车站、码头人流量激增，秩序非常混乱，以致出现少妇在下关码头江边坠江而死的惨剧。①

8月中旬后，日军为了配合其主力进攻淞沪地区，动摇中国军民的抗战意志，开始动用精锐的海军航空队对华东、华南地区的政治、经济和军事要地进行大规模空袭，南京作为当时的首都，成为日军攻击的首选目标。日本空军用炸弹和机枪、航炮疯狂轰炸南京，炸毁了不少建筑物和防御工事，数千南京市民遭到袭击身亡，促使更多的人加入跑反的行列。

此次大规模跑反，涉及20余万人口。②

第二次大规模跑反，发生在1937年11月。11月12日，上海沦陷。南京城内外，难民溃兵几成塞途，医院里挤满了伤员，失败的情绪笼罩在人们心头。11月15日，坊间开始流传政府迁都的消息，交通部征用船只开始搬迁。一时间，满城风雨，“人心惶惶，不可终日”。据《纽约时报》1937年11月18日报道：“这场撤离昨天演变成全民大出逃。大街上挤满了人，城门阻塞，各式车辆上都坐着逃亡的人们。无论是宽阔的现代化的交通要道，还是狭窄的泥巴路，到处都有上面摆满了包裹、被褥、罐子、盆和哭泣婴儿的人力车、马车，中间还混杂着徒步逃难者，他们与现代化的汽车、

①《新民报》，1937年8月7日。

②“南京大屠杀”史料编辑委员会：《侵华日军南京大屠杀史稿》，江苏古籍出版社，1987年版。

卡车赛跑。”①

在市民逃离南京跑反的同时，不少外地难民陆续进入南京，他们中有的来自战区，如北京、天津，有的来自上海、苏州、无锡等苏南一线，很多人以南京为落脚点，在这里稍作停留继续西进，其中的不少人因川资不敷，不得不滞留南京，更有人认为南京是首都，比较安全。当逃离南京的人们溯江而上、远走他乡的时候，留下来的人们也纷纷在南京城内外寻找安全的所在。由于缺乏政府的统一组织，这种跑反是盲目和无序的，“城北的百姓往城南搬，城南的百姓往玄武湖搬，玄武湖的百姓往乡下搬，乡下的百姓往城里搬。搬来搬去，好像他们离开原来地方就可以得到无上保障似的。”②

第三次大规模跑反，发生在 1937 年 12 月。史学界将南京市民的跑反，大体分为三种情况：一是随着中央政府机关的陆续撤退，有钱的居民逃难迁往大后方，第一次大规模跑反的主要是这部分人；二是没钱的小户平民避往乡下或外埠，远离南京，暂避战火，第二次大规模跑反的主要是这部分人；三是因许多原因不便离家出走的居民（如家有老人、孩子、病人及众多不便外出不能离家者），他们大多是无力外逃的穷苦百姓，起初只是消极等待，没有丝毫办法，直到 12 月 13 日日军攻占南京后，到处杀人放火，才被迫离家跑反，或四处躲避，或逃往城内的安全区，或跑到郊县农村及安徽等地。据史料记载，从 12 月 13 日早晨开始，日军以坦克车开路，从南京东部、南部、西南部的各城门攻入城内，迅速地沿着城内各条大、小街道，向城北追击；在这过程中，那些从家中惊慌失措地拖儿带女、携老扶幼跑反的人，惨遭日军不分青红皂白地扫射屠杀。

在南京沦陷之后的几周内，日军在南京城乡实行了大规模的轮番搜捕和疯狂扫荡，那些四处跑反的城市平民和郊县农民，或死在街头巷尾，或死在渡口码头，或死在乡村小路，或死在荒山野岭，或死在沟壑苇荡……正在南京城里并担任“安全区国际委员会”主席的德国西门子公司驻南京代表拉贝看到“街道上到处躺着死亡的平民”。他在 1937 年 12 月 14 日的日记中写道：“在开车穿过城市的路上，我们才真正了解到破坏的程度。汽车每开 100—200 米的距离，我们就会碰上好几具尸体。死亡的都是平民，我检查了尸体，发现背部有被子弹击中的痕迹。看来这些人都是在逃跑的途中被人从后面击中而死的。”③

第三次大规模跑反的主要是这部分人群，惨遭日军大屠杀的也大多是这部分跑反

① 杨夏鸣、张生：《中国的进攻阻挡敌人推进·国际检察局文书·美国报刊报道》，江苏人民出版社，2007 年版。

② 《我们钢铁般的国都》，《时事半月刊》1937 年第 1 期。

③ [德] 约翰·拉贝：《拉贝日记》，中译本，江苏人民出版社 ,2009 年版。

的穷苦平民百姓，他们成为30万惨遭侵华日军杀害的南京大屠杀遇难同胞中的主体人口。

五十六、路洪才家族

采访时间：2017年7月2日

采访地点：南京市秦淮区五福巷33号3栋408室

采访人员：陈艺文、马婉蓉

我和父亲、大舅跑反保住了性命，留在家里的七口人全部被枪杀

路洪才口述

我叫路洪才，今年85岁，1937年南京大屠杀的时候我才5岁，亲身经历了这样的大事件。当年，家里共有10口人，住在南京中华门东转龙车2号（靠近雨花门那儿），家里分别是，我的奶奶50多岁，我的父亲29岁，母亲26岁，公公、婆婆50多岁，小妹妹2岁，除此以外，我还有一个15岁的大舅舅，两个3岁多的小舅舅。当时我们家的经济条件比较差，贫穷，无社会交往，一般都是靠打芦苇、种菜、打零工活的。

在日军来之前，就有从东边城市往西边跑来南京的人，他们会向我们讲述自己的亲身经历和所见所闻，他们说日军很厉害，很可怕，烧杀抢掠无所不做。

听闻日军即将要进城的消息，我们开始了自己的打算，究竟是跑、躲，还是留下来呢？

这么一大家的人，跑肯定是不现实的，客观上我们没有多的熟人，无法满足逃跑和生活的需要，主观上又有下面几个原因：

第一，我的奶奶是个小脚，走不动；第二，我的母亲怀着个大肚子处于临产期；第三，我的公公、婆婆身体也不好。但是如果我们一大家都留下来，如果遇到日军，那最坏的下场可能是全家都被杀死，那么我们路家就没有后代了，最后我们商议决定，由我的父亲带领我和我的15岁大的大舅舅一起跑反（因为我们几个是当中能跑的），剩下的就留在家里。

于是，父亲就挑着个大箩筐，一边一个放着锅巴、炒面等干粮和被子，另一边就放着我，有时候挑累了，我就下来走走，有时候大舅再背背我。

为了保持粮食的供应量，我们把炒饭的锅巴，留下来储存个十天半个月，把小麦炒熟，用石磨，就像现在的凉炒面一样，一冲自己就能吃。

因为我们提前知道了日军进城的消息，所以我们在日军来的前一天就跑了。

父亲有个师兄，见识广，让父亲带我们跑到芦苇，沙洲圩(现在的沙洲巷还存在)，那里河流很多，我们看到对面有个岛就划船过去。

而家里，共有两间草房，是用竹子、茅草、芦苇做成的，当时的芦苇的用途是很多的，可以用来烧火，也可以用来编织，买卖。草房由我奶奶负责看管，公公、婆婆、奶奶、小舅他们就在门口的菜园地挖了大坑，做了个地洞，盖上芦苇，留一个出口，然后都躲在里面。

我们当时家里条件不够所以消息也不是很灵通，不知道有难民区的存在，当时其实有鼓楼医院、金陵大学等难民区，但是我们并不知道有这回事，不然可能也不会造成接下来这么大的伤亡。

日军进城后，首当其冲去了我家，因为我家靠近雨花门，当时雨花门那带算是荒郊野岭没什么住宅户，因此日本兵直接到了我家，看见我奶奶在家，就问她，家里人去哪了。因为奶奶听不懂日本话，不知道他在讲什么，只是觉得通过日本兵的手势，一高一低，指着那些床的意思大概就是问人去哪里了，奶奶就想看看我的母亲他们待着的地洞情况如何，可偏偏就是这么一个眼神，被日本兵发现了。

日本兵继续逼问，可是奶奶又不懂日本话，没法回答，于是日本兵先是烧了我家的两个茅草屋，然后径直走向了母亲所在的地洞，用刺刀挑开，因为地洞很浅，日本兵一下子就看到了他们。

日本兵就喊他们出来，可是当时母亲们听到来南京逃命的东边人说过，日本兵见到女的，那就是花姑娘，所以当时母亲还是故意弄成蓬头垢面的样子显得比较邋遢，但见到日本兵的样子还是很怕，所以不肯出来，而公公婆婆他们也怕，剩下的小妹和小舅舅们也太小了，见到那么凶的日本兵的样子，吓得就一直哭，场面一片乱哄哄，最后，日本兵就用枪全部打死了他们，总共6个人，7条生命。

而另一边，父亲、我和大舅在小岛上，当时有一个农民，被日本兵看见，日本兵想询问事情，但是农民见到日本兵很心慌，于是就立刻逃跑，农民跑到了芦苇里，芦苇丛深，日本兵就没找到。

这时候，日本兵看到了跳板，那里是个独木桥，进去一看，就发现了父亲、我和小舅。而当时，又因为农民的衣着打扮和父亲极其类似，日本兵就误以为刚才逃跑的那个农民是我的父亲，于是日本兵一把逮住我的父亲，问他，你跑什么，可是父亲哪知道刚才的事，于是就不回答。

日本兵说，你为什么跑，你这是对皇军极大的不忠，你的心大大的坏，就绑了我的父亲，还用刺刀划开了我父亲的棉袄。舅舅和我看到这个场面都号啕大哭起来，我们都以为即将死去。

可就在这时太阳快下山了，出现了转机，有两个日本兵，骑着马赶来，示意那个想要杀父亲的日本兵，让他回去召集会议，我们才有幸逃脱。

南京大屠杀幸存者路洪才全家福

于是我们收拾东西赶紧就跑，就找共产党的战壕，去小山区（江宁的陶吴巷）。也不知是走了几天几夜，我们也没有粮食，白天又不敢行动，只能晚上走，饿的时候把农民地上种着的萝卜拔下来充饥。

等到了陶吴，正好有邻居也逃到了陶吴这个地方，就喊我父亲："路老四（父亲是家中排行老四），你家出事了，一家子人都被杀死了。"

父亲听完这个消息，当时就昏倒在地，但是父亲决定，就算再难，拼死也一定要回家，要给家里人至少把尸体安放好，就算是死也要死在一块。

我记得当时我还突然发了高烧，所以后来我怎么到的家我也不太记得了。我们就到了家找到我奶奶，我们一起把坑清理了一下，想要把尸体放在棺材里。但是棺材在那个时候也不好买，死的人太多了，最后父亲也不知道是从哪儿弄来的一具棺材，这么多人究竟放哪个呢，最终我们决定，将母亲放进去，至于公公、婆婆、妹妹、小舅这些人，就将他们的尸体就地埋起来。

我们一家属于当时被杀的散户，国民党当时也没对我们家做调查。当时门前的老虎头，小山坡过去开荒的，那时候尸体横七竖八，有的是棺材，有的是麻袋，总之是很多的尸体，下雨天后，夜晚那一带都是"鬼火"，蓝色的火焰都会出来。

后来我母亲的坟墓也没了，因为当时死的人太多了，今天你的坟在这里，明天又有新的死人新的坟，所以几十年过去了，我母亲的坟也没有找到过。

1949年之后，奶奶去世。父亲是在1971年去世，1990年大舅也去世了。

日本人走之后，我们家的生活，还是比较贫穷，父亲开荒种地，种菜，打芦苇，奶奶负责织布，捡一些破布，把一些旧衣服剪剪弄弄补补衣服。

父亲做过很多苦差事，那段时间为了维持生计没办法，就去山间捉虫子卖给夫子庙的那种卖蛐蛐的人，父亲还做鸡毛掸子啊，等等。我们被日军烧了房子后，就顺着邻居的后墙搭芦墙，踩烂泥做墙底，生活不尽人意。

直到抗战胜利后，1946年生活有所改善一段，而1947年下半年，生活又开始出现难点，当时的市场上，卖米的人，上午还是1斗1块，下午就是1斗2块，我们当时吃饭要买米都是论1升2升买的，所以米价对我们来说极其昂贵。

1948年、1949年生活依旧不如意，直到1951年我参加了工作，是在总统府长江路那儿成立的南京市文物管理委员会，我负责保管文书档案，图书资料的整理。

那里还会举办展览，比如太平天国100周年，抗日英雄展览，我就在里面做讲解员。

1952年，实行三反，反贪污反浪费反官僚主义，于是我工作的地方就出现了青年过多发不出工资，所以就让我们选择，要么去培训读书，要么到一些化工厂等地工作。

而我因为想读书，就去了晓庄师范培训三年，后来出来做了小学老师1年多，当时的工资的22块钱，我就往家里寄15块，剩下的7块自己穿用。一九六几年的时候，我父亲还住在中华门那里的草房，因为买不起砖瓦盖房子，而我是住在单位。

后来我就到了政府工作，最后又到了市委党校，那里也给我分了间房子，1997年的时候，我彻底将房子翻盖了一下也就是现在的这个房子(秦淮区五福巷)，父亲那儿也因为拆迁重新分了房子。

我的身体情况也算还好，小毛小病有很多，在4年前，我差点心肌梗死，心脏做了支架，人总是老朽，毕竟年纪大了。

南京大屠杀受害家庭路洪才家庭族谱

外公：夏老三（南京大屠杀遇难者）

外婆：夏赵氏（南京大屠杀遇难者）

舅舅：夏瑞明（南京大屠杀遇难者）

舅舅：夏瑞 ×（南京大屠杀遇难者）

母亲：路夏氏（孕妇，南京大屠杀遇难者）

父亲：路怀（南京大屠杀遇难者）

妹妹：路小毛（小名，南京大屠杀遇难者）

本人：路洪才（南京大屠杀幸存者）

妻子：乐美华

儿子：路慷

曾孙女：岳益群

采访南京大屠杀受害家庭幸存者路洪才日记

2017年7月2日，采访工作人员陈艺文、马婉蓉到南京市白下区五福巷33号3幢408室采访南京大屠杀受害家庭幸存者路洪才。

下午2:00左右，我们来到路洪才老人居住小区楼下，陈艺文给老人打了一个电话。随后我们上楼，来到老人家中。

我们几位落座后，开始了采访。路洪才老人今年85岁，精神很好，表达清晰连贯。

路洪才老人开始回忆起南京大屠杀时的情形，当时他5岁，家住在南京中华门东，转龙车，靠着雨花门。家里有50岁左右的奶奶、公公、婆婆，29岁的父亲，25岁左右的母亲，两个3岁左右的小舅舅，一个15岁左右的大舅舅。当时家里贫穷，靠种菜、打芦苇、做零工为生，日军来的时候，有许多东边城市的人跑到了南京，路洪才老人一家也商量该如何躲避日军。但是一大家子人不容易逃跑，他的奶奶是小脚，跑步不便，母亲怀孕，公公婆婆的身体不是很好，两个小舅舅年龄又很小。一家人想着不能让路家断后，决定让父亲带着路洪才，和路洪才的大舅舅一起逃跑。

家里有两间草房，由奶奶看着。其他人在离家不远的菜园地里挖了地洞，躲了进去，盖上板，混着土。他们当时不知道有难民区，在日军进城的时候，首先到了他家，用手势比画着问奶奶，家里人去哪里了，奶奶不明白，也不回答，但她朝地洞看了一眼，这个眼神被日本兵看到了，日本兵把他们家给烧了，用刺刀挑开了地洞，叫里面的人出来，他们都不肯出来，日本兵就开枪打死了他们。

逃跑的时候，父亲挑着扁担，一边放着干粮被子，另一边放着路洪才，他跑一段，累了，就由父亲挑着，或是让大舅舅背着，路上有锅巴，还有用小麦做成的粮草面作为充饥食物。

他们跟着父亲的师兄跑到了芦苇荡，沙洲圩。这个地方，一片芦苇，河流多，他们搭了跳板，躲在了水中间的一个小岛上，而此刻日本兵正追着一个农民，跑到了小岛附近，没抓到农民，结果发现了他们，把父亲误以为是刚刚的农民，有一个会一点中文的日本兵问父亲刚刚为什么跑，父亲没法回答，那个日本兵就训斥父亲对天皇不忠，心大大的坏，要剥开他的心，就绑了父亲，用刺刀划开了棉袄，就在这时，有两个骑马的日本兵喊前面那个日本兵回去有急事，父亲因此幸免于难。

一路人收拾收拾，准备赶紧离开这里，跑到陶吴小山区，白天不敢走，都在夜里走，走了几天几夜，没吃没喝，最后拔了农民萝卜吃。到了陶吴，遇到一个邻居，邻居把他们走后家里发生的事情告诉了他们，父亲听了晕倒在地。

大舅舅和父亲回去的时候，路洪才生了病，不太清楚是怎么回去的了。路洪才老人说，只知道回到家的时候，奶奶把事情说了，然后他们就清理地洞。当时也买不到棺材，父亲不知从哪儿弄到了一个棺材，几人商量后，决定把母亲安置在棺材内，其他人就地掩埋。

母亲的棺材后来找不到了，因为死伤的人太多了，尸体堆积在一起，家附近的山头，全都是尸体，天热的时候还出现过磷火。

日军走后，路洪才老人家里很艰难，房子没了就搭一个棚子，靠开荒种地种菜打芦苇为生，奶奶也帮别人修补衣服，父亲有时也会在山坡上捉虫卖给养雀的人，做鸡毛掸子、鹅毛扇子。

抗战胜利后，1946年的时候，家里的情况好一些，但1947年，物价飞涨，米价很贵，家里生活有些艰难。到1948年、1949年，情况更差。1951年，路洪才老人参加了工作，在南京文物管理委员会工作，做一些资料的保管，也做过展览讲解员。

1952年下半年，工作单位决定把青年同志集中送去培训，家里没办法支持培训的就再安排工作，路洪才老人决定去参加培训，在南京晓庄学院培训了三年，之后当了一年小学老师，住在单位。到一九六几年的时候，父亲还住在茅草屋里。路洪才老人以后又在政府工作了一段时间，期间住在宿舍。后来，路洪才老人在市委党校工作，分到了一间房子。1977年，买了现在的房子，父亲因拆迁也有了房子。奶奶在1949年后去世，大舅在1990年去世。

我们拍了一张老人的生活照片，一张证件照。路洪才老人有一儿一女，我们询问了老人的身体状况，老人表示自己心脏不是很好，在2013年出现过心肌梗死，之后一直在吃药。

最后，我们与路洪才老先生合影。

五十七、吕金宝家庭

采访时间：2017年7月1日下午2:00

采访地点：南京市鼓楼区牌楼巷47号五台山庄小平房1栋1号

采访人员：耿嫣然、季萌萌

我跟着父母跑反一年多，中途哥哥饿死了，父亲生病也去世了

吕金宝　口述

我叫吕金宝，1924年出生，今年94岁了，家在南京大屠杀之前住在浦口区，家里当时有爸爸吕家荣，妈妈吕杜氏，哥哥吕金顺，姐姐胡吕氏和我共5口人。日本侵略南京时我才13岁，之前靠在煤炭厂做小生意维持生活，夏天卖茶，冬天卖花生。

1937年12月13号那天，我和一群小孩子在煤炭厂玩，那天天空突然飞来了很多飞机，从上海那里过来的，我们小孩躲在煤炭堆旁边，有的大人躲在防空洞，我们也不害怕，飞机开始扔炸弹，也不知道扔了多少炸弹。

炸弹扔过之后飞机走了，我们就跑出来看，炸死了无数的人，有头炸掉了的，有身子炸没了的，我们看了也害怕。

小伙伴和我说："哎呀，你头破了，淌血。"我一摸头，头上都是血，小伙伴问我疼不疼，我说不疼，然后小伙伴带我到江边洗了洗，洗完之后就回家了，回到家之后母亲看到我抱着我就哭，那天好多人哭啊，叫啊。我头上有弹片，是当时躲煤堆里面日军扔炸弹的弹片弹到我脑子里的。

然后我们家就开始跑反，跑了一年左右，跑到农村，不知道是哪里，都是父母带我跑反，跑着跑着大家都散了。

中途哥哥饿死了，爸爸生病也去世了。那时候难民所多，我住了好多难民所，我还小，就到处跑，跑到老百姓家，老百姓就叫我小孩，跑到部队里，就叫我小鬼。有的时候睡到半夜里，就要起来跑，那时候都是部队里的命令，我跑到半路跑不动了，就跑到一户人家，人家就收养了我。跑反回来以后，我还是做小生意，和日本人打了8年交道。

老百姓到了夏天乘凉，就在马路旁边睡觉。前一天，一户刘姓人家的锅被偷了，第二天日本兵夜里巡逻，巡逻到老百姓睡觉的地方，那个姓刘的人以为那个日本兵是小偷，一把就抱住了他，然后那个日本兵就生气了，就一边骂一边拿刺刀戳他。我们门口有个姓陈的，给日本兵做饭，日本兵就把他喊来，用日本话交流了一番，才知道是场误会，刘姓人才免于一死。

1937年日本占领南京，1945年日本投降，我们住的地方靠近火车站，我天天能看到，很多火车把日本兵送走。

1949年以后，国家把我们组织起来，给我们分配任务，让卖什么就卖什么，有困难国家都会帮我们，有了新中国我们的日子才好过起来了。

（以下为南京大屠杀幸存者吕金宝的女儿吕瑞云口述）

我父亲曾经跟我说过，在我父亲住的周围，有一户人家的女儿长得很漂亮，有一天一个日本兵到他们家去，把女儿强奸了，强奸完之后就把女儿给弄死了。她的父亲和哥哥忍无可忍，就把那个日本兵给杀了。

我父亲脑袋里的弹片就是那时候有的，他现在的双目失明就是因为脑袋里有弹片而导致的。2008年我带他去看病的时候，他说他脑子疼，然后做了检查，发现脑子里有数枚金属弹片，然后才回忆起来的。

我爷爷叫吕家荣，奶奶叫吕杜氏，一共生了三个孩子。

大女儿胡吕氏，二儿子吕金顺，三儿子是我父亲，吕金宝。

我父亲一共生了七个孩子，老大叫吕瑞义，有一个女儿叫吕俊。

老二是我，叫吕瑞云，我的丈夫叫曹建谱，我有一个女儿，叫曹雪梅，她的丈夫叫张俊，她的女儿叫张馨悦。

老三叫吕瑞萍，丈夫叫彭寿荣，有一个儿子叫彭飞，儿媳妇叫霍培佳。

老四叫吕瑞红，有一个儿子叫张伟。

老五叫吕瑞银，老伴叫陈丽萍，他有一个儿子叫吕伟。

老六叫吕瑞贵，老伴叫陶建新，有一个女儿叫吕晓。

老七叫吕瑞芳，老伴叫刘杰，有一个儿子叫刘坚强。

南京大屠杀受害家庭吕金宝家庭族谱

父亲：吕家荣（南京大屠杀中病死）

母亲：吕杜氏

姐姐：胡吕氏

哥哥：吕金顺（南京大屠杀期间饿死）

本人：吕金宝（南京大屠杀幸存者）

大儿子：吕瑞义

大儿媳：汤秀英

孙女：吕俊

大女儿：吕瑞云

大女婿：曹建谱

外孙女：曹雪梅

外孙女婿：张俊

曾外孙女：张馨悦

二女儿：吕瑞萍

二女婿：彭寿荣

外孙：彭飞

孙媳：霍培佳

三女儿：吕瑞红

外孙：张伟

二儿子：吕瑞银

二儿媳：陈丽萍
孙子：吕伟
三儿子：吕瑞贵
三儿媳：陶建新
孙女：吕晓
四女儿：吕瑞芳
四女婿：刘杰
外孙：刘坚强

采访南京大屠杀受害家庭幸存者吕金宝日记

2017年7月1日，南京大屠杀微观史调查志愿者耿嫣然和季萌萌在老人大女儿吕瑞云的带领下来到了位于桥牌巷47号的老人家中。

老人独自一人住在由政府提供的平房里，并且老人的大女儿吕瑞云一直照顾他的日常生活起居。

老人今年已经94岁高龄，身体总体比较硬朗，没有重大疾病，但是患有多种慢性病及冠心病。老人双目已经失明，左耳听力有较大问题。

据老人大女儿吕瑞云讲述，正是当年日军在南京大屠杀时的轰炸，弹片意外飞入老人头颅，才导致老人多年以来双目渐渐失明，并且听力逐渐下降。

而与这些弹片相关的事件直至2008年吕瑞云带老人到医院检查身体，在医生询问弹片的可能来源，老人讲出了当年自己曾被弹片意外伤中时，整件事情才被人们知晓。老人在医生的帮助下申报了南京大屠杀幸存者，至此，又一位大屠杀的幸存者得以被关注。

老人在回忆讲述南京大屠杀时在他身边发生的事件的时候，思路十分清晰。据他大女儿吕瑞云所述，老人即使对于前一天刚刚发生的事情都比较容易遗忘，但是对于南京大屠杀时发生的事件，至今仍记忆犹新，并且不断地向她（吕瑞云）讲述。

老人的家庭在南京大屠杀时期遭受重大损失，不仅仅房屋被全部烧毁，而且也有家庭成员的伤亡。

在南京大屠杀日本飞机进行轰炸时，当时13岁的老人正在煤炭厂里经营自己的小买卖（卖花生等）。因为曾经听大人们谈起过，飞机轰炸时把自己藏在煤炭里就不会被轰炸，所以老人和当时他的小伙伴们一行人躲进了煤炭堆里，大人们则躲进防空洞里。等到飞机轰炸结束后，老人在同行小伙伴的提醒下，才意识到自己的头部已经受伤，满头是血。但是当时老人并没有当回事，只是和小伙伴到离自己家不远的江边进行了简单的清洗，就回到了家中，而家中老人的母亲看见他则是号啕大哭。

在大屠杀期间，老人的家庭曾进行过跑反，但是并没有具体的跑反地址，仅仅是跟着人群走，在经过半年到一年的跑反后，才重新回到南京——老人两岁就开始生活的地方。

在跑反途中，老人的哥哥吕金顺被饿死，并且被直接丢弃在跑反途中。而老人的父亲吕家荣在跑反后因为生病没有条件医治，直接活活病死。在跑反回来后，老人曾被当地的好心人收养过一年。

在难民营生活期间，老人没有读过书，年幼的老人会经常和小伙伴们到处跑。跑到老百姓家，别人会称呼其为小孩，跑到部队里，他们则称呼他为小鬼。在当时老人的眼中，南京的部队很多，有正规军、八路军等。

老人在大女儿吕瑞云的指引下回忆（老人曾向她谈起过）：

在南京大屠杀期间，会有百姓晚上在马路上乘凉、睡觉，并且当时是有日本巡逻兵巡逻的。当时一位刘姓人的锅被偷了，在第二天日本巡逻兵巡逻时，刘姓人把日本巡逻兵当成了小偷，一把抱住日本巡逻兵紧紧不放，后来日本巡逻兵想要杀死他。最后群众喊来当时在为日本兵做饭并且会日语的陈姓人，陈姓人向日本巡逻兵解释了整个事件的原委，刘姓人才免于一死。

在 1945 年日本投降，日本兵被通过火车从浦口火车站运送回国时，老人和身边的人目睹了这个场景。老人回忆时说道，他和当时的围观人群都在议论，觉得国家不应该对日本人这么好，将他们送回自己的国家，而应该在当地直接绞死。

老人的大女儿吕瑞云讲述了老人曾经向她讲述过的令她印象深刻的事件。当时老人家附近的一户人家家里有一个非常漂亮的女孩，而日本兵却当场强奸女孩并且杀害了女孩。女孩的父亲和哥哥杀死了这个日本兵。事后女孩的父亲和哥哥也没有被发现。

在 1949 年以前，老人的家庭是通过做小买卖（主要是烧饼、花生等）维持生计。在 1949 年以后，老人依旧做小生意，但是是在政府的统一组织下做，受政府单位领导，政府让卖什么就卖什么，而老人后来也以商场营业员的身份退休。

五十八、潘巧英家庭

采访时间：2017年7月3日下午2:00

采访地点：南京市江宁区龙尚社区

采访人员：耿嫣然、季萌萌

我家在外跑反有一年多，跑反回来爷爷、父亲还是被日军杀害了

潘巧英　口述

我叫潘巧英，今年87岁了，那时我家住在南京黄栗墅。当时家里住着我母亲夏英美，我爸爸的叔叔潘照升（从小把我父亲养大），还有一个小妹妹潘巧玲和我四个人。那时我父亲潘龙富在苏州打工，我妈妈和我父亲的叔叔就在家里种田。

南京大屠杀时我才七岁，当时人家都跑反跑掉了，我爸爸不在家，没跑得掉，我妈妈就托人代信给我爸爸让他赶紧回来。后来我爸爸回来了，回来之后第二天全家就跑反，也不知道跑哪里去，没有人带路，父亲也不是本地人，就跑到了孟家场，在那里住了大概有一年多。

跑反回来后，我们一家人就住在我姑姑家里，当时吃过午饭我在家里和姑姑说话，到两三点钟的时候日本兵来了，先来了七个兵，跟我们要香烟，我们说没有，他就让我们站一排，挨个搜身，什么都没搜到就走了。过了一会又来了一群日本兵，我当时在外面玩，我父亲的叔叔就在外面盖厕所，有一个日本兵就走到我爷爷身后，把我爷爷刺死了。我看到了就赶紧跑回家里，跟我爸妈说，我爸妈还有别人一共十六个人就拿梯子从房子另一边爬上去，我母亲背上背着我妹妹，还要拉着我，梯子太高了我爬不上去，正好这时日本兵来了。

爬上梯子的人就喊我妈妈快点走，我妈妈就放开我的手背着妹妹爬上去了。我心里想，反正我也上不去了，我就躲在锅底下（应该是灶后面的位置）。

还有一个老奶奶她的家人都上楼了，她生病了，就跟我躲在一起。日本兵来的时候我的头还露在外面，她就跟我说让我把头盖起来，我就说你不要说话了，日本兵就没看到，就走了。

然后日本兵就上去了，就把我父亲给杀了。还有一个老奶奶她没来得及躲，就躲在门后面，日本兵来了以后，就对着楼上乱刺，老奶奶的脚尖露出来了，被日本兵看到了，日本兵就把她拖出去，她就跟日本兵说不要杀我，不要杀我，最后还是被杀死了。

后来日本兵走了之后，我妈妈他们就下来了，见到我就问："巧英没死啊？"我一听这话觉得我妈妈挺冷血的，为了自己保命就把我抛弃了。

1949年以后，我母亲28岁时改嫁，我继父叫孟方红，然后我们家就以种田为生。我女儿现在开面馆，什么都给我买，对我特别好。家里的族谱在"文化大革命"的时候被烧掉了。

我丈夫叫希明福，我有两个儿子、一个女儿。

有一个儿子过继给我继父做孙子，叫孟三十，还有一个儿子叫希春安，媳妇叫孟桂香，有一儿一女，分别叫希邦景、希邦琴。

我女儿叫希春兰，丈夫叫周立明，也有一儿一女，女儿叫周水仙，儿子叫周继信。

南京大屠杀受害家庭潘巧英（右）与南京晓庄学院志愿者合影

南京大屠杀受害家庭潘巧英家庭族谱

叔祖父：潘照升（南京大屠杀遇难者）

父亲：潘龙富（南京大屠杀遇难者）

母亲：夏美英

妹妹：潘巧玲

本人：潘巧英（南京大屠杀幸存者）

丈夫：希明福

大儿子：孟三十

二儿子：希春安

二儿媳：孟桂香

孙子：希邦景

孙女：希邦琴

大女儿：希春兰

大女婿：周立明

外孙女：周水仙

外孙：周继信

采访南京大屠杀受害家庭幸存者潘巧英日记

2017年7月3日下午，志愿者耿嫣然、季萌萌来到位于江宁龙尚社区的潘巧英老人家中，老人已经87岁了，身体健康，与儿子住在一起。

据老人的讲述，当时日本兵来的时候她母亲为了自己保命抛下了她自己躲到房顶上去了，老人躲在锅底（灶后面的位置）躲过一劫，老人的父亲被砍死，老人的爷爷（父亲的叔叔）也被杀害。在提及母亲时，老人有些难受，她说：“这个时候才能看出人性的凉薄，我妈妈为了自己保命而放开了我的手，自己的孩子应该是胳膊拽断了也不能松手，而她放开了我的手就相当于让我被日本兵杀了。”

在提及老人的子女时，老人十分开心，告诉我们她的女儿对她特别好，什么都买给她，儿子陪她住在一起，都特别孝顺。

在后来问及老人的身份证以及南京大屠杀幸存者证书时，老人告诉我们，之前有一次采访时被别人拿走了，虽然告诉老人过段时间会寄回来，但直到今天都没有寄回来。

五十九、程福保家庭

采访时间：2017年7月3日

采访地点：南京市玄武区锁金5村6栋20号

采访人员：涂慧、张轩瑞

父亲在跑反途中为找回落下的小木盆被日本鬼子开枪打死

程福保　口述

我叫程福保，1933年出生。

我家里的情况其实网上都有，父亲被枪杀，外公当搬运工被日本鬼子踢下了江。但是有些细节它（指新闻报道）跟我描述的不一样，因为它有些艺术加工。

比如说家里旁边有个小土山，实际上是烧煤的窑，一个小土堆。我这个不幸的遭遇不是我一个人的，是我们民族的，30万人啊，有的全家都死光了。

这里有个情节，它说日本记者采访我，日本记者是采访我，但是在南京大屠杀纪念馆，这个记者实事求是讲，还是比较友好的，我对他说："你们这个安倍啊他不承认侵略，你们带着大炮、子弹、飞机来屠杀中国人，那不是侵略叫什么？你们不是来旅游的，不是来做买卖的。"他无言以对，表示同意。另外我特别强调，我不是针对日本人民，而是日本的军国主义，极右翼分子，他们到现在还不想认罪。

南京大屠杀时，我家里有父亲、母亲，有哥哥、姐姐、妹妹，还有我，另外我母亲还怀了一个孩子，叫遗腹子，因为我父亲之后被日军杀害了，生下来我也见过，过去叫小毛娃，是个小女孩，但因为我母亲没有奶吃就夭折了。

我父亲干什么工作呢，它上面讲是干门房，这个是事实，我跟他讲过，就是被人介绍当门房，收发信件啊，帮人烧开水啊，看大门啊，打扫卫生。但是这个单位后来裁减，他就被裁减了。

后来他就学习做扇骨，他没有什么文化，我举个例子，一开始跑反，要跑到我姑妈家，在江宁的铜井，结果那时候火车也没有什么保障的，而且兵荒马乱的，没有说什么"各位旅客请注意前方铜井到了"，没有的事，乱得很，没有人管。结果到了铜井，又没有月台，也不知道到了铜井没，还是我哥哥，他是小学生，他认识铜井两个字，他那时候13周岁，他说：爹，到了，铜井到了！就慌慌地下车。

一下车，结果行李往下扔啊，我那个姐姐往下跳就骨折了，我母亲她比较迷信，一个她心疼自己小孩，再一个还没出发就骨折了，不行，赶快回去治病，这个方向不吉利，还没到我姑妈那里，就回去治病。

骨折治完了，当时南京的时局特别紧张，日本那个飞机啊，你们看过朝鲜战争电影啊，美国飞机到处哐当哐当，日本飞机也是，到处都是断垣残壁，到处起火，人心惶惶的。

后来我母亲说找她一个弟弟，就是我舅舅，她说北方，过江比较安全，就到江北去了。

我的名字啊就是我的父亲起的，从每个人的名字就可以看出每个人的家庭背景，他觉得这个孩子是个有福之人，所以我就叫程福保。

那时候社会上传说很多，反正日本鬼子见人就杀，见到女的就强奸，所以老百姓心里害怕，想要躲掉这个灾难，因此我们就躲到江北去了。过江的时候我有印象，南京话叫小划子，就是小船，能坐六七八个人，船民要收钱，那个时候为了跑反，在船上要把铜钱往江里扔，当时我记得他说的是为了保平安，其实也对，但是主要的是因为有江猪，就是江豚，那个东西把船顶翻了，所以就用铜钱把它引诱到铜钱那个方向，不要让它到船这里来。

还有一个印象是，日军来的时候我们躲在大水沟里，1937 年的 12 月份，冬季，日本鬼子来了以后，到处见人杀，大人把我嘴捂住，因为怕小孩喊，一喊日本兵就听见了，这个我很有印象。准确来讲，那个时候我四岁半，我是 1933 年的阴历 5 月份出生的，所以有些事我还有印象。

还有印象比较深的是社会平静下来一点后，日本鬼子老杀人也不行，他要笼络啊，所以我们就回来了，南京挹江门，日本鬼子把旗插在那儿，我们到了以后要给他九十度鞠躬，嘴里还要喊他太君，我们小孩不懂，就跟着大人一起，你要是不老实的话，日本人就拿枪托托你，看不顺眼就拿刺刀刺你。

记得跑反时，我们躲在水沟里，我父亲他一看不好，我们出来带了简单行李，所以就从水沟里出来拼命地跑到老乡家里，把简单的行李抢回来。家里还有个小木盆，是用来洗脚的，他想这个不能丢，因为木盆一遇到火就烧了，烧了就没有了，所以我父亲第二次又跑出去找木盆了。

我父亲刚把小木盆拿出来走在乡村的路上，日本鬼子来了，噼里啪啦地杀来了，我父亲愣住了，他也不懂日文，日本鬼子拿枪瞄准，这个日本鬼子心里都有数的，打得特别准，一枪打到我父亲心脏，他当场就去世了。

日本鬼子又找杀人的目标，就往我们这里来了，拿着三八大盖找目标。我当时被大人捂着嘴，不让喘气，鼻子难受了就松一下再盖起来，这我都有印象。日本鬼子来了，我听我哥哥讲的，他们嚷嚷，不幸中的万幸，他们的小队长把他们召集起来继续前行，因为找了半天没有找到目标，所以我们就侥幸生存下来了。如果再晚那么几分钟，那就够呛了，我们现在就说不上话了。谈及这个事，我一直在强调，这个不是我家里的灾难，是民族的，是国耻啊。

后来，我们回南京以后，住在洪武路，我在洪武路上小学。我母亲在我父亲死后，没有房子，没有地，生活难以为继。

我父亲姊妹三个，老大是女的，我们喊姑妈，老二是大伯，姑妈我见过，对我们挺疼的，大伯在我们出生的时候就已经去世了，是病死的，因为他好酒如命，他有一个儿子一个姑娘，姑娘前几年已经去世了，我到上海看堂嫂，顺便看看他们，我的堂嫂是浙江人，说我跟我父亲长得很像。

姑妈对我们很疼，她的两个弟弟死了。当时我母亲为了生活，给人家干家务活，按照现在的话来讲就是保姆，给人家洗洗弄弄的，烧烧饭，她自己都照顾不了，去照顾别人，但是为了生活啊。当时我哥哥已经十四五岁了，他去当学徒。

我的姐姐是属龙的，当时在淮海路靠近太平路那里，有个电信局，干话务员。她19岁得肺结核，1947年的时候得肺结核，要盘尼西林，到中央医院就是现在的南京军区总医院，我母亲带着我姐姐给人家跪下来磕头都不行，要钱。因为没钱，姐姐在家吐血死了。

那时候，我姑妈把我和我妹妹带到她家里去，所以我和我妹妹没有染上肺结核，就可以看出我姑妈对她的侄儿啊是很关心的。

到1949年的时候剩下我母亲，我哥哥，还有一个妹妹。

南京解放了，那个时候我已经15周岁快接近16岁了。1949年以后我就参军了，现在是离休干部，我是不穿军装的离休干部。第一次授衔的时候，我是大尉军衔。我是1949年5月份入伍的，当时是要考试的。第二野战军，刘伯承司令员、邓小平政委发布命令解放大西南，急需要干部，我们就考试进去了，那时候别说初中生，部队里都是工农子弟，打战勇敢，文化不行，我算个知识分子了。

我参军以后，就编在炮兵队，然后去解放大西南，两条腿走到大西南，所以我现在见到四川同志都讲四川话，因为我在四川待了两年，剿匪征粮。当时上海、南京这些资本家把粮食囤积起来，抬高价格，在城市没有粮食不行，那时候四川是粮仓，我们就在那里征粮，大批粮食赈济上海这些大城市。我到部队非常开心，一个是大家庭非常温暖，还有当时在家里吃的还很困难，而我到了部队，虽然伙食不好但是一天三顿饭吃得饱。

当时他们给我起外号叫小胖子，因为在部队里高兴，吃得又好，而且我年龄也小。我在部队里表现很好，一开始是住在重庆的新桥，靠近黄岩，就是很多咱们的革命烈士被屠杀的地方。后来在四川铜梁，现在属于重庆，被土匪包围了，当时我们部队命令要解放铜梁，所以我们就到铜梁了，从新桥出发走了两天，经过一个厂，看见我们解放军抓了国民党的俘虏。

我们到了重庆，当地的老百姓很欢迎我们，一是因为我们部队唱歌唱得好，都是知识分子，唱歌唱得好听。再一个是因为我们穿的衣服，身上长得都是虱子，脏得要命，一两个月都没有洗澡，我们在重庆现在的解放碑附近休息，学生们在议论我们，我们听到他们说：这路兵啊一定是老八路。实际上他们误会了，因为他们就是看到我们的衣服很旧很破烂。那时候衣服不像阅兵时候的衣服，我们都穿国民党的衣服，穿日本鬼子的呢大衣，那时候解放军装备很差，特别是二野。

我们很快就把土匪给赶跑了。我清楚地记得在1950年的3月份，在新桥，组织上找我填表，入党申请书，到了铜梁，1950年6月26号批准我入党，因为我当时是团员组长，领导说你们开团员开会再选个团员组长，就把我叫上去了。当时我们部队里都是小青年，我是小鬼，其他有20多岁的，你们算算看，1950年我17岁。我那时候也不懂，又不像现在，还懂得什么申请，是我们领导事先到我家，我母亲一把鼻子一把泪地说他父亲被日军杀害了，他到部队里你们一定要严格地教育他，所以说对我们家身世很了解，就把我作为培养对象。

你要说我的表现，实事求是讲，也不差，但是大家都不差，所以我有这个条件，我就是一张白纸，于是我就入党了。

入党以后，学日本三八式野炮，日本小山炮，那个时候没有现在的火炮、导弹，我们已经算先进了。教员是国民党起义的军官和国民党解放的入伍的，有些术语我就简单地说一说，当时教的是美国的射击方法。

后来抗美援朝开始了，就报名参加志愿军，我们百分之百地报名，我们领导现在还在呢，叫张力雄，是我们二野特纵的副政委兼政治部主任，当时没有政委，司令员是孔崇洲，他是国民党中将级别的，1947年起义过来的，当时很重用他们的。

我们的支队里有炮兵、防化兵、坦克兵，二野当个宝贝，因为过去都是靠步枪，我们当时已经算是特种兵了，没有文化掌握不了的，你炮兵打炮不是直接瞄准就行的，要坚决瞄准，从山后可以打中目标，要指挥，要懂三角，懂几何，这些我们都在学校里学过，我当时还当小教员呢，有些文化比较低的我给他们教导。

毕业以后就给我定位正排级，在那些学员里我第一个入党。开始对我讲对谁都要保密，对家里都要保密，后来才公开了，才跟大家见面。

毕业后，我们参加了阅兵，1951年天安门，我们奉命阅兵，电脑里你可以查到一张照片，但是很遗憾，我们从沈阳到北京路过大山的时候，我们在那边吃饭做游戏，一个人趴那儿，然后好几个人就跳过去，我一跳把脸擦伤了，所以阅兵的时候为了好看第一排就没有我，因为脸上有疤。看到毛主席，当时对毛主席的感情啊，觉得他就是人民的大救星。我们的火箭炮队，有百分之七十的学员分到朝鲜去了，我留校，为什么留校呢？我的学习成绩比较好，我当时坚决要去，但是学校不让我去，就留校工作了。后来我们的炮校改为高级炮校了，我们毕业后改的，高级炮校的培养对象是部队里的营团干部。后来把我升为研究室的副政委，就相当于副团职了。

这时候就到1966年了，单位派我去搞的“三支两军”，后来又把我发配到干校劳动两年，种水稻，我在干校赶大车，我是个南京人，他们说你怎么会赶大车呢？我是鲁莽炮兵，在四川，骏马是无言的战力，所以我过去就爱遛马，所以到了干校没事我就赶大车。

后来我们就成了革命领导干部了，都想不到，我们被下放到干校，结果又都回来了，回来以后还重用，成了研究室主任了。

我又遇到一件事：我父亲遇害的时候，我母亲才41岁左右，有人问我那你母亲没有改嫁吗？改嫁给谁？好几个孩子，谁愿意背这个包袱。我母亲摔倒了，我当时在北京，她在我妹妹家里，骨颈骨折，吃喝都在床上。我妹妹又是中学副校长，忙不过来。

邓小平出来主持工作，恢复夜校，恢复高考。我从1954年在军队挣工资，我那时候正排级，一个月大概七十块钱，我一半钱给我母亲寄去，给我母亲寄去是因为我母亲和我妹妹在一起，我妹妹当时是江南汽车公司的文化教员，保送她到扬州师范学院学习。她说：“二哥，你看我要去扬州师范学院学习。”我就说那母亲就由我赡养，一直到我母亲去世。

我大哥有五个孩子，他自己还经常和我要钱，我都省吃俭用地给他，他怎么管老太太啊。我妹妹她就有点埋怨大哥，因为她认为儿子要管父母。我说你是女儿也要管啊，经济上也要管。后来我母亲就一直是由我来负担的。我就说我能不能回去照顾我母亲，她苦了一辈子了。当时组织很讲人性化，说：这样吧，我们炮兵干部部门研究一下。研究了以后，研究所的胡士功副所长，他是留苏的，他说：“老陈啊，在这儿挺好的，你为什么要调干？”我说：“我母亲你也知道，她现在瘫痪了，没人照顾，我在北京她又来不了。”

我在北京工作的时候，我母亲也去过，但是她一个南方人到北京有几个不习惯，好不容易把她带北京了，带她看看天安门、颐和园，那时候我还能跑，她也挺高兴，但是第一个她爱吃南京的青菜，北京到了冬天就是白菜萝卜土豆，第二个我那时当研究室主任，那时有液化气，我上班去了，她在那儿吹，我说不能吹，她说这什么东西我又用不了，我就买了个蜂窝煤炉子；另外上厕所不像现在家家都有马桶，南京用的木马桶，她在这儿上公共厕所蹲着上不习惯。于是组织上就下调令把我调到南京。在

南京大屠杀受害家庭幸存者程福保与南京晓庄学院志愿者合影

南京我可以给她报销医药费，因为她是军人的直系亲属。

之后他们给我开欢送会，我就到了南京炮校，开始是当大队长，一大队、二大队、三大队，我是政治大队队长。当了一段时间以后，领导又找我谈话了，说：“准备给你职务动一下”我问干什么，“当部长。”我说我没干过，我都准备转业了，组织命令下来了，干着学吧，就这样由正团调为副师了。当部长干了一段时间，就当副校长，当了副校长以后，邓小平发出号令裁军百万，我一看自己年龄也差不多了，就让贤吧，军队建设是大事，个人是小事。

现在我的生活呢，咱们党中央、习近平主席关心，对咱们离休的同志也非常的照顾，生活不困难。现在干休所管理服务到家，送衣送药上门、送饭送菜上门、工资上门，另外各种费用代缴，煤电费水费，等等。

在南京大屠杀幸存者里，在军队里的，根据我了解，还没有第二个。我们有责任把我们遭受的苦难，这是我们民族的而不是个人的，告诉年轻人，不忘国耻，但是我们也不主张仇恨。

在干休所里会电脑的就两个，我爱学习。我的老伴，是我在沈阳工作当教员时别人介绍的沈阳二十六中老师，叫邓丽，东北人。说来挺好笑，那时也没谈过恋爱，二十五六岁，邓老师讲我们当时去的三个人，是我她才同意，别人的话她还不同意。

我就一个儿子，叫程阳，1976 年出生的，属羊的，他出生就是找别人照顾的，给人家发工资，原来当兵的，转业到地方当公安员，在地铁四号线主要搞治安。他结婚以后生了个儿子，孙子 1995 年出生，叫程旭东。

南京大屠杀受害家庭程福保家庭族谱

父亲：程长河（南京大屠杀遇难者）

母亲：傅义珍

大哥：程铭政

大姐：程惠云

本人：程福保（南京大屠杀幸存者）

妻子：邓丽

儿子：程阳

孙子：程旭东

小妹：程文英（南京大屠杀幸存者）

妹夫：朱德波

外甥：朱翔

外甥媳妇：许云

外孙女：朱睿

外甥：朱庆

外甥媳妇：马晓霞

外孙：朱奕舟

采访南京大屠杀受害家庭幸存者程福保日记

2017年7月3日下午，志愿者涂慧、张轩瑞来到大屠杀幸存者程福保家中进行采访。事先与他联系时我们发现他的听力不是很好，戴了助听器，才能听见。

几番周折之后，我们找到了程福保的家，发现他已经在楼下等候了，看到我们后，热情地和我们打招呼，由于戴着助听器，所以讲话十分大声，口齿也很清晰。老人住在三楼，有了电梯使得他的生活十分方便，他告诉我们，这栋楼都是当年的老干部住的，是政府分配的房子。在会客厅坐下，他还拿出了事先准备好的矿泉水递给我们。

采访之前，程福保首先向我们表达了对我们的爱国热情的赞许，但他同时也提到，关于这段在大屠杀中的灾难，并不只是他一家人的经历，而是整个南京人的经历，这一点，在采访过程中也多次指明。

从他的讲述中，我们了解到，大屠杀发生时，他只有5岁，当时跟一家人跑反坐火车到铜井去寻找姑妈，由于姐姐从火车上跳下来时摔伤了胳膊，一家人便调整方向往浦口跑去。也正是在浦口，他的父亲被日军发现并杀害，母亲当时身怀六甲，又带着几个孩子，曾想轻生，被邻居劝阻，将几个孩子抚养长大。

程福保在1949年解放时参了军，在刘邓大军队伍中，跟随部队前去西南剿匪，在四川待了两年。此后的几十年时间里，他还参与过金门炮击，曾经操作过缴获自侵华日军的旧型号山炮，也成了新中国第一批亲手操作喀秋莎火箭炮的人。1950年时，他在新桥镇提交了入党申请书，6月22日在铜陵入党。

程福保曾在重庆炮兵学校当教员，后被分配到沈阳炮兵学校，在沈阳一待就是14年，后来由于母亲身体不好，便申请调回了南京，此时的他已年近六十。

之后我们又对程福保的家庭情况，生活进行了了解，他表示自己对日本右翼至今仍是憎恨的；同时，很感谢政府对他们这一批当年的幸存者的关注与照顾。

采访结束后，程福保再三表示，希望能通过对他的采访，让更多人更全面地了解历史，铭记历史。采访结束后，并亲自将我们送下楼，与我们挥手告别。

六十、程文英家庭

采访时间：2017年7月3日

采访地点：南京市秦淮区双塘街道皇册家园19号16栋2单元301室

采访人员：涂慧、张轩瑞

跑反途中姐姐爬火车摔断了膀子，父亲躲在树林里探头看情况时被鬼子打死

程文英　口述

我叫程文英，1935年出生，但是我有个哥哥离休的时候给我查了个什么本子，说我阳历应该是1936年出生的，实际上我应该还是1935年，但是身份证上已经改成1936年的了，那就按照1936年来。

应该说当时的情况呢我没有什么记忆，实事求是说。我母亲一直跟我住，她跟我讲，还有我的大哥，他当时12岁，他前年已经去世了，他活到91岁，实际上他身体很不好，通过他们跟我讲，而且我小时候记性特好，所以就记下来了，所以现在向你们讲述的这件事是实事求是的。

因为我父亲被打死的时候才四十二三岁，12月13日南京攻陷的，所以是14日被打死的。我们家属于普通的老百姓，像那些大官啊知道信息的人家老早就跑到重庆啊什么地方去了，我们也不知道，到最后说鬼子打来了，然后才想到跑，急急匆匆地带些生活必需品，往安徽那个地方跑。

当时，往安徽那个地方跑的人很多，挤火车，我母亲怀孕要生产了，还有个姐姐、两个哥哥，我那个姐姐当时爬火车摔下来，膀子断了，过去老百姓也没有什么科学文化，就认为不吉利，这条路不吉利，你看孩子刚上来就摔了膀子断了，赶快掉头来往浦口方向跑，因为当时跑就这两个方向。到了下关码头呢，听我哥哥讲，好像是租了一条船，因为我母亲当时要临产了，我哥哥挑着担子，有一些生活必需品，背着我搀着我二哥，等于是老三。

过了江以后就住在浦口农村了。在农村里，睡到半夜了，听到有人喊鬼子来了，鬼子打进来了，又一吓就跑，跑到了树林里。慌慌张张的，东西都扔在住的农民家里。

后来靠我们住的地方起了大火，我父亲跑去拿木盆，我们躲在里面还不晓得外面有人，他头一伸就被鬼子看见了，鬼子就给他一枪，一枪打到要害就倒下来了。

因为没发现我们，鬼子走了以后，我们才出来，这时候我爸爸已经不行了，后来死的时候是老乡帮忙处理的，因为我母亲行动也不便，最大的哥哥也才12岁，农民还是很好的，就靠浦口的东门，城墙根，把尸体埋了。

埋了以后，稍微平静下来以后，往城里跑，当时我母亲非常痛苦，家里的顶梁柱倒了，因为旧社会的妇女啊没有文化没有经济来源，再加上我父亲八九岁的时候他父母也去世了，等于他自己也是苦出来的，所以家里的顶梁柱没有了，还有这么多小孩，当时我母亲就想跳河自杀了。

后来老乡劝我母亲：无论如何你自己小孩还要抚养长大。所以我母亲才勉强过来了。我的大哥从小就身体不好，那时候很苦，我母亲怀孕生下来的小孩就夭折了。这样子的话呢，就回到城里了，因为日本鬼子一开始都杀啊，烧杀抢掠奸淫，什么坏事都做啊，但是占领南京以后就开始就安民了。

然后我们就回来了，回来以后，我母亲就靠我父亲留下的小店卖东西，我大哥考虑到家里的情况就去学徒，想办法减轻家里的负担。

以后的日子就很悲惨了，我母亲给人家洗洗缝缝补补，哥哥先去学徒，学徒中间又感觉到太苦了，因为老板什么苦活都他干，而且又学不到什么技术，于是妈妈就说如果这样的话那就回来。

我们当时可以说生活在饥饿线上，有时候一天就吃两顿。因为我的外公还是很有文化的，所以我母亲就感觉到不管是男孩子还是女孩子都要读书，我那个哥哥和我姐姐是没有条件读书了，后来姐姐也住院去世了。我母亲无论如何要我和我小哥哥两个人去读书。

过去旧社会"来会"，就是穷人你出一点钱他出一点钱，定期摇号，摇到你了这个钱就全给你，然后下一次再来摇号，你就把这个钱还出来，大概就这种性质，就通过这个来会，给我和我小哥哥读书。当时男孩子可能开智比较晚，他不知道好好学习，我反正知道家里很困难，所以学习很用功，但是特调皮，当时南京不像现在这样子，到处都是被轰炸了的大院子，我们小鬼就跑进去玩。

后来我的外公跑反回来了，回来以后由于家庭生活没有着落，外公不是跟我们住，是跟舅舅住，结果他就到码头，是不是被日本人抓过去被逼的我还不太清楚，反正去了以后就在码头扛大包。

他当时已经60岁了，也不是农村一贯劳动下来的。他有点文化，有时候还哼哼哈哈地背些唐诗。我听我大哥讲，他有时没事还摇头晃脑地背背唐诗。扛大包走路走得比较慢，结果日本宪兵队就把他踢到江里去，就是下关码头那里的江里，工友都不敢上去救，干完活后才把他从江里头捞起来，捞起来放到我舅舅家的门口。这个我有印象的，我跑过去看的，过去那个条凳，不是那个学生坐的，还宽点，条凳弄些门板摆上面，然后把人放上面，我看到外公尸体整个庞大得不得了，水直淌，人整个就泡起来了，很惨，所以这个在我印象里很深。

我大概是 1941 年或 1942 年开始上学的，就靠我母亲来会，小哥哥也是的。我开始是读大行宫小学，当时学校规模也不大，我们住在洪武路那个地方，我到大行宫这个小学呢，可以从游府西街穿过去，也可以从洪武路走到大行宫再到学校去。

那个时候呢，到大行宫小学，有时经过日本子弟学校，就是 1949 年以后是后勤部的一个地方，后来现在是南京体育馆还什么地方，当时很小的时候，我就从游府西街过去，走到那边呢就是汪伪的电信局，这边就是日本人的工厂。有次大夏天，我就看到日本看门的宪兵拿那个铁蹄就是他们穿的，踢我们中国的工人，底下是个钢板，就大太阳底下，拿辣水灌他的鼻子，这个工人难受地就滚在铁板上，还用脚踢，说这个人偷工厂的东西，最后就把这个工人弄死了，你想，拿辣椒水灌他，到肺里去就完了。后来旁边大人讲：小鬼，你赶快走，赶快走。这是我看到的日本人。

还有一次我从大行宫小学出来，看见日本官兵子弟学校门口日本小孩拿着警棍在门口执勤，走过去以后，围墙有个大门，是两个铁门，门缝很大，我们几个小鬼就往里面看，躲在门缝口，他们正在鬼打架，就是带着头盔，用棍子互相刺这种动作，我们正在看得好玩的时候，前面大门放了条恶狗出来追我们。我当时跑得比较慢，腿这个地方给咬了一块，那时候也没有防疫针啊这些条件，后来我妈妈请教医生，买只膏药给我擦。所以我就觉得那时候中国人过的什么日子啊。

抗战胜利前，我母亲就跟人家借了钱，大概利息还比较高，给我们去交学费，我们两个小家伙又不懂，拿到钱就交学费了。结果宣布日本投降了，哎呀我母亲急啊，我也能理解她，她心里想我好不容易借来的钱，还不晓得怎么还呢，日本投降以后这个学校就没了，你们不等于把钱砸了吗，拿菜篮子砸我和我哥哥，我们俩吓得跑出去。后来好在这个学校国民党接手以后，还承认。

小时候，我妈妈给人家做苦活，缝缝补补，晚上也顾不到我，晚上我就到邻居家玩，我出来，日本宪兵队正好从对面出来，我站在水沟里也不敢动，靠着墙，等他们耀武扬威地走过以后，大概看我很小，就没动我。

当时老百姓进出中华门，这个是大人经常讲的，因为过去南京人的坟墓都在中华门外，不是很远，所以都要出城扫墓，都要向日本鬼子敬礼，还要检查。我们那时住的旁边有个俭德村，那里面住的都是些拉黄包车的人，都是苏北来的，每一次日本宪兵队吃的都是最好的，什么胡萝卜、洋葱、虾米，他们吃不完就从阴沟里扔出来，拉黄包车的家属就去捞，回来以后自己再加工吃。

有一次里面有河豚，就是日本人吃的河豚，鱼不是多吗，他们捞回来，根本就没吃过，也不懂，回来加工以后吃，没有一会儿，就听到村子里号啕大哭，因为我们当时离得很近，就看见一具一具尸体抬出来了，一下子就死掉八个人，其中有个孕妇大肚子，就等于八个半了。

所以你说最好的给他们，剩下来有毒的，他们晓得中国人在这边捞，这些人捞也不是一次两次的了，但他们照样扔出来，连禽兽都不如。日本人好喝酒，喝醉以后就拿着刺刀到人家家去，舞刺刀要花姑娘。

有的跑得快的已经跑掉了，像我姐姐那时候已经稍微大点了，而且我姐姐长得还很漂亮，我妈妈眼睛长得还比较尖，她一看到鬼子舞刀来了，把我姐姐推到后门去，然后从另外一家后门出去，就是我妈妈也赶快脸上抹灰哎，因为我父亲死的时候才四十二三哎，那我妈那个时候也只有四十来岁。

反正日本人在南京，在我很小的心灵里头，我就知道，什么大东亚共荣圈啊，你们享受的什么生活，我们过得什么生活，像我上小学早饭没有，饿着肚子去上学。

1945年日本投降，成群结队的投降犯，中国有的人还比较善良，说他们也可怜哦给他们东西吃。我母亲就讲：没有什么可怜，就是他们把我们家完全砸掉了。

忽然有一天，来了穿灰制服的，大概有二十几个人，1949年以后认识了，那是解放军，但很快立即就撤出了，很有秩序地撤出了。这种部队说老实话没有见过，很有秩序地站下来，每个人手上都有枪。我怀疑他们是不是要去汪伪电台广播什么东西哦。后来我跟好多人提过这个问题，最近我看那个《扬子晚报》解释了这个问题，本来我们共产党是准备接手南京的，句容、六合那边还有我们的根据地，但是后来中央指示这个地方我们力量还不够，国民党嘛就很快来接手，所以他们就按照中央的指示撤掉了，这个部队我印象很好。

有一天，我在巷口，因为我家在巷口，看到日本宪兵队抓了个人，膀子绑在后面，颈脖上还套了个绳子，那人是雄赳赳的，像农村的壮汉一样的，后来俭德村里有人跟我讲，他是八路，因为那个俭德村里都是苏北来的啊，可能有些八路军来做什么工作啊的，结果呢他被绑起来，但那个人走路雄赳赳的，一点也不像电影里那些汉奸叛徒的奴才样，哎呀我说这个人多值得佩服哦。

还有一次，也是在我上学的路上，日本的卡车，卡车上有个大柱子，绑着个女的，要去雨花台枪毙，那个女的也是，虽然被绑着，但仍然雄赳赳气昂昂的。所以在那个时候，中国人还是有抗争的。

南京大屠杀发生前，我们就是住在洪武路那里，我妈妈能在那个地方安下来，就是因为我父亲原来就来就是租的这个地方，因为还有一些东西在那里。

我姐姐 1948 年还是 19 岁的时候，肺病没钱看，就死了。因为我姐姐当时是话务员、接线员，国民党电信局把她调到了镇江以后，只有她一个人，而且是个深墙大院，后来病重的时候，我哥哥去看她接她回来，我哥哥讲，叫我住那里我都害怕。后来抬到中央医院，医院说你先交钱，没有钱不行，我们又没有钱，就又抬回来，我妈恳求他说你先把我们收进去，我想办法借钱来都不行。

1949 年以后我大哥也有肺病，可是马上政府给他住院治疗打针，马上好了，一直活到 91 岁，他的工作表现很好。我的二哥是 14 岁在四中快毕业参军的，入了党。

1949 年以后，我的学习也好了，我的妈妈那时候也没有精力做生意了，我就靠助学金上学。我二哥去参军，母亲当时不放心，他偷偷地把行李叫同学背走了以后，他跑走了，他在部队表现很不错，他先入党，我大哥后入党。我呢申请入党的时间很长，因为我后来调干学习了，大学生入党就难一些，后来填表，组织上批准我入党了。

我是在扬州师范大学读的大学，就是现在的扬州大学，那个时候国家号召读师范，我在学生会工作，还有一个同学在团委工作，我们两个约好了响应国家号召，考师范。结果他考医学院去了，我嘛老老实实报师范，而且家里又困难。

读师范以后，工农干部不是文化比较低吗，要对他们扫盲，对过去旧知识分子呢也不是很放心，就在我们师范当中挑选表现比较好的算是提前毕业，搞速成识字法，就教工农干部文化，那时候学员对我态度很好，都叫我小老师，因为我很小，那个时候也就 16 岁的样子。

然后就搞职工教育，搞实验班，就巩固他们到初小的程度。然后到大厂去做文化教员，关系在市总工会，因为那个时候，南京厂不多，所有工厂都在市总工会管。

我调到江南汽车公司职工学校教工农干部，我那时候 17 岁。

干了一年到 18 岁了，市总工会要培养干部，我服从分配，先是到了浦口大厂镇中学，在那里是文化团员、三八突击手、镇人民代表、区人民代表。后来因为我要生小孩了，那个地方我又不可能把我妈妈带过去，因为是集体宿舍，所以就调到南京现在的二十六中，待到 1979 年，从教导主任到副校长。

后来有些老干部住在十三中旁边，当时他们的第三代到十三中不够，但是附近没有中学了，就感觉很困难，小孩不读书也不放心，就要求在附近要有一个中学，然后把我和另外三个人调那里去创办这个中学，又调到五十九中。

后来也去鼓楼区教育局做过教研员，然后再回来退休。那个时候玄武区 55 岁高级教师不给退休，但是鼓楼区因为教育资源雄厚，所以老的教师不退下来，年轻的老师就评不上职称，就希望我们能让一让，所以我们55岁就退休了。

退休以后，人家又聘请我，干到65岁，先后在玄武电大和民办的万达技校，鼓楼电大都干过。

我1960年结婚的，1961年调到南京的，我的先生叫朱德波，原来在市政府文卫处，后来在南京出版局当副局长。

我父亲叫程长河，母亲叫傅义珍，我听我大哥讲，我父亲原来是国民党一个机构的勤杂人员，我父亲还有一个哥哥叫程长海也死掉了，还有一个姐姐叫陶程氏，她的家庭困难但是长得很好，有个富人家的儿子可能有重病，就娶了她冲喜。

她对我父亲是很疼爱的，因为他们大哥死了，就剩他们姐弟两个，所以她嫁过去以后，就经常接济我父亲，她嫁过去以后，没有孩子，24岁就守寡。

我的大哥叫程铭政，他1949年以后没有工作，就到民政干校学习，然后在街道做民政干事，他工作还是很认真的，后来他调到信访局做副局长。

我二哥参军以后，就到第二军野军政大学，是刘邓大军，然后开到西南，到西南剿匪，然后又到沈阳，最后到北京，在二炮的教研室当主任，他是党员，现在是离休干部，住在锁金村，叫程福保。

我的姐姐叫程惠云。我两个儿子，大儿子叫朱翔，1962年出生。大儿媳叫许云，大儿子是建筑职工大学的一个中层干部，也是党员。他有一个女儿叫朱睿，小儿子叫朱庆，1969年出生的，在人民银行南京分行内审处，儿媳叫马晓霞，有一个儿子叫朱奕舟。

南京大屠杀受害家庭程文英家庭族谱

伯伯：程长海（南京大屠杀遇难者）

姑妈：陶程氏

父亲：程长河（南京大屠杀遇难者）

母亲：傅义珍

大哥：程铭政

大姐：程惠云

二哥：程福保（南京大屠杀幸存者）

本人：程文英（南京大屠杀幸存者）

丈夫：朱德波

大儿子：朱翔

大儿媳：许云

孙女：朱睿
二儿子：朱庆
二儿媳：马晓霞
孙子：朱奕舟

采访南京大屠杀受害家庭幸存者程文英日记

2017年7月3日上午10:00，志愿者涂慧、张轩瑞来到皇册家园，对南京大屠杀幸存者程文英女士进行采访。小区的安保非常好，外来人员进出时需要登记，程女士便亲自来小区门口接我们。进了楼道，她很客气地为我们按了电梯。老人住的楼层在三楼，有了电梯也方便老人的日常生活。进了家门，老人客气地为我们拿出鞋套，请我们入座。

程文英告诉我们，由于去年有多家媒体记者前来采访，自己的情绪不是太稳定，儿子便不怎么同意记者来访。考虑到我们的身份，老人瞒着儿子，偷偷接待了我们。

程文英向我们讲述了不少当年她亲眼所见的事情。日军进入南京后，全家跑反前去铜井的姑妈家，由于火车到站时老人的姐姐从窗台跳下骨折，一家人便决定更改跑反路线逃往浦口方向。也正是在浦口，她的父亲被日军杀害。

她的母亲当时身怀六甲，又带着几个孩子，曾想轻生，被邻居劝阻，将几个孩子抚养长大。当年程文英的外公被日本兵抓走，在江边码头做工，由于年迈，被日本士兵踹进了江中，工友们不敢当着日军的面打捞，只能在一天的活干完后才敢把她的外公捞上来。程文英回到家中目睹了尸体膨胀发白、身子还在滴水的外公，印象深刻。上小学时，经过日本工厂，曾亲眼见到日本士兵在钢板上用铁鞋踢打中国工人，甚至往工人的鼻子里灌辣椒水，过程惨不忍睹。

南京大屠杀幸存者程文英接受南京晓庄学院志愿者采访

程文英也曾和几个小伙伴偷偷跑到日本子弟学校的栅栏外看日本学生上课，被门卫放出来的恶狗咬伤，她还给我们看了那道至今仍然留在腿上的伤疤。在她家住的洪武路附近，有一个俭德村，里面住着的都是苏北来的人，十分贫穷。日军占领南京期间，他们就靠在阴沟里挖日军吃的剩饭剩菜维持生计，曾目睹由于吃了阴沟里流出来的河豚而死亡的穷人被接二连三地抬出来。

由于生在南京，她目睹日军在南京的烧杀抢掠，对日本所谓的大东亚共荣圈深表怀疑，直到现在，仍对日本右翼仍然强烈反感。

采访结束后，她还拿出以往工作时的老照片，向我们讲述了1949年后到现在的工作情况，并对政府表示了感谢。

离开时，她又将我们送出门，十分客气。

六十一、孙宝珍家族

采访时间：2018年5月1日

采访地点：南京市秦淮区四方新村六村10栋205室

采访人员：陈艺文、马婉蓉

跑反路上我母亲舅舅陈明德在过兵桥不幸中枪身亡，家里被日军洗劫一空

经来锁　口述

我叫经来锁，现年66岁。我的母亲孙宝珍是南京大屠杀的幸存者，她1925年出生，于2011年去世，享年86岁。

1937年，我的母亲12岁，家在红花村，家里有我的奶奶、大舅舅和两岁的小舅舅，一家人靠种田为生。

日军来的时候，我的母亲在脸上涂满煤灰，日本兵在后面追着她们，我母亲一路人朝着麒麟门外的方向跑反，我的舅爷爷陈明德在过兵桥不幸中枪身亡，后来在七桥瓮那个地方找到遗体。我的小舅舅哭闹不停，没有办法只能把他放进澡盆里，放在小池塘里漂荡，后来我的母亲返回这里找到我的小舅舅。我的母亲一行人跑反到南京栖霞寺避难。过了一段时间回家，发现家里被日军洗劫一空，村子里的其他人家也是如此。

我的父亲和母亲是表兄妹，我记不清他们的结婚日期了。我父亲当时在上坊，日本兵来村子里抓人，看手上有没有持枪磨起的老茧，我的父亲也被拉到一边，准备枪毙他，这时走来一个日本兵，跟同伴说我的父亲不是士兵，我的父亲才幸免于难，但是村子里有不少人都丧了命。

1953年我出生之后，我的母亲就进城了，她原来是江宁县妇女代表，进城之后在我父亲的单位工作。后来，我的母亲在街道工业工作，1969年从街道工业调到居委会

做主任，干了三十多年，直至退休，1970年左右入党，是市、区人大代表。

2010年，我的母亲身体就不太好了，先是腿不能走路了，我们带她去医院查身体查出是器官衰竭，2011年2月12日凌晨去世。

我的母亲生前和我住在一起，原来住在洪武路，后来那里拆迁搬到了现在居住的地方。我母亲没有上过学，只会签自己的名字，晚年并没有什么娱乐活动，但过得十分幸福，我们都很孝顺她，每年的节日、平时的周末都会去看望她，还经常带父母出去旅游。

我父亲退休之后爱好养鸟，经常早晨带鸟去公园，鸟被养得特别好，我们也经常陪他去集市买鸟食。有一天，他的心爱的鸟被人换掉了，他就到处去找，结果不小心摔倒，这一摔，身体大不如前，加上心中气愤，没过三年就去世了。父母去世后，我们每年清明都会祭拜他们，过年我们兄弟姐妹还会聚在一起。

我的小舅舅现在80多岁，他有二儿一女，原来是当兵的，后来转业在白下区人武部，又被调到鼓楼人武部、金陵厂人武部，在港务局退休。他一个人居住，儿女都在周边，患了肺癌，做了几次手术，现在在家静养，最近身体恢复得不错。

南京大屠杀受害家庭孙宝珍家庭家谱

父亲：孙启贵

母亲：孙陈氏

舅舅：陈明德（南京大屠杀遇难者）

哥哥：孙金宝

本人：孙宝珍（南京大屠杀幸存者）

丈夫：经智田

大女儿：经银娣

大女婿：金大鹏

二女儿：经存娣

二女婿：温扬京

大儿子：经来锁（南京大屠杀受害家庭讲述人）

大儿媳：周思珍

孙子：经俊

孙媳：张雯莉

三女儿：经兰娣

三女婿：薛继新

四女儿：经明娣
四女婿：包万春
五女儿：经娣
五女婿：杜文杰
二儿子：孙金祥
三儿子：孙金华

采访南京大屠杀受害家庭幸存者孙宝珍儿子经来锁日记

2018年5月1日，我们来到南京市秦淮区四方新村六村10栋205室采访南京大屠杀受害家庭幸存者孙宝珍的儿子经来锁先生。

下午13:40，我们来到经来锁先生家楼下，先给经来锁先生打了电话提前通知，之后我们上楼。见到我们，经来锁先生很友好地请我们进了门，经来锁先生的夫人也在家中。

我们几位落座，经来锁先生精神很好，说话清晰，表达流畅，他谈到他之前也并不知道这些事，直到在南京大屠杀纪念馆建馆，有相关人员到访询问孙宝珍女士有关南京大屠杀的史实，他随同母亲和舅舅接受采访，才了解了整个事件。

经来锁告诉我们，母亲孙宝珍是1925年出生，2010年去世。1937年，日军攻占南京城，母亲孙宝珍一家，舅舅和兄弟姐妹们一同往城门跑反，但在逃跑路过的过兵桥上孙宝珍舅舅被日本兵打死，掉在水里。孙宝珍的弟弟也因此跑散了，最后还是等到日军离开后孙宝珍才把弟弟找回来。

1949年后，孙宝珍到街道担任职务，1969年在居委会任职，是南京市人大代表，工作了30多年，一生兢兢业业，为人民服务。生前孙宝珍女士一直跟儿子经来锁居住，孙宝珍的子女都非常孝顺。

南京大屠杀受害家庭幸存者孙宝珍全家福

经来锁先生还

告诉我们，父亲虽然没有登记在受害者名册里，但父亲也经历了南京大屠杀事件，并险些遇难。当时日军来查村搜查国民党兵，看到父亲手上有老茧，就将父亲拉到场边，幸运的是另一位日本兵觉得父亲个头不高不像当兵的，才得以逃脱。经来锁先生的父亲目睹了当时日军打死了很多他们认为是当兵的人。

我们询问经来锁先生是否有他母亲的生活照，经来锁表示有，并且之前很多关于母亲的资料都完整保存，但因为家里装修，找资料需要花上时间。于是，经来锁先生将家中墙上母亲的照片，以及全家福给我们看，我们对此进行了翻拍。

采访快要结束时，我们让经来锁先生登记了一些信息，经来锁先生非常配合，填完了家庭族谱，以及信息登记表上的相关内容。他叮嘱我们，我们现在所做的采访记录工作非常值得，难能可贵，也希望我们能将这份工作做好，将相关的史料完整地记载下来，让至今还不肯承认南京大屠杀史实的日本人无话可说。

六十二、魏桂如家族

采访时间：2016年11月16日星期三上午9点

采访地点：南京市建邺区话园6栋201室

采访人员：戚厚杰、徐康英、王南

我婆家在跑反时祖母被日军杀死，二婶婆被日军的炸弹炸死，家中三间瓦房被日军烧掉

魏桂如　口述

我叫魏桂如，1926年4月14号出生，日军来之前我们家住在南京五福街尚祠庙，租人家一间房子住。家里是做小生意的，卖鸡蛋。

我父亲叫魏大发，是帮人家做手工织黑锦缎的，母亲曹桂英是家庭主妇。当时家里有兄弟姐妹5个人，我是老大，3个弟弟，1个妹妹。大弟弟叫魏德成，二弟弟叫魏德华，小弟弟叫魏洪生。

由于生活困难，我9岁就被送给赵姓人家做童养媳，老公公叫赵启福，老婆婆叫赵张氏，我丈夫叫赵芳金，属狗（1922年）。这户人家也是做手工织黑锦缎的，我到他家就每天落丝（手工抽丝）。

1937年日军飞机开始轰炸了，一听飞机来了，警报一拉我们就跑到集庆门城墙根下躲起来，一天都会跑好几趟。八月十五中秋节那天，飞机来好几次，做一顿饭跑了三四趟。飞机在八府塘丢炸弹，那边是机关单位，伤了好多人。

我11岁时日军进城，我们就跟着老婆婆跑到姑妈干儿子的亲戚家，在上沙洲圩农民家避难。当时二三十个人睡在一间小房子里面。日本兵在上沙洲圩附近的水塘前面摆着枪，后面摆着炸弹进行轰炸，叔公家有个女儿头被炸伤。躲了一个多月，我回来去找父亲，父亲那个时候在上海路的一家粥厂打工，为难民煮粥，当时有十几个人住在柴房里，打地铺睡在上面。我在父亲那里住了几个月，稍微平静后才回家，我们天不亮的时候走，因为那时候日本兵还在睡觉，看到江东桥炸坏了，江边堆的麻包附近有很多尸体。走到上海路，看见附近有好多被日军打死的人在路边。那时候白天门西没有什么人。

回来之后，我们就开始做点小生意，卖五香蛋、生鸡蛋。我丈夫赵芳金，帮人挑柴火，我到十七八岁的时候就帮人家带小孩。我大弟弟魏承德被日军抓到溧水帮他们抬东西，后来偷逃出来在路上走了三天才回到家，后来因为糖尿病死去。二弟弟魏德华日本人来后跑反到安徽，当时没地方住，就住在田埂上。

我婆家在跑反的时候，我婆婆和她的婆婆（我丈夫的祖母）、二婶婆（老婆婆的弟媳妇）没跑，在家看门。结果日本兵来了，看到了我婆婆，就开始叫要花姑娘，我婆婆从家里的后门跑掉了，结果日本兵就到处找她。没找到她，他们就去问我丈夫的祖母，祖母说没有，日军用刀把祖母杀掉了。

祖母的四儿子（四十多岁）在难民区，听到母亲被日军杀害，第二天，他带着自己的儿子（十一二岁）回家，准备给母亲收尸，还没有到家在水西门就被日军杀害了。

二婶婆被日军的炸弹炸死了。我婆婆的母亲有个三间的瓦房被日军烧掉，家具和我放在那里的一双鞋子被烧掉。

在当时，日本兵带走好多女青年，日军在难民区如果看到好看的女青年，也会把她们拖走糟蹋了。上海路有个难民区，因为那里有美国人，日军不敢进那个难民区，女青年都跑那里躲起来。

我父亲于1958年因肺气肿去世，母亲大概70多岁的时候去世。

南京大屠杀幸存者魏桂如（前排右）及两个女儿与戚厚杰研究员（前排左）、王南（后排左）合影

小弟弟魏洪生在林业大学工作。二弟弟魏德华后来就在宣城工作，1958年的时候在集庆路纺线厂工作，一直工作到退休。

我丈夫后来经过别人介绍到湖北宜昌在葛洲坝搞地质勘查工作，工作到退休。我现在住在大女儿家的房子里。我有四个小孩，三个女儿，一个儿子。

大女儿赵海兰，1948年出生，林业学校中专学历，后来在齐齐哈尔读大学，毕业后在北京农业部工作，已经退休。大女儿家的儿子叫张宁去德国留学回来，现在在北京工作。

二女儿赵静，1954年出生，在南京金币厂工作，后来到南京第二手表厂工作，现在已退休。

三女儿赵清，1962年出生，顶我的职在南京纺线厂工作，现在已退休，三女儿家的儿子叫林皓，参军复员后现在农业银行上班。

我儿子赵耀金，1958年出生，顶丈夫的职到宜昌葛洲坝工作，现在已落户在湖北宜昌，我孙女赵婷在南京的一家幼儿培训机构工作。我现在有两个曾孙，二女儿的外孙上二年级。儿子家的孙女还小。

现在我每天早晨五点起床去南湖公园公园健身，回来时候买菜，生活能够自理。二女儿和小女儿每天都来看我，她们经常带我出去旅游，去过台湾，今年又去九华山、武当山、神农架。

南京大屠杀受害家庭魏桂如家庭家谱

父亲：魏大发

母亲：曹桂英

大弟弟：魏德成

二弟弟：魏德华

三弟弟：魏洪生

本人：魏桂如（南京大屠杀幸存者）

丈夫：赵芳金

大女儿：赵海兰

二女儿：赵静

三女儿：赵清

儿子：赵耀金

采访南京大屠杀受害家庭幸存者魏桂如日记

2016年11月16日星期三上午，我们来到南京市话园6栋201室，采访南京大屠杀幸存者魏桂如。

刚进其家时，魏女士一人在家，家里收拾地干净整洁。10分钟后她的两个女儿回来了，听说我们要来她们特意赶回来的。老人给我们讲述了家庭及其本人在南京大屠杀期间的受害情况，口齿清楚，思维清晰。

谈到老年生活，老人起身拿出家庭相册，非常高兴地告诉我们："二女儿和小女儿每天都来看我，她们带我出去旅游，去过台湾，今年又去九华山、武当山、神农架。"从话语中我们感觉到老人子女非常孝顺，晚年生活幸福。

我们还翻拍了老人出去旅游的照片。老人和女儿还和我们合影留念。

六十三、周文彬家庭

采访时间：2017年7月2日

采访地点：南京市玄武区丹凤新寓4栋1109室

采访人员：朱杰、王茸婧

我生在跑反路上，被扫荡的日军开枪打掉了三根脚趾头

周文彬　口述

我叫周文彬，出生于1938年1月，当时我们家住在玄武湖的岛上，那时候玄武湖每个小岛之间都不是相互联系的，出入靠船。

紫金山是南京保卫战的一个重要阵地，当时我的哥哥11岁，大腿被紫金山上飞下来的流弹打伤。后来，日本兵撑船到岛上，岛上都是菜农，日本兵把村民集中起来，看看肩膀和手掌是不是有老茧，查到手上有老茧、肩膀上有印子的就认为是当兵的，然后枪毙。但是当地种菜农都挑担子，所以肩上都有老茧。

第一天查到一个肩上有老茧的就枪毙了，我的叔叔当时躲了起来，没有被抓到。

第二天，我母亲、叔叔还有两个哥哥一起往江北跑反。跑反的时候就带了几件随身的衣服。母亲当时怀着我，然后我在跑反到江北的路上出生了。

之后，日军到江北的农村扫荡，找花姑娘，找什么人，我母亲就跑了。我刚出生也不能带走，因为婴儿的啼哭声会引来日军，所以他们就把我放在房子后面。我在那儿哭，日本兵听到哭声，但是看不到人，于是就开了几枪，我的三根脚趾头就被打掉了，后来日本兵走了，我母亲又回来了。

日本兵一来我家，家人就躲起来。当时农村好躲，所以并没有被日本兵抓到。后来我们就回到鼓楼区那边，记忆中是红庙那里。在玄武湖的财产一样都没了，房子、田地，具体是多少我父母也没有跟我讲，所以我也不清楚。

1945 年抗战胜利后，我在汉口路开始读的小学。读到高中之后去了汽车修理厂当工人，一直工作到退休。

我父亲叫周忠义，是鼓楼邮局的邮递员，1937 年跑反时本来准备跟邮局坐船走，后来遇到日军轰炸，也不敢走了，就待在那儿没走。后来父亲在邮局工作一直到 1958 年退休。母亲周王氏以前没有工作，在家种地。

大哥叫周文鑫，出生于 1926 年，大我 11 岁，日军来的时候，我家生活不下去，就把他送到亲戚家，在米行当学徒，1949 年后，大哥就在粮站做事，一直到退休。大哥家有三个女儿、一个儿子，大女儿周康华，二儿子周康生，二女儿周康美，小女儿周康丽。

二哥周文淼出生于 1934 年，比我大 3 岁，在 734 厂工作。有一个儿子名叫周俊。

我的夫人叫范翠华，我们有两个女儿。大女儿周艳，出生于 1973 年，现在是自由职业者；二女儿周娟，出生于 1976 年，现在在银行工作。

南京大屠杀受害家庭周文彬家庭族谱

父亲：周忠义

母亲：周王氏

叔叔：周世泰

大哥：周文鑫

大侄女：周康华

大侄子：周康生

二侄女：周康美

三侄女：周康丽

二哥：周文淼

二侄子：周俊

本人：周文彬（南京大屠杀幸存者）

妻子：范翠华

大女儿：周艳

二女儿：周娟

采访南京大屠杀受害家庭幸存者周文彬日记

2017年7月2日，我们来到南京市玄武区丹凤新寓4栋1109室，采访了周文彬老人。他和他的女儿住在一起，在我们前天联系过老人的情况下，他的女儿今天又和我们反复确认过采访者的身份之后，在家接受了我们的采访。

在采访过程中，周文彬的夫人范翠华一直陪在老人身边。周文彬说："1937年日军进城的时候我还没有出生，这一段历史也是听我父母讲的。"接着周文彬老人向我们大体复述了这一段历史，在讲到他的一个同村的人被日军怀疑为军人被枪杀时，老人用手比画着，指着自己的手和肩膀描述日军检查村民身上老茧的情况。

我们问周文彬老人有没有受到过什么伤害，他指着自己的脚趾头，向我们讲述了这一段历史："母亲怀着我从玄武湖跑反到江北之后，有日军来抓花姑娘，母亲就藏到别的地方去了，因为我那时候刚出生，孩子哭声会引来日军，母亲就没有带走我，而是把我藏了起来，日军听到有哭声就打了一枪，我的三个脚趾头全断了。"老人说着，微微抬起脚，用手虚指着脚趾头。

老人说他的大哥周文鑫也被南京大屠杀遇难同胞纪念馆认定为幸存者，在纪念馆里也有资料。大哥周文鑫1937年的时候11岁，当时大腿被紫金山上飞下来的流弹打伤了大腿。

大哥周文鑫，二哥周文淼，还有周文彬自己，后来都生活在南京并结婚生子。父亲是在邮局工作的，跑反的时候也是跟着邮局一起，没有跑掉，又回了南京，也没有受到伤害。之后，父亲一直在邮局工作，包括1949年后也在邮局工作，一直到1958年退休。大哥在粮站工作，二哥在734厂工作，周文彬在汽车修理厂工作，一直工作到退休。

在问到以前家里的财产损失情况的时候，老人表示以前在玄武湖的房子和地全部没有了，但是父亲和母亲没有讲有多少房子和土地，所以也不知道。

我们询问周文彬是否有幸存者证书的时候，他颤颤巍巍地从房间里找出幸存者证书，我们对他的幸存者证书进行了翻拍，并且和他合影。

南京大屠杀幸存者周文彬与南京晓庄学院志愿者合影

在采访快要结束的时候，采

访小组成员朱杰说自己是浦口的，因为爷爷去世地较早，所以自己对这段历史知道得很少，也很想了解这段历史。周文彬听后，说浦口在南京大屠杀中死的人也多，也非常惨。当时长江里很多的死人，他们都是被日军杀害的。

六十四、祝再强家庭

采访时间：2017年7月3日

采访地点：南京市秦淮区长乐路174号102室

采访人员：朱杰、王苇婧

跑反路上遇见鬼子，家人就把5岁的我丢在路上，骗过鬼子救了躲在小山坡后面的9个大人

祝再强　口述

我叫祝再强，当时我家就住在这里，以前叫染坊巷6号。

1937年的夏天，日军的飞机轰炸南京一些重要的地方，我跟我的父母、祖父母、姑姑、舅舅、姨叔叔、二弟、三弟10口人跑反到淳化镇。后来淳化镇是南京守卫战的第一线，就让我们离开，然后我们逃到江浦的新殿庙，现在叫星甸，当时日军占领了南京，要向星甸进发，我们就向西翻过大山到了安徽的赵家湾。

我们跑反回南京时一路向东，经过棉花堤渡口上岸，顺着那条路往南京城里走，在江东门遇到日军，我当时5岁多，他们9个人就躲在小山坡后种田的独立房子，把我丢在路上了。我也不知道，我看到日军的汽车，很稀奇，日军汽车拐过来了开了大灯对着我照，有100米的样子。我不懂也不知道害怕，然后就没动，距离很远，我又很小，所以日军就走了，然后就把我的家人救了下来。

后来我工作以后，我的一个同事生病了，他家住在上新河，我就代领工资送到他家看看他的病情，我就利用这个机会把我原来走的路再回忆一下，证实我小时候的经历，然后我就回来核实当时的地形。日军在模范监狱把我们同胞杀死以后，用汽车把尸体运到以前的江东桥的江东河里面，后来我向当地老百姓落实了这件事。当时问了个当地老太的儿子，他被雇去挖河里的尸体，然后就把他说的和我回忆的联系起来，就合上了。

后来纪念馆成立以后，我花了两毛钱买了张门票参观了南京大屠杀纪念馆，勾起了我的回忆。想想那些被害死的同胞，我就想把我的事情跟纪念馆的人诉说诉说，正好办公室里有个工作人员，我就把我痛苦的经历讲给了他听，他也做了记录。不知道

几年以后，纪念馆的谢红霞寄了封信跟我讲了两件事：第一件是以后看病报销20%；第二件事给我办了个南京大屠杀幸存者证。后来有个日本人来采访我，还有个美国人也来采访过我。还有你们这样的志愿者和媒体记者。

南京大屠杀幸存者家庭祝再强夫妇与南京晓庄学院志愿者合影

我父亲是夫子庙小学的语文老师，晓庄师范毕业的。我母亲是家庭妇女。后来，我读的夫子庙小学一直到毕业，毕业以后我开始读商业职业学校，1949 年后读南京市财经学校，后来改为铁路运输学校，现在改为铁路运输学院。

毕业以后，我去参加了抗美援朝，当了滤毒罐兵。我是北京西郊的那个防化学院毕业的，在步兵团司令部当见习参谋。

抗美援朝结束后，我就回来了，1958 年我被分配到了南京制药厂工作，一直到 1992 年退休。退休以后，在白鹭洲派出所帮忙搞户口，在派出所帮助工作七年，得了三个奖状。

我的二弟、三弟都在工厂里工作，退休后去世的，小弟弟和四妹都是会计。我大女儿叫祝肖明，二女儿叫祝肖亮，儿子叫祝肖武。我夫人胡秀华，今年 81 岁，以前是工厂检验科的检验员。

南京大屠杀受害家庭祝再强家庭族谱

父亲：祝云龙

母亲：祝咸安

二弟：祝 ××

三弟：祝 ××

五弟：祝 ××

四妹：祝 ××

本人：祝再强（南京大屠杀幸存者）

妻子：胡秀华

大女儿：祝肖明

二女儿：祝肖亮

儿子：祝肖武

采访南京大屠杀受害家庭幸存者家庭祝再强日记

2017年7月3日上午9:00，我们来到南京市秦淮区长乐路174号102室，采访了南京大屠杀幸存者祝再强老人。

我们到达长乐路的时候，祝再强老人因为怕四周施工的脚手架遮挡住我们的视线，不好找到他家，所以提前出来等我们了。我们跟随老人来到他的家里。我们到的时候，夫人胡秀华正在桌子上看报纸。

祝再强说他的资料在大屠杀纪念馆里都有，问清了我们的意图之后，祝再强老人决定把此次采访分成两个部分。他先向我们讲述大屠杀发生的过程，再向我们讲述大屠杀之后的生活情况。胡秀华说一月份的时候，有日本人和美国记者也来采访过祝再强。说着，她把手机里她拍的照片找出来给我们看。手机上记录的当时采访日期是2017年1月13日，在征得两位老人的同意之后，我们对手机上的照片进行了翻拍。

在祝再强老人去找美国记者的名片的时候，他夫人胡秀华告诉我们，老人在上个月因为高血压住了两次院，所以精神状态不是很好，最近一个星期状态才好一点。在我们问到老人在大屠杀之后的事情时，他说之后他参加了抗美援朝，并且出去找出了他抗美援朝时候的纪念勋章，还有防化学院的纪念章，拿出来给我们看。老人一件一件地指给我们看，并且给我们讲解勋章上图标的意思。

祝再强老人对这些勋章很是宝贝，收起来的时候仔细检查了好久，怕丢掉什么东西。老人说他从北京防化学院毕业之后被分配在南京制药厂，一直到退休。

我们问老人以前住在哪里，他说以前他也一直住在这个地方。原来的房子就在这里，一共三进，几百平方米，很大。日军来了之后，房子都被烧干净了。

祝再强和他的爷爷、奶奶住在一起，在大党家巷租房子住，大党家巷租的房子也被烧光了。等他们元宵节回到南京的时候，只能从亲戚朋友那里凑钱，重新把房子盖起来。1984年房子拆迁的时候，他们还专门拍了照片作为留念。后来公家分配房子，他们一家还是被分配到了这里，一直住到现在。

采访将要结束的时候，我们提出和老人一起合影，两位老人答应了，并且主动要求看拍好之后的照片。

六十五、阮定东家庭

采访时间：2017年5月29日
采访地点：南京市六合区园林东路45号大院
采访人员：李田田、朱延驰

跑反时我才七个月大，爷爷为保护我被追来的鬼子刺伤，感染致死

阮定东　口述

我叫阮定东，现居住于南京市六合区园林东路45号大院，是南京大屠杀年纪最小的幸存者。

我于1937年5月4日出生在水西门柳叶街，我的父母亲是做裁缝的，因为父亲是在上海学的裁缝，所以父亲的裁缝手艺还是比较出名的。同时，我的爷爷在澡堂做跑堂，因此当时的家境还是可以的。我们家有两间瓦房，一间用来做生意，还有一间用来居住，可以算得上是小康家庭。

不过，这样平静温馨的日子却在日军侵华之后一去不复返。

1937年12月13日，侵华日军轰炸南京，全城一片火海，我在城南柳叶街的家也被炸了，一家子无家可归，我的爷爷阮家田决定带着全家跑反到江北老家。那个时候我才7个月大。我的大哥5岁，我的二哥2岁。

在跑到燕子矶江边的时候，我的父亲和母亲带着我两个哥哥跑得快，就上了船。我的爷爷抱着我，跑得慢，就没有跑掉。日本鬼子追来了，肆意地用刺刀刺杀，当时那地方死了有万把人左右，我的爷爷也被刺伤了。

我的爷爷强忍剧痛，紧紧搂抱着我，拼命爬上一条小船过了江，坚持把我抱上船过江。过江以后，又带信给我父母亲，他们赶来把我爷爷抬回去。不幸的是由于伤口的疼痛、出血、感染，我的爷爷没几天就去世了。我的爷爷现在也在南京大屠杀遇难者名单墙上。

南京大屠杀幸存者阮定东（右）接受南京晓庄学院志愿者采访

因为当时在江北老家只有一间房屋且经济来源不足，我的父

母亲只好把我送到了在八百桥的外婆家寄养。在外婆家的时候，因为外公去世得早，我的二公（外公的亲弟弟）怕我和他争外公的父亲留下来的家产，就百般刁难我和我的外婆。在八百桥的时候，日军也频繁地进行轰炸。有一次，我和外婆等一行人躲进了一个桥洞中，令人现在想起来还害怕的是——我们旁边一妇女被炸死。日军的侵略杀害了许多无辜的生命，使多少家庭支离破碎！

1939年，我的弟弟出生了。我的父母亲先是逃往了江北老家，然后又逃到了新篁巷，并在新篁巷我们家的一间房屋里定居。闲时我的父母就做裁缝生意，忙时就下田耕地。

1945年日本投降，我也终于可以开始上学了。正是因为日军的残暴行为使我在1955年坚定了当兵保卫国家的决心。我一共当了19年兵，在我的心里，我一直渴望保卫国家，使国家不再受到侵略！

南京大屠杀受害家庭阮定东家庭族谱

爷爷：阮家田（南京大屠杀遇难者）
奶奶：阮徐氏
外婆：沈陈氏
父亲：阮国槽
母亲：沈玉萍
大哥：阮定福
侄女：阮明兰
侄子：阮明强
侄孙女：阮小玲
侄孙女：阮小敏
二哥：阮定如
侄子：阮明
侄孙子：阮超
本人：阮定东（南京大屠杀幸存者）
大女儿：阮红燕
二女儿：阮云
儿子：阮亮
孙子：阮杰
弟弟：阮定海
侄女：阮明红

侄子：阮明兵

侄孙子：阮泽雨

采访南京大屠杀受害家庭幸存者阮定东日记

2017年5月29日早上，我们来到了南京市六合区园林东路45号小区，拜访了阮定东老人。

我们一早来到了阮先生家里，阮先生和她的女儿一起热情接待了我们，阮老先生出生于1937年5月4日，大屠杀发生时仅有7个月大。阮先生告诉我们他的父亲曾经在上海学过裁缝手艺，所以在南京水西门柳叶街家里开了一家裁缝铺，阮先生的母亲给父亲帮忙打下手，爷爷在澡堂做跑堂，家庭生活较为富足，有两间瓦房。

阮先生上面有两个哥哥分别大阮先生4岁、1岁，日军在11月份就开始了对南京飞机轰炸，将阮家房子夷为平地，阮先生一家跑反到江北老家八百桥，跑反途中阮老先生的爷爷被日本兵打伤，之后不治身亡。因遭受轰炸后家庭生活拮据，阮先生被寄养在外婆家，因此阮先生与外婆的关系非常好。

阮先生告诉我们他父母、兄长们在八百桥住了一段时间以后，又搬到了六合新篁巷过起农耕生活，农闲时便到城里裁缝铺打工。

采访快结束的时候，我们还得知阮老先生曾经当过19年的兵，这也就合理地解释了为什么已经81岁的他仍然精神抖擞。

采访结束后，两位老人还热情地留我们吃午饭，我们婉拒了以后，阮先生的夫人又向我们推荐了附近的实惠小吃，告诉我们时间不早了，一定要吃点东西再回去，还送我们到门口才挥手作别。

六十六、任文英家族

采访时间：2017年6月3号上午9点

采访地点：南京市燕康园15栋四单元501室

采访人员：沈亦涵、金萍萍

在跑反路上遇见鬼子，我外婆让母亲躺在死人堆里装死，
被刺刀刺伤手臂和大腿而致残

徐秋云　口述

我叫徐秋云，1952年出生，今年65岁，我退休前在南京副食品公司工作，我的文化水平不怎么高，初中没有上完就下放到农村了。

我母亲任文英出生在1924年，13岁的时候得了一场重病，浑身都肿起来了。那个时候日军刚刚攻进南京城，我外婆就背着我母亲准备跑反到下关去投奔我的两个舅舅，然后在进城门的时候，就被日本兵给拦下来了。我婆婆赶紧让我妈妈躺在死人堆里面，因为我母亲当时浑身都已经肿得不成样子了，然后头发也剃掉了，和一个男娃差不多。

日本鬼子就用刺刀去捣我母亲的手臂和大腿，我母亲就装死不动，后来就因此而残疾了。当日本兵发现我母亲没用了以后，就没有管她了。

等到日军走了以后，我外婆就背着我母亲朝着红花巷那边跑去，那边有一个难民营。本来我舅舅在那边也有房子的，我外婆本来是想投奔他们的，但是后来才发现房子已经烧没了，我二舅舅因为脾气比较冲，被日本兵打死了。至于后来的跑反路线就不清楚了。

1949年以后，经我舅妈介绍，我爸爸就和我母亲在乡下结婚了，因为我妈妈是城市户口，之后就因此返回城市里面了，我们家开了一家店，卖一些杂货之类的东西，就靠着这些养活了4个子女。

晚年，我母亲的腿就更不好走路了。这个就是日本兵造成的。

前两年，丁家庄拆迁时我母亲就瘫痪在床上了。后来，我母亲就搬到我家里了，我母亲晚年精神特别好，虽然瘫痪在床，但是对于家人一点都不挑剔。

但是在瘫痪前期由于身体太难受了，也想过自杀，后来也没有多想这些。我母亲是在去年8月份去世的，去世的时候93岁。

南京大屠杀受害家庭任文英家庭族谱

本人：任文英（南京大屠杀幸存者）

大儿子：徐春云

二儿子：徐冬云

三儿子：徐睿云

女儿：徐秋云（南京大屠杀受害家庭讲述人）

女婿：柏斯慧

外孙女：柏杨

采访南京大屠杀受害家庭幸存者任文英女儿徐秋云日记

2017年6月3日，太阳氤氲在云里，偶尔出来跟我们照面。尽管小心藏掖着前几

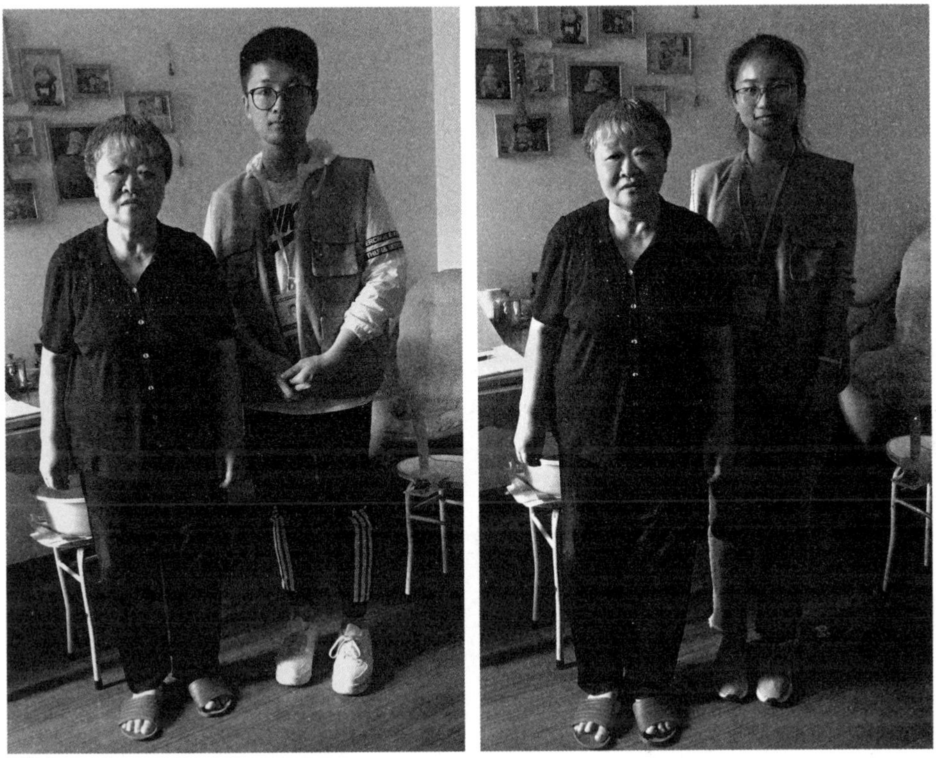

南京大屠杀幸存者任文英女儿徐秋云与南京晓庄学院志愿者合影

户老人们讲述的那种或溢于或隐于皮肤之下的痛，每当闭上眼睛，还是会浮现老人们所经历的一幕幕。深呼吸后，我们重整心情再次踏上寻找南京大屠杀的旅程。

开门的是去年 8 月份去世的幸存者任文英老人的女儿徐秋云，采访者也在等待采访，早前泡好了茶在屋内等着我们。

说起她的母亲，她不禁感伤起来，因为母亲生前三年瘫痪，都是由自己照顾的，她黯然神伤也不解于去年 8 月的那天早上母亲为何那般安然地离去，连招呼都不打一声。身为采访者的我们不禁感想，也许正是生前经历过像南京大屠杀这样的遭遇，生命中也再无比这更剧烈的起起落落，所以也才能走得这样安详。

采访者的母亲小时候就患有一种怪病，全身肿胀。日军入侵南京之时，老人才 13 岁，老人一大家子分两路跑反，从下关区（现在的鼓楼区）往红花巷的难民营里逃。老人两个哥哥跟着她父亲先走，母亲便带着生病的她后走。出城的关卡处布满了日本兵，他们是专门在关卡处抓十几岁、二十几岁的年轻姑娘的，母亲将她剃光了头，好让人认不出她女儿身的身份，因为任文英病情加重了，全身肿胀得厉害。

她的母亲急中生智，让任文英装死，躺在死人堆里，好蒙混过关逃走。但日本兵可不是好糊弄的，还是拿着刺刀在任文英身上戳了几下，最终骗过日本兵，得以逃走。

虽然侥幸逃脱，但却给老人留下了一辈子的伤痛，左胳膊内侧、右大腿根上的两处创伤，也让任文英落下了残疾，后期红十字会也定时汇来残疾捐助。等到全家人从难民营回到自己家，却早已物是人非，房子都被烧光了，何来家之谈。于是，举家迁往农村，靠种庄稼过活。

随着谈话的结束，我脑海中不禁联想，如果当初任文英老人当时生着重病却没有逃过日本人的抓捕，那将对于年仅13岁的她造成的怕不仅仅是那两处伤疤落下的残疾，而是脑海中永远抹不去的记忆和身体上永远愈合不了的疤痕。

我们志愿者的存在虽然很渺小，微不足道，但是我希望我们的工作，能作为有价值的记忆传递给南京人。不是让他们记住这份仇恨，只是希望他们知道：记忆传递的不是仇恨，是关于和平来之不易的教训。

六十七、李冬香家族

采访时间：2017年7月8日上午10:00

采访地点：南京市江宁区东山镇小李村

采访人员：沈亦涵、金萍萍

跑反过河时外公、外婆和小姨被追来的日军打死在船上

易秀玲　口述

我是李冬香的小女儿，我叫易秀玲，我母亲去年去世，去世的时候92岁。

我母亲和我说过一些她小时候的事情。1937年12月13日晚上，我母亲他们听说日军已经进城了，我们东山镇这边有一个山西村，我母亲一家就住在这边，那天晚上，村上有好多人都开始跑反了，我外公就让我母亲带着姐妹3个，跑到了六个渡口准备坐船过去。

我外公会撑船，他就先把一部分村民送了过去，之后再返回来接我外婆他们一行人和还没赶来的外公的妹妹一家以及剩下的村民，当时家里还剩下年龄大的爷爷。

当外公把船撑到河中央的时候，日军已经来了，日本鬼子就喊把船给撑回来送他们过河，我外公当然不同意，就继续把船往对岸撑去。鬼子们发现违拗了他们的意思，恼羞成怒，就拿机枪对准我外公的船一通扫射，那个时候船已经快到对岸了，有些村民快速地爬上岸躲过了一劫，然而我们一家却没逃过魔爪，我外公、外婆当场就被打死了，我小姨当时只有3岁，看到我外婆死了，就一直哭，等日本鬼子上岸以后就把她戳死了。

南京大屠杀幸存者李冬香家庭合影

我母亲因为背上背了一个厚棉被，一直趴在船上，背对着日本兵，所以没有被扫到。日本兵来清理现场看人是否全死了没时，我母亲也装死没有动，因此幸运地躲过了一劫。但是盖在她上面的被子烧了一个大洞，如果当时身上没有这棉被，母亲就死了。

日军走了以后，有些村民就跑回来寻找有没有活下来的人，就只发现了我母亲，把我母亲给救走了。

之后，我母亲就在一户人家待了一个月，我母亲的爷爷听说我母亲还活着，就四处打听，最后把我母亲给接回了家。但是因为我母亲的爷爷年龄比较大，实在是照顾不暇，于是在我母亲13岁的时候，就把她送到南京城里的一户人家做女儿去了。

然而我母亲比较恋家，又被送了回去，等她到了14岁的时候，就被送到了我父亲家做童养媳了，两家隔得也不远，定期也能回去照看她爷爷。我母亲嫁过去以后，我奶奶当时对她并不好，但是因为家里穷，所以只能留下来。

我母亲晚年神志还是很清楚的，她有一次还被我们当地的实验小学请去给孩子们讲述这一段历史，她虽然没上过学，但是表达能力和逻辑思路还是不错的。

我母亲生前最痛恨日本人，她每次看到电视剧里的情节，有时候会跟着一起笑一起哭。所以我母亲还是蛮看重那一段历史的。

南京大屠杀受害家庭幸存者李冬香女儿易秀玲采访日记

2017年7月8日上午，天气依旧闷热，我们暑期最后一户的调查也即将开始。被采访者的母亲去年去世了，二十大前她的哥哥才去世，一番抚慰过后，她怀着悲痛的心情接受了我们的采访。

一进家中就是一个灵堂，供奉着易秀玲哥哥的遗像。心情不禁愈加沉重，但是易秀玲女士看上去还是很坚强的，她把我们引到桌子旁，开始接受我们的采访。

这期间，她都很配合我们的采访内容，而且语言流畅，逻辑思路清晰。当问到如何看待中日关系的时候，她强调，肯定希望两国要和平相处，不要开启战争，但是现在日本右翼势力不承认这段历史，这个很令人气愤，犯了错误就应该勇于承认，不能逃避。说完这一席话，反观我们生活，道理也是如此。永远的逃避和开脱是怯懦的表现，我们该做的就是勇于承担错误。

我们为了不长时间打扰正为亲人的相继离世而处在悲伤情绪中的易秀玲女士，我们在短时间内高效地结束了采访任务，临走前我们让易秀玲女士多加保重自己的身体，易秀玲女士也很有礼貌地给予我们回应。但是易秀玲女士害怕一整理家谱就想到刚去世的母亲、哥哥，不愿意提供家谱。

这一户是暑期调查的最后一户了，短短的八天，我们无论距离的远近，还是被采访者的态度，我们都咬牙坚持了下来。每采访完一户，我们的心情也愈加沉重，对这段民族耻辱愈加痛恨得咬牙切齿，便也就有了更加强大的动力激励我们前行。期待开学之后新一轮的采访，让我们听到他们的更多故事！

六十八、艾义英家庭

采访时间：2017年7月7日上午9:00

采访地点：南京市玄武区曹后村公交1栋306室

采访人员：沈亦涵、金萍萍

我家跑反到东流镇，父亲和两个叔叔被进村的日军拉到平家岗麦田里杀害了

艾义英　口述

我叫艾义英，我今年90岁，我一共有4个儿子。

1937年，我那个时候虚岁10岁，家住在中华门外许巷村，家里面有我父亲、母亲，还有姊妹三个。

日军进城后，当时我有一个姑奶奶在我们家玩，然后我在村口玩，突然间就来了几个人，当时又不知道是日本兵，他们上来就打死了一个小伙子，我看了以后就很害怕，就赶忙跑回家告诉我爸爸。我姑奶奶听到了以后，就让我们跑到他们住的东流镇那边，那边有几座山，可以躲到山上去，之后我叔叔、堂哥一家子全部跑到了我姑奶奶家。

到那里吃了饭以后，有个老人说日军快要进村了，但那个时候我们已经来不及跑

了，我们家除了我母亲以外，其他人都躲在了牛房里面。因为我母亲当时还怀着孕，不方便和我们一起逃跑，所以我父亲就用厚厚的草堵在牛厩外面把我母亲给遮起来了。等到了下午三四点的时候，鸡叫声把我们的位置给暴露了，日本兵把门踹开以后，就把我父亲、叔叔、堂哥等一些青壮年们带走了。当时我拉着我父亲不让他走，日本兵就用枪头来吓唬我，我父亲为了保护我，最后还是跟着日本兵走了。后来我大妈、大嫂就带着我们躲到了山上一直到天明。

第二天早上，有人来山上告知我们家人被杀害了，之后，我们就到东流镇平家岗麦子田里发现我父亲、我的两个叔叔都已经被杀害了，我姑爹已经不能动了，我的堂哥艾义勇被刺了好几刀，后来被救回了山上。

天气越往后越来越冷，我母亲还怀着孕，后来就在山上生产了，生产下来的小孩直接就被遗弃在山上。五天之后在沿途跑反过程中，我妹妹就被寄养在了我外公家，我母亲就抱着我弟弟跑到了江南水泥厂附近，我舅舅的亲戚给我母亲搭了一个棚子，我们一家全都在里面，之后的生活靠舅舅家接济或者偷偷跑回家取粮食。

等到了一月底、二月初的时候，因为粮食已经不够吃了，再加上日军当时驻扎在竹场经常白天出来横行霸道，我母亲她们只好晚上出来干农活。又过了一两个月，天气大旱，我母亲一个人又下不了田，所以只能到宝华山山上去砍柴，然后背到中华门去卖，再去买杂粮回来填饱肚子，这也是我们后来长不高的原因。

1949 年以后，我 18 岁就嫁人了，我弟弟十三四岁的时候就帮我母亲下田干活，这就让我母亲感到很欣慰。但是家里面只有一个男丁可以干活，人手还是不够，于是就找我的舅舅、姨夫求助，后来我舅舅他们也不肯来了，我母亲就求着他们前来干活。我因为也没有什么文化，只能做做农活之类的，但是这一段历史我们是不会忘记的，不会忘记那一段悲惨的岁月。

采访南京大屠杀受害家庭幸存者艾义英日记

2017 年 7 月 7 日上午，我们来到艾义英老人家，老人今年 90 岁，身体很好，前几天还去南师大参加了南京大屠杀相关纪念活动，老人的三儿子一直陪同着。老人十分热情，起初与我们在楼梯口相遇，忙着说我们怎么这么早就来，天太热，她还准备去外面买西瓜给我们吃，我们谢过老人的好意便把老人扶进去了。

老人开始回忆那段痛苦的历史：1937 年，我 10 虚岁，我住在中山门外许巷村，家里有我爸妈还有三个孩子，我是老大，爸爸艾仁银，妈妈艾曹氏，还有一个妹妹和弟弟。

12 月份，我们全家人在家，姑奶奶也在我家玩。我正好在外面玩。突然一声枪响，一个路过的小伙子被打死了。于是我赶紧吓得回去告诉爸妈：可能日本兵来了，杀了

南京大屠杀幸存者艾义英与南京晓庄学院志愿者合影

一个小伙子。姑奶奶说那就逃到我们东流镇那去，我们那都是山，听说日本兵不敢到山上去。于是我们就跟着到了姑奶奶家，家里有了很多逃过来的亲戚。

吃完饭后，突然一个老爷爷进来说日军马队到东流来了。大家就躲进牛厩里去，把两只鸡也带进去了，拿着厚厚的草堵住牛厩门口。下午三四点，鸡打鸣了，进来搜查的日本兵于是发现了躲在牛厩里的一大家子，便要求带走所有男人，我哭着喊着：爸爸，你不能走啊，你走了弟弟谁带着跑啊。日本兵便对我凶，爸爸让日本兵别吓着孩子，我跟你走就是了。

妈妈那时候怀孕，快要临产了，就嘱咐妈妈他走了之后，你活动不方便，躲到这个房子里一个隐蔽的地方。

第二天早上，有人来说艾家男人都被杀死了，我的大妈和其他妇女们听到了就哭啊。于是大妈和其他妇女们就来到东流的平家岗，爸爸和两个叔叔都死了，18 岁的堂哥艾义勇低声呻吟着：你们来救救我。大妈听见了扑上去就哭着喊：儿子啊，你怎么这样，好在你有条小命。大家就带着活着的姑爹、堂哥走，大妈就背着儿子走，堂哥身上被刺了很多刀，喊着身上疼不能背，于是大妈就扶着堂哥走，走不动就给他靠着。

妈妈想着孩子还在山上，孩子她爸被杀了，得去山上找孩子们跟她们会合了，妈妈考虑到妹妹跑不动就送去了外公家。12 月份，快临产的妈妈当时就在山上生了孩子，生完就扔了，旁边人说这女孩子多好看，扔了多可惜，母亲也没办法顾不得，谁让她生在乱世。当时山上有一位老人看见刚生产完的妈妈，直呼可怜，问我爸爸哪去了，我哭着喊爸爸被日本兵杀死了，妹妹去了外公家。说着老人眼泪水直流。

老人家正好儿媳妇才生产完，家里还有点红糖，就让妈妈和我进来，老人家弄了红糖水给刚生产完坐月子的妈妈喝，妈妈很感激。后来听说江南水泥厂有个难民区，于是在老人家待了五天后妈妈就背着两岁的弟弟，和我一起在下雪的夜里往江南水泥厂走。

母亲的鞋上都绑了草绳，怕路滑，手里拄着棍子。所谓的水泥厂又没有房子，是个荒山。一个老太看见妈妈包着头，问妈妈是不是坐月子，妈妈直言自己才生了孩子五天，老太可怜就分了点草给她垫着坐着。那时候舅舅的亲戚住在水泥厂附近山上，知道我们的困境，就给我们娘儿仨搭了一个竹棚子，弄了水、稀饭给我们吃。买菜在棚子外面烧了送给我们一家吃。

后来大妈、婶婶、堂姐她们也一起来到了水泥厂，妈妈商量着不能单靠着舅舅家的亲戚，人家也有难处。她那时候还没有满月，就跟大妈几个妇女们趁晚上日本兵不出来的时候偷偷跑回以前的旧家许家巷搞点面粉、米、咸菜，大家一天到晚就吃稀饭，就着咸菜。

过了一个多月，到了二月初，农忙了，要种田了，于是大家都回家了，接回了妹妹。但作厂里的日本兵还是两个三个地出来到处跑，见小伙子就杀，见小姑娘就强奸，看见吃的就抢。于是我们都晚上出来干活，白天就躲在家里不敢出来。一直到了三四月份，日本兵不怎么出来了，才白天正常干活。可家里日子也不好过啊，没有男人，女人种田难。

1938年干旱，荒年。妈妈就和婶婶们去宝华山砍柴，离家很远，寺庙里和尚看我们可怜，就让我们砍柴，砍一百斤，四十斤给他们，六十斤拿去中华门卖，大晚上吃完饭睡一会就去卖，卖完就买玉米面、面粉杂粮回去活命，我年纪小不能做什么，就去挑野菜、芹菜回来烧烧，不谈吃饱，过活就好。

老人说自己这么瘦小也是小时候营养不良造成的。自己小时候饭都没得吃，也不谈上学了，还记得自己去小学一年级报了名，日军就来了，到现在自己还不识字！

一直到现在她都记得这些苦日子，那不是人过的日子啊。现在的日子多好啊，简直是天堂，在习主席的领导下，我们正一步步走向富强。

老人多次强调母亲年轻时候带着他们很辛苦，那时候没有农村合作社也没有家庭联产承包责任制，都是自己干自己的，女人家难免低三下四地借牛求人干活再还工，很艰难把几个孩子拉扯大！也拒绝了别人介绍的对象，再结婚不免生孩子怕亏待自己的孩子，心里想着就是干活。

艾义英难以忘记以前的苦日子，说的过程中不停地擦着泪水，那是痛惜过往南京大屠杀造成家庭不幸的痛苦的眼泪，也是感慨如今幸福生活的感激眼泪！

六十九、王子华家庭

采访时间：2017年7月8日

采访地点：南京市雨花台区雨麓苑4栋101室

采访人员：叶伟蓉、朱林曦

日军一枪打中了我的左臂，子弹穿过去打在了我母亲的腿上，因为跑反没有及时医治留下了终生残疾

王子华　口述

我叫王子华，1932 年 12 月 25 日出生，家住南京南郊花神庙，一家以养花卖花为生，家里有 30 多间花房，日子过得还算富裕。

1937 年 12 月 11 号，我们就跑反到了建邺沙洲，近 10 个人躲在一间草房里，13 号日军来了，外面的枪声一直在响，房主让我们赶紧跑出去，在房子旁边躲一下，日军要来烧房子了，我就和我的哥哥跑到河边，用一张席子顶在头上，一动不敢动。

这个时候我的母亲正好从安德门买干粮回来，看见我和哥哥在河边赶紧一手牵一个把我们俩领回家，日军发现了我们，就朝我们开枪，一枪打中了我的手臂，子弹穿过去打在了我母亲的腿上，这一枪打了两个人。后来家里人商量沙洲不能待了，我的父亲和母亲就用摇篮把我抬着去了江宁云台山，一路上没有吃的，是别人给了一些山芋煮吃了充饥。

我们走了一天才到了云台山，在那待了三天又去了石鼓路的难民区，这一期间，我的手一直没有得到医治，一直到 1939 年，日军安民了，才去医院医治，但医生说来迟了，没有办法治好。

我们在难民区待了两个星期就被动员回家了，家里的房子全被烧了，又重新搭了三小间房子住。后来我的父母亲就在杨公井、大行宫那儿卖花。

1941 年的时候，我的哥哥给日本兵搬砖头做飞机洞，一天给一斤半的米和一斤不到的蚕豆，妹妹在家做做家务。花神庙靠近日军的机场，那些飞机经常排放毒气，夏天让人打摆子、哮喘，冬天让人生疮。

还有我们村上的一个 20 几岁的小伙子，他把中央饭店的毛巾别在裤腰上，日军见了要用枪打他，他一下跳进河里游到河另一边却还是被日军一枪打死。我真是恨透了日军，他们让我一生都没有一份正式的工作。

1949 年后，我去夜校去上学，认识了一些字。我是 1959 年结婚的，我和我的妻子都种花卖花的，还做过外贸公司的临时工。

现在的生活很好，我有三个女儿、一个儿子。大女儿叫王巧红，大女婿叫陈吉林，外孙叫陈晨；二女儿叫王巧利，二女婿叫刘丰，外孙叫刘洁；三女儿叫王燕，三女婿叫史翔，外孙叫史悦雯；大儿子叫王巧生，儿媳叫牛正琴，孙女叫王倩。

南京大屠杀受害家庭王子华家庭族谱

本人：王子华（南京大屠杀幸存者）

儿子：王巧生

儿媳：牛正琴

孙女：王倩

大女儿：王巧红

大女婿：陈吉林

外孙：陈晨

二女儿：王巧利

二女婿：刘丰

外孙：刘洁

三女儿：王燕

三女婿：史翔

外孙：史悦雯

南京大屠杀受害家庭幸存者王子华采访日记

2017 年 7 月 8 日，我们来到了王子华老人的家采访。老人今年 85 岁了，身体状况较好，并没有什么病痛，但王子华老人在 5 岁那年被日本人打到的左臂留下了终身残疾。

王子华老人是家里的老二，南京南郊花神庙人，另还有一个哥哥和两个妹妹。1937 年的时候，他年仅 5 岁，家里还有祖父和祖父母，一共 7 口人。一家人在雨花台那边的花神庙种花为生，有 37 间花房，日子过得平静安宁。1937 年 12 月，日军逼近南京，南京保卫战爆发，当时雨花台一带的南京南郊是主战场，日军从南边杀了过来，王子华家附近挖了很多堑沟战壕，进驻了中国军队，村民们只能各自外出逃难跑反。

王子华一家逃到了沙洲圩青石埂村，寄居在一户亲戚家中。然后，沙洲圩也不安全，12 月 12 日，日军抵达沙洲圩，朝着村子胡乱开枪开炮，“当时我们这个村子里没有中国军队，都是老百姓。”人们吓得四散奔逃。

5 岁的王子华和 8 岁的哥哥逃出村外，找到一张破席子，盖在身上，躺在地下，一动也不敢动。这时候，母亲刚好从安德门买东西回来，走到村外，看到兄弟俩，连忙拉起孩子们就跑。但已经来不及了，日军赶上了母子三人，扣响了扳机。一颗子弹从王子华的左臂关节处打进去又穿了出来，又打在了母亲的大腿上，鲜血直流。

时隔 79 年，王子华想起这个情形依然很悲愤，“我这条命是捡回来的啊！”他在采访的过程中多次向我们提到，他恨日军，日本兵太坏了。当我们问道现在对于日本人还有什么看法的时候。他叹了口气，说“我恨日本兵，就是因为日本兵打到了我

南京大屠杀幸存者王子华接受南京晓庄学院志愿者采访

的左膀子，留下了终身残疾，让我这辈子都只能干些临时工。”

幸运的是，母子三人最终逃脱了日军的魔掌，王子华和母亲的伤口处流血不止，只能用布条草草包扎，简单处理。一家人又随着人流，向江宁云台山方向跑反。“一路上都是尸体，我们只能绕着尸体向前走。”当时的情景王子华记得很清楚，“父亲抬着我，一路上就听着他在喊：‘我的妈呀’，后来才知道到处都是死人。我还看到，很多年轻女孩子，将锅底灰涂抹在脸上，满脸满身都是黑的，为的不让鬼子抓去！”

南京大屠杀后期，王子华一家回到花神庙，37间花房已经全部被鬼子烧光，到处都是废墟。

因为没有及时处理，王子华左臂的伤口也日益恶化，骨头露出来了，甚至还生了蛆，跑反结束后，他到医院治疗，还是留下了终身的残疾。“鬼子的这一枪对我这一生造成了无法消除的影响。”由于左手干不了重活，王子华出来打工找工作经常受挫。用人单位大多都不肯要他。新中国成立以后，也只能干干养花之类的轻体力活。

如今，王子华老人生活在雨花台风景区附近一个居民小区内，安度幸福的晚年。

这里，距离他童年居住的花神庙很近，这里也是南京保卫战激战的战场，日军屠杀中国军民的刑场；同时，1947年，南京大屠杀的主犯之一——第六师团师团长谷寿夫也是在这里伏法的。时空交错，往事似乎并没有走远，当年的事，仍然在他心里留下了不可磨灭的阴影。

七十、邵月华家庭

采访时间：2017年3月27日上午8:40

采访地点：南京栖霞区南湾营盛和家园15栋3单元408室

采访人员：费仲兴、徐康英

跑反时我先后给四家做过童养媳，两个姐姐至今下落不明

邵月华　口述

我今年85岁，1932年8月18日出生，属猴的。跑反时有这么一点大（用手比画），不知道几岁。在难民区拿了个罐子打麦片稀饭。难民区烧得一塌糊涂。从小听说，老家在下关的城门洞里，住在城门洞里。老头（父亲）帮人挑门水，就是给各家各户送水，人家给钱。不给钱哪有饭吃呢？这也是听门口的邻居讲的。

妈妈怀着我的时候，父亲就死了。她没有吃的，得了产后瘟，我还没有满月，母亲就死了。

我的两个姐姐在江那边的江心洲，一直没有找到。后来我爱人带了我和小孩到燕子矶那边找的，没找到。1949年后，人家帮我到燕子矶公社广播的，没有找到了。后来没有到江心洲去找了。我们都是劳动工，挑土方的，不干活不来钱。又不知道名字，又不知道姓什么，就没有去找。

我名字叫月华，姓什么不知道，后来跟了邵家，就叫邵月华。先给了王妈妈家，她家男的姓邵。后来王妈妈去世了，又给了她妹妹家，王姨妈家。再后来就到了吕家，做童养媳。那时候日军还在，我给人家扛米。当时日军不让老百姓扛粮食进城。我小孩，扛5斗米，送到人家家里，就有钱，送不到就没有钱。从雨花路中华门外粮食行扛米，日军看我小，我给他们作揖，就放我走。我亲眼看到在下关热河路我王姨妈家那里，日军抓住一个小偷，把他绑在电线杆上，把自来水管插到他嘴里，灌得他肚子变大，他头一仰就死了。那个小偷十二三岁，我看得清清楚楚。

吕家当时没有房子，睡滚地龙，钻进去，头都抬不起来。是用芦苇围起来的，旁边用土盖盖，防止雨水进去，那叫滚地龙。下雨下雪，用棍子撑起来。

吕家住在中华门东长干巷，就父子俩。父亲叫吕春荣。儿子叫吕志祥，后来我就嫁给了他。大概是19岁结婚的。结婚后慢慢盖了草房，用泥巴糊糊的。

我老婆婆眼睛不好，跑反跑到赛虹桥，黑咕隆咚的，一脚踩到水里，掉在河里，没有人去救。我老公公是个好人，跑反时救了很多人。他属虎的，活到现在的话有一百多岁了。日本兵打人，挨打的人睡在地上（方言，指躺在地上），快冻死了。我老公公就把自己的衣服脱下来，盖在那个人身上。是在什么地方？不知道。是他讲给我们门口好多人听的，我也听了。

（邵月华小女儿插话：我爷爷去世的时候，我在上中学。）

1949年以后，我们开始做做小生意，卖卖菜，卖猫鱼（喂猫的小鱼），后来出来挑土方，拆城墙，挖秦淮河，大炼钢铁。1958年，出来工作了，在五贵里二化机厂，是个小厂。隔壁有个石粉厂。

大炼钢铁时，我推小车上高炉，上料。干了几年，又到秦淮区土石方工程队，总公司在三山街，那里有警察站岗的。后来并入土建队，修马路，背大滚子压路，扒秦淮河（指清除河中淤泥）、拆城墙，全是苦活累活。在白鹭洲，干一个月才8元钱。挖下水道，拱在旱管（水泥管）里和缝（填缝）。我个子小，每次都叫我下去，人家个子大，拱不进去。

最后在秦淮区水泥预制厂，一直干到50岁退休，我工龄短。现在享福了，我患有脑梗、糖尿病，手抖，不能自理，跟小女儿一起过，要他们照顾。

翻身不忘毛主席，幸福不忘共产党。现在一个月给我退休金3100元，才加过的。原来退休一个月只有三十几元，现在加的。

（小女儿插话，75岁以上，都有补贴。）

我退休前住在中华门外雨花路黄泥塘，在中华门地铁站那里。当时住的是瓦房，有60多平方。我们在那里住了60多年，2002年拆迁。

我有3个女儿。大女儿叫吕俊，1953年出生，南京自动化设备厂工人，退休在家，大女婿唐斌，南京医药公司工作，外孙女唐文娟。

二女儿叫吕小兰，1956年出生，永丰塑料厂工人，退休在家，二女婿达勇，南京金陵橡胶厂工作，外孙女达妮娜。

小女儿叫吕萍，1961年出生，南京电力自动化设备厂工作。小女婿叫周来喜南京衡器厂工作，外孙周伟1987年出生，现在中国电信工作。外孙、外孙女里有上过大学的，有本科的，有大专的。

（周来喜插话：希望报纸上能够登一下，能找到她的两个姐姐就最好了。）

【2016年11月21日上午陪南京电视台记者韩梅进屋采访】

我跑反时跑到了难民区，拿瓷缸打一点麦片稀饭。人家用小勺子倒进瓷缸的，等于是要饭。跟谁一起去难民区的，记不得了。

我姐姐给我照过相的，照片被她拿走了。她把我给人家了，在新街口洪武路土街口那里。那家来了一辆马车，把我带走了。那是一辆有篷子的车，开起来格拉格拉地响，不是现在那种车子。土街口的那家姓屠，开屠家猪行，对面还有日本人的食堂，里面有日本婆子，我们同他们面对面的。后来，屠家做生意失败了，开猪行死了，就把我给了姓张的一家。姓张的后来不要我了，又给了他妹妹家。后来，又到了中华门外东岗子，给了姓吕的父子两个，等于是要饭的。当时说，看看好么，就做女儿，不好吗，就做儿媳妇。刚解放的时候，有一个姓刚的公安，教我们唱解放的歌。他问我姓啥，我说没得姓。他说，你跟了姓邵的，就姓邵。

南京大屠杀受害家庭邵月华家庭族谱

本人：邵月华（南京大屠杀幸存者）

丈夫：吕志祥

大女儿：吕俊

大女婿：唐斌

外孙女：唐文娟

二女儿：吕小兰

二女婿：达勇

外孙女：达妮娜

三女儿：吕萍

三女婿：周来喜

外孙：周伟

采访南京大屠杀受害家庭邵月华日记

2017年3月27日上午8:40，费仲兴、徐康英前往南京市栖霞区南湾营盛和家园15栋3单元408室采访邵月华女士。

此前戚厚杰老师和费仲兴老师已经采访过一次。邵月华听说我们今天要来，已经坐在小区楼下等我们了。老人见到费老师非常高兴，告诉我们今天三女婿在家。费仲兴老师和徐康英做了补充采访。老人身体很好，也很健谈，现在生活能够自理，平时主要是三女儿和三女婿照顾她。

七十一、蒋树珍家庭

采访时间：2016年11月3日下午2:00

采访地点：前往南京市秦淮区宁中里2号2-204室

采访人员：戚厚杰、徐康英、王南

跑反时目睹日本兵枪杀了两个十八九岁的男孩子

蒋树珍　口述

我叫蒋树珍，1929年12月9号出生。

1937年抗战前，我家住南京门东小心桥24号，房子是租的。当时家里6口人，父亲蒋乐帮在兵工厂（民国兵器制造局，现南京晨光集团）上班，看大门，母亲邓欢

南京大屠杀幸存者蒋树珍（前左）与戚厚杰（前右）等合影

彩做家务，大哥蒋树荣16岁也到兵工厂上班，拿工资了，妈妈很高兴，才拿了两个月，日本人就来了。二哥蒋树德10岁，小弟弟蒋树森2岁，我8岁读过4年书，日军来了就没读了。

1937年日军来之前，父亲和大哥随兵工厂迁到重庆去了。日军打进南京前，外婆、母亲带着二哥、我及弟弟跟着舅母跑反到南京郊区双闸乡下，当时好多人都跑到乡下亲戚家里躲着。

我当时8岁，外婆（70多岁）、母亲（30多岁）、二哥哥（当时10岁）、小兄弟（当时2岁）和我就在舅母的亲戚家里躲着。

跑到乡下两天后，四五个日本兵到我们住的那个农村亲戚家里，他们用手比画，向外婆要鸡蛋，我们住在别人家里不知道他家有没有鸡蛋，外婆说没有，日军就去到处找，结果在砻糠里摸到了鸡蛋。日本兵就对我们举起枪，我和哥哥两个人下跪，这时候跑出来一条狗，日本兵举枪就把狗打死了，日军才没杀我们。

后面邻居家出来两个十八九岁的男孩子，我亲眼看到日本兵把他们杀了。

等稍微平静的时候，我们就开始回城里，走到水西门的时候，见到好多死人，河里水都是红的，当时我们是踩着死人走的，走一路哭一路。回到城里进城门的时候见到日本人，如果不给他们鞠躬，他们就会扇我们嘴巴子。

跑到小心桥24号家里的时候，见到家里被日本人砸得一塌糊涂，床，什么东西都没有了。吃喝成了个大问题，当时就开始挖野菜吃。

后来，外婆带我开始卖油条、马蹄糕，母亲给人家洗衣服、倒马子（马桶）来维持生计。当时一些人躲到难民区里面去了，那些没躲到难民区的就被日军杀死了好多。

当时好多妇女为了防止被日本兵糟蹋，都会用灰把脸摸黑躲起来。有个亲戚当时30多岁，脸上有麻子，日本兵嫌弃她长得丑，就没有强奸她了。我们家后来搬到小鹰富。

抗战胜利后，父亲和哥哥从重庆回到南京来。现在大哥、二哥都已过世，小弟弟

60 年代随工厂内迁到重庆，现在 82 岁了，在成都定居。

外婆 1949 年前去世，母亲 1958 年去世，父亲 1957 年去世。

1949 年后，我在工人政治学校学习了 3 个月，马上要分配到公安局的时候，生下了大儿子，因为要照看孩子，就没去工作。

1958 年的时候在糕点行业卖糕点，退休之后有退休工资。

丈夫黄波臣是人民银行副行长，2015 年去世，享年 90 岁。

我们有 6 个孩子，4 个儿子，两个女儿。大儿子黄庆国在供电局上班，已退休；二儿子黄庆宝在交通银行上班，已退休；三儿子黄庆祥在市公安局上班，已退休；小儿子黄庆荣在农业银行上班，还在工作；大女儿黄庆茹在人民银行，小女儿黄庆华在工商银行，两人都已退休。大媳妇温珍秀是雨花法院庭长，刚退休。

我住江宁明月港湾有 160 平方的房子，大女儿和我对门住，丈夫去世以后，我们周一到周五住宁中里，外甥要上学，周五回江宁住。

我有三个孙子，三个孙女；四个曾孙，大曾孙 13 岁。

南京大屠杀受害家庭蒋树珍家庭族谱

父亲：蒋乐帮

母亲：邓欢彩

大哥：蒋树荣

二哥：蒋树德

弟弟：蒋树森

本人：蒋树珍（南京大屠杀幸存者）

丈夫：黄波臣（南京大屠杀幸存者）

大儿子：黄庆国

大儿媳：温珍秀

二儿子：黄庆宝

三儿子：黄庆祥

四儿子：黄庆荣

大女儿：黄庆茹

二女儿：黄庆华

采访南京大屠杀受害家庭幸存者蒋树珍日记

2016 年 11 月 3 日下午，我们前往南京市秦淮区宁中里 2 号 2-204 室，采访了南京大屠杀幸存者蒋树珍。

蒋树珍的大女儿黄庆华也在家。宁中里 2 号是人民银行的职工宿舍，蒋树珍的丈夫曾经是人民银行副行长，家里条件不错。

老人在讲述那段历史的时候情绪有点激动。抗战前她的家庭生活还是比较平静的安逸的，日本侵华以后，已经读了 4 年书的她，为了生计辍学，去做小生意。

老人的丈夫 2015 年去世，她现在主要由大女儿照顾生活，身体还是可以的。平时老人住江宁区明月港湾，有 160 平方的房子，大女儿和她对门住。

丈夫去世以后，因为其外甥在市区上学，她们周一到周五住宁中里，周五回江宁住。

老人会用智能手机，我们提出要翻拍家庭照片时，她大女儿说，照片都在江宁明月港湾，老人立刻就说："我的手机里有一些。"老人从智能手机中调出家庭合影以及和老伴 80 岁生日合影，让我们翻拍。

七十二、董修庭家庭

采访时间：2017年5月22日上午

采访地点：苏州市沧浪区南园新村36栋205室

采访人员：徐康英、王南

我跑反时头被日军子弹擦伤留下疤痕，邻村村民被日军打死 4 个

董修庭　口述

我叫董修庭，苏州工业职业技术学院退休。

我是 1933 年出生，出生地是南京六合横梁镇后董村，我们那里有前董后董两个村。父亲去世比较早，听大人讲，我 3 岁的时候父亲就去世了，我妹妹是遗腹子。关于父亲的记忆我一点都没有，甚至连父亲的样子都记不得。

日军侵占南京到六合的具体时间我不太清楚，那时太小才 5 岁。日军来到我们村的时候，我记得当时是早晨，母亲就急急忙忙把我从床上拖起来给我套上衣服，带着我姐姐（比我大 6 岁）和我、抱着妹妹（比我小 2 岁），就开始跑反，跑了一段路，结果我们在路上听到了日本兵打枪，往我们的方向过来了，母亲就带着我们趴在坟堆里。

当时我由于年纪小，听到枪声哒哒哒哒，感觉这像放鞭炮一样，我好奇就抬头看，刚抬头被日军一颗子弹从额头擦过，母亲看到我头流血了，就赶紧把自己的头巾扯下来包在我头上。

听后来别人告诉我，当时妹妹不懂事，又哭又蹦跳的，母亲害怕我们被日军发现，就用腿把妹妹压在坟地上不让她站起来。

开始是恨日军，现在认为是日本政府不承认战争罪行，作为大屠杀的受伤者、幸存者、见证者，我应该向国家和政府来说这件事，还原这段历史。

我被日军的子弹打伤后，当时没有医疗条件，母亲就用茶壶里吃剩的茶叶水来给我擦伤口。我母亲在我受伤后一两年去世。

我怎么长大的呢？我奶奶还有叔叔把我带大的，我母亲具体叫什么我不知道，只知道我舅舅姓陈，舅舅就住在离我们家大概 1 公里的一个村庄叫陈庄。抗战胜利后我奶奶也去世了。

我 20 岁离开家，村里现在的年轻人都不知道有我这个人，我也搞不清楚他们是哪家的，现在真正知道有我这人并且知道我被日本兵打伤的是村里有个我管他叫叔叔的 98 岁的老人，名字叫董德培，肯定知道我小时候（被日本人打伤），当时村里比我小三五岁的伙伴看我头上有疤，并且我在家排行老三，他们都叫我"三疤头"。

就在我头受伤的同一天，我们邻村塘银村村民被日军打死 4 个人，这 4 个人有一个是上塘的蔡广福（南京大屠杀纪念馆哭墙上有其名字）；一个是下塘的戴广富也是同一天被打死的（南京大屠杀纪念馆哭墙上有其名字）；跟戴广富是叔伯关系的一个叫戴玉凯的人当过水利厅的副厅长。一个郑姓的，叫什么名字我不知道，是邻村下塘人，据我了解他有一个女儿在南京，我通过村上年纪大的人了解到，叫郑秀兰。还有一个姓吴的，是中塘人，他具体情况我也不太清楚。

还有一天，我姑姑回娘家，住在我们家，正好赶上日军来，我姑姑就用抱被包着我小表弟，背在后脊跑反，结果半路上抱被散掉了，小表弟就掉在地上了，姑姑都不知道。日军走了后，我姑姑哭着回来告诉我奶奶她把孩子弄丢了，奶奶说小孩丢掉怎么给你婆家交代，就让我姑姑沿着跑过的路去找，幸运的小孩掉在麦田沟睡着了，总算找到了小表弟。

我大哥还有唐银村被杀掉的这 4 个人都是大刀会的，日军来我们村的时候，大哥想冲出去，被我叔叔拦住了，如果大哥当时冲出去了，肯定会被日本兵杀掉的。

我父母去世以后是叔叔抚养我们的，读书读到四年级就辍学在家种田。我的小学同学读到高中毕业，后来同学见面，他们就让我接着去考中学，我就讲，读了四年就没有读了，又劳动这么多年，他们借书给我看。

我只上到小学四年级有好多看不懂的，两个数中间有个点（小数）、两个数中间一道杠（分数）都看不懂，我就去问同学，他们告诉我，一个大饼分两半，半个就是二分之一、半块大饼就是 0.5 块。

就这样边劳动边读书，自学了3个月，我就去报考浦口的六艺中学（当时我报考的时候正是这个学校由私立转为公立的时候）。现在是南京十四中，当时招150名学生，我考了第6名。

我20岁才读初中一年级。那时候哪有钱读书，就怕两件事：一是学校放假，没有地方吃、住，弟兄几个住的房子非常小，草房；二是怕开学，开学书本钱没有，买个橡皮、铅笔的钱都没有。感谢共产党把我培养到大学毕业，到学校学费、伙食费、住宿费都不要交。

1953—1959年，我在南京十四中读初中、高中，我全部享受甲等奖学金。高中毕业以后，大哥当时在乡里当干部，让我再读下去考大学。我就专门填学制短的、两年制的专科学校，我考的是江苏师范学院政教系，出来以后当教师。

毕业后分配到高淳县，当时要到镇江地区文教处报道，我没有去叫同学把介绍信带去的，分到哪里就去哪里。我也不知道高淳在什么地方，有人告诉我到南京长江路汽车站去看看，我一去看有去高淳的长途汽车，我就买了汽车票去高淳。

1961—1970年在高淳县中工作了10年，1970年因“文革”把我排挤到高淳乡下的永丰中学，工作了6年，这样下来，我在高淳教了16年书。

高淳我去的时候是困难时期，当时在那里工作没有过什么苦日子，正好农业开始起步，有黑市大米，肚子吃不饱就买点黑市大米吃。高淳民风很好，我到星期六跟学生讲明天到你家玩，学生就问真的假的，到他们家又杀鸡，又买肉，到学生家他们家长给我们打三个鸡蛋，到第一家是这样，到第二家也是这样。

“文革”时，家长不让学生贴老师大字报。

为什么调到苏州呢？因我爱人是苏州人，她哥哥在上海化工学院大三时得了肺结核，肺切除，提前毕业。

我大女儿出生在苏州，户口就报在了苏州。爱人父亲中风瘫痪，两个老人，加上一个小孩，运转很困难，他哥哥后来病死了。当时家里困难没人照顾，我就费了很大的周折，调了五年左右，才和爱人一起调到了苏州吴县。

1976—1977在苏州吴县唯亭中学当教师，1977—1978在吴县后戴片中学教书，1978年在吴县浒关中学工作。

后来我调动到苏州大学工作了几年，因为我是专科学历，只能评个讲师，职称考试还要考外语，我学得是俄语，多年不用也忘了。

在大学又没有中学的教龄补贴，我就调到苏州工业技术学校，后来改为苏州工业职业技术学院。

我父亲的名字我知道叫董德科，我叔叔叫董德财。

南京大屠杀幸存者董修庭和妻子与儿子合影

南京大屠杀幸存者董修庭与王南合影

我有两个哥哥，一个姐姐，一个妹妹。大哥叫董庭俊，大我 10 岁，淮海战役开始时，他去支援前线，帮着向前线抬枪炮子弹、运伤员，淮海战役结束后，回来搞土地改革，“大跃进”时，去六合一个矿上当矿长，之后是大队书记，在交通管理站负责交通运输，直到退休。

二哥叫董庭杰，大我 8 岁，一直在家种田。姐姐叫刘董氏，大我 6 岁，87 岁去世。妹妹叫周董氏，比我小 2 岁。现在哥哥、姐姐、妹妹都已去世。

我爱人叫邱倩，1937 年出生，现已去世 20 多年了。

我有两个孩子，一个儿子，一个女儿。女儿 1962 年出生，因爱人哥哥没结婚，没有子女，就让女儿给他当孩子了，正式过继给他舅舅，女儿叫邱琦，后来爱人哥哥去世，女儿是我们带大。她退休后在我儿子公司做会计。儿子叫董捷，1964 年出生，和几个人一起合资开了生产电子产品的股份制公司，公司名字叫“天业有限公司”。我有一个孙子，一个外孙。孙子叫董煜青，在美国读大学，现在美加利福尼亚州读研究生，攻读计算机和电子工程双硕士。外孙叫吴秋彬，在苏州搞了个婚庆公司，收入很好。

老家修家谱我也给寄了钱，没有印成书，画在布上有龙、有猪。现在我的几个侄子都在老家后董村，都已经退休了，大侄子在南京钢铁厂退休；小侄子从部队转业后在南京六合的磷肥厂工作，现已退休；还有两个侄子是工人，一个搞装修，一个在工地扎钢筋。

南京大屠杀受害家庭董修庭家庭家谱

父亲：董德科

母亲：陈 × ×

大哥：董庭俊

二哥：董庭杰

姐姐：刘董氏

妹妹：周董氏

本人：董修庭（南京大屠杀幸存者）

妻子：邱倩

女儿：邱琦

儿子：董捷

孙子：董煜青

外孙：吴秋彬

采访南京大屠杀受害家庭董修庭日记

2017 年 5 月 22 日，我们乘坐早晨 7 点 43 分的火车到苏州采访原住南京市六合区后董村的董修庭。大概 10:40 左右，我们来到现住苏州市沧浪区南园新村 36 栋 205 室的董修庭老先生家里。

董老先生大学毕业后被分配在高淳县当教师，后来因为丈人一家在苏州，并且家里生活比较困难，所以董修庭夫妇俩申请调到苏州工作，在现在的苏州工业技术学院退休。

目前董老先生自己一个人生活，其夫人邱倩（也是教师）去世 20 多年，从跟老先生谈话的过程中，可以发现老先生跟夫人的感情非常深厚。

董老先生 1933 年出生，今年 85 岁高龄，精神非常好，思维也很清晰，并且不弯腰不驼背。老先生向我们讲述了日军侵占他们村的一些情况。在跟着母亲跑反途中，当时年龄小，听到日军枪声好奇，抬头看结果被日军子弹打伤额头，目前额头的疤痕依然清晰可见。老先生还向我们讲述了他们邻村被杀掉的 4 个人。

12 点左右采访结束，因老人一个人生活，我们想请他吃个饭，老人不愿意，他执意要请我们，最后老人带我们在饭馆吃了饭。3 点半左右，我们回宁。

七十三、孙素珍家族

采访时间：2018年6月9日下午3:00
采访地点：南京市秦淮区小杨村小区4-208
采访人员：沈亦涵、金萍萍

我外公跑反为家人寻找粮食时被日军枪杀，外婆靠给人打零工维持生活

王韵武　口述

我叫王韵武，今年63岁，我母亲孙素珍是在2016年6月20日去世的，享年89岁。

1937年，我母亲大概12岁不到，当时家住在三叉河附近。日军攻占南京城时，我外公就领着家人跑反到现在的下关大庙里面躲避。

有一天因为实在没有粮食吃了，我外公就外出为家人寻找粮食，但是出去以后就再也没有回来。过了几天以后，街坊邻居告诉我外婆看到我外公已经被日军枪杀了，听到这个消息以后我外婆和我母亲伤心不已，但是没有办法，生活还得继续下去。

很幸运的是我外公外婆只养育了我母亲一个子女，于是我外婆靠给人打零工继续生活。日军侵占南京期间，我母亲是不敢上街的，因为知道日军经常会抓一些年轻的妇女做慰安妇，有几次我母亲迫不得已上街的时候，就把锅底灰抹在自己脸上，把脸藏进我外婆的衣服里面，因为街上全是死尸根本没有胆量去看。

我母亲大概14岁的时候，我外婆就去世了。后来我母亲就在魏特琳办的教会学校里面上学，没有钱交学费，就在学校里面绣花抵学费，而且我母亲记得很清楚的就是魏特琳在圣诞节的时候会穿蓬蓬裙给她们看。

又过了几年，我母亲就在周围人的介绍下和我父亲结婚了。

我母亲和我父亲结婚以后，共生育了六个孩子。1949年以后，全家只靠我父亲的薪水过活。大概十年以后，我母亲才开始去工厂工作。我们弟兄几个上学的时候因为家庭困难，有一部分学费还是靠学校减免才能继续上学。我结婚以后，我母亲一直和我生活

孙素珍儿子（右）与志愿者沈亦涵（左）合照

在一起。

我母亲每次提及这段往事的时候都很生气，认为这就是我们国家的耻辱，以至于对于那些抗战剧也不想看，我母亲的这一态度现在一直延续到我们的孙辈，我认为这一态度会在我们家传下去很久。母亲晚年的时候是不怎么和我们讲关于南京大屠杀的经过的。

我母亲晚年生活还是很惬意的，喜欢那些20世纪的明星，家里面买了很多的贴纸和海报，另外，我母亲还很喜欢越剧。总之，我母亲后来的生活态度还是很乐观开朗的，经常会和自己的一些朋友们出去聚餐、聊天。

南京大屠杀受害家庭幸存者孙素珍家庭家谱

本人：孙素珍（南京大屠杀幸存者）

丈夫：王文顺

大儿子：王韵伟

大儿媳：徐盈盈

孙女：王丽娜

孙女婿：陈勇

二儿子：王韵冷

二儿媳：邬美君

孙女：王雅萍

孙女婿：韩文

三儿子：王韵宝

三儿媳：候凤兰

孙女：王丽丽

孙女婿：张宁

孙女：王丽倩

孙女婿：赵健

四儿子：王韵龙

四儿媳：蒋俊秋

孙女：蒋元元

五儿子：王韵武（南京大屠杀受害家庭讲述人）

五儿媳：刘左立

孙女：王艺娴

孙女婿：王超

六儿子：王 ××（年幼病故）

采访南京大屠杀幸存者孙素珍儿子王韵武日记

2018 年 6 月 9 号下午 3:00，我们来到南京市秦淮区小杨村小区 4–208，采访南京大屠杀幸存者孙素珍儿子王韵武。

孙素珍老人已经去世近两年了。我们在老人家看到她生前照片，照片上的老人打扮比较时髦，家人们说老人生前喜欢打扮，很爱美。晚年生活还是很惬意的，喜欢那些 20 世纪的很多明星，家里面买了很多的贴纸和海报，还喜欢越剧。

但对南京大屠杀这段历史谈及的很少，王韵武告诉我们，老人生前接受采访的也不多，晚年很少谈这段往事，很讨厌谈及此类沉重的话题。王韵武说："如果没有父母，就没有我们，母亲一家在南京大屠杀中遭受的苦难，我们家人不会忘记，我们痛恨日本军国主义。"

七十四、金士芬家庭

采访时间：2016年12月10日下午2:30

采访地点：南京市秦淮区集庆路来凤小区仓顶4号301室

采访人员：徐康英、王南

江苏卫视记者胡於棋及摄像组随同采访

我家 20 多口人跑反整天东躲西藏的，祖母病死在兰花塘乡下

金士芬　口述

我叫金士芬，1929 年 12 月 27 日出生。

日军侵略南京前我们一家都住在中华路，祖祖辈辈都在中华路那里，具体门牌不记得了。我家前面是百货店，旁边是个卖花圈的店和苏泰来茶叶店，房子不是我们家的，是我们租的一个姓谢人家的房子，租了三大间。我们家的房子在中华门外，当时祖父他们觉得中华门外环境不好，怕影响孩子成长，就租了中华路的房子。

祖父当时在财政厅工作。祖父的哥哥，也就是我的大伯伯在盐行上班；祖母生了四个小孩，三个女儿，一个儿子。

日军来南京时，三个姑姑都已出嫁。父亲金友波先是在财政厅上班，后来又在盐行当总管；母亲金卓然是家庭主妇。当时家里还有曾祖母、祖母，我是老大，还有三

个妹妹。家里生活条件还算可以，记得当时家中还雇了个佣人，我当时在南京考棚小学读书。

1937年8月，日军开始轰炸南京，当时我才八岁，一听到拉警报，就非常紧张，吃不下东西，还老想着去厕所。记得当时把两张桌子拼在一起上面铺上棉被，我们就躲在桌子底下。

后来就开始跑反了，我们一家开始跑反到江浦桥林。跑反的时候，姑姑和姑父也跟我们一起跑，一大家子有二十多口人。

有一天，听说日军要来了，为了躲避日军，又开始跑反。祖母当时说了句：不要着急，我们先来清点下人数，我们出来跑反就是为了小孩，不能让小孩落到日本兵手中。结果发现少了两个人，就是我和我表妹。因为当时我俩在睡觉，他们喊我也喊不醒，结果打了我两个嘴巴子，打醒之后我们二十多人跑到一个陌生的地方，好像周围有山，到半夜的时候看到这附近被日本兵放火烧了，成了火海。

我当时听到了各种叫声，有驴子的叫声、马的叫声，还有女人的哭喊声，喊着“救命啊！”等天亮的时候，我们就往一个叫兰花塘乡走。

路上正巧碰到了日本兵，他们把父亲抓起来了。当时曾祖母、祖母就跪在地上求日本兵说：“老爷，请你放过他吧，我们一家子都靠他生活，你不能抓他！”日本兵不懂中国话，还是没放父亲，父亲就把自己穿的呢子大衣，还有一副金丝眼镜都给了日本兵。他们这才罢休，放了父亲。我还记得大我10岁的表姐，跑反的时候用破布把头包住，用锅灰把脸涂黑装成老太婆，以防被日本兵迫害。

我们跑反到兰花塘乡下住了好几个月，大姑妈、二姑妈会做针线，帮人做衣服，我姑父是医生，背着药箱给农民看病，农民给我们点粮食。祖母当时身体不是太好，有胃病，在跑反的乡下去世，之后就葬在那里了。

父亲在乡下被传染了疟疾，先是隔天发烧浑身发抖，后来每天都发烧浑身发抖。当时，姑父也没有药可以给父亲治疟疾就说：“你们赶紧走，再不走就没命了。”有人说南京平静一些了，我们一家人就回到了南京上新河，住在姑妈家，等父亲身体好些我们又回到中华路。

日军没侵略之前，我们家里还有好多家具，回来之后发现家里一片狼藉，值钱的东西都没有了，好多东西都被摔碎了。

我父亲不愿意做亡国奴，就没有去盐行工作，失业以后一家老小生活没有来源，我们家的生活一天不如一天，吃了上顿没下顿。父亲有朋友卖烧饼，我们就向他们借烧饼，等我们有钱再还给人家。

因为没钱我们几个姐妹也失学了。为了维持生计我们就去做扇面、翘衣服边、用模子做面食卖，在香烟纸上盖章来谋生，母亲又生了两个弟弟，一家人度日如年。

1949年后，我妹妹又继续上学了。父亲到85岁时去世，母亲78岁去世。1950年别人给我介绍了对象，1951年结婚，丈夫徐佩宽1928年出生，以前是店里做会计的，后来因为得了肺炎就被老板辞掉了。

他舅舅自己开了个卖香烛之类的店，就把他叫过去帮忙管账，后来这个店就不开了，他就又失业了。我当时一直在夜校读书，直到1952年生大女儿才不读。

我当时是地方上的积极分子，组织培养我，让我在扫盲班教文盲识字。后来我在集庆路小学、双塘小学、小西湖小学、晨光职工子弟学校都代过课，代了三四年的课。

后来我在读报的时候看到国企招干部，就告诉丈夫去考一下试试，结果考上了。先是分在煤建公司，又转到燃料公司。南京新街口百货商店大概是1951年开业的，后来就把他调到新街口百货商店。

后来新百招人的时候就把我也招进去了，我开始时当营业员，因为新百没有医务人员，国家要重点培养一批医务人员，领导考虑之后决定让我去，我参加考试，考了第一名。我在南京卫校学习了两年，之后在南京红十字医院、南京儿童医院实习。毕业后就回到新百医务室工作，直到1985年在新百退休。老伴2016年4月份去世。

我有四个女儿，大女儿徐兆新，1952年出生，在南京市地税局退休；二女儿徐兆玲，1954年出生，在南京电解电容器厂退休；三女儿徐兆兰，1955年出生，在南京市燃料公司退休；小女儿徐兆莉，1965年出生，在南京国税局工作。

有四个外孙，大外孙在海关上班，二外孙在银行工作，三外孙在药科大学做老师，四外孙在新西兰。有两个曾孙子，大曾孙读小学二年级。

我经常给第二代、第三代讲我们受日本人欺负的情况，告诉他们国家只有强大了，老百姓才会有好日子。我现在生活非常幸福，女儿经常带我出去旅游，不仅在国内旅游还出国旅游。

南京大屠杀受害家庭金士芬家庭族谱

父亲：金友波

母亲：金卓然

本人：金士芬（南京大屠杀受害家庭讲述人）

丈夫：徐佩宽

大女儿：徐兆新

二女儿：徐兆玲

三女儿：徐兆兰

四女儿：徐兆莉

采访南京大屠杀受害家庭金士芬日记

金士芬的大女儿联系了我们说，母亲80多岁了，日军侵华时跑过反，平时在家总是给他们讲这段历史。

2016年12月10日下午2:30，采访工作人员徐康英、王南来到南京市秦淮区集庆路来凤小区仓顶4号301室对南京大屠杀受害家庭金士芬进行采访，江苏卫视记者胡於棋及摄像组随同采访。

老人身体不错，语言表达清楚，详细给我们讲了日军侵占南京时年仅八岁的她随同曾祖母、祖母、父母及姑妈一家跑反的情况和日军侵占南京以后今天生活的艰辛。表达了不忘历史，珍爱和平的心愿。

七十五、裔文玉家庭

采访时间：2016年10月14日、2017年3月15日费仲兴、徐康英补充采访
采访地点：南京市秦淮区苜蓿园大街天地花园18栋111室
采访人员：费仲兴、戚厚杰、徐康英

跑反时妻离子散，房子被烧，两个叔叔被鬼子打死

裔文玉　口述

【2016年10月14日首次采访】

我知道的事不多。我娘家在汤山西岗头，我今年75岁，属马。

1968年我27岁，嫁到南京苜蓿园。当时属于紫金山公社后庄大队，专门种蔬菜。我6岁时奶奶去世，8岁时中华人民共和国成立。我小叔叔和我们一起过的，分家时我还记得呢。我父亲叫裔景荣，母亲叫李克香。两个哥哥，大哥叫裔文钊，二哥叫裔文钏。我父亲兄弟四个，景荣、景华、景富、景贵，他是老大。我爷爷叫裔建和。

日本鬼子来之前，我们家一般化，种田为生，饭是有得吃的。以前，我们姓裔的家族蛮富裕的。一个家门一个老祠堂，有11户。我们本家出过秀才，蛮富裕的。

上几代，兄弟家不和，钩心斗角。我们家的老房子在长毛跑反前是好房子，一进两进三进，都是好房子。长毛跑反时烧掉了，家败了。

太爷爷（曾祖父）弄到南京吃鸦片，死得早。太太（曾祖母）儿女多，她一个人维持不了，我们这一门就败了，好田都卖掉了，越来越穷了。

1949年后土地改革，斗地主，分土地，分财产。我们家门隔了多少代的一个家门大伯是地主，他家的田分给了逃荒的人。我父亲是贫农，有志气，说："他家的田，我一分都不要，他家的东西我不要。"坚持不要。最后没办法，分给我家4分田，补偿我们。

1956年参加初级社，下面跟着加入高级社，1958年大跃进。我们只种了一季稻就入社了。我父亲比较有威望，我们一门共有的菜园、房基地、坟地，他能做得了主的，一手分给逃荒的人了。

日本鬼子打进南京后，我爷爷和叔叔不是同一天死的。跑反的时候，他不是在家里死的。他的棺材抬出来，鬼子非要打开来看。一看，里面是个死人，才让抬走。

两个叔叔是在村里，在学校后面，被鬼子打死的。鬼子当场抓到21个人。陈万友没有打到要害地方，后来醒过来了。村里有好多人被打死了，我叫不上名字。

跑反时妻离子散。我母亲带着我二哥，当时他才2岁，背在背心里，跑到龙潭圩里，住在一个亲戚家里。我父亲带着我大哥、孃孃、爷爷、奶奶、三叔，跑到宝华山。

我们村上跑反的人，白天一手上山，夜里偷偷来家。鬼子不敢进山，他们害怕狼。后来没有粮食了，三叔回家弄粮食，结果在家碰到了鬼子。二叔在上海一家皮坊里学手艺，上海待不住了，就投奔老家，不巧，鬼子来扫荡，他们两个在同一天在村里被鬼子抓住打死了。

我们家的房子被烧掉了，连一只筷子都没有了。村上只剩一家没有烧掉，有5间房子。平定下来后，全村的人都住在他家。这5间房子没有烧掉，是用粪桶里的尿浇灭的。

以后，各家各户就开始种田，各忙各的。我们家在大凹倒了点树，盖了两间房。

后来，我奶奶的姐姐把她的私房钱拿出来，借给我奶奶，我们家就开始做酒，一直做到解放。

这个做酒，我就晓得了。用木头烧火，凉过后加上药引子。我父亲苦唉，跑反回来，他一个人要养全家。过去的人劲大，现在的人不行。过去的人在宝华山砍一担柴，往家门口一放，一大堆。现在的人哪个肯吃这个苦？

酒拿到南京西华门去卖，就是现在军区总医院的对面。用小毛驴驮酒，一边一个桶，上面再加一个。走到中山陵、马群这边，都是几条狼在后面"踢踏踢踏"地跟着。你不惹它，它也不惹你。他们到南京卖酒，一个人不敢走，都要两三个人一起走。从西岗头走到南京西华门，有70里路，高高低低的，要走"九岗十八凹"。

抗美援朝的兵回来是1953年吧？驻军部队住到我们村上，每家都住。那些人是北方人，在这里上课学文化。我们家住的是教师，教他们的。那时候叫军民一家，我们的思想就是从那个时候先进起来的。那时候放的是不讲话的电影，以后才放讲话的电影。那时候提倡“楼上楼下，电灯电话”，天天喊。有的老人不相信，说：“做梦吧！”

解放战争，我讲给你们听。坏也坏在炮校，好也好在炮校。以前都是日军来了跑反，解放战争又要打仗了。反动派的兵住在我们家，吃的吃，抄的抄，挨家搜。老百姓家煮好的饭，他们吃得一桌子两板凳，吃得一塌糊涂。

我们靠炮校近，老百姓一听到打仗就害怕，就跑，跑到土桥。我妈呢，舍不得这个家，舍不得鸡下的蛋，迟了一步。后来一看，这个兵好像不怎么厉害嘛，就拿了张小板凳躲在门口听。人家不讲话，又不侵犯我们，背着背包走他们的路，没有听到多大的动静。第三天才知道是解放兵。我们在土桥待了一个礼拜才回来的。

我大哥要是不到新疆去，他就是南京人。他 16 岁的时候，有亲戚介绍，在南京长乐路铜器店学生意。后来，他报名参军，他师傅写信告诉我父亲了。父亲卖了一斗绿豆，12 元钱，跑到南京，喊他回来，不让他当兵。他后来还是报名到西北。一开始不是到新疆，到西安，后来才去新疆。到新疆苦唉，一封信在路上要走 40 天。我妈天天开门朝西北看，到 1959 年就想出病来了，没有见到人。他 1963 年才回来，那时候结过婚了，有两个小孩。我嫂子是西安人，蛮艰苦的。

我大哥支持我上学。1949 年后种田，生活困难。大哥给家里寄钱，一次寄 30 元。我爹不识字，点个煤油灯，坐在柜子那边数钱。怎么回信呢？生产队里有两个叔叔当教师的，人家礼拜天来帮着写。

我二哥过去在地主家放牛，做长工，也不识字。我大哥来信，叫我上学，我才背了书包上学。

【2017 年 3 月 14 日补充】

以前，我们西岗头姓裔的人有家谱的。文字辈、开字辈、承字辈、相字辈，后面还有 14 个字没有用上呢。家谱在地主家里放着，“文化大革命”时抄家，那些家谱都被弄到大队里去了。

我二哥（裔文钏）是木匠，知道家谱放在大队什么地方，就把它偷出来，藏了起来。这套家谱不全。裔景贵没有女儿，只有一个儿子，叫文根。文根有一个女儿，两个儿子。女儿叫开梅，她下面的两个弟弟，一个叫开泉，一个叫开斌。开泉在南京市里开公交车，是 93 路的司机。开斌是个漆匠。

我姑姑叫裔景妹，名字是 1949 年后取的。跑反时，她 18 岁，她没有被鬼子杀死。

【2017 年 3 月 15 日补充，徐康英在场】

陈广峰的女儿跟着队伍走，哭。人家说：“你这个孩子要她干什么？不影响我们吗？”（大人）就把她摔在塘里了，不要了，带不走了。多呢！诉苦时听他讲的。他家有儿子。农村里，农民没有文化，只晓得过去苦，不会总结，不会写。我1942年生，8岁解放，10岁上学。初小在西岗头，高小在作厂，初中在汤山。上到初二，新书拿到了，母亲生病，我脱了51天课，后来就不上了。

南京大屠杀受害家庭裔文玉接受费仲兴教授采访

我是党员，1965年入党。吃食堂时，在西岗头小食堂当过会计，在生产队当过出纳，当过民兵排长。还参加妇女工作，搞结扎。我比较积极，这些会都参加。

后庄比西岗头落后，乡不乡城不城的，现在还落后，人人向钱看。后庄大队有7个生产队，一千来人。有前庄、中庄、后庄、小天堂。小天堂就在大煤气罐那里。我在后庄大队当过妇女主任、大队委。

我丈夫叫朱寿生，在云南铁道兵部队当过兵，挖山洞。1968年复员，到宝华山煤矿，下井。后来去南京钟厂，在食堂当炊事员，2004年去世。

我有3个儿子（国强、国兵、国军）。有3个孙子，3个孙女。老大的儿子在江宁上大学，老二的女儿在浦口公安大学，还没毕业。

南京大屠杀受害家庭裔文玉家庭族谱

爷爷：裔建和（南京大屠杀遇难者）

父亲：裔景荣

二叔叔：裔景华（南京大屠杀遇难者）

三叔叔：裔景富（南京大屠杀遇难者）

四叔叔：裔景贵

姑姑：裔景妹

母亲：李克香

大哥：裔文钊

二哥：裔文钏

本人：裔文玉（南京大屠杀受害家庭讲述人）

丈夫：朱寿生
大儿子：朱国强
二儿子：朱国兵
三儿子：朱国军

采访南京大屠杀受害家庭裔文玉日记

2017 年 3 月 15 日上午，我们前往南京市秦淮区天地花园 18 栋 111 室采访裔文玉女士，此前戚厚杰老师和费仲兴老师已经采访过一次。

我们到她家时裔女士外出了，等了一会儿她回来了。她非常健谈，采访中还得知其先生也在宝华煤矿工作过，前些年生病去世。

老人是月牙湖拆迁的失地农民，拆迁时政府给了 6 套房子，5 万元，现在每月丈夫单位抚恤补助 220 元，拆迁补助 220 元还有低保补助，每月有 817 元收入。自己住的房子在一楼，隔出一半出租。

七十六、薛伦保家庭

采访时间：2016年11月11日、14日；2017年3月27日
采访地点：南京市江宁区麒麟街道悦民公寓南苑16栋101室
采访人员：费仲兴、徐康英

我们家跑反往各处跑的都有，我亲眼看见日本人到处杀人、放火

薛伦保　口述

【2016 年 11 月 11 日首次调查】

我叫薛伦保，麒麟门西村的，今年 94 岁，属猪，跑反时 15 岁。我的眼睛是稗草戳瞎的，当时 21 岁。医生说，过了一天一夜就治不好了。

1937 年冬月初三，父亲把我和妹妹送到大湖山就回西村，在村边挖洞，把稻谷藏到洞里，盖起来封好，那就烧不掉了，就有吃的了。后来，日本人来得太快了，他们就只好跑到王后村，那里近唉。

汤山有（中国）军队，龙潭也有（中国）军队。吃饭的时候，日军就到湖山了，要我们捞鸡（捉鸡），说的话听不懂。我以前做印刷，无锡话、常州话都懂，他们的话听不懂。捞到鸡，他们给钱，有铜板有银角子，有昭和 12 年的，昭和 13 年的，我才知道他们是日军。日军有汉奸带路。没人带，他们走不过来。这个地方，中国人都

不晓得哪里有路。我后来做生意卖糖，走没人走过的路，从凹子里过来的，哪个晓得有路呢？中午，太阳旺旺的，两边都是山，这里像影子一样。

各家在湖山避难的人不少，还有无锡人，都不晓得日军厉害。挖地洞，躲进洞。晚上喝水，没有，就挑两担装到缸里。

那个村有百来户，日军把出路全封起来，老百姓只让进不让出。日军不多，就十几二十几个人。

中国军队夜里从大石碑过来，向日军开枪，日军不动，躲在壕沟里。那壕沟深哪，人站在壕沟里，头都不露出来。

夜里，日军的援兵到了，马叫得刚刚的，皮鞋咔嗒咔嗒的。中国军队朝他们开枪，两下就对打。

第二天还打。日本兵叫我们抬水给马喝。那马厉害，又高又大。那水桶是布桶。鸡是不杀的，活鸡，用手拉毛，拉得鸡嘎嘎叫。日本兵只要腿上的肉，骨架子不要，内脏不要。

我们帮忙做事的，日本兵就给点吃的，心、肝，烧一大锅，一人弄点吃吃。没有饭。

后来，中国人败了，情况不对了，我就躲在没有粪的旱坑里，用草堵住。日军抓来一个人，那个人呆不拉叽的，日军把他拖出去杀了。有个人比我大，有20几岁了，身上没有肌肉的。他哭起来了，以为要杀他了。日本兵摸摸他的膀子，没有杀他。农村没有墙，村里人全往北面跑了，我们不晓得跑。日本兵把大门卸下来，门板、凳子码起来，把他们的死人烧成灰带走。日军死得很少，我们抬的。中国军队往南京奔。

我妹妹叫翠英，那时才7岁。日军在门口摆了几张大桌子，一人一个包，要我们背。那家姓戴，叫戴志炳。有弟兄四个，老四有20来岁。日本兵要老头背东西，他不走，日本兵就戳他，老头一脸的血。他说："我这么大年纪了，60多岁了，空身走一趟都走不动。"日本把几个女的关起来，后来又放了。那家后面有个大院子，我躲在阁楼上，叫妹妹把柴草堆上，让她去跟老头老太玩。我不能走哇。人都走了，妹妹吓坏了，把草扒开。

我的家门大妈有两个儿子，叫日军拖去了。她带了驴子来湖山，把我们拉回西村，往北面圩子里走，烧鸡给我们吃。

西村的大房子都烧掉了，人都走光了。我走到村后，进家一看，忍不住哭了。我们往北边走，到了秦家渡。日军没有去那个村，没有烧房子。日军的地图上没有秦家渡，漏掉了。

我们家原来想一起跑反的。日军来得快，他们就只好到王后村去。王后村那个学校里有标语，打倒日军的标语。日军就在学校里杀人，看到人就拖，解开衣服，杀，

20 岁到 40 岁的，十八九岁的多。

起初大家都不晓得日军会杀人唉，以为检查检查，检查完了就会放人的。要是知道日军要杀人，大家齐心起来，还打不过他们吗？那天进村的日本兵没有几个。他们杀人为号，放火为号，就算到过了，然后奔南京。

王后村那个学校里住的全是西村来的老百姓。日军把大家的手反绑起来，检查，人到了就捆，杀了不少人。

薛伦富一家被杀了四个：伦富和他的三个儿子（长生、毛头、四猴），一起死在那里。

薛继林一家被杀了五个：继林、继福、继兴（小名腊宝）、继山、和尚。和尚是小一辈的。薛根子也是在学校里杀的，他才结婚，老婆怀上娃娃了。他老子是薛兴柱。根子是老大，杀死了。老二没有杀，他比我大一岁。

我有兄弟姐妹六个。大哥薛伦忠，跑反时跑到汉口，后来又到重庆。日军飞机在那里炸得厉害。弟弟叫薛伦叙，跑反时跟了父母到王后村。我的姐姐嫁到东流了，没有和我们一起跑反。大妹在城里姑妈家，跑反时进了难民区，在上海路宁北路那里。我们一家人，往各处跑的都有，跑反回来，个个还原，一个也没有死。

薛伦林的腿不好，日本兵要他拉车子，他拉到麒麟门，出了一身汗回来了。有个奶奶住在拆掉的房子里，让他拿瓢，要水喝。日本兵对他一枪，把他打死了，胸口全是血。

薛伦泉被日军拉到南京，关在老虎桥一个大院子里，没吃的，就挖草根吃。里面还有中国兵。人家写个条子，说他是老百姓，日军就把他放回来了。

薛伦泉是快解放的时候死的。他有两个儿子、两个女儿。一个女儿从小就送人了。大儿子叫继生。小儿子招给白家场他姨娘家了。

我的四叔小名叫老四，出去后就没有来家，死在外头了。他兄弟五个，他是老四，没有大名。他在家烤火，碰到了日本兵。日本兵要他到塘里捞鸡。后来又把他带走了。他再也没有回来。到哪里去找人呢？

陈春山有六个儿子。他是在扬州开作坊做老板的。跑反时在家看门，被日本兵拖出去，开枪打死了。他长得又高又壮，像个大军官，待在家里。日本兵看了不顺眼，就把他杀了。

我爹妈从后巷跑到栖霞，住在庙里。庙里有老和尚，有一块日本人的碑。后来，这块碑也管不住了，日军在那里强奸，逃难的人全往水泥厂去。水泥厂里老百姓多，日本人不敢惹事，难民区救了好多人。

我去水泥厂送米送菜送牛草，他们在那里要吃要喝的。我在水泥厂一夜都没有歇过，去了就回，回来就住在秦家渡。

灵山打了一仗，中国人死了不少。灵山的土匪头子叫胡二，有人马，有枪，到村里来拉牛，抢粮食，什么事都干。

有个外国人，名字不知道，到村里来校枪校炮做试验，人很好，西村的人都认识他。他长期在，中国话都会讲。三十来岁，没结婚，常常来西村。他只有一个妹妹，没有父母。他喜欢东跑西跑，不怕吃苦，做事情也负责。他到水泥厂保护工厂，房屋财产不让动。墙上房顶上用油漆涂起来，不让日本飞机看到下面有什么东西，怕日本人投炸弹。

校枪校炮的地方就在西村靶场，在薛家老坟那里。西村往西，过岗往南，在公路南边不远，喊一声就能听到的。他们在那里朝东边山上打。西村靶场唉，许多人都知道。

他在靶场打枪，把铜管管（铜弹壳）送给小孩，一人送两三个。我们拿了就给挑高箩的（收废品的），换糖吃。

【2016 年 11 月 14 日调查】

跑反前，我们西村有六十多户。大多数姓薛，还有姓陈的，姓高的，姓王的。姓王的就一家。其他姓都是外地来的。

我们薛家老祖宗是从山东薛家宅过来的。西村姓薛的有七进的祠堂，有大照壁，八字式的。后来烧掉了。不晓得哪年烧的。

我祖父叫薛齐建，兄弟五个，他是老二。我父亲叫薛兴全。他没有兄弟，有两个姐姐。我母亲叫薛苏氏，娘家在大山冈，那个村子在麒麟门东边一里路。我是 21 岁结婚的，我老婆叫王巧云，去世了。她娘家是王后村的，与王学沂是家门姐妹。

伦字辈，现在我的年纪最大。伦字辈的不多了。兴字辈的没有了。

我有三个儿子（双流、继勇、松林），两个女儿（双玲、桂茹），文化都不高。孙子辈有大学毕业的。上的哪个大学，不知道。

费仲兴教授（右）采访南京大屠杀受害家庭薛伦保的儿子薛继勇（左）

我念过书，背过《百家姓》《千字文》，没有念过《幼学》《论语》《孟子》，认识的字不多。后来在印刷所当学徒，学过一些字。

我家跑反前只有两间房。天热，家里住不下，我们睡在外头，没有蚊帐，尽是蚊子。大姐出去当童养媳。

我 13 岁出去当学徒，在长

江路杜寨营那里，在工友记印刷所干活，干了两年。为什么出去呢？家里穷唉。

那个地方靠近国民大会堂，日军的飞机要炸国民大会堂，没得油了，炸弹掉下来就飞走了。他们炸的时候，我还在干活。后来，没有活干了，我就回家种田。跑反回来，两间房子没有全烧掉，只烧了一部分。土改时，我是贫农。

西村有钱的人不多。根子家的房子好，是前后进，可他家人多，一分开就没得多少了。西村人没有当过大官，只有一个人当过小官。

日军到的地方都要杀人。不论多少，都要烧一点，杀一点。

小徐家边那里，日军烧房子，年轻人出来救火，全被杀死了。他们村被拉夫出去的没有死，在家里的全死光了，周边的人都知道。苏昭明出去了，没有在家。他是死在外头的。

南京大屠杀受害家庭幸存者薛伦保家庭家谱

爷爷：薛齐建

父亲：薛兴全

母亲：薛苏氏

大哥：薛伦忠

弟弟：薛伦叙

本人：薛伦保（南京大屠杀幸存者）

妻子：王巧云

大儿子：薛双流

二儿子：薛继勇

三儿子：薛松林

大女儿：薛双玲

二女儿：薛桂茹

采访南京大屠杀受害家庭薛伦保日记

2017 年 3 月 27 日上午 11:30，我们前往南京江宁区麒麟街道西村 31 号采访薛伦保的儿子薛继勇。此前戚厚杰老师和费仲兴老师已经采访过薛伦保，由于他已经双目失明，此次补充采访其儿子。薛继勇在家门口开了个理发店，我们的采访就在理发店里进行。

七十七、薛伦才家庭

采访时间：2016年11月11日费仲兴首次采访；2017年3月27日费仲兴、徐康英二次采访

采访地点：南京江宁区麒麟镇西村131号

采访人员：费仲兴、徐康英

亲眼看到鬼子杀人放火，跑反在外没得吃的就吃花儿草、苜蓿头

薛伦才　口述

我叫薛伦才，今年88岁，属蛇。

跑反时9岁，跑到了王后村。那里有山，指望能躲一躲。我的堂哥在王后村学校（原来是祠堂）里被日军杀死了。他小名叫根子，大名不知道。麒麟门有一个人能问到，他今年95岁，能讲，但眼瞎了。他叫薛伦保，就是我们村前头理发师薛双流的父亲。

薛伦喜的老子薛三老头，在村前水塘边洗东西，一个日本兵端起枪来，放了一枪，把他的腿打伤了。他当时没有死，后来找不到医生，死了。

薛伦超的父亲也是在王后村杀死的，他的名字不知道，你要去问瞎子（指薛伦宝）。他比我大6岁，记性好。

跑反时，薛兴忠的儿子薛伦洪在家门口坐着，在小店里看店，不肯走，没有跑反，被鬼子打死了。不知道是开枪打的还是刀子杀的。

我4岁就没有父亲。跑反时，母亲带着我跑。先跑到后面（指村子北面）。我堂哥不放心，带信叫我们去王后村。我们头天晚上到王后村，第二天他就在王后村被日军杀死了。

南京大屠杀受害家庭薛伦才（左）接受费仲兴教授（右）采访

我没有读书，不识字。我的眼睛看不到字了，没有哪个地方可以下笔了。

我们村上跑反的人一开始都住在王后村祠堂里。有个亲戚住在王后村东边，我们就往东边走。鬼子在拐角那里栓了两头牛，大家不知道他们是日本兵，喊他们广东军。鬼子搜大家身上的钱。

有个人身上有钱，鬼子放他走了。还有一个人身上没有钱。就我堂哥跟了鬼子走了。那趟杀死得惨呢。伦富家杀得只剩下一个老太。他前面的一个儿子给了人家了。

薛家有家谱，有祠堂。“文化大革命”的时候，家谱烧掉了。我们有班辈的：汝有必成大家振，齐兴伦继万年春。我是伦字辈的。

我家上代太太在汉口开铜锡店的，家里有九间房。后五间叫长厅，前面是四间楼房，还有厢房。从前头到后头，不用走野路。边坊八里路，周围老百姓都晓得我们的房子。那砖方方的，有这么大（用手比画，约40厘米见方），家里都是用板子隔的，没有用什么砖。

日军来了，烧房子，那房子烧了九天九夜才落下来（熄灭）。里面的东西多哪，全烧光了。那房子在村前头，靠着马路。后来，我们没地方住，就住在薛继涛家，在他家住了一年。没得吃的，就吃花儿草、苜蓿头。花儿草啊，以前是做肥料的，开紫花。花儿草是徐家边人种的，就在前面。到了晚上，我们去割一点回来。那日子真苦啊。

日军召集老百姓敲石子，给钱。我们家没有劳动力，拿不到钱。

我兄弟两个，我是老大。弟弟叫伦勇，跑反时才4岁。有两个姐姐都出去做童养媳了。

我爷爷在房子盖起来没多久就去世了。奶奶管我们，她在跑反时去世了。我父亲叫薛兴礼，兄弟三个，他最小。他大哥叫兴怀，二哥叫兴柱。根子就是兴柱的儿子。

采访南京大屠杀受害家庭薛伦才日记

2017年3月27日上午10:30，我们前往南京江宁区麒麟街道西村167号采访薛伦才。

2016年11月11日费仲兴老师已经采访过一次。老人身体蛮好，和儿子住在一起，孙女薛娇在家，补充采访主要是采访薛娇，进一步了解家庭人员情况。

七十八、蓝洪银家庭

采访时间：2016年10月19日上午

采访地点：江苏省句容市黄梅街道（原黄梅镇）东巷棚场35号

采访人员：费仲兴、徐康英、王杰、王南

跑反时我一家六口被杀，母亲改嫁，我过继给家门伯伯、伯母

蓝洪银　口述

1937年12月13日前，我们家住在南京汤山青林孤山堰。我祖上是苏北海州（灌云，灌南）的。我爷爷兄弟三个，他排行老三，他们的名字叫蓝树根、蓝树桩、蓝树叶，我爷爷不知是树根还是树桩。家里在山里盖的三间房是乌壳式小草房，山上石头砌的墙。

我今年83岁，属鸡，跑反时5岁。跑反前，我家住在离后巷不远的孤山堰，现在属汤山青林。跑反时，我们躲在马路下边防洪沟边上的两个洞里，我家一个洞，我伯父家一个洞。我母亲没有躲在洞里，她事先跑到别的地方去了。

跑反时，我很小，印象非常模糊，只记得打仗时天上有一小朵云（注：指日军的飞机），灰灰的，白白的，不动，很高。后来听大人讲，那朵云到哪里，日军的先头部队就到那里。冬月十二那天下午，鬼子杀人，在洞口附近被杀死的有6个，因为年纪小，不晓得他们具体叫什么名字。

我的奶奶当时没有躲在洞里，在厨房里，听到枪响，就出来看，日本鬼子见到后把她一枪打死，她死后斜靠在墙根旁。

我同年的堂兄弟，5岁，他是被日本鬼子掼死的，掼死了，又刺一刀。一家六口被杀，太爷把几个人堆在一起埋了。墓地在通往安基山水库的路边，最近那里修路，马路拓宽，要挖坟，汤山街道来找，我不同意。我年纪大了，这个事交给儿子处理，你们来我以为是为修路迁墓地的事呢。墓地边上是葡萄园，实在不行，就挪到葡萄园。希望你们给我们反映一下。

我和儿子也找过纪念馆，刘老师和一位女同志接待的，他们说我户口现在不是南京的，就不算我是幸存者。

鬼子杀人时我还睡在洞里，醒来后不见大人，就爬出洞口哭。我的大歪歪（注：方言，大叔）蓝小龙冒着危险把我抱走，鬼子的子弹嗖嗖地响，打得后面的泥土直冒烟。我大歪歪当时才19岁。当天晚上，我的老太爷（曾祖父）把我抱到叔叔家里躲了一个晚上。他家就在窑湾的一个土凹子里。后来，我就到了东巷，由我的家门大伯蓝连喜领大的。

后巷那里有个人叫安时和，比我大几岁，他对我很好。我家人的坟墓就在后巷二营通安基山水库的路边，每年都去扫墓的。跑反时，后巷只有二三户人家，二营那里也没有几户。我的爷爷蓝树×；我的父亲，小名叫“小毛子”，大名不晓得；我的大伯，小名叫“大白子”，大名不晓得；我太爷（堂太爷）是光棍条条一个，人家就喊他蓝老大。1949年前，他没有房子，当流浪鬼。1949年后分到了地主的一间房子，七分田，我还给他帮忙，帮他种过田。他到老也没有结婚。我叫不出他的名字来。窑湾村的人当时就喊他蓝老大，他年纪最大，一无所有，一行都没得，不晓得他怎么过来的，他怎么死的，什么时候死的，我都不知道，搞不清楚。

现在窑湾有五六户姓蓝，上窑湾还有一家姓蓝，他们都是蓝小龙的晚辈。

母亲逃出去后改嫁到苏州。我12岁那年在青林一个庙里同她见过一面。家门伯伯和伯母不让她带我走，因为他们没有小孩，把我养到那么大不容易。

后来，我13岁就开始给人放牛，牛在谁家干活，就去谁家吃饭。放牛的地方远得很，在句容亭子的螺丝宕、西谢、东谢一带都放过牛。冬天那么冷，我就穿一条单裤，而且是补了又补的。

放牛的时候，新四军游击队的队长戴庆元都知道我的，叫我和另外一个小鬼放哨、送信。他们写好的信，缝在我的裤腰带里，我们光着上身，束了裤腰带出去送信，鬼子从来不搜小孩的。这段历史我以前没有给别人说过。

13岁放牛，16岁中华人民共和国成立了。1956年出去做工，在市建二公司搞基建，当小工，后来开吊车。1988年退休，现在每月拿700来元退休金。

我家对面的山上有炮台。小时候，我们在门口看，看到有人在山上忙，但不知道他们是在修炮台。过了年把，日军就过来了。鬼子从山上冲下来，把躲在洞里的人拖出来，拖到洞口附近的荒坡上开枪打死。我老太爷连夜把我奶奶拖过来，一起埋的，当时用土堆了一个坟。

跑反时挖了两个地洞，门朝西，一家一个，隔一二米远，洞里铺点稻草。孤山堰周围的山上有许多炮台。东巷这边也有炮台，南边的水库旁边就有一个。老伏牛山上还有一个。

我爷爷的老家在海州，家里困难，逃荒出来的，他的名字不知道。逃荒过来就落脚在安基山二营，我父亲就是在二营那里生的。

我母亲是孟塘大队孟塘街上的，姓严。我的亲舅舅，大舅，姓严，叫什么，不知道。他的儿子叫连根子，现在有五六十岁了。我为什么不同舅舅来往呢？我们这里把得紧，不给他们认。我婆婆、舅舅都来认过我的。小舅舅叫李官宝，是婆婆改嫁后生的，他不在了，同他们不来往了。平定下来后，他们来找过我，认过我，这边的爷爷、奶奶不给认。这边的大伯叫蓝世金，小名连喜，大妈叫方义梅。大伯和我父亲是同辈的，是堂兄弟。

南京大屠杀时，大伯跑反到了匡家边。爷爷那一辈，兄弟3个从海州过来，都落脚在二营朝山凹里，不到上窑湾，差个500来米吧。

蓝世金是怎么过来的（指落户句容），我不清楚了。上窑湾、下窑湾姓蓝的人多了，有十来户。他们没有受过罪，没有损失过人，就我们一家受罪，一家给搞光了。我过来以后，还是喊他们大伯、大妈，没有改口。我大妈生过一个丫头，改嫁给大伯后没生过，把我当儿子来养了。

大伯、大妈都是种地主的田，自家没有田，家里很苦。我13岁就帮人放牛，在宝华山螺丝宕那里给人放牛。我大伯的妹妹嫁给亭子巷东谢村，他经常去。人家要找个放牛的，我就去了。那个村就13户人家，有12户打游击，1户是地主，姓秦，他帮日本鬼子带路，出门就打死了。我帮游击队队长家放牛，他叫戴庆元，是农民，扛犁耕田的。我帮他扛枪。他晚上出去开会，我一直陪他出去。他们开会我睡觉，他们喊我吃夜宵，我就起来吃。散会后，开会的主要人物在后面，我们在前面，看到什么情况就喊，怎么喊有讲究。碰到日本人，喊的声音就高，害怕嘛。小日本当时住在西谢，有一个兵团，不到两公里，经常到螺丝宕扫荡，我们经常看到日本兵。

16岁那年中华人民共和国成立了，我在山上放牛，当时回到东巷了。土改时，大伯大妈家评为贫苦农，分到了好几亩地，有水田，也有旱地，种田，我也种田。在我女儿16岁那年，我大伯去世了，可能是脑溢血，头天还好好的。大妈是在大伯去世后的第二天去世的，当时家里十分困难，有老有小，一下子两个老人去世。

1956年，村上有好几个人出去打工，挣两个钱，我也去了。人家看我们能干，就把我们留下。在汤山疗养院搞一个工程，是南京建筑公司（后来改为大地集团）干的。留下后，户口就迁过去了，在那里当工人，年底转为正式工人。先在铁管巷南京三公司，后来调到二公司，在华侨路，住在集体宿舍里。哪里有工程就上那里，住在临时工棚里，床铺都小，用毛竹敲（编）起来的。户口是城市集体户口，一直干到1988年退休。南京炼油厂、烷基苯厂，都是我们干的大工程。我是开吊车的，当大机班的班长，手上十几个人。吊车、混凝土搅拌机、大塔吊、2—6吨的红旗吊、卷扬机，我是第一把手，都操作的，还有电焊工，什么都有。

我25岁结婚，老婆叫徐淑清，今年76岁，属蛇。江苏省句容春城人，一直在生产队种地。现有一女两儿。女儿最大，叫蓝玉珍，属猪，今年58岁。现住锁石村，女婿姓孟。大儿子叫蓝小荣，属虎，今年54岁，是个木匠。大媳妇是农民，他们有一个儿子，一个女儿。班辈字是“叶”，后来学校里不好搞，改了。

小儿子叫蓝小华，属马，今年50岁。顶职到我原来的工作单位，后来离职给一个老板开车。老板是公安部退休的，公司业务是消防服务。小儿子自学南京林业大学大专，老板看他有文化，让在锁金村汽车队当会计，后来调动到苏州当副经理，还配了汽车，具体刚什么，拿多少钱我不清楚。小儿子跟前妻生了个儿子，离婚后又娶了个苏州大学毕业的，今年31岁，比小儿子小30岁，生了个孙女。小儿子在句容买了房子，小儿媳在句容开个中国电信门店。他们对我们好，房子买到句容也是为了照顾我们。我现在住的地方是拆迁过来的就给了三分地，我们老两口住。我每月退休金有3000多元。

南京大屠杀受害家庭蓝洪银家庭家谱

堂大爷：蓝老大

大伯公：蓝树 ×（南京大屠杀遇难者）

二伯公：蓝树 ×（南京大屠杀遇难者）

爷爷：蓝树 ×（南京大屠杀遇难者）

大伯：蓝连喜

大妈：方义梅

堂兄：蓝 ××（南京大屠杀遇难者，5 岁）

父亲：蓝 ××（小名：小毛子，南京大屠杀遇难者）

母亲：严 ××（南京大屠杀遇难者）

本人：蓝洪银（南京大屠杀受害家庭讲述人）

妻子：徐淑清

女儿：蓝玉珍

大儿子：蓝小荣

小儿子：蓝小华

采访南京大屠杀受害家庭蓝洪银日记

2016 年 10 月 19 日上午，我们前往句容黄梅东巷棚场采访南京大屠杀受害家庭蓝洪银。此行作为我们课题组一次采访培训。由费仲兴老师做示范，培训我们如何进行采访。

来到句容黄梅东巷棚场，蓝洪银已经在路口等我们了，老人领我们到他家，入座以后费老师提问采访，我们记录、录音。采访结束以后蓝洪银领我们去了他的爷爷、奶奶、爸爸、大妈、大伯、堂兄弟被日军杀害以后埋葬墓地，墓地在汤山安基山。此处正在扩路，有可能要影响，蓝洪银希望墓地能够保留，因为这是日军屠杀的证据。目前他和老伴（徐淑清）单独生活，每月退休金可以维持生活，所以不用儿女操心。

蓝洪银 22 岁回到南京参加工作，50 多岁退休，原本有三个儿子，一个女儿，小儿子在很小的时候溺水身亡。大儿子蓝小荣与他们生活在一个村子里，是一个木匠，大儿媳妇是农民；小儿子蓝小华生活条件较为富裕，目前生活在苏州，他之前有过一个媳妇，后来离婚。与前妻有一个儿子；现在又找了个媳妇，这个媳妇是苏州大学毕业的，比他小近 30 岁，两人生了个女儿。小儿媳妇有自己的工作；女儿蓝玉珍嫁到锁石村，女婿姓孟，两人生了一儿一女。目前和老伴（徐淑清）单独生活，退休金就可以维持生活，所以不用儿女操心。

七十九、鲍秀珍家庭

采访时间：2017年5月17日

采访地点：南京市江宁区汤山镇汤山街泉源路9号

采访人员：费仲兴、徐康英、王南

父亲、公公、堂哥跑反时被日本人杀害，三间住房被放火烧光

鲍秀珍　口述

我叫鲍秀珍，1930年出生，日本人来的时候我还小，还在上学，那时候的事情有的记不住了。1937年日军来之后，我就跟着爸妈跑反，就没去上学了。

1937年12月16号，我父亲鲍家本在跑反的时候，被日本人抓住拉到沧波门，用绳子绑起来，枪杀了。叔伯家的哥哥叫鲍家城，跟父亲一起被日本人抓去也杀死了。我们家在汤山寺桥附近有三间房子都被日本人放火烧掉，后来我们就没有房子住，一直租别人家的房子住到1949年以后才有自己的房子。

我母亲在1937年日军没来之前就走掉了（死了），我父亲死后，我是被大大（大伯）带大的，大大是做小生意的，一辈子没有找人结婚。我丈夫的父亲周仁林也是在跑反的时候被日本人抓到杀死的。

我丈夫叫周发银，1965年入党，是汤山二队队长，已经去世。我有6个小孩，2个儿子，4个女儿。大儿子周祥宝，当木匠；二儿子周祥林开理发店。大女儿周培珍、二女儿周桂香、三女儿周玉兰、四女儿周冬兰，她们全部务农。

南京大屠杀受害家庭鲍秀珍家庭族谱

父亲：鲍家本（南京大屠杀遇难者）

堂哥：鲍家城（南京大屠杀遇难者）

公公：周仁林（南京大屠杀遇难者）

本人：鲍秀珍（南京大屠杀受害家庭讲述人）

丈夫：周发银

大儿子：周祥宝

二儿子：周祥林

大女儿：周培珍

南京大屠杀受害家庭鲍秀珍（左）、朱尚炎（中）与费仲兴教授（右）等合影

二女儿：周桂香
三女儿：周玉兰
四女儿：周冬兰

采访南京大屠杀受害家庭鲍秀珍日记

2017年5月17日中午，我们在汤山镇朱尚炎的带领下来到南京市江宁区汤山镇汤山街泉源路9号鲍秀珍家。

老人独居一个小院，院子里还养了几只老母鸡。老人1930年出生，身体还不错，她告诉我们日军来之前自己还上学，日军来之后，就跟着爸妈跑反，就没去上学了。她告诉我们其父鲍家本于1937年12月16号，在跑反的时候，被日本兵抓住拉到沧波门，用绳子绑起来，枪杀。叔伯家的哥哥叫鲍家城，跟父亲一起出去也被日本兵杀死。丈夫的父亲周仁林也是被日本兵杀死的。她家在寺桥的三间房子都被日军放火烧掉。

老人丈夫叫周发银，前几年去世了。有两个儿子，四个女儿。生活还能自理，每天晚上二儿子来家陪住。

八十、马淑勤家庭

采访时间：2017年7月4号上午10:00
采访地点：南京市溧水区永阳镇恒大金碧天下F13栋708室
采访人员：沈亦涵、金萍萍

跑反让我家骨肉分离、颠沛流离、居无定所

马淑勤　口述

我叫马淑勤，我没有结婚，我现在的儿子是从我妹妹那里过继来的。

1937年日军攻占南京城的时候，我才10岁，当时我们家有9口人，住在管家桥31号。我父亲觉得住的地方不怎么安全，就四处去找房子，最后找到了南师大附近的蒯公馆（逃亡前有钱人住的地方）。

之后，我姐姐的同学叫徐金声，他的父亲是财政部的副部长，他让我父亲跟着他们一起撤出南京。于是我父亲就让他带着我三姐、四姐、五姐先走，他自己随后就到。

因为我的三个姐姐是跟着财政部的车子走，我和我父亲就只能坐船去汉口。当时南京只允许出城，不允许进城，我和我父亲来到中山码头去找上大船的小船，但是始终都没有找到。

此时日军已经攻占了句容，我们当时都很着急，我和我父亲一直往返于下关码头和火车站之间，但是始终没有找到那条上大船的小船。于是我们就想办法回去，但是城门已经关闭了，后来我父亲正好碰到了以前红土桥的老邻居，他是开军车的，就正好把我们给送进了城里面。我们到家后，发现我母亲一直在那里哭（当时是因为我母亲不舍得家里的房子，所以没有走），看到我们很惊讶。

第二天，我爸爸又出去找房子，最后在小粉桥那边落下脚。后来日军快要打到我们住的地方的时候，我们全家就躲进了由华小姐建立的南师大难民营里面，女人们住在里面，男人住在外面。

华小姐在里面给我们每天提供两顿稀饭或者绿豆汤，早上晚上各一顿。之后华小姐还在里面开办了学堂，我因为活泼好动也深受华小姐的喜爱。日本兵经常来南师大抓男壮丁，每次华小姐都不同意，后来日本兵就离开了。

但是日军并没有因此而甘心，他们派汉奸去召集人们进行游说，骗那些散兵和普通老百姓说日军会提供工作，然后就把那些站出来的人拉上卡车，运到江东门和水西门给屠杀了。

日军后来经常来到南师大门口要进来抓妇女，华小姐始终都不同意，最后无法只能跪下来哀求他们，日本当时还没和美国开战，所以最后只能悻悻地走了。

有一次，我父亲因为救了一个逃跑的女人差点被日本人的枪打中，幸好是擦着脑袋过去的。

过了一段时间以后，日军也没有再进行大规模的屠杀了，慢慢地也就安定了下来，我们也就回到了碑亭巷，但是家里的东西已经被烧光了，并且残留了很多日军留下来的排泄物。

我的三个姐姐在大屠杀期间住在了汉口。她们在汉口遇到了我的干姐姐，他们一家正准备搬往香港去，我三姐就跟着他们一起去了香港。

我五姐因为从小就订了婚，婆家也准备搬往香港，于是就跟着他们一起去了香港。到了香港以后，因为没有工作，我五姐未婚夫的二哥拉着他一起去了“息风”特务组织。本来我五姐夫也要拉我姐姐一起去，但是我父亲没有同意，之后就和我三姐一起回到了上海，投靠在了我邻居家。

之后，我父亲就把她们接回了家，那也就代表着我五姐的婚事黄了。我五姐夫跟随着国民党回到了南京，但是我五姐夫因为自己已有中意之人，便与我姐姐解除了婚约，我姐姐因此还生了病。后来我四姐的同学徐金生来看望我姐，因为他父亲是在财政部工作，之后就给我五姐介绍了在税务局的工作，并认识了我现在的五姐夫。

日军走后，回到南京的来回奔波的父亲也彻底垮了，生了一场大病，碑亭巷家里的家具也都被烧光了，家里没了生活来源。父亲便在新街口附近靠近汉东路口支个香烟摊子卖香烟维持生活，国民党回来后也找过父亲做生意，可是父亲已经老了，便介绍给自己以前一个徒弟，收取一些介绍费用。

采访南京大屠杀受害家庭幸存者马淑勤日记

2017 年 7 月 4 日上午，我们来到迄今为止地址最远的一户：溧水区永阳镇恒大金碧天下。刚开门，幸存者家里大金毛便热情地扑过来，将我们几小时车程的疲惫感驱赶而去。

马淑勤老人正坐在电视机前看着抗日剧，儿媳妇则在餐桌旁忙碌着，准备着大金毛土豆儿的窝窝头。土豆儿不认生，看见我们来了后很开心，摇头摆尾地向我们示好，还叼来自己最喜欢的球，似乎想让我们跟它一起玩。

跟老人打过招呼后，我们便坐下来在抗日剧的背景声音下开始了采访。马淑勤老人说，1937 年，她才 10 岁，住在管家桥 31 号，家里有父亲马宏源、母亲马金氏、五个姐姐还有一个妹妹，家里是靠搭凉棚做得小生意生活的。

新街口和管家桥附近一带就是难民营，而她家在管家桥边沿地带，不安全，父亲由于自己常年做着搭棚子的生意，认识一些熟人。由于南师大附近蒯公馆举家都逃走搬走了，在日军进城的前几天，他们一家在蒯公馆看门人的帮忙下住到了蒯公馆。

马淑勤四姐的有一个同学叫徐金声，其父是财政部的副部长。由于日军将要入城，财政部要撤离到汉口。他愿意帮着带几个人一起撤离，因为当时离开南京的船票很难买，马淑勤父亲便同意让徐金声带着马淑勤的三姐、四姐、五姐跟着财政部一起撤离到汉口。

由于家里做生意有很多房产，马淑勤的母亲心里放心不下，再加上家里的老七还小，才 7 岁，不适合跑反，于是决定留下来。

大姐、二姐也都嫁人了，马淑勤的父亲便买了和她去汉口的船票。当时南京只准出城不准进城，日本人也已经打到了句容。

他们到了中山码头，要坐小船到大船，可是他们又找不到上船的地方，他们看到一个小船，正走上去，却被一位军人厉声喝道："你们想找死！这是上前线的船。"于是便把她抱下来，她们找了四周都找不到船，四周黑压压的都是逃退的国民党兵。

可是当时已经出城了，不能再进城了，想回去也回不了了。正慌张无措的时候，突然遇到了以前住在红土桥的邻居，交代了情况后，因为邻居开着军车，专门接送长官出入，好心将他们送进了城，回到家里看见母亲正大哭伤心一大家子的离散，看见他们回来很惊讶。

日军进城后，他们家就逃到了难民营，难民营里的大缸每天早晚煮两顿稀饭，红豆或绿豆稀饭。

难民营里有很多国民党伤兵，于是汉奸忽悠伤兵们说给他们工作管吃住，一卡车一卡车地运走了几十车国民党伤兵到水西门、江东门进行屠杀。

因为她们家邻居在上海开了个酒丰呢绒店，专门卖呢绒，父亲便到了上海去帮忙。三姐、四姐、五姐到了汉口以后，四姐碰到一个干姐姐，就带四姐到了湖南。三姐和五姐去了香港，五姐小时候就定下了婚约，五姐长得漂亮又聪明，于是从小就立下婚约的五姐夫和他二姑也跟着去了香港。

五姐的未婚夫当时没有工作，就被忽悠去了一个息烽的特务机关，五姐夫想带五姐一起去，五姐便给父亲写信征求是否答应未婚夫一起去息烽，父亲让她的未婚夫先去息烽安身，如果真的安顿好了再来接五姐也不迟。于是五姐和三姐在父亲的劝说下一起回到了上海，与四姐与父亲团聚，因为那时候四姐已经与在湖南的侄子一起回到上海父亲这里了。

后来，在特务机关息烽工作的五姐夫也回到了南京，不同的是多带回了一个女人，他跟五姐说这个女人是追着他回南京的，在香港的时候也照顾他，没办法辜负这个带回来的女人，于是被逼无奈跟青梅竹马的五姐解除了婚约，此后，五姐生了一场大病。

四姐的同学徐金声帮助五姐介绍了一份工作摆脱困境，到了镇江的税务局工作然后调到了常州，认识了现在的五姐夫，五姐夫是西南大学的财政系毕业的。五姐夫家里很有钱，五姐结婚后生育了三儿一女。

日军走后，回到南京的来回奔波的父亲也彻底垮了，生了一场大病，碑亭巷家里的家具也都被烧光了。

家里没了生活来源，父亲便在新街口附近靠近汉东路口支个香烟摊子卖香烟维持生意，国民党回来后也找过父亲做生意，可是父亲已经老了，便介绍给自己以前一个徒弟，收取一些介绍费用。

一场民族的史难，让这个家庭骨肉分离、颠沛流离、居无定所，让原本做生意的幸福家庭最后靠卖香烟过活，让老人失去了幸福安稳的童年，只读了高一就辍学，也让敢闯敢拼的父亲马宏源受精神刺激英年早逝。

但是老人透露现在自己看这些抗日剧也带着科学理性的眼光，希望中日和平，历史不再重演，也希望勿忘国耻，铭记这场改变家族命运的灾难。

八十一、李荣全家庭

采访时间：2018年6月11日上午10:00

采访地点：南京市光明塑料模具厂

采访人员：沈亦涵、丁传奇

我们家跑反躲过了日军杀害，但痛恨日军残暴行为，至今不买任何日本产品

李昌宝　口述

我父亲李荣金是南京大屠杀幸存者，我是他的儿子，叫李昌宝。我父亲是 2013 年 5 月份去世的，去世的时候已经有 89 岁了。

1937 年的时候，我父亲 13 岁，由于淞沪会战的失守，日军沿着沪宁线一路进到南京，当时日军是从中华门进来的，而我爷爷他们由于住的村子很偏远且不在火线上，所以导致信息不灵通，等到日军快进村的时候，村民以为是一群外国人来游玩，并没有任何警觉的意识。

但是后来有一个村民说在自己回来的路上看到这些人在杀人，村民听了以后很害怕，便带着自己的家人开始跑反。还有一部分村民觉得自己是老百姓没有必要逃走，就留守在村子里面，这其中就包括我的爷爷，直到日军火烧我们家房子的时候才带着全家跑反。

我们家和其他村民一样从我们村一路跑反到了李岗村附近，因为知道周围也有日本兵，所以我爷爷他们就把我们家里人藏在石头底下，免遭荼毒。

我们家跑反应该是蛮幸运的，没有人被日本兵杀害，但是周围的人就比较可怜了。

我父亲说有一个邻居叫雷继才，他跑反到孟墓附近的青龙山的时候被日军发现，由于日本兵发现雷继才的额头有帽子的印痕，手上有老茧，以为是国民党的残兵，就把他抓到太平门去了。

当时太平门附近有一个土堆，日军就把这些抓来的人全部往上赶，等到人几乎都全赶上土堆去以后，日军就开始第一轮扫射，子弹直接贴着雷继才的头皮穿了过去，幸好没有太大的生命危险。

随着人群一批批地倒下，日军开始了第二轮的屠杀，用刺刀一个个地刺已经倒在地上的人，这一次雷继才被刺刀刺到了胳肢窝，但是他强忍疼痛没有喊出声。

紧接着日军又开始进行第三轮的屠杀，在尸体上浇油准备点火毁尸灭迹，这一次雷继才趁机逃脱了。当日军走远以后，雷继才爬出了死人堆，躲在附近的芦苇荡里，几天后才慢慢地走回了家。

其实在大屠杀期间虽然我们家是很幸运的，但是我们还是很痛恨日军的残酷暴虐的行为，以至于我们家从来不买任何日本产品，他们的所作所为并非人性所驱使的那样，所以我们一家在教育后代的时候通常把这些会讲给他们听，让他们更多地去了解这段历史，铭记这段历史，将经验教训时刻谨记在心。我父亲生前也会和我们讲一些南京大屠杀的事情。

南京大屠杀受害家庭李荣金家庭家谱

本人：李荣金（南京大屠杀幸存者）

妻子：刘玉珍

大女儿：李昌英

二女儿：李昌凤

大儿子：李昌宝（南京大屠杀受害家庭讲述人）

三女儿：李昌梅

二儿子：李昌跃

采访南京大屠杀受害家庭幸存者李荣金之子李昌宝日记

2018年6月11号上午10点，花费了两个多小时的车程，晓庄学院志愿者丁传奇和沈亦涵到达了事先约定的采访地点：南京光明塑料磨具厂。我们在短暂的自我介绍之后，便开始采访南京大屠杀幸存者李荣金的儿子和女婿。

在采访中我们得知李荣金老人在2013年5月份去世，去世的时候已经有89岁了。

1937年的时候，李荣金老人13岁，由于淞沪会战的失守，日军沿着沪宁线一路进到南京，当时日军是从中华门进来的，而老人的父亲他们由于住的村子很偏远且不在火线上，所以导致信息不灵通，等到日军进村的时候，村民以为是一群外国人来游玩，并没有任何警觉的意识。

但是后来有一个村民说在自己回来的路上看到这些人在杀人，有部分村民听了以后很害怕，边带着自己的家人开始跑反，还有一部分村民觉得自己是老百姓没有必要逃走，就留守在村子里面，这其中就包括李荣金的父亲，他们一直留守到日军火烧自己家房子的时候才带着全家跑反。跑反到了李岗村附近，才知道周围也有日本兵，全家人藏在青龙山石头底下，免遭荼毒。

李荣金老人的儿子李昌宝先生表示：南京大屠杀期间虽然爷爷和父亲躲过一劫，但是家里房子被烧。他们很痛恨日军的残暴行为，也从来不买任何日本的产品，侵华日军的所作所为并非人性所驱使的那样，所以他们一家在教育后代的时候通常把这些会讲给孩子们听，让孩子们更多地去了解这段历史，铭记这段历史，将经验教训时刻谨记在心。

从采访中我们还了解到，孟墓周边地带是日本侵占南京的战场之一，李荣金老人住址周围还有很多有相似经历的幸存者。有一本书叫《城东生死劫》上就记录了附近居民的遭遇以及当时难民的逃反路线，我们也拍下了书的封面作为材料。

调查登记完相关信息之后，我们感谢了李昌宝先生的帮助，并与他合照。此次采访圆满结束。

第三篇　受害者与家族的苦难历史及其幸存后的生活状况

1937年12月13日，日军攻占南京后，不仅大肆杀、烧、淫、掠，屠杀手无寸铁的平民百姓和放下武器的士兵，而且疯狂地毁坏南京的街道和建筑物，把一个原本经济发达的文化古城变成了满是断壁残垣、万户萧疏的破城，南京市民的生存状态“完全是一幅地狱的图景”（日本《每日新闻》随军记者铃木二郎语）。

南京陷落后，日军烧杀抢掠，无所不为，使得许多难民无家可归，全城笼罩在一片恐怖气氛之中。为躲避日军的淫威和暴行，人们纷纷涌避入安全区寻求保护。安全区的区域，以美国大使馆和金陵大学、金陵女子文理学院等教会学校为中心，占地约3.86平方公里，共设交通部大厦、五台山小学、汉口路小学、陆军大学、小桃源南京语言学校、军用化学厂、金陵大学附中、金陵女子文理学院等20余处难民收容所。[①]至12月16日，难民收容所已增加到25所，安全区难民总数达20万。安全区内的教室、图书馆、露天操场，以及一切公共机关和私人住宅、院落中都挤满了难民。一位目睹难民居住状况的外侨形容：“有许多人是住在狭窄的芦席棚内”“整个难民区其实已成为芦席棚的世界”。虽然安全区有国际友人保护，仍然难以抵挡日军白天、晚上闯入区内肆意抓人、杀人和强奸妇女。

日军的大屠杀，改变了南京市民的家庭构成，由于无数成年男子被日军抓走或杀害，许多家庭失去了赖以生存的主要经济支柱。1938年，斯迈思先生调查日军大屠杀后南京市民的家庭构成情况，他将留在南京的家庭分为三类：其一是夫妻两人或夫妻两人带孩子生活一起的为“正常型”；其二是夫妻两人只剩下一个和孩子一起生活的为“不完全型”；其三是只剩下一个男人或一个女人的为“无家型”。其中，“不完全”户占到调查总户数的21.4%，比1932年增加了8.5%，在这种增加里，没有男人作依靠的户占6.9%，这些家庭主要是由妇女和孩子组成的。城内难民营里的“不完全”

① [英]田伯烈：《外人目睹中之日军暴行·附录之四》，国民出版社，1938年版。

户很多，特别是只有女人带着孩子的情况竟然达到13.2%；在整个市区里这种情况为6.6%，而在1932年的相对正常时期只占到3.4%。在难民营的住户中，还有14%是女人带着孩子和亲戚，(或者一般依靠前者生活)合起来算，难民营中共有27.2%的住户没有男人，是妇女带着孩子，有相当一部分还带着依靠她们生活的亲戚。

《南京国际救济委员会报告书》根据斯迈思的调查，在报告中提到"各户之无男子者，占全数百分之十六，与战前之百分之八，适为一倍。此种家庭，在现时南京城中，共14100户。"① 一直到1939年，一些因"丈夫被拉差至今未回来，而每名都携带小孩"只能够住在收容所内，靠救济生活。② 男性劳动力的大量丧失，使得妇女失去了生活的依靠，再加上房屋的破坏，妇女们的生活非常艰难，一方面要忍受失去亲人的痛苦，另一方面还要照顾年幼的孩子，甚至是公婆或者亲戚，其生活的艰辛可想而知了。据国际救济委员会调查，年龄15至49岁的人中，男性的比率骤然下降。在1932年，15至49岁的男性占男性总数的57%，而1938年只占49%。与此相适应的是，全部男性中50岁以上的人从1932年的13%，到1938年的18%。成年男性比例的下降，老年男性比例的上升，意味着社会生产力的巨大损失和破坏。许多市民家庭因为成年男性劳动力的失去，生活陷入极大的困顿之中，尤其是那些残缺不全且只剩下女性或者女性当户主的家庭，生活之艰辛与苦痛非语言所能描述。

日军的烧杀抢掠，尤其是无数房屋被烧毁，使得南京市民的私人财物损失严重。逃进安全区的南京市民，虽然侥幸得以保全性命，待到安全区被迫解散后，他们回到家中，房屋被毁坏，财产尽被劫掠，更兼失去工作，断绝收入来源，许多家庭陷入饥寒交迫之中。据斯迈思抽样调查南京市民私人财物损失情况：全市共有39200座房屋(以一个门牌号码中的房屋为一座房屋)遭到破坏，其中城内为30516座，城外为8684座，私人房屋损失计达1.03亿元，设备与家庭生活用品的总损失达1.43亿元。南京附近的4.5个县，共有30万间房屋被完全毁坏，总损失近2400万元；损失水牛、黄牛和驴等大牲畜12.3万头，价值达670万元；损失各种农具66.1万件，价值524万元；损失库存粮食126.6万市担，价值417.6万元；毁坏庄稼13.72万亩，价值76.5万元。③ 需要指出的是，该项调查还只是从那些留在南京的较为贫穷的人群中调查得出的数字，如果把离开南京的那部分人的房屋和财产损失包括在内，总体上的损失将会远远大于上面的数字。囿于当时特定的情况，调查主要集中在1938年3月和4月，从时间上

① 《南京国际救济委员会报告书》，载《南京大屠杀史料集(12)—英美文书·安全区文书·自治委员会文书》。

② 光华路收容所呈送社会局所内孀妇人数姓名单(1939年5月23日)，南京市档案馆，1001-2-1075；大方巷收容所职员津贴表及妇女名册(1939年8、9月)，南京市档案馆，1001-2-1082。

③ [美]斯迈思：《南京战祸写真》，载《侵华日军南京大屠杀史料》，江苏古籍出版社，1985年版。

来说比较仓促，难以展现战争损失的确切图景。

日军占领南京期间，许多南京市民整日里战战兢兢、如临深渊、如履薄冰，极具恐惧心理。日军占领南京后，生活在日军刺刀下的市民，对日本兵充满了恐惧和害怕，平日里为躲开日本兵，人们宁可绕小路、穿小巷，多走些路。日本兵在各条大街路口，都设有岗哨，凡是中国人行经日军岗哨地点，都得向日本兵行九十度鞠躬礼，如果行不好，日本兵会让人立即跪下。如果不立即下跪，就打耳光，至于跪到什么时候，这得看日本兵的心情。所以市民们极不愿意出门，就是到非出门不可时，也得提心吊胆，提高警惕。走到什么地方，得先前后左右看看清楚，老远地就得注意，哪条街口有日本站岗哨兵，心里早做准备。宁可多走些路，多拐几个弯，也不要走到日本兵站岗的地方。① 沦陷区平民们的这种恐惧心理一直伴随着日军占领南京的漫长岁月。1938年11月，贝德士在给友人的信中写道："你能想象如此没有自卫能力的民众在长期恐怖和危险中的生活状况吗？当一个日本兵出现于街头，或是门上有一声敲击，或是可耻的警察局雇佣者的一个假报告，立即意味着大祸临头和可怜的财物丧失殆尽。"②

日军的大屠杀，使得许多失去生活依靠的老弱病残以及幼童，困顿而死，劫后的南京死亡率迅速上升。据调查，1939年2月至6月，南京每千人死亡数分别上升到54.7、75、87.9、61.5、52.8，大大超过战前的千分之二十七。正如国际救济委员会在1939年4月的报告中所指出的："南京人口的生活水准与社会工作者战前在几个中国城市抽出的贫困人口的生活水平很接近。过去两年发生的事件使当地人的生活状况下降到如此程度，许多人都挣扎在死亡线上。"③

八十二、金同和家庭

采访时间：2017年6月4日

采访地点：南京市秦淮区中华路璇子巷07栋42号209室

采访人员：陈艺文、马婉蓉

---

① 汤美如：《南京1937年11月至1938年5月》，三联书店有限公司，1995年版。

② 章开沅：《天理难容：美国传教士眼中的南京大屠杀（1937–1938）》，南京大学出版社，2005年版。

③ 章开沅：《天理难容：美国传教士眼中的南京大屠杀（1937–1938）》，南京大学出版社，2005年版。

我家在南京大屠杀期间七口人瞬间变成了四口人，那段地狱般的苦日子真不知道是怎么熬过来的

金同和　口述

我叫金同和，今年 88 周岁。

回忆起 80 年前的南京大屠杀事件，当时我是 8 周岁，我们是在 1937 年的冬月十一、十二躲进了难民区（上海路阴阳营）。

当时我们一家有 7 口人，我的父亲金德全，当时 28 周岁；我的母亲马秀英，当时也是 28 周岁；还有祖母，当时 73 周岁；外祖母，当时 63 周岁；弟弟金同顺（后改名罗同顺）当时 2 周岁；妹妹当时 4 周岁。

我们一家在日军来南京之前是做小生意的，因为日军侵入南京，我们一家没办法去外地，跑不动，靠着父母两人我们一家也跑不出去，所以一家躲进了难民区。

在 1937 年冬月十四那天，父亲早上前往看舅父（当时在现南师大难民区），大概九、十点钟回来在难民区门口，父亲被日军抓去，被跪押在马路边，后来被日军带走，从此就没有了下落。

父亲应该就是被日军杀死了。1938 年 3 月到 4 月期间，我们一家重新回家（家在双塘井家苑）。1938 年农历闰七月，前七月，祖母因为想儿子，精神没有寄托，因此去世了。

后七月，外祖母也去世了。我们从一家 7 口人瞬间变成了 4 口人，母亲带着我和弟弟、妹妹，无依无靠，那段地狱般的苦日子太痛苦了，我简直不知道自己是怎么熬过来的，生活的痛苦不言而喻，可以说是殚精竭虑。

直到 1939 年左右，为了生活来源，母亲改嫁给罗先生，罗先生是拉大车做苦力的，当时他跑反到六合因此得以逃脱日军的罪恶行径。

在日军侵入南京期间，南京遍地都是死尸，夜里枪声不绝，日军烧杀抢掠、奸淫妇女，惨无人道，什么坏事都干。

当时受难的主要是老百姓，有的全家被杀掉的多了，就我现在的小区，有很多人全家都被杀了，当时我刚搬进这个地方的时候，连我有 8 个共同遭遇南京大屠杀的人，但是现在连我只有 2 个人还活着。

我 12 周岁开始做童工，做苦力，做小生意维持家庭生活，日军在南京的 8 年简直苦不堪言，直到 1949 年以后生活才有了改善。

1954 年我进入南京港务管理局工作，1958 年提升小干部，在港务工程开发公司，弟弟在西善桥钢铁厂就职，最后升至副厂长，妹妹出嫁到合肥，但是现在也都去世了。

1937 年卢沟桥事变发生，国民党采取不抵抗政策，是共产党提出国共合作这才将

日本人打败，后方的老百姓的生活民不聊生。

在南京沦陷期间，中国人见到日本兵都要低头鞠躬，否则就会挨打，当时中国人被日军打的情况随处可见，这个现象直到1940年后才稍微有所好转。

我还有1个儿子健在，叫金志辉，在南京邮运公司退休，现61岁；媳妇叫何爱云，是南师大已退休的后勤科长。小儿子金志良和女儿金凌青都已去世，小儿子享年45岁，女儿也享年40多岁，因乳房癌去世。我的大儿子家有一个女儿叫金芳杰，南师大工作人员，已婚，现32岁。我的小儿媳叫潘丽英，小孙女叫金雨菲，是中国国际航空公司空姐，现24岁。

南京大屠杀受害家庭金同和家庭族谱

父亲：金德全

母亲：马秀英

继父：罗先生

弟弟：金同顺

妹妹：罗红

妹妹：罗惠兰

本人：金同和（南京大屠杀幸存者）

大儿子：金志辉

大儿媳：何爱云

二儿子：金志良

二儿媳：潘丽英

女儿：金凌青

大孙女：金芳杰

二孙女：金雨菲

采访南京大屠杀受害家庭幸存者金同和日记

2017年6月4日上午9：20，我们来到南京市秦淮区中华路璇子巷07栋42号209室采访南京大屠杀受害家庭幸存者金同和。

我们几位落座后，即开始了采访。金同和老先生今年88岁，说话清晰，表达连续。

他回忆起当时南京大屠杀的情形，家里原本做一些小生意，在1937年的冬月11日左右，他的父亲金德全，母亲马秀英当时28岁，带着73岁的祖母，63岁的外祖母，8岁的金同和，4岁的妹妹和2岁的弟弟逃难到上海路的难民区阴阳营。

南京大屠杀幸存者金同和先生（右）向南京晓庄学院志愿者讲述当年历史

冬月 14 日，父亲去南师大附近的难民区看望舅父，在难民区门口被日军抓走，被押跪在马路边，最后被带走再也没有回来。

到了 1938 年的三四月份，金同和老先生的一家人回到了之前居住的双塘井家苑，由于这里偏僻，所以没有什么财产损失。这一年的冬月，金同和先生的祖母、外祖母先后去世，祖母想念儿子，痛苦不堪，生活艰难。

母亲随后改嫁给一位姓罗的男士，金同和的弟弟金同顺更名为罗同顺。金同和老先生提到，这位姓罗的男士在南京大屠杀期间跑到六合避难。在南京大屠杀期间，尸横遍野，夜里枪声不断。

南京大屠杀之后的生活一直很艰难，直到 1949 年以后生活才有了改善，金同和先生在南京港务管理局工作，弟弟在西善桥的钢铁厂工作。

老人的大儿子已退休，小儿子和女儿去世了。金同和老先生说道，“人民群众是无辜的，国家强大了，我们就不受欺负了。”我们询问老人是否有一些老照片时，老人表示没有，就此作罢。

老人还对我们说：“人的一生可以概括为，来时匆匆，走时空空，就是酸甜苦辣喜怒哀乐，这八个字。”

最后，我们与金同和老先生合影。

八十三、刘民生家庭

采访时间：2017年7月5日

采访地点：南京市江宁区青龙山七里岗玉堂路10号

采访人员：陈艺文、马婉蓉

父亲被日军杀害，母亲不堪重负被迫改嫁，我被送进了孤儿院

刘民生　口述

我叫刘民生，1934 年阴历五月出生，换算到阳历，是 1934 年的 7 月 2 日。

1937年，日军占领南京的时候，家里总共有5口人，包括63周岁的祖父，父亲，母亲，3岁的我，还有一个刚出生二三个月的妹妹。我们家当时住在集庆路小兴和街10号。

听说日军进城的消息，我们全家都逃到了难民区，这个难民区就是在南大的难民区。

其实按照国际公法，日军是不能对进入安全区的百姓再做伤害的。但是日军就不顾法律，有一天开了一辆车来，他们想抓捕年龄段为18—40的男性公民进行屠杀，符合条件的就抓上车。

他们进入安全区后，先是召集所有的人都来到操场，男女面对面排，妇女站一边，合适年龄段的男性又站在一边，日本兵就在过道中间检查逮捕。

因为12月份天气也冷，母亲当时就抱着妹妹，父亲当时就抱着我，时间较长后，我感觉到冷，于是我大哭起来。日本兵听到就直接到我这儿来，拿着刺刀刺伤了我的小腿，我的小腿到现在仍有疤痕。

而我的父亲以及一群符合条件的人就被一并抓上了车，从此我父亲就音讯全无，后来证实日本兵把我父亲这些人全部押送到下关江边，用机枪射击，尸体全部流入长江。

父亲本是南京的警察，失去他后，家里就没有经济来源。我们的生活全靠母亲一个人苦，于是母亲就在家附近的私人牙刷厂工作。

过去的牙刷不像现在由塑料制成，而是用猪骨、牛骨等骨头制成。而由于骨头的内部工序较为复杂，所以需要一定的劳动力，我母亲就负责牙刷打孔后的穿毛这一道工序。坚持了2—3年这样的生活后，家里沉重的经济负担使得母亲不堪重负。

在邻居的劝慰下，母亲不得已改嫁给家在江宁农村一个名叫贾承坤的木匠。但是，由于战后经济崩溃到谷底，即使做手艺活也并不能给家庭生活带来好的转机。

那时，母亲还会帮忙做桌椅，夏天做拖鞋等贴补家用，但仍旧对于一个大家庭的生活而言无济于事。无奈之下，爷爷与母亲商量，留下我这个刘家的传承人和爷爷生活，让母亲带着妹妹一同跟着继父回乡下的继父家，因为继父家还有田可以耕种。

从那以后，爷爷便挑着担子卖水果维持和我的生活需求。但是爷爷年事已高，听力下降，不得已在我8岁那年托人把我送到南京老门东剪子巷的慈善机构孤儿院，他自己便到南京五福街的礼堂作看门的。

在孤儿院，我可以读书，但一天吃两顿，有时候无米便用蚕豆代替，卫生条件也很差，虱子随处可见，也常常遍布我们的身体。

等到10岁那年，爷爷接我回家过生日，而我也坚决不肯再去孤儿院。于是，爷爷找到一个远房侄子领养我，供我读书上学。

这个远房堂叔叔从事南京到芜湖一带的小百货转卖，从中赚取一点差价。我上学的地方是私塾，没有强制每天上课的要求，所以当叔叔忙碌的时候，平均一周有2—3天，我会帮忙背货物一同前往芜湖。

由于1944到1945年初，日军处于穷途末路阶段，铁路被游击队大部分炸毁，而南京到芜湖的铁路由于被视为不太重要的交通路线就被撤除，转而修建了他们认为重要的战略轨道。

因为这样，叔叔的生意无法继续，更无法提供我生活的保障，而叔叔在芜湖认识的生意伙伴却看中我的勤奋，我于1945年12岁离开叔叔到芜湖跟着生意人做手下的伙计，叔叔就在南京新桥厂里织云锦。

到1948年，经济再次崩溃到谷底，通货膨胀现象严重，生意无法经营。于是我只好到乡下看望我的母亲，继父就说我之前学徒做生意在当前形势下没有实际用途，倒不如去学一门手艺。

1948年11月起，我便在淳化学理发，直到1958年进了东山的炼焦厂炼钢铁。但因为“大跃进”时期用不科学的方法大炼钢铁，那个厂很快也没有经营下去了。

之后，我又转到河定桥那儿的南京化肥厂工作，1959年国家经济不行，于是我又在当年9月23日转到了青龙山农场。

这个农场是原来民政部门国民党高级人员用于思想改进的地方，1958年就转为了地方国营，性质为经营性单位。

1960年，我在厂里结婚，成立了自己的家庭。我一直在这个厂工作直到1994年退休。我在退休之前，在厂里做过各种工种。当食堂管理员、维修电工，做电工的时候我是高级兵工七级，退休以后，我就给别人修电视、修家具，除此之外我会种田、挤奶牛，等等。

我母亲跟继父过日子，生活并没有多大的改善，因为继父一生好赌不负责任，虽然他经常做手艺会挣钱，他是在南京的木材公司上班做木匠，木材公司是在集合村雨花西路。

母亲一直以种田为生，她带着妹妹管十几亩地水田，用种田得到的收入补贴一些家用。由于田太多，她们就会雇用临时工，生活苦不堪言，有时候六月才能收谷子，但是四月家里已经穷得揭不开锅了。

母亲于1968年去世，之后妹妹就靠种田养活自己。

而我爷爷的余生是去苏州与他的小儿子一起度过的，之前爷爷不肯认领我这个亲叔叔，是因为他在类似青龙帮里混的，名声不太好，他在1949年后也去重新改造了。

我搬过三次家，结婚时定居在江宁淳化镇西垅，后因为我被分到厂里住的公房，现居住的房子是我在四五年前自己盖的。

我的老伴是在2003年患白血病离开世间，原本一直在家种田养猪。

我只有一个女儿，女婿也是本地人，两人育一男一女。女儿退休了就在超市打零工，孙子在北京读研究生，孙女已结婚。我是小学文化，但我有各种兴趣爱好。现在我平时会钓鱼、下象棋，还会看球赛，看文艺作品，为下好象棋我还特地订了《象棋》月刊。

南京大屠杀受害家庭刘民生家庭族谱

爷爷：刘朝真

父亲：刘宣威（南京大屠杀遇难者）

母亲：刘刘氏

继父：贾承坤

姐姐：刘玉珍

姐夫：黄根荣

外孙：黄中才

外孙：黄中彪

外孙：黄明宝

曾孙女：黄桂香

本人：刘民生（南京大屠杀幸存者）

妻子：王玉兰

孙女：刘榴

孙女婿：张国富

曾孙女：刘雅婷

曾外孙：张正宇

采访南京大屠杀受害家庭幸存者刘民生日记

2017年7月5日下午3:00，我们来到南京市江宁区青龙山七里岗玉堂路10号采访南京大屠杀受害家庭幸存者刘民生。

进屋后，我们几位落座，开始了采访。刘民生老人先介绍了他自己当时的经历，老人是1934年阴历五月出生，阳历7月2日，在后来登记的时候登记成了7月21日。

1937年，刘民生家住在集庆路，父亲是警察，支撑一家人的生活，爷爷年轻时织云锦。家里当时有63岁的爷爷、30岁左右的父亲、23岁左右的母亲、刚出生两三个月的妹妹以及3岁的他。日军占领南京时，他们一家人逃到南京大学附近的难民区，日本兵闯入难民区，在一个大操场上，让男女面对面站成两排，符合条件的男性被带走，把18到40岁的男性公民抓进卡车，刘民生的父亲抱着刘民生，母亲抱着妹妹，面对面站着。刘民生哭闹着，日本兵就在刘民生小腿内侧刺了一刀，刀痕现在还在。

父亲被日本兵抓走，再也没回来，后来证实这批人被押送下关江边枪毙，尸体坠入长江。

家里就只能靠母亲维持生计，母亲那时候帮别人用动物骨头做牙刷，这样过了两三年，母亲经人介绍改嫁到农村，对方家里有田，自己是个木匠。但刘民生的继父好赌，在木材公司上班，挣的钱不给家里，母亲雇了人在家里种田，生活艰难。

刘民生母亲就从乡下买树，做凳子、椅子去卖，夏天还做过木头拖鞋卖，但是生活还是难以为继，母亲就把女儿带到了乡下生活。爷爷带着刘民生过，爷爷靠卖水果、豆腐乳维持生活。

到刘民生8岁的时候，生活很困难，爷爷把刘民生送到了老门东剪子巷由慈善机构资助的孤儿院，孤儿院附近就是老人院。由于资金来源紧张，孤儿院的条件很差，人身上都生虱子，刘民生在这里读了书。

10岁那年，爷爷接他回去过生日，刘民生不愿再去孤儿院。刘民生的远房堂叔没有儿子，就领养了他，送他读书，刘民生也经常陪堂叔到芜湖送货。12岁时，南京到芜湖的铁路被拆了，堂叔没法做这项生意了，刘民生由于经常去芜湖，芜湖的老板觉得他很机灵，就让刘民生在那里做学徒。

到1948年，通货膨胀，物价飞涨，芜湖的老板的生意也做不下去了，刘民生就从芜湖回到南京，去乡下看望母亲，继父表示，在芜湖学的东西没有用处，不如学门手艺。

于是，这年十一二月份，刘民生到淳化学了理发。

1958年，逢“大跃进”，刘民生在一家炼焦厂工作，后来又转到南京化肥厂。1959年，和刘民生一批的人大概20人到了青龙山农场，这个农场之前是进行思想改造的一个地方，后来也收留无家可归的人，“大跃进”之后，就由原来民政性转变为经营性的了。

在这个农场，刘民生种过田，养过猪，养过奶牛，当过食堂管理员，还做过电工。也是在这里刘民生经人介绍认识了老伴，两人1960年结婚，有一个女儿，住在南京，外孙在北京读研，女儿退休在超市打工，外孙女已经结婚。刘民生的老伴在2003年因患白血病去世。

刘民生的爷爷之后在五福街的一个礼堂里看门，后来去投奔了在苏州的一个叔叔，文革前去世。刘民生的堂叔在新桥织云锦，直到退休。

刘民生的母亲在1968年去世，妹妹今年80岁。

问及刘民生老人的生活爱好，老人表示自己喜欢看看球赛，看看文艺类节目，还时常钓鱼、下象棋，还订阅有关象棋的刊物，谈及象棋，老人兴致很高。

老人的身体状况还好，现在手有些会抖。老人还把家里珍藏的照片拿出来给我们看，我们有选择地进行了翻拍。

最后，我们与刘民生老人合影。

八十四、王恒家庭

采访时间：2018年6月3日星期日

采访地点：南京市白下区太平南路润德里9栋1号307室

采访人员：叶伟蓉、朱林曦

我父亲在难民区被日军踢伤肾脏去世，同住难民区的有对夫妻丈夫被日军杀死、妻子被强奸

王恒　口述

我叫王恒，1922 年 8 月 2 号出生。家住江宁县秣陵凤凰山脚下的章山王村，家里有祖母、父亲、母亲、一个哥哥、两个姐姐、两个弟弟和我共 9 口人。

父亲在安徽芜湖的一个米店打工。因为家里人口多，有一些补给，大姐出嫁后补给没有了，于是我和我的大哥随祖母去了救济院，当时我 8 岁。去救济院后，我在救济院附近读了小学。上完小学后我就去一家米店打工，什么苦活我都干。祖母在日军没来南京之前就已经去世了。

南京大屠杀受害家庭幸存者王恒夫妇合影

我 15 岁的时候，日军进了南京城，我们一家都住进了难民区，吃大锅饭。

有一天父亲带我去另外一个难民区看亲戚，当时有两个日本兵守着难民区的门，不让我父亲进去，并对他拳打脚踢，然后把我的父亲推进去，而对旁边站着的我说：“小孩，这个大字报好不好？”我点点头说好，他们这才放过我。我父亲由于被日本兵踢伤肾脏，双脚浮肿，没过多久就去世了。

当时难民区住的一对夫妻带着两个女儿，丈夫回去拿东西就再也没有回来过，应该是被日本兵杀死了，他妻子从难民营回家找丈夫被尾随的日军强奸。我们一家从难民营回来后，母亲就带着我们住在扫帚巷，平时她就在扫帚巷摆地摊贴补家用。

我 23 岁参加新四军，进了军营后就当了班长，在军营里学到了中学。在行军过程中我因为腿部感染，一直做政治工作。

我经历了淮海战役、渡江战役等大大小小的战役。战争结束的时候，我随军队来到山东，调到旅大地区并由陆军变为海军陆战队，在飞机场做政治工作，在这里我和我的妻子结婚。

后来又调到郑州海军学校做大学生指导员，我的妻子也一并去了郑州，在郑州的一所幼儿园当老师。随后又搬迁到江西上尧海军学校，这个时候我的小儿子出生了，我的妻子就在家里带带孩子。

1964 年，我被调到南京市雨花台科学研究所，后来又调到省汽配公司，直到 59 岁离休。

我的大儿子现在已经退休了，小儿子现在在南京的石油公司工作，他们各有一个女儿。大孙女叫王莲，小孙女叫王瀛莹。我对晚年生活很满意，我觉得很幸福。

南京大屠杀受害家庭幸存者王恒家庭家谱

本人：王恒（南京大屠杀幸存者）

妻子：于惠荣

大儿子：王成璞

大儿媳：廖敏

孙女：王莲

二儿子：王成琨

二儿媳：张秀梅

孙女：王瀛莹

采访南京大屠杀受害家庭幸存者王恒日记

2018 年 6 月 3 日，我们历经一个多小时的车程，赶到了王恒老人的家中。前一天我们与王恒老人的妻子取得了联系，听我们说起要去采访的时候，她说："之前王恒老人生病了，纪念馆曾派人去探望。她们一家人都很高兴接受我们的采访。"

我们在采访中了解到，王恒夫妇和一名护工居住在一起。王恒老人身体状况不佳，患有腰椎间盘突出，行走困难，上了年纪，听力不好，一定要很大声地说话才能听见。

他的妻子现在讲话清晰，除了腹部疾病之外，一切良好。护工阿姨给了我们纸笔，采访过程中大部分的内容都是由他的妻子代为作答，部分内容，我们是通过在纸上写的方式进行的。

王恒老人和他的妻子十分恩爱，她讲述他们之间的爱情故事，告诉我们当年王恒爷爷隐瞒自己的年龄与她在一起处对象，引得我们哈哈大笑，王恒爷爷还有这么可爱的一面。

讲到王恒老人的病情，王恒的妻子说好几次看到王恒走路，她都偷偷地抹起了眼泪。我们问王恒爷爷对于日本人的看法，爷爷耳朵不好没有反应，他妻子不厌其烦地贴着他的耳朵告诉他。

王恒老人的妻子代他回答道，日本公民是好人，只有侵华日军是坏的。他们并不憎恨现在的日本人，只是痛恨那些侵华日军及其所做的灭绝人性的事情。

八十五、沈淑静家庭

采访时间：2017年7月3日上午9:00

采访地点：安品街14号

采访人员：霍方婷、丁传奇

家中的房子被烧，从难民营出来后靠打零工缝纫鞋垫谋生

沈淑静　口述

我叫沈淑静，出生于1924年11月16日，家中有一个妹妹沈淑玲，今年93岁，一个弟弟沈光华90岁，老伴叫郑流宝，是郑和的后代。

1937年前我家住在柳叶街靠近仙鹤桥，以缝衣裳手工活为生，住的是公家房。我当时14岁，大概是11月份日军快来时，大家都跑反了，有钱人跑到台湾、香港、外国，有些人跑回自己老家或是农村乡下。

不能过江的时候，我母亲马慧英带着我和妹妹、弟弟，11月底的时候逃到金陵女子学院，里面只收留女的，弟弟当时10岁，我们就把他打扮成女孩的模样也就一起进去了。

期间怕被日军抓，我会打扮成男孩的样子到街上玩。在那里面我们吃美国人免费提供给的稀饭，还发小菜吃。女孩都很小不敢出来走，华小姐也告诉我们不要出去。我们在里面也看到这里陆续收留其他人，住的楼房也很好，大家睡在地上，大通铺，避难的人大概有两三万人，都挤满了。

听说外面日军会抓男孩帮他们做事，对女孩就做坏事。也看到过日本兵在里面办登记证。因为有人看守保护，不让日本兵进来。我们在里面被要求读书，教我们老少都识字。

四五个月后我们又回到了原来的家，家中的物品被摔砸，因为家里没有值钱东西可抢。

公家的房子也被放火烧了。之后，我们家就做些小活如缝纫鞋垫维持生计，在大屠杀期间家里人没有受到伤害。

之后，还是公家分配房子，在1957年时分配到安品街14号一直住到现在。在结婚之前打零活，孩子长大后需要维持生计，但我没有文化没有技术，只能出劳动力，就开始拖板车，从板桥等地方运蔬菜到城里卖，现在也过得挺好的，小女儿是工程师，孩子们工作也都退休了。

南京大屠杀幸存者沈淑静家庭族谱

母亲：马慧英

妹妹：沈淑玲

弟弟：沈光华

本人：沈淑静（南京大屠杀幸存者）

丈夫：郑流宝

大儿子：郑自敬

二儿子：郑自海

三儿子：郑自江

大女儿：郑雪芳

二女儿：郑秋芳

小女儿：郑桂芳

南京大屠杀受害家庭幸存者沈淑静老人采访日记

2017年7月3日上午9:00，我们来到沈淑静老人现居住地安品街14号，这里是已有年代感的住宅群，与老人碰面时可以看出虽然老人已经94岁但身体仍然很健康。我们等待之前联系好的老人女儿郑秋芳也来了，在老人吃完早饭后便开始了我们的采访。

老人出生于1924年11月16日，在南京大屠杀之前与母亲马慧英、妹妹沈淑玲及弟弟沈光华住在柳叶仙鹤桥租住公家的房，以做手工活维持生计。

在得知日军即将攻占南京的消息后，看到大家都开始逃走，有钱人和做官的人都早早逃到台湾、香港，周围的人都纷纷逃往乡下农村或老家。

沈淑静老人一家因是南京本地城里人，在1937年11月底的时候就逃到了金陵女子学院，因为这个学院只收女的，老人的弟弟当时只有10岁左右，把他打扮成女生的模样也就收留进去了。在这里美国人煮稀饭发小菜给避难者吃，并且教女孩上课识字。这里面大概有两三万人在里面避难，期间日本兵可以进去，但因为避难所内有人看守，只允许日本兵看看不允许做其他事。

在女子学院住了四五个月左右，外面安定下来后，老人一家又回到了原来住的地方，回去后发现家里的东西被弄得乱七八糟，公家的房子也被火烧了。因为本身家里就没有值钱的东西，所以也没有什么东西被抢夺。

后来老人回家后以打零工、缝纫鞋垫等为生，等子女都已长大为了补贴家用，老人开始拖板车，从乡下将蔬菜运送到城里卖，生活很艰辛。

与我们之前采访的幸存者相比，沈淑静老人因为住在城里得知消息较快，跑到金陵女子学院避难被保护较好，因此遭受的痛苦经历也相对少一些。

在与老人女儿的交谈中，我们得知老人如今已经脑萎缩，所以记忆也大不如前，因此此次采访的内容也相对少了些。

八十六、伍秀英家庭

采访时间：2017年7月5日上午9:00
采访地点：红苑新寓二村101室
采访人员：霍方婷、丁传奇

家里的房子、物品都烧掉了，我父亲靠做些木工活维持生计

伍秀英　口述

我是1933年5月25日出生，1937年的时候我5岁。

南京大屠杀之前，家里有奶奶伍朱氏（60多岁）、父亲伍来华（40多岁）、母亲伍黄氏（约37岁）、哥哥伍谟森（20多岁）、妹妹伍顺弟（3岁）以及我六口人。父亲是个手艺人，做木工的，家里开的盆桶店，在太平路，是自己家的一间大房子，一家人还住在文昌巷租的房子里。

1937年的时候，警报响了，知道日军要进城了，人们从各个地方进来，中华门，水西门都有。天上轰炸的飞机也来了，我们一家就逃到五台山的难民营避难，奶奶当

时裹着小脚，被爸爸、妈妈架着跑的。

哥哥 1937 年时已经参军跟部队去上海打仗了，从那之后就失去了联系，估计是遇难了。

我们一家住在五台山难民营，也没有房子，就用芦席支成人字形，人钻进去睡在地上，靠那里供应的稀饭为生。

听父母讲，当时日军到处打人，拿刺刀戳人，把小孩用刺刀戳完之后举起来，他们认为这样很好玩的样子，还用日语骂人，我们也听不懂。所有人都很害怕，躲在难民营不敢出去。

等局势稍微稳定之后，日军也要生活，也有一些日本百姓移民过来，开店做买卖。

我们回去的时候，家里的房子、物品都烧掉了，在太平路随便找了一间空房子就住进去了，也不管有什么户口不户口的。

生活很苦，父亲从原来那些被烧掉的房子废墟里挖出来已经被烧煳的米，随便洗洗淘淘煮稀饭给我们吃，糊的我们也吃了。

因为父亲会木工手艺，就天天挑个担子出去给别人修修板凳啥的，做些木工活维持生计。

有一天，父亲被日本兵抓住了，他们用枪把子打了父亲，带他和其他男的去做苦力，搬砖头、木头。日本兵给稀饭吃就吃，不给也照样要干活，日本兵要是看你不顺眼就会打，父亲被压迫了二十多天，自己偷偷跑了出来。路上看到黄浦路上有很多死人，都堆起来了，要从死人身上走过去，很可怕。

那时候没有条件上学，天气好的时候，有个先生推个车，上面放块黑板，在空地上教小朋友认字，我就搬个板凳去听，下雨下雪就不去。后来庙里提供了一间房子，我们就不管天气如何，都搬个板凳去听课。

1949 年后，我参加了工作，先在南京机床厂当学徒，后来大厂支援小厂，我就去了去中华路的南京仪表器材厂工作。后来下岗在家待了三年，三年之后被分配到了电炉厂直到退休。

日军来之前，我家开小铺子，生活还很正常，日军侵占南京后，让南京老百姓日子苦了。

1949 年后我家的日子才稳定了下来，当时医疗条件不好，我有两个妹妹，一个叫伍顺弟，因为长时间生病一直拖到 1949 年后无法医治去世了，另一个叫伍菊红，1946 年左右出生，1949 年时出麻疹去世。

现在国家富强了，领导也很好，生活有保障了，老了还能拿退休工资，生病国家还给看，小孩也都长得很好。

南京大屠杀受害家庭伍秀英家庭族谱

祖母：伍朱氏

父亲：伍来华

母亲：伍黄氏

哥哥：伍谟森（日本侵华期间失踪）

妹妹：伍顺弟

弟弟：伍谟林

妹妹：伍菊红

本人：伍秀英（南京大屠杀幸存者）

丈夫：罗贤玉

大儿子：罗嗣林

二儿子：罗嗣俊

三儿子：罗嗣强

女儿：罗静如

采访南京大屠杀受害家庭幸存者伍秀英老人日记

在采访前一天，我们临时改变了采访时间，老人家人也欣然同意了，虽然今天我们乘公交不巧遇上早高峰，比约定的时间稍晚才到达老人家，但家里人一点也不介意，并且热情招待我们坐下。

从伍秀英老人口中，我们得知她出生于1933年5月25日，1937年时5岁。年前的时候，警报响了，大家知道日军要进城了。也看到天上轰炸的飞机，于是老人一家就逃到五台山的难民营避难，老人的哥哥伍谟森1937年时已经参军跟部队去上海打仗了，从此之后就失去了联系。

南京大屠杀幸存者伍秀英（右）与南京晓庄学院志愿者合影

当时大家住在五台山难民营，只能用席子支成人字形，钻进去睡在地上，每天也就是吃发给的稀饭，日子很艰辛，总是饥一顿饱一顿。

期间日本兵到处打人，甚至把小孩用刺刀戳完之后举起来，他们认为这样很好玩的样子，还用日语骂人。

局势稍微稳定之后，日本兵在南京扎营，一些日本百姓也移民过来，开店做买卖。当老人一家回到原来住的太平路时发现家里的房子物品都烧掉了，于是不管是谁家的房子，随便找了一间空房子就住进去。

老人的父亲伍来华为了给一家找吃的，就从烧成废墟的房子里挖出来已经被烧煳的米煮稀饭。因为会木工手艺，期间就挑担子上街做些木工活维持生计，日子过得很艰辛。有一次，老人的父亲还被日本兵抓去做苦力，在那里日本兵给稀饭吃就吃，不给也照样要干活，日本兵如果看不惯就会打人，被压迫了二十多天，老人的父亲自己偷偷跑了出来。之后的生活仍然很艰辛。

因为医疗技术还不先进，老人的两个妹妹，一个叫伍顺弟因为长时间生病，一直拖到1949年后无法医治去世了，另一个叫伍菊红，1946年左右出生，1949年时出麻疹去世。

老人感叹现在的医疗技术不断完善，生病了国家给看，想到当时国家被侵犯，武器没有外国好总是受欺负，小家里只有父亲一人维持一家的生计，一开始生活还算富裕的家庭因为日军的侵略，生活得很是艰辛。

现在国家富强了，一切也在慢慢变好，因此，国家只有强大起来才能不受欺负，人民才能安定地生活。

八十七、薛玉娟家庭

采访时间：2017年7月3日

采访地点：白下区小杨村15幢二单元305室

采访人员：霍方婷、丁传奇

父亲被日军刺伤感染致死，我外出挖野菜糊口多次死里逃生

薛玉娟　口述

我叫薛玉娟，1923年1月11号出生，日军来南京时我14岁，今年95岁。

南京大屠杀发生前，我家住在南京八宝前街64号，小五马桥，距南京飞机场八公里路。我家里一共8口人（父母亲、姊妹四个、侄子两个），生活富足，以务农为生。家中有八间草房，养鸡养猪。

日军没占领南京前，大概八九月份的时候，日军派很多飞机轰炸南京飞机场，整天飞来飞去，我亲眼看到别人家的马被炸飞起来，飞到树上，非常血腥。

我们全家人躲到防空洞里，耳朵都震聋了，震出血来了。飞机把炸弹扔到了一个防空洞上，洞里的一百多个人都被炸死了，我们都吓得不敢看，之后跑到了江心洲住了几个月。

南京大屠杀幸存者薛玉娟接受南京晓庄学院志愿者采访

期间听到城里有美国人建的难民区，原本我们想去难民区，但是听说有两个剃头的年轻人被当成军人从难民区里拖出来杀了，日军还把难民区里的女人拖出来强奸。

我们那里有个私塾先生的老婆，被留在家里看家，不幸被日本兵强奸之后，活活折磨死了。

我们出去逃难的时候，因为家中还有粮食所以父亲留在家里看家，被日本兵逮到了，让父亲带着找花姑娘，父亲不知道哪儿有花姑娘，就带着日本兵到处走，走了好久没找到，日本兵很生气，大喊了一声：八嘎呀路，死啦死啦滴。于是就一刺刀捅到父亲腿上，父亲拖着残腿一直爬，爬到了向日葵地里，日本兵没有再追，后来伤口感染，没钱医，父亲就去世了。

过了一段时间，听说日军不杀人了，我们回到了八宝前街，家里的房子和地全部都被烧了。我们老远看到日本兵，就到处躲，躲到空的房子里。当时没钱，没穿，没烧，我们只能挖野菜稍微蒸一下就吃了。

有一次我出去挖野菜，老远看到日本兵，我挎着篮子和包就跑，一直跑到黄浦路，因为路上全是河啊沟啊，开车不好开，日本兵没有追来才侥幸逃过一劫。还有一次，我也是去挖野菜，被日本兵拦下来，日本兵用刀直接捅了我的胸口，我倒在地上，日本兵以为我死了，就走了。

后来我醒过来，跑去一个比较迷信的丁老太家，丁老太与我妈妈关系比较熟，她用盐水给我洗了伤口，用香灰敷在我的伤口上，我总算捡回一条命。如今我想到这件事，眼泪就留下来，我恨透了日本兵。

1938年一年，我家里死了三个人，我母亲还有一个嫂子都被活活饿死了，父亲也因为被日本兵捅了一刀，过世了。

南京大屠杀过后，我们在大光路，清朝时候的都督衙门空地上拿砖头砌的房子，和哥哥一起住。

稍微安定之后，我开始在模范女中上学，因为当时没钱上学，就去了职业中学，职业中学不要钱，还给钱。后来师范要人，我们就去师范上学，上了一年。后来去五台山下的幼儿园工作，早上天没亮就要去，如果迟到三天就要被开除。

后来在当了两年小学老师，解放战争的时候没了工作。1949 年后，因为我们没有接受过正规培训，所以要考试。我在夫子庙小学参加考试，被羊皮巷一个小学录取。

之后在洪武路小学教书教了 31 年。勤勤恳恳教书，哪怕自己的小孩不顾，我都要把学生教好，礼拜天不休息，带回家教，学生和他们的家长都很喜欢我。分配工作稳定之后，有了钱，住在淮海路的天当祠。

我一辈子也不会忘记这些历史，和平我们要维护，但我永远痛恨日军，历史的仇恨我们后人一定要记住，国家富强了，我们一定要把历史记在心里，让国家一天比一天好！

南京大屠杀受害家庭薛玉娟家庭族谱

父亲：薛文开（南京大屠杀遇难者）

母亲：薛张氏

大姐：薛平

二姐：薛秀珍

哥哥：薛贵生

本人：薛玉娟（南京大屠杀幸存者）

丈夫：汤和群

大女儿：薛敏

二女儿：薛敬

大儿子：薛政

二儿子：汤一成

三女儿：汤一平

三儿子：汤为民

采访南京大屠杀受害家庭幸存者薛玉娟日记

2017 年 7 月 2 日下午 2:00，我们在与薛玉娟老人的儿子约定好的情况下来到了薛玉娟老人的现住处白下区小杨村 15 幢二单元 305 室。

薛玉娟老人出生于 1923 年 1 月 11 日（身份证上为 1924 年 1 月 11 日），今年已是 95 岁高龄，但在见面时可以看出老人身体状况良好。采访前老人告诉我们她不大能听清楚话，由儿子来转述。

抗日战争时，薛玉娟老人与父母、姊妹四个以及两个侄子住在南京八宝前街 64 号，靠近南京飞机场，当时家中有八间草房，养猪、鸡、鸭等以及种菜为生。

1937 年八九月份时日军飞机轰炸，附近的马也被炸死，大家都躲到防空洞里，但因为声音巨响，耳朵也会被震出血。之后逃到江心洲避难，由于家中还有粮食，父亲便留下看家，日本兵曾找到父亲，让其找花姑娘，老人的父亲走了很久没找到，结果日本兵发现后用刺刀刺向其腿部，因伤势严重不久便去世了。

当问到老人为何不去避难所时，老人回答美国人曾办了难民区，本来大家也想去，但听说日本兵还是会进去，其中有两个二十出头的年轻的小伙子被认作军人直接被杀死，心中害怕，只能在城外到处流浪。等安定之后回到家中，看到家也被烧了，什么也没剩下。

另外，老人讲述了自己两次死里逃生的经历。一次是去挑野菜，远远地看到有日本兵，老人赶紧跑，一直跑到黄浦路，路边都是河沟，日本兵因不好开车所以没有再追。第二次撞见日军时被日本兵戳到胸口正中央，老人躲到向日葵丛中，因为向日葵根茎有刺，日本兵就没追了。之后老人跑到与母亲关系较好的姓丁的老妈妈家。

老人说到难以忘怀的便是家中三个人的遇难，父亲被刺刀刺死，母亲及嫂子在 1938 年初逃难中饿死，不免就流下了眼泪。

当说到自己的伤口时也让我们看了至今还有痕迹的伤疤。虽然现在已经是高龄并且没有高血压等疾病，但被日本兵刺到的伤口至今还会隐隐作痛。

安定后，老人在一个不收费的职业学校学习，之后学师范一直从教直至退休。

在问及南京大屠杀这段经历对日后生活的影响时，老人告诉我们只要一想到当时的经历，没有吃的，到处跑就害怕，原本殷实的家庭，融洽的生活就这样没了，家里的人也遇难了。

自己恨透了日军，但如今战争是痛苦的，这一代的人需要和平。虽然国家强大起来不再会被轻易欺负，但这份仇恨和历史我们也应当牢牢记住。

在自己任教的日子中也兢兢业业，家中的桌下也压着与各届幼儿园、小学的毕业生的合照。如今老人也是 95 岁高龄，只愿老人身体健康，生活安逸！

采访结束后，我们与老人告别，可以看出薛玉娟老人是一个和蔼可亲的奶奶，虽然经历过惨痛的经历，但仍相信和平。

八十八、刘素珍家庭

采访时间：2017年7月1日
采访地点：南京市西桥21号101室
采访人员：涂慧、张轩瑞

我父母都没了，爷爷奶奶家穷，我8岁就当童养媳

刘素珍　口述

我叫刘素珍，1931年出生，南京大屠杀的时候7岁。

南京大屠杀发生前我家住在珠江路，我是在珠江路出生的。父亲在我3岁的时候就去世了，母亲也离开家了。我跟着我爷爷住。

当时有亲戚住在上海路那里，我们就躲到了上海路美国大使馆的地洞里，那里多少人躲在里面，吃喝撒尿都在里面，躲在里面不敢出来，里面有人就说你们小孩不准哭，哭的话就要捂死，日本鬼子来听到就要用机关枪全都扫死的，里面黑得看不见。外面炸弹炸得没得闲，都吓得要命。我们就躲在里面，我就靠在那里，吃喝撒尿都在里面，没得什么吃的。

13号之后就更不敢出来了，外面人死了很多，地上都是血。稍微平静点了，就出来了。难民营里人很多，各个地方的人。大屠杀我家里没有人死，有被打受伤的。我还有个弟弟，和我们一起躲在难民营里，难民营里人多，当时没找到他，出来了才看到他，还有爷爷奶奶，家里的亲戚。

我八岁被送到人家当童养媳。我父母都没了，在爷爷奶奶家待不住了，穷啊，就把我给人家做童养媳。

我老婆婆很穷，拖人力车。后来日军到了白下路，那个地方有个日本宪兵队，把人抓起来打，我都不敢出来。

我老婆婆家住在秦淮河边一个破房子里，有个人逃到我家来了，要我婆婆救救他，我婆婆就将那人藏了起来。当时那个人还有手铐子、脚拷子带着，他用刀把铐子斩断了，扔到了秦淮河里头，刀也扔掉了。日军到我家里找就没有真相了，他说有人跑到你家里来了，我老婆婆就说没有，我家没有，日本兵也没有证据。还好那个人把铐子什么的扔掉了，他说老婆婆等我以后好了报答你。

当时日本兵到我家来，用刺刀唰唰唰的，我老婆婆差点被唰死，我就跪在那里说不能打不能打，我那个时候才几岁哎。又有个日本兵跑到我家来，问是不是有人跑到你家来了，我说没有。我家老太被他家打了，还好没被打死。

说起来我真的惨。日本宪兵队养的狗，我跑出去被那个狗咬了，那个印子（脚踝上），多少年了还在，那个时候又没有药擦，就拿那个香灰擦。

我这个腿就是那个时候留下的病，路跑多了，拾柴火，天天跑路，没得吃的，天热就跑到河里洗洗，现在静脉曲张，都是过去受的罪啊。

夏天割青草，晒干了拖到家，冬天不是没有树了吗，就拿这个烧，弄几块砖头搭起来一个小锅灶烧。上山拾柴火遇到日本兵，拿刺刀唰，说我上山偷东西，我说山上没东西，他看看没有，山上也没有什么东西偷的。

我老公公拖板车，拖人力车，他们家孩子都死掉了，生病死了，淹死了，就剩我爱人一个，跟他爸爸出去拖车子，拖人力车。

我是在大屠杀之后，稍微平静了，到他家当童养媳的。1938年稍微平静点了，但日本人还是坏，到人家家里做坏事。

1949年，共产党来了参加工作了才结婚，那个时候结婚，21岁，都很穷，什么都没有，老公公、老婆婆叫磕个头，什么都没有，被单都是旧的，床都是两块砖头搭起来的，那个破房子就在河旁边，下雨了就睡在水里头。

大女儿是1951年生的。我有四个孩子，现在就剩两个，大女儿和大儿子都去世了。结婚了以后，平静了，拾柴火，给人家洗衣裳，倒马桶。拾煤渣，在河里洗，洗了卖给做烧饼的。一天到晚跑路，把腿跑坏了。

后来，我家老头子参加居民工作，带人家开会，我那个时候在民办食堂烧饭给大家吃，那个时候日子好过一点了。那个民办食堂就是公家办的，烧给大家吃，天天烧早饭烧午饭。那时钱没有，但是能填饱肚子了。

我参加居民工作，抬大土，大炼钢铁，派出所民警都在那里指挥，拖板车，拖那个铁，能吃苦，好几年都表扬我。

1958年，我进厂了，到冠生园食品厂，做蛋糕面包这些东西。

我全家1969年—1979年从城里下放农村10年，我的丈夫王如贵，在文艺界，搞道具的。1969年文艺界，京剧团、扬剧团这老演员都被下放，那时候“文化大革命”不是闹事情嘛。

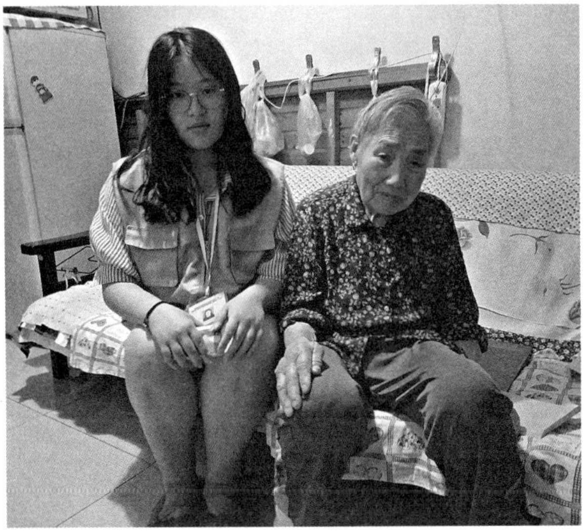

南京大屠杀幸存者刘素珍接受南京晓庄学院志愿者采访

大女儿叫王力红，1951年出生，大女儿知青下放10年。做知青回来后，在白下路房地产公司工作，抬大土、盖房子这些东西，女婿叫王勇，跟她一样是知青，当时在毛纺厂烧饭，住在白下路，女儿已经去世了，女婿还在，他们有个女儿，是在做知青的时候在农村生的，现在也已经45岁了，叫王芳，她就在报刊亭，也没多少钱。

1956年二女儿出生，1960年小女儿出生，小女儿现在在淮阴，她是做知青那个时候去那里的，后来她还被下放到泗阳。儿子叫王坚强，1954年出生，五个月的时候我就去卖血生活，一年卖四针血，一针血32块钱，一直卖到他十七八岁。儿子也是下放知青，也在冠生园工作的，他去世了，他妻子和一个孩子已经走了，和我们已经不联系了，他女儿叫王苑。二女儿下放到泗阳，后来在鼓楼玩具厂，1981年她的女儿出生叫金存雯。我的小女儿叫王向红，下放到泗阳沙场，后来嫁到淮阴，小女婿叫滕建成，他以前是搞音乐的，后来下海经商开饭店，他们有个儿子叫滕曦，在银行工作，滕曦已经结婚了，有个女儿。

现在好了，居委会照顾得很好，给我一个钟点工，免费的。

（老人外孙女金存雯女士帮助采集家庭成员信息）

南京大屠杀受害家庭刘素珍家庭族谱

本人：刘素珍（南京大屠杀幸存者）

丈夫：王如贵

大女儿：王力红

大女婿：王勇

外孙女：王芳

大儿子：王坚强

大儿媳：邓毅

二女儿：王 × ×

外孙女：金存雯

三女儿：王向红

三女婿：滕建成

外孙：滕曦

采访南京大屠杀受害家庭幸存者刘素珍日记

2017年7月1日上午，我们来到家住鼓楼区的刘素珍老人家中，对老人进行采访。在老人家门口，老人的孙女给我们开了门，并递给我们鞋套。老人见到我们两位志愿者，亲切地为我们拿了凳子，打开了风扇。

刚开始采访，我们询问老人身体状况时，老人说这些年身体都没有什么毛病，什么高血压、糖尿病都没有，就是当年日军侵华时，家里穷，为了外出寻找吃的，跑了很多路，落下了病根，现在得了静脉曲张，并掀起裤子向我们展示了大腿的病情。

通过采访我们了解到，大屠杀发生前，老人的父亲便过世了，母亲后来也离开了，大屠杀发生时，老人和她的爷爷、奶奶便躲在上海路美国大使馆里的地洞下，当时的地洞里非常昏暗，几乎看不见，并且与弟弟走失了。

地洞中藏了很多人，异常拥挤，其中还有小孩，大人为了不让日军发现，经常捂住孩子的嘴，不让孩子哭出声。外面平静后，老人才与爷爷、奶奶从地洞里出来，最后也找到了弟弟。

在日军占领南京的几年里，老人的爷爷因无处谋生，便将老人给了住秦淮河附近的一户人家当童养媳。

在秦淮河附近，就有驻扎的宪兵队，有一次，宪兵队里的犯人逃了出来，来到老人家，老人一家人将犯人藏了起来，却遭到宪兵队追查，将老人的岳母打伤，所幸最后生存了下来。讲到这一段时，老人情难自禁，哭出了声，所幸，这段黑暗的记忆已经过去了。

我们了解到，1951年时，老人嫁给了这户人家的儿子，同年，大女儿出生，1958年，受到国家照顾，老人进了食品厂。老人陆续又生了几个孩子，一家人在1969年—1979年之间全家下放农村当农民。这期间老人为了养活儿子，靠卖血为生，一年卖4次血。这些年，老人的生活状况也不是很好。但她十分感谢国家还记得当年的幸存者，并且一直扶助他们。

采访结束后，我们将信息采集费递给老人时，老人反复推脱，认为国家已经帮助了他们太多，不能收下这笔钱，在我们志愿者几次劝说下，老人收下了这笔钱。临走时，老人执意要送我们出门，十分客气。

八十九、王素明家庭

采访时间：2017年7月5日

采访地点：南京市白下区建康路刘公巷南3号2—403室

采访人员：涂慧、张轩瑞

我父亲被日军杀害，家里日子过不下去，我四岁送给人家收养

王素明　口述

我叫王素明，今年 83 岁。

我父亲是黄埔军校的，我外婆生了 7 个孩子，但是死了 6 个，就剩下我母亲，人家都喊她七仙女，她很漂亮。

我的外公是农场主，自己有二三十亩的桃园，我们家就在现在的仙鹤门那里，他还包了将军山上的 90 亩地，种樱桃、石榴，雇了长工、短工。

日军来了，一把火都烧掉了。当时我父亲在黄埔军校已经毕业回来了，我那时 2 岁，不太记得了，我姐姐比我大 6 岁就是 8 岁，哥哥比姐姐又大 6 岁就是 14 岁，还有个二哥比我大 1 岁还是 2 岁的，我妈妈肚子里还怀着一个小孩。

我听我母亲、哥哥、姐姐还有一个姓杨的亲戚说，我父亲当时开了个小杂货店，他为了去广州的黄埔军校就把那个店盘掉了。我外公底下有个弟弟，他生了两个男孩，过去大哥没有男孩的话，是要过继一个男孩给大哥的，所以我大舅就从小在我们家上学，我外公在家里请了个私塾先生，给我大舅、二舅和亲戚家的小孩还有周边穷人家的孩子上课。

我母亲叫张正清，大舅叫张正贤，他在黄埔军校是亲美的，军人，他是拿枪杆子的。

我父亲据说身体不是很好，他学的是文，据我大哥说他是龙潭第一任校长。我二舅是亲日的，喜欢经商，当时日本的商业很好。

我大舅跟着蒋介石去了重庆。我父亲在茶馆里跟几个人不知道在干什么事，有几个小孩说："杨先生杨先生，日本兵在你们家浇了汽油，把你们家烧了，指名道姓要来抓你。"

因为日本兵是开着两个卡车带着狼狗来抓我父亲，亲戚家小孩从小路过去说："你赶快逃啊。"我父亲叫他们年轻人赶快跑，他自己穿过马路跳进了河里，狼狗可能是在茶馆里闻到了他的味道，追到河里就把他咬上来了，然后日本兵就把他杀害了。

我母亲带着三个小孩逃跑，我二姑妈把我大哥带走了，我母亲流产了，逃到南京来。过去有钱人家有门洞，一家就占一个锅，在里边放些稻草、棉花絮就睡那儿了，我母亲也在那里。对面草棚里有个老太太，那个老太太每天煮点稀饭都会给我母亲吃，她看她流产太可怜了。

南京烧了几天几夜，平定了以后大家都准备逃难到安全的地方，有人就和我母亲说，一个人带三个小孩太不容易了，他们每家带走一个，以后要是她还要这个孩子就还给她。

就这样我被领养了。我听我哥哥讲，我母亲渐渐地好了以后，帮人家洗衣服，手

肿得跟萝卜似的，后来她又找了个卖菜的，姓高，高伯伯，跟着他一起卖菜，后来又跟着他卖鱼，之后将我姐姐赎回来了，姐姐大概就跟人家跟了一两年就赎回来了。

哥哥做童工，我听说后来把我还给我母亲的，但我母亲养不起，就又给了姓王的这家。收养我的这家也是穷人，一个四十几岁，一个二十几岁，二十几岁是童养媳逃出来的，她17岁就跟她丈夫圆房，但是八年没有小孩。他们家是磨豆腐的，老婆婆就跟他们家长工说晚上十二点把她卖走，卖的钱还给她，因为这个老婆婆也是后妈，就准备给她儿子再找一个生小孩。但是这个丈夫跟她在一起毕竟八年了，有感情，就跟她说赶快逃走，逃到南京来，给人家当老妈子，后来日军来了，又逃难，这两人就遇到了，一个没有老婆，一个没有丈夫，就在一起了。

我是4岁的时候被收养的，我姐姐一家一家地找到了我。我过10岁生日那天，我姐姐拎着一块肉、一点儿面、一双鞋子还有一段布来给我过生日，走的时候，我养母说你送你姐姐走吧，我姐姐就说："我是你的亲姐姐，你是被他们家抱来的，她不是你亲妈。"回来以后我就对养母说："妈，那个姐姐说她是我亲姐姐，我是她亲妹妹，你不是我亲妈。"后来养母赶快就搬家了，一直到中华人民共和国成立三四年后，家里人才找到我。

日军在的时候有几件事我不会忘记，日军轰炸以后，没有吃的，大家都拿个碗去日本人医院的阴沟，淘他们洗剩下来的剩饭、剩菜，洗一洗、晒一晒，拿开水一泡就吃。

我们住的地方都是逃难的，都是穷人。有天正好下雨雪，日本人的小孩都穿着小短裤，背带袜，背着小皮包上学，我在他们后面脚一踹，烂泥弄了他们一身，我们很多小孩哈哈笑。

天还没黑的时候，一个日本鬼子，个子高高的，牵着狼狗来了，说你们这些坏孩子把我们家小孩搞得一身泥，上学冻了一天，我要用狼狗教训她。

那些人都是穷人，都帮我，把后门开下来，后面是一条沟，下雪天我站在里面冻得直抖。邻居把我拉上来，那个爬沟里都是蚂蟥，我吓死了，邻居说下次再也不要这样做了，他会用狼狗咬你的。

还有一次，大概是七岁还是八岁的时候，到明故宫的飞机场，那个地方跟电影里一样，路边铁丝上都有电网。家里大人把我们带进去，叫我们用剪刀剪那个木锯头，这么高的木锯头，剪啊剪。

那天正好又是一个个子高高的，戴着眼镜的，牵着两条狼狗的日本鬼子来了，我一见吓死了，就把铁丝网一拽，被铁丝钩到了，后来就发炎了，现在那几个疤还在。这是两次日本鬼子给我带来的痛苦，我记得清清楚楚，童年过得太苦了。现在我也是讲给我的后代听，讲现在的日子真的过得好，我们那时候没有吃也没有穿。

我没有上过学，4岁被一个姓王的人家带了去，像要饭似的，根本就没有吃没有喝，更不要说上学了。

冬天没有鞋子穿，脚上生冻疮都要烂了，没穿过棉裤，我的童年是悲惨的童年，是最痛苦的童年，也不知道什么叫过年，都没看到过鸡蛋，也没看到过什么西瓜，我们整天就是在山上挑野菜，在地里摘菜秧子。

抗战胜利后，也没有条件进学校，之后就去做小童工，给你一顿饭或者两毛钱一天，那时候两分钱一个烧饼，两毛钱就相当于今天的十块了。但是没干多少天人家就不要我了。

1949年后，国家不允许雇童工，生活没有了来源，派出所知道我家最困难，当时没有低保、居委会，只有派出所掌握生死权的，给了我家三斗米，一斗米是十五斤，三斗米就够我们家生活了。

那个时候没有锅灶，就垫几个砖头摆个破锅，盖子都没有，抓一点米，打一点水放点野菜，煮一锅稀饭出来，这就吃了，所以我十三四岁的时候瘦的跟个黄豆芽似的，他们都喊我"黄豆芽"。吃了一两年的救济粮，天天参加扫盲，晚上巡逻。

后来区里公安分局派出所又帮我介绍工作，17岁的时候要帮我介绍对象，那个人比我大11岁，我什么都不懂，我很害怕，我就说："这样吧，我家里太困难，我不想要吃救济粮，你给我介绍工作，工作了以后再说。"

他说："你害怕什么，介绍给你就是为了保障你的工作。"我小也不懂，后来他们又去我养父那里做工作，因为我这个对象是公安局的，百万雄师过长江后一部分人接管了公安局，一部分人接管了总统府。

他家里也贫困，小时候上过私塾，字写得很好，在部队里是营级干部，转业的时候就是副团级了，所以条件还是可以的，人长得也很好，但是我当时小，就很害怕，而且我又没有文化，名字都不会写。首长啊局长啊天天做我的工作，局长的爱人是当时的妇联主席也天天来做我的工作，最后是我养父答应了。

我从小到大很尊重我的养父，虽然很穷，但是他没打过我一次，我很感激他，后来给他们养老送终，他们没有儿女，把我养大，虽然日子过得苦，发烧生病都没有办法看，日本鬼子在的时候哪里有钱看病啊，但是我不恨他们，因为他们也是穷苦人，把我当狗当猫养大，我要感恩。

我给自己一生总结了一下：悲惨的童年，快乐的中青年，幸福的晚年。

我17岁入团工作，19岁被评为全国先进，一直到"文化大革命"前都是先进，入党，后来"文化大革命"虽然不评先进了，但是我一直在工作。那个时候公安厅长给铁路上的一个老红军打电话，把我推荐到了铁路部门。

铁路上半军事化，虽然不发枪，但都是穿着部队上的衣服，然后我去了，到了机要单位，人家问：“你什么文化啊？”我不吱声。“你有没有读过小学啊？”我摇摇头。“读没读过中学啊？”我又摇摇头。“读没读过高中啊？”“没有。”人家说：“那怎么行啊，我们这里最少是初中毕业，基本都是高中，你一点文化都没有。会写名字啊？”“不会。”“姓什么？”“姓王，叫王素明。”“怎么写啊？”“刚刚扫盲才学会。”“那你写写看。”我素字下面不会写，人家说：“这个不行，这要是在我们机要单位是要出大事的。”我一看害怕了，我说：“我不要在机要单位了，你就给我在食堂里择择菜、洗洗碗吧，我就干这个，只要有工作、有饭吃就行了，什么都不计较。”

后来领导说：“不行，就在这个单位，宁可要你不要他们。你们必须要把她教会。”谁都不愿意带我，正好有个团员来了，她生肺结核上个月请假的，领导就对她说：“你是个团员，这个就是个政治任务，你必须带她。”

她说：“她没文化。”那个主任说：“我也没有文化。”那个主任生了八个小孩全在农村死掉了，她在上海当奶妈，当奶妈得到的钱都拿去支援了地下党，1949年后，她做到了主任。她说：“我一个字不识怎么就能领导你们了？”他们说：“你是参加过革命的。”主任说：“现在就是革命，给她前途，你是团员你一定要带。”

最后四个人比赛，我什么文化都没有，得了第一名。当时晚上不睡觉，四点钟听到送牛奶的声音就起来了，没有牙刷没有洗脸手巾，就用冷水一洗，走到鼓楼，买个大饼走一路吃一路，一直走到下关，从四点多走到七点多，每天都这样子。他们是八点钟上班，我是第一个到，领导讲：“最远的反而是第一个到，你们这些住得近的还迟到。”

因为我家里太穷了，我不能丢了工作，就这样干了三年，公安厅长来要人，领导说：“不行不行，她是我们的全国先进，人民代表，六万多个人选出来的，你再让她在这儿两三年。”又是三年，公安厅长又来要人，又不给。铁道部长说：“不行，小王绝对不能走，她是我们铁道上的顶梁柱子。”

党给了我第二次生命，培养了我，我入团、入党都是组织上主动关心我，让我接待了数年外宾。有一次让我接待日本外宾，我把花一甩不愿意接待，躲在玄武湖边抹眼泪，后来还是临时有个人拿鲜花送上去了。

我三个孩子基本上都还可以，因为“文化大革命”，所以他们整个小学初中高中都没有读，十一年浪费了。老大是单位培养上了大学，老三也是单位培养然后幼儿师范大专毕业，老大下农村是单位规定的这个级别的干部的子女全部到公安去，老二是当兵当了七年，转到铁路公安，之后到现在的单位，在办公室。不论怎样，我有一颗忠诚的心，有一颗善良的心，有一颗热爱一切事物、爱人民，爱大家的心。只有爱别人才能爱自己，光爱自己不爱别人的人太自私了。

去年我癌症（结肠癌）开刀，平时也是以吃素为主，一查以为难逃一劫，我心里想：我年轻的时候看《红旗飘飘》，那位英雄跟日本人拼刺刀中了二十七刀，浑身是血，还下小雨，部队以为他死了，继续前进，他醒来在尸体堆里，然后爬了去找部队，一身的烂泥、血，最后部队抢救，又活了几十年。

所以我想人家身上中了二十七刀，我不过一两刀，我就不行了吗？我一定要战胜癌症，一定要活得健健康康的。所以我几个月后站在医生面前，医生说："哎，是你吗？"十天前就不给吃不给喝了，因为怕撑破肠子，瘦得走路都没劲，十四天以后我照样出院，两个月以后回医院人家不相信。

我回来以后就自己洗被单洗衣裳，自己拖地擦窗，人在世上，不要把自己看得太尊贵，人就要劳动，所以我孩子说我的时候，我就跟我家里孩子讲："我以前都是志愿者，在山区、街道，从早到晚看老人，我不能带个阿姨跑啊，人家不嫌烦的啊。"再说我现在身体也还好，我家后面还有个老年食堂，最近我才去用餐，原来我都是自己在家做饭。

我是三月十八号开的刀，儿子他们六七月份就去美国了，他们把原来的房子卖掉换个大点的，原来是60多个平方给我养老，现在换80多平方米的。

他们买完房子就到美国去了，十二月份才回来，这个阶段就是我自立自强的时候，我一定好好的，不生病。

我跟我孙女讲："吃得苦中苦，方为人上人。"我外孙女上了幼儿园第一天回来问我："外婆你送我什么啊？"我说："外婆送你两个字'认真'。对老师和老师讲过的知识认真，对人认真，要真诚，不能虚假，对学习也是。"她说："好，我记住了，这两个字我一定牢记一生。"

她到美国前，我给她买了一条珍珠项链，她说这个太贵了，我说这个是一辈子的纪念，等你以后结婚了就戴上它。还带她去买了两件旗袍，她说："外婆，我不能这样，我又不习惯穿。"我说："你到了美国一定要记住你是中国人，代表中国的气质，你一定要穿。"她说好吧，就拿了一件。后来他们举

南京大屠杀幸存者王素明全家福

办元旦晚会，她当主持人就穿上了。

我大舅张世贤是国民党的高级将领，我听舅母讲，他经常和宋美龄打麻将，经常被派出去到印度、英国这些地方去。

大舅有八个小孩，四儿四女，他们八个人本来都是在台湾嘛，后来就去了美国。四个人开医院，四个人开公司，像百货公司那种，那个医院都是大楼，可能是给贵族人家看病。

二舅是被日本鬼子给电死的，地上淹水，放了电线，可能就这么死了。二舅家可怜，二舅的大表哥那个时候抗美援朝回来，因为大哥在台湾，所以社会关系不好，在北京一个糖厂做厂长，不重用他。现在呢，他也不错，听说后来也入党了。

二舅家一个儿子过继给了大舅，现在在美国，在芝加哥大学教电脑的，也去世好多年了。我一个表妹，是我二舅家的小女儿，她有三个孩子，大孩子在美国，二孩子在包头，三女儿叫张家珍，现在住在山西路，她的腰不好，我们就不怎么见面。她也有两个孩子，女儿在防疫站，儿子可能在工厂。

我们姐姐这一代呢，四个小孩，儿子在安徽的一个太平湖那里，也是60多岁了，在养老，原来是在南京科技所里开汽车的。大女儿现在已退休了，二女儿是干金融的。小女儿已经去世了。

我父亲叫杨代富，母亲叫张正清，大哥叫杨子杰（过继），姐姐原来叫杨宝珍，后来自己改了名字叫杨静秋。我的丈夫叫王永万，1953年有了大女儿叫徐健，现在已经退休了，以前是在女子监狱，她有个女儿叫张常青；儿子徐兵是1954年出生的，在上海铁路工程局工作，他有一个女儿叫徐小燕；小女儿叫徐宏，是1956年出生的，以前也是在浦口监狱，小女婿叫夏天行，他们的女儿叫夏露，是南京信息大学的，那时候叫气象学院，她进去以后第二年就当了学生会主席，毕业以后留校当老师，

我三个小孙女，大女儿生了个女儿，儿子一个女儿，小女儿也是一个女儿，三朵金花都非常好。老大（孙女）在德国公司，但她现在不在德国，她对象在中国当公安，她是最差的一个，她生了两个双胞胎儿子，我的女儿是法律大学毕业的，已经从公安部门退休了，就帮她带孩子。

我的（二）孙女找的是北大的，广东人，我孙女是南京林业大学的，毕业后两个人到了深圳，都是搞设计的，两个人有共同语言，他在北大搞得工业设计、机械设计，她是林园设计，两个人一个15万一年，奖金10万，另一个大概35万的工资，15万的奖金。后来两个人都跳槽，我孙女到了中国的房地产公司，30万的薪水，设计图一张20万，奖金10万，那个男孩从英国的皇家公司跳槽到香港的创维，现在80万一年，奖金20万，他们两部车，两座在海边的景观房，把我儿子接过去住了。

最小的在美国，就是之前说的夏露。老二也就是我的孙女在林业大学本来学的会计系，她哭得伤心，我媳妇说："妈妈，她想转系。"当时零几年的时候万元户很少，我儿子在当时公安部长女婿开的公司里面打工，奖金拿了10万，我知道他手上有钱，我说："这个钱你是不用的，准备存着10万、20万……最后给你女儿陪嫁。"

他说："哎呀妈妈你怎么晓得啊？"我说："这个我是过来之人，我肯定晓得，你就这么一个女儿怎么可能不喜欢，所以你是不会用的。"他说："她现在天天哭啊，要去学林园设计，不愿意学会计。"我问："转个专业多少钱啊？"他说："三万六。"

我说："并没有要你血本，你就给三万六，她学出本领来，你将来存了给她20万总有用掉的时候，她不感激你，心里总是会有疙瘩，如果你给她学了，她学不成是她的事，她学成了，你一分钱不给她，她还是会感激你，你来了她还会招呼你。"他说："好，妈妈我听你的。"他就拿着三万六去给她转了系，结果她直升硕士生，二十七八岁结婚，现在生了个小女儿。

南京大屠杀受害家庭王素明家庭族谱

父亲：杨代富（南京大屠杀遇难者）

母亲：张正清

哥哥：杨子杰（过继）

姐姐：杨宝珍（后改名杨静秋）

本人：王素明（南京大屠杀幸存者）

丈夫：王永万

采访南京大屠杀受害家庭幸存者王素明日记

2017年7月5号上午，志愿者涂慧、张轩瑞来到大屠杀幸存者王素明家中进行采访。老人知道我们要来非常客气地提前打开了门。

进了老人家后，我们发现老人养了只花猫，老人告诉我们，这只猫已经陪伴了她快20年，是她的老朋友了。老人邀请我们在客厅坐下，还拿出提前买好的香蕉、油桃塞给我们。

老人坐下后，给我们讲述了许多她孙女在美国的趣事，令人印象深刻。从老人的话语中我们可以看出老人的晚年是十分幸福的，老人也说自己活得非常乐观，虽然去年直肠癌动了手术，但是恢复得很好，老人的心态也摆得很正。

老人于1935年出生在南京仙鹤门附近，家庭条件不错。王素明的父亲、大舅、二舅都毕业于黄埔军校，大舅张世希抗战时已是军官，曾与日军浴血奋战。

父亲在当地知名度也比较高，是孩子们口中的杨先生，也因此成为日军进城后的重点追捕对象。当时日军带了两卡车的人马前来追捕老人的父亲，由于杨先生受到小孩子们的欢迎，便有小孩子向杨先生通风报信，杨先生让几个朋友先逃，他自己留到了最后，从窗户跳进河中，后被日本兵放狼狗咬上带走杀害了。

1949年后，老人做了接线员，但因为没有学历，便被派到铁道部学习，在铁道部干了十几年。这期间，老人刻苦学习，每天只睡几个小时，早上四五点起来工作，后来老人在全国考试中遥遥领先。曾是全国先进个人。

老人退休后，也坚持在群众工作的一线，老人家中有一个装满了证书的柜子，里面装着的是老人这大半生来获得的荣誉，在社区居委会工作的老人，最感兴趣的事情就是当志愿者，想把自己奉献给社会。老人还告诉我们，她从小就知道不管是对家庭还是国家，“忠心”二字都是最重要的。

采访结束后，老人拿出了几叠厚厚的相册，向我们展示她的过去。老人还打开了电脑，给我们展示她的孙女和曾孙。老人告诉我们，她经常用这句话来形容自己的一生：悲惨的童年，快乐的中年和幸福的晚年。

临走时，老人反复邀请我们留下来吃口饭再回去，非常热情，最后送我们下楼，与我们告别。

九十、王步宏家族

采访时间：2017年5月7日

采访地点：秦淮区高桥村高桥门200号15幢2单元807室

采访人员：王苇婧、朱杰

我们家族几十间房子被烧毁，多人死于鼠疫，父亲给日军做苦力

王来平　口述

我叫王来平，今年56岁，1961年出生。

我的父亲叫王步宏，出生于1921年，他经历了南京大屠杀。我们家族很大，父亲原来和一大家族的人住在白下区，现在东水关那个地方，后来我们一家住在建邺区南湖那个地方，我现在住在秦淮区高桥村，这套房子是单位分配的。

日军攻占南京的时候，我父亲17岁，是兄弟姐妹中最小的，当时住在白下区东水关，过去穷，住的房子也是用芦席围起来，上面搭块板，堆点草，相当于现在的简易房，但当时就是人住的地方。

南京大屠杀幸存者王步宏儿子王来平（左）接受南京晓庄学院志愿者采访

日军入侵后烧了房子，没有办法，只能在原来的地方重新盖起来。盖起来后父亲靠做苦力谋生，给人家拉黄包车，维持生计。

我父亲是在领良民证的时候被日军抓走的，日军把父亲抓去当壮丁，我父亲被抓住后又逃了出来，之后又被抓了进去，如此往复多次。父亲也被日军打过，但当时比较年轻，所以没有留下什么身体上的大病。

战争期间爆发了鼠疫，我们家族死了很多人，我的爷爷就是死在鼠疫中的。

父亲对大屠杀的事情一直耿耿于怀，对日军的暴行十分地气愤，甚至不能理解中日建交。我还是小时候在南湖那个地方听我父亲讲过大屠杀的经历，但也记得不是很清楚了。

我们家日子很苦，每个人都要为了生计忙于工作，再加上我们不和父亲住在一起，于是听父亲讲南京大屠杀的时间就少了起来。

父亲和母亲单独住在南湖那个地方，当时上山下乡，房子被国家收回去了，后来才又分配回来的。当时也有好多人去采访过他，父亲对这段的记忆比较清楚，我们只是零零碎碎听过父亲讲过一些，对于当时的细节并不是非常清楚。

我父亲一共有七个孩子，但我上面那一个孩子在2岁的时候就夭折了，所以我排行老六，其实是第七。

家族很大，兄弟姐妹的配偶名字都不能记得很全，我的大姐王巧珍都已经去世了。我大姐王巧珍、二姐王秀英、三姐王桂英每家都有几个孩子，哥哥王太平、小姐姐王代弟和我都只有一个孩子，我儿子今年30了，还有一个小孙子，2岁了。

我母亲是在2010年9月去世的，母亲死后不久，我父亲就去了敬老院，2014年6月9日父亲去世了。

南京大屠杀受害家庭王步宏家庭族谱

本人：王步宏（南京大屠杀幸存者）

大女儿：王巧珍

二女儿：王秀英
三女儿：王桂英
大儿子：王太平
四女儿：王代弟
二儿子：王来平（南京大屠杀受害家庭讲述人）

采访南京受害家庭大屠杀幸存者王步宏儿子王来平日记

2017 年 5 月 7 号，志愿者调查小组成员朱杰和王苇婧从学校出发，下午 1:50 到了秦淮区的高桥村高桥门小区，来到了王来平的家，见到了王来平先生和杨女士，王先生很客气，我们坐在了王先生家的客厅的桌子旁，并对王来平先生进行了采访。

王来平出生于 1961 年，今年 56 岁，是幸存者王步宏的小儿子。南京大屠杀受害者王步宏，1921 年出生在南京白下区东水关，王步宏的家族很大，当时有几十口人。由于生活条件不好，一整个家族的人都居住在用竹子和茅草搭的简陋的房屋中。

1937 年的时候，日军攻占南京，进行大规模的烧杀抢劫，王步宏的家也难以幸免，大部分人口被杀，几十间房子被烧毁。迫于生活，家族中存活下来的成员在房子被烧毁的地方重新搭建了房子，并一直居住在那里。

战争带来了鼠疫，家族中也有许多人死于鼠疫，王来平的爷爷就是那时候去世的。

王步宏老人曾经被日本兵拉过去当苦力，期间逃跑多次，也被抓回多次。由于王步宏当时只有 17 岁，身体还算可以，虽然被日本兵打过，却没有受什么严重的伤。后来日军被打跑，王步宏的家族也没了，他只好靠拉黄包车生活养家，后来从白下区东水关搬到了建邺区南湖，并在南湖结婚成家，养育了六个孩子。王来平先生排行老六，是兄弟姐妹中最小的。

后来子女长大渐渐和老人分开，并没有居住在一起，现在居住的房子就是单位分配的。90 年代的时候，有志愿者去南湖拜访并且采访了王步宏，并把王步宏列入南京大屠杀幸存者名单中，南京大屠杀纪念馆保留了王步宏老人的照片和手印脚印。

据王来平先生讲解，晚年的王步宏在接受幸存者采访时，一直抱怨着日本兵，痛恨着侵华日军，甚至无法理解中日建交这一历史事件。

王来平先生表示，由于以前家庭条件不好，大家迫于生计，忙于工作，所以听父辈讲述南京大屠杀的时间就比较少，很多东西都不是很了解，无法对我们进行讲述。

5 月 7 日下午 2:40，志愿者调查小组成员与王先生和杨女士告别，结束了采访。

九十一、朱惟平家庭

采访时间：2017年7月3日

采访地点：南京市瑞金北村6幢201室

采访人员：李田田、朱延驰

我家六口吃了上顿没下顿，我八九岁就跟着父亲给日军做苦力

朱惟平　口述

我叫朱惟平，出生于1928年9月，今年89岁，是土生土长的南京人，中共党员，小学文化。原南京贸易信托公司退休工人，育有六个子女。目前住在南京市瑞金北村六幢201室，与长子朱志信共同生活。

日军攻占南京前，我家住在南京俞家巷的大杂院中（即现在新街口建邺酒店后面），院子不大，共住着六户人家，由于家里贫穷，买不起房，靠租别人的房子居住。当时家里有一个70多岁的奶奶，父亲朱锦炘（生于1892年，卒于1966年11月）；母亲朱王氏（生于1905年，卒于1988年6月）；大哥朱惟磐（生于1926年，卒于2011年2月）；妹妹朱秀华（生于1934年，仍健在）；另外，还有个弟弟朱文金（生于1932年，卒于2016年4月），1937年他5岁时过继给我的四叔，在上海生活。因此，当时家里实际有六口人。生活主要是靠父亲提着篮子走街串巷卖袜子、绑腿布等生活日用品，赚取微薄的收入。生活虽然贫穷，但比较安稳，那时我9岁，在私塾上学，私塾就是私立小学，在先生家里上课，不分年级，先生姓苏，我们叫他苏先生。

1937年11月底左右，日军攻打南京，市民十分恐慌，拖家带口开始逃难，有钱人乘轮船和汽车等，逃到武汉、重庆及四川等地。穷人因为买不起船票和车票，逃不出去，只能困守在家里。

1937年12月13日，日军攻占南京后，大家万分恐慌，扶老携幼，慌慌张张逃往国际友人开设的难民区躲避。

我们一家跟随街坊邻居跑到南京沈举人巷和慈悲社交汇处的一个难民区，这里住着千把号难民，环境很差，没有自来水，没有厕所，污水横流，遍地粪便，生活十分艰难。

当时正值寒冬腊月，我们一家就居住在用芦席临时搭建的小窝棚里，四面透风，没有床铺，全家人就睡在草地上，夜里寒风彻骨，喝的是井水，吃的是见不到几粒米的稀粥，没有菜，更吃不到肉。

在日军攻占南京的一个多月里，日军的飞机不停地在南京上空，在我们的头顶上盘旋轰炸，同时在南京城里疯狂屠杀中国人。

听难民区里的大人讲，日本鬼子在老虎山（南京老百姓叫老虎山，实际应该叫幕府山）的长江边上，用机关枪成排成排地扫射被俘虏的士兵，总共杀死了好几万人，江面上漂满了中国士兵的尸体，惨不忍睹。

有一个士兵比较机灵，大人们说他比较神气，日本鬼子枪声一响，他就倒下装死。等日军走后，他从死人堆里爬出来，不顾天寒地冻，江水彻骨，游到江对岸，躲到江北一个农民家里死里逃生了。

日本鬼子除了在长江边杀人，还在江东门就是现在的南京大屠杀纪念馆所在地枪杀了一到两万名中国士兵和老百姓。日本鬼子除了杀人，还因为天寒地冻，需要烤火，竟然把许多老百姓家里的门窗拆下、家具砸烂用来烤火。

在日本鬼子疯狂烧杀抢掠的情况下，父母怕我们出事，不让我们三个孩子单独走出难民区。

因为年幼无知，天性好动，我们还是往外跑。一天，我从难民区出来想回家看看，跨过汉中路，经过铁管巷一个小水塘，看见水塘里横七竖八飘着七到八具尸体，吓得我赶紧跑回难民区。

还有一次，我和大哥实在忍受不了没有菜吃的煎熬，想到菜市场去捡些菜叶子回来，走到上海路与华侨路交汇处看到一根电线杆上绑着两个中国士兵的尸体，肚子被捅开，浑身是血，这样被绑在电线杆上好几天，后来是红十字会人员将他们收敛掩埋。

在沈举人巷难民区住了不到一个月的时间，由于缺医少药，日用品匮乏，生活异常艰难。

一天，我父亲实在忍受不了，饥寒交迫，带着我妹妹朱秀华回家拿些柴米油盐等生活用品。在返回难民区的路上经过铁管巷一个日本鬼子的岗哨，几个日本兵用日语向父亲要“糖白果”——就是香烟，由于我父亲不会抽烟，身上拿不出香烟，无端被日本兵用枪托砸痛了脑袋，鲜血直流，吓得我妹妹哇哇大哭。父亲用帽子捂住伤口，蹒跚着挪回难民区。

我父亲为人老实本分，胆小怕事，为了养伤，也为避免再遭日本兵的殴打，此后近一个月，父亲没有出难民区。小生意也做不成了，家里的生活更加困难，一家六口吃了上顿没下顿。

日本鬼子不仅残忍杀害中国军民，还无耻地奸淫中国妇女。虽然沈举人巷难民区旁边住着一些美国人和欧洲人，却挡不了日本鬼子的兽行。

日本鬼子经常跑到难民区里强奸妇女，发泄兽欲。一天跟我母亲讲，邻居刘老二，一个靠卖鱼为生的普通市民，他老婆被日本鬼子强奸了，当时，牛老二就在现场，因为无力保护老婆，刘老二气地用头撞墙，竟然被日本鬼子揍了一顿。

南京大屠杀幸存者朱惟平接受南京晓庄学院志愿者采访

此后，难民群里的妇女包括我母亲，多用锅底灰将脸抹黑，以避免被日本兵糟蹋。

我大哥那年 12 岁，因为长得比较漂亮和秀气，日本鬼子就动了邪念，想强奸他，追着我大哥喊花姑娘，我奶奶告诉日本鬼子说："他不是花姑娘，是男娃。"鬼子不相信，围着我大哥发出一阵阵淫笑。我奶奶没办法，哭着脱下大哥的裤子给日本鬼子看他的裆部。

日本鬼子强奸不了大哥，就把他带走了。我父亲急得四处打听，但一无所获，过了几天的一个夜里，大哥趁天黑偷偷跑回来难民区，原来大哥被日本兵抓去当劳工，做苦力了。

我们一家在沈举人巷难民区住了两个多月，随后又搬到上海路南阴阳营难民区。这个难民区是利用一个外国人办的桑蚕养殖场改建的，有好几层楼，七八十户人家住在一层楼，男女老少几百口子挤在一起，没有间隔，没有遮挡，也没有床铺，全都睡在水泥地的大通铺上。

在南阴阳营难民区，我几次亲眼看到全副武装的日本兵独自一人大摇大摆闯进难民区，强奸妇女，老百姓都很害怕，吓得直抖，不敢反抗。

我们一家在南阴阳营，难民区住了大约有半年时间，社会秩序好转后，就回到俞家巷的家里。由于有钱人和工厂、学校、机关都逃往大后方，南京城里百业凋零，绝大多数老百姓都失去了生活来源。

私塾我是读不成，也读不起了，但日子再苦还得熬下去。于是我便帮着父母做小生意补贴家用。那时我 10 岁，身材矮小，每天上午提着一个篮子，里边放几个碗，一点茶叶和一把水壶，先到茶水炉子打开水，泡好茶后，上街卖给拉黄包车的穷人喝，一个铜板一碗。

下午，再拎着篮子到现在的大洋百货商场所在地的一个书场卖瓜子。但就是这样，生活还是非常困难。

记得 1939 年奶奶经受不了异常困苦的生活煎熬，在贫病中离开了人世，埋在钟灵街我家的祖坟里，就是现在的江苏省农科院所在地。

1940 年到 1945 年期间，父亲和大舅带着我，先后在位于三牌楼一带的日本人养牛场和物资仓库里做苦力。先是在日本人的养牛厂里做苦力，每天天不亮就从余家巷徒步走到三牌楼，到现在位于南京邮电大学西门附近的日本人的养牛厂里做劳工、干苦力。每天给牛喂草，用铁锹扒牛粪，再用独轮车将牛粪运出牛舍，一直干到天黑，再徒步走回俞家巷，每天早出晚归，披星戴月，拼死拼活干一天，日本人仅给四毛钱的军用票，这种军用票不是交通银行发行的正规钞票，仅能买几升米糊口。

一天，我牵着一头牛去宰杀，因为走错了路，不小心将牛直接迁到屠宰场地，日本屠夫说牛蹄污染了屠宰厂，抡起一个木头就朝我的头上狠狠打了一棍，一下就把我打昏过去了，整整两个小时才苏醒过来，直到今天每当想起这件事，我就恨透了日本人。

被日本屠夫殴打之后，我就跟随父亲和大舅到日本的一个物资仓库去干苦力，这个仓库是日本人在中国的 21 库，位于现在的新门口和黑龙江路一带，里边主要装的是粮食、被装和香烟。库区很大，有十几个库房，每天早上进库去干活，日本人对我们进行搜身，害怕我们夹带柴火进仓库，烧了他们的仓库，晚上出库区前，也要被搜身，害怕我们偷他们的粮食、香烟等。

如果中国劳工被搜出火柴，日本人就把他吊在树上当着所有中国劳工的面用棍棒打，用皮鞭抽，直打得皮开肉绽，死去活来。

有一次我大舅患眼疾，由于当时医疗技术落后，需要用火柴棒从饮料瓶里沾点眼药水，点到眼睛里，那天他不小心身上带的几根火柴进库区，被日本人搜出来，我大舅吓得要命，通过日本翻译反复说明夹带火柴的原因，加上他岁数大，又是瘸子和残疾人，才免遭日本人一顿毒打。

在这个仓库里，我们每天要扛许多粮食、布匹、香烟，累得腰都直不起来，但稍不如意就要遭到日本人的打骂，日本人从来不把我们中国人当人看，想打就打，想骂就骂。中国劳工挨打受骂是家常便饭，几乎每个中国劳工都被日本人打过、骂过，现在想想实在太惨了。这是日本鬼子侵犯中国人权的又一暴行。

虽然我们全家在日军大屠杀和侵占南京八年时间里，死里逃生，但是始终过着颠沛流离、朝不保夕、牛马不如的生活，日本鬼子对我心里造成的伤害以及对我家人的折磨让我永世难忘。

1945 年 8 月 15 日，经过中国人民艰苦卓绝、英勇顽强的八年抗战，在包括美国、苏联等盟军的沉重打击下，日本宣布无条件投降，南京人民终于摆脱了日本军国主义的残酷蹂躏，获得了解放。

1949 年后，我加倍努力工作，兢兢业业，任劳任怨，为国家为企业做出了应有的贡献。1981 年、1982 年，我连续两年被评为南京市劳动模范，受到政府的表彰。

我真心希望我们的国家日益繁荣昌盛，越来越强大，中华民族伟大复兴的中国梦早日实现，但是日本政府至今仍不肯承认侵华战争对中国人民犯下的滔天罪行，对此，作为南京大屠杀的幸存者和见证者，我表示强烈的谴责与愤恨，希望日本政府能向德国政府那样勇于承担二战犯下的历史罪行，认真吸取教训，不再走军国主义的邪路，不再挑起战争，切实担负起维护亚洲和世界和平的历史责任。

南京大屠杀受害家庭朱惟平家庭族谱

父亲：朱锦炘

母亲：朱王氏

本人：朱惟平（南京大屠杀幸存者）

妻子：张秀英

大儿子：朱志信

大儿媳：张兰英

大女儿：朱美琴

大女婿：刘德明

二女儿：朱美兰

二女婿：翟培生

三女儿：朱美桂

三女婿：郑清秋

二儿子：朱跃生

二儿媳：杜灵

南京大屠杀受害家庭幸存者朱惟平采访日记

2017年7月3日，志愿者李田田和朱延驰在14:40来到了位于瑞金北村6幢201室的南京大屠杀幸存者朱惟平爷爷的家里。

本来与爷爷约好的时间是下午两点半，但由于等公交误了点，晚到了10分钟，在表达了我们的歉意之后，爷爷与他的大儿子很热情地接待了我们，爷爷现在与他的大儿子朱志信一起生活。

爷爷虽然现在已经是89岁的高龄，但爷爷的精神面貌特别好，和我们讲话时思维清晰，表意明确，完全看不出来是一位89岁的老人。

爷爷是一位土生土长的南京人，小时候靠父亲提着篮子走街串巷卖袜子等生活用品赚取微薄的收入，生活虽然贫穷，但也比较安稳。

日军攻打南京之前，爷爷在私塾上过几年学，是小学文化，所以在最后整理家谱时，爷爷口述家里人的名字时，遇到我们不怎么能够听得懂都会亲自为我们写一下，爷爷的脸上写满了慈祥，难以想象当初日军是有多么残忍，对那么多慈祥的老人，可爱的孩子们下那么残暴的毒手。

爷爷告诉我们：“1937 年 11 月底左右，日军攻打南京，市民十分恐慌，拖家带口，开始逃难，有钱人逃到了其地区，穷人因为买不起船票和车票，逃不出去，只能困守在家。1937 年 12 月 13 日，日军攻占南京后，大家逃往了国际友人开设的难民区躲避。我们一家八口人跟随街坊邻居一起跑到了南京沈举人巷和慈悲社交汇处的一个难民区，那里环境很差，生活环境十分艰苦。”

在被问到爷爷家的房子有没有遭到抢劫时，爷爷告诉我：抢东西烧房子对日军来说根本就不算什么，他们做的坏事比这坏多了！

那个时候爷爷还只是一个 9 岁的孩子，有一天从难民区出来回家看看的途中，竟然看到铁管巷的一个小水塘里横七竖八飘着国民党士兵的尸体；在饿到受不了，准备去菜场捡些菜叶子回来的途中，路过上海路与华侨路的交界处，看到了一根电线杆上绑着两名中国士兵的尸体，肚子被捅开，浑身都是血，而且被绑在上面好几天。

一个 9 岁的孩子目睹这些，对他而言该有多大的心理阴影。况且，这些仅仅是爷爷亲眼所见到，还不算上爷爷听大人们所讲的一些其他的事情。爷爷说现在提起日本鬼子都还会怕，夜里也都会做噩梦，足以见得日军侵华给人们所留下的伤害之深！

此外，爷爷也是位特别细心的人，在采访过程中，他给了我们一份他之前整理的一份关于南京大屠杀的资料，并把它送给了我们，以便我们进行整理。

在采访结束之后，我们帮爷爷和他的大儿子进行了合影以作留念。

九十二、周君兰家族

采访时间：2017年4月15号下午2:00

采访地点：南京市秦淮区王府大街南台巷西16号502室

采访人员：沈亦涵、金萍萍

我母亲说鬼子见人就杀，二舅做苦力把肺跌坏死了

刘春霞　口述

我叫刘春霞，1948 年出生，我是周君兰的大女儿，小的时候我们家住在剪子巷。

日军攻占南京城的时候，我父亲那个时候年纪还小，他们家看到南京的守军往北边跑的时候，就问守军怎么回事，守军说快点走，要是来不及的话就要被蹂躏了。然

周君兰与老伴相濡以沫

后我父亲他们家就随着守军一起跑了，然后到了金陵女子学院。

我母亲是亲眼看到日军进城的，她说进城的时候日军有一种杀气，见人就杀，之后我母亲他们全家就一起跑到金陵女子学院避难所。

我母亲当时有三个哥哥，一个姐姐。日本兵来难民营捉人的时候，我姨妈当时有十八九岁了，我婆婆把她裹到被子里面，没有被发现。但是我二舅舅就被日本兵抓走了，给日本人搬东西。

有一次日本兵让他从卡车上跳下来的时候汽车正好发动，我二舅舅就把自己的肺给跌坏了，还好日本人把他送到了医院，还给他换了一个肺，但是过了一年以后，我二舅舅就去世了。后来我父母在难民区待了一个礼拜以后就出来了，那个时候日军已经不怎么杀人了，之后就回到了剪子巷。

我父母是表亲，属于近亲结婚。我母亲是小学文化水平。结婚后，我母亲先是从事一些缝纫、女红的工作，之后学了一些包扎的知识，就到日本人开的兵工厂里面做护士，在里面跟着日本军医看病，做他们的助手。

我父亲在抗战胜利以后，一直在国民政府的中央银行做保安，有时候还会往江西押送黄金，这份工作一直持续到渡江战役以前。

在渡江战役的时候，我父亲早上背着枪去买油条的时候，被解放军抓住，我父亲还给他们引路到中央银行，为此还立了一份功劳。

中华人民共和国成立以后，我父亲还参加了抗美援朝，之后胜利归来。后来在公安局里面做公安，之后到“文化大革命”的时候，我父亲因为在内战时给国民党干过事情，所以登记的时候还特别备注了一下，幸好没有被批斗。

我们父母在我们小的时候一直和我们讲南京大屠杀的事情，他们老了以后经常看书、写字，还去过南京大屠杀纪念馆，当他们知道要收集证据的时候，毫不犹豫地前去帮忙。

我父亲在87岁的时候去世，我母亲在92岁的时候去世。他们的晚年生活很乐观，很安心，他们矢志不渝的一点就是爱国！

我有一个弟弟和一个妹妹。我弟弟叫刘正鸿，今年59岁，在南京美术织毯厂工作。弟妹叫王义玲，侄子叫刘经纬，侄媳妇叫钟岭云，侄孙女叫刘梓茼，侄孙叫刘厚勋，现在一家居住在南京秦淮区风光里。我妹妹叫刘春玲，妹夫叫王兆华，侄外孙女叫王芳，他们现在家住在南京秦淮区秦虹小区高虹苑。

南京大屠杀受害家庭周君兰家庭族谱

本人：周君兰（南京大屠杀幸存者）

丈夫：刘家荣

大儿子：刘正鸿

大儿媳：王义玲

孙子：刘经纬

孙媳妇：钟岭云

曾孙女：刘梓茼

曾孙：刘厚勋

大女儿：刘春霞（南京大屠杀受害家庭讲述人）

大女婿：冉鸿生

外孙女：冉晶

外孙婿：邹敏

曾孙女：魏靖纹

二女儿：刘春玲

二女婿：王兆华

外孙女：王芳

采访南京大屠杀受害家庭幸存者周君兰女儿刘春霞日记

2017年4月15日，南京的天气格外地闷热，我和我的搭档经过了两个小时的车程来到了我们的采访地点。我们约的地点是一个老小区，刚到达那个地方，觉得那个地方是异常得静谧。

我们敲开了房门，两位老人笑嘻嘻地给我们开了门，很热情地给我们拿了鞋套，还给我们倒了水，很亲切地问我们热不热，就像我们的亲爷爷、奶奶一样。我们首先采访了冉鸿生老人，老人看上去很精神，在接受采访时，神采奕奕，很热情地回答我们的问题。在交流的过程中，他详细地与我们诉说他妈妈、姨娘以及外祖父的故事，还有他的弟弟、妹妹的事情。

他在讲的时候我们看到他的眼眶也湿润了，就是因为日军的侵略，害得他的外公与他们家分离，他的姨娘在她 18 岁的时候就被日军掳去，从此再无音讯。还好他的母亲在她晚年的时候生活得很好，没有精神上的疾病困扰。

之后，我们采访了刘春霞老人，她说她爸妈在他们小的时候经常把日军侵略的事情讲给他们听。尤其是提到当日军攻进南京城的时候，刘春霞老人说她的母亲看到日军满脸的杀气，见人就杀。

当我们听到这里的时候，我们都感到心为之一颤。毕竟以前都是通过书本、网络以及电视这样一些社交平台上看到的。当真的听到有人在讲述这件事情的时候，感觉心情有一种说不出的心酸与心痛。

但是刘春霞老人说她从来都没有厌烦她爸妈讲这些事情，她还说现在讲给他们的孙辈听，他们孙辈会觉得比较烦，没有耐心听这些往事。

当问及她父母的晚年生活的时候，她说她的父母在晚年的时候会经常看报、写字之类的，有的时候还会出去动动，所以晚年的生活很安逸。

九十三、谢秀英家族

采访时间：2017年4月15日下午2:30

采访地点：南京市月宛小区10幢1单元101室

采访人员：金萍萍、沈亦涵

我母亲说日军押走 18 岁的姐姐再也没有回来，在难民营里一天吃两顿粥、和衣睡在地上

冉鸿生　口述

我叫冉鸿生，1945 年 7 月 10 日出生，今年 72 周岁。祖籍浙江，我父母祖籍都是浙江的（母亲年少时举家来到南京，父亲小时候他父母先后去世，之后来到南京三山街鞋店做学徒，后来到救济院打工，定居在南京）。

我是谢秀英的二儿子，我是中专四年学企业管理，毕业于如今的南京工业职业学院。我现在退休了，退休之前在建邺路 100 号现汇鸿国际集团中鼎控股有限公司做管理工作。

自南京大屠杀纪念馆 1985 年开始着手建立之际，朱成山馆长开始寻找南京大屠杀幸存者。我岳母周君兰也是南京大屠杀的幸存者，便要求我妻子刘春霞带她去纪念馆讲述自己所闻所见的那段悲痛历史。当时我母亲不大肯去，我和我的哥哥、妹妹们

便开始做工作，给她安排好，照顾自小患有小儿麻痹症、中年后中风的弟弟，好鼓动她放心地去做南京大屠杀的见证人。

父亲去世时，母亲才49岁。母亲就一直带着妹妹、弟弟一起生活。妹妹出嫁后，母亲就照顾残疾的儿子，一直生活在一起。母亲年迈，有高血压、心脏病，也经常腰酸背痛，但头脑十分清新，可能与平常闲暇时间喜欢练练字的习惯有关。

母亲晚年到妹妹家马群附近居住时，在女儿家看电视时也会和子女们一起聊天，有时还会突然就讲，日本人有一段时间很友好，怎么突然间变坏了之类的话，一说起来竟停不下来。

我一听感觉比上次带母亲去南京大屠杀讲得还多，竟然主动说起南京大屠杀。考虑到母亲的年迈，可能将不久于人世，她所经历的那些历史将无人知晓，便赶紧拿录像机通过提问的方式尽可能让她还原一些历史的真相。

日军侵略南京之前，母亲还是幸福五口之家的一员：她父亲谢南卿做生意，母亲在家，哥哥谢照明那时16岁在国民党战地服务团工作，常年在外。母亲家里还有一个18岁的姐姐，母亲即将满15岁。

日军攻入南京后，对居民区挨户搜查，居民值钱的东西被拿走，养的鸡也要捉走。听人们说日军很残暴，母亲她们脸上都抹上黑灰，穿着最破的衣服躲在家里。

有一次母亲晚上出门遇到了大马路上喝得醉醺醺的日本兵，由于年纪还小，日本兵就锤了她一拳，还放大狼狗咬了她一口，她自此就不敢出门了。

听母亲说，由于战乱，我外公谢南卿担惊受怕只身一人逃至广东，抛弃了家人，家里三个女人更加害怕。

一次日军突然闯进了家，拿着刺刀在家里瞎戳，把家里翻得不像样子，（母亲）眼睁睁地看着日军押走了她18岁的姐姐，到了晚上都没有回来，我外婆十分着急，四处拜托熟人打听、寻找都没有消息，从此就和姐姐失去了联系。

母亲和外婆断了生活来源，又不认识路，无法逃亡，迫于无奈跑到了魏特琳在金陵女子学院搭建的难民区。由于难民人多，她们一天吃两顿粥，在地上铺上薄薄的布，和衣而睡。

南京大屠杀幸存者谢秀英

外婆听从一些好心人意见把我母亲许配给救济院里的镇江老乡，父亲那时26岁，那年母亲才15岁。

结婚后，父亲好在有初中学历，在报社工作，母亲上过小学四年级识些字，也顺带在报社里做一些勤杂工，后来便有了我们兄妹六个。

我15岁就离开家上中专，四年毕业后被分配到宜兴工作，70年代才调回南京在，跟父母不经常待在一起。

我哥哥冉鸿福，我是老二，弟弟冉鸿云，还有两个妹妹冉鸿霞、冉鸿梅。

由于我弟弟冉鸿云年幼时看病未果落下残疾，父母因此饱受生活压力，在孩子们面前就不太讲以前关于南京大屠杀的旧事。

我父亲在进报社前在老门东剪子巷国民党时代救济院那里工作。由于工作的关系，父亲可能对日军侵略的相关事实知道得比母亲谢秀英多，但是他去世得早，60岁就走了。

我小时候在他收藏的那些旧照片里看到日军在上海拍的一些照片，但是由于幼时家庭环境较差，经济收入低，根本没办法保存那些照片。

南京大屠杀受害家庭谢秀英家庭族谱

本人：谢秀英（南京大屠杀幸存者）

父亲：谢南卿

哥哥：谢照明

姐姐：谢××（南京大屠杀遇难者）

大儿子：冉鸿福

大儿媳：程如彬

孙子：冉翔

孙媳：冯菊

曾孙女：冉甜甜

二儿子：冉鸿生（南京大屠杀受害家庭讲述人）

二儿媳：刘春霞

孙女：冉晶

孙女婿：邹敏

曾孙女：魏靖纹

三儿子：冉鸿云（2016年去世）

大女儿：冉鸿华

大女婿：崔焕明

外孙女：崔莹

外孙女婿：江明

曾外孙：江天宇

二女儿：冉鸿霞

二女婿：周大年

外孙女：周晓婷

外孙女婿：赵欣

曾外孙：赵浚哲

三女儿：冉鸿梅

三女婿：陈韶宾

孙子：陈忆

孙媳：张磊

采访南京大屠杀受害家庭幸存者谢秀英儿子冉鸿生日记

2017年4月15日下午2:30，我和搭档沈亦涵根据幸存者家属提供的地址来到了幸存者儿子冉鸿生先生的家——月宛小区。

下了公交车，我们循着地图走去，小区周围有小学、公园。扎着红领巾的少先队员和公园里练习合唱、下着象棋的老人，蓬勃的朝气与悠闲的雅致，派生出一幅和谐的画面。想着幸存者的后代们整日熏染在这样的环境下，想必已从历史的悲痛阴影中走出，变得豁达开朗。小区很安静，充斥着绿荫的清新香味。

给我们开门的是两位头发花白却精神抖擞的老人，老先生看到我们身上的志愿者马甲和工作证后便很热情地欢迎我们进入。

开门后的客厅给我们的第一印象就是干净，老人们很热情地给我们倒了茶水。冉老先生本人的形象与我之前与他交流形成的印象出入不大，早前在电话联系时，我就对老人印象深刻。

冉鸿生普通话很标准，稍带一点南京口音，态度谦逊，口齿清晰，最令我意想不到的是他经常使用微信，一个72岁的老人连社交软件都用得很熟练，在发微信时，他每句话每个标点符号都使用得体。

落座之后，我们开始了采访，听他讲，母亲谢秀英一直照顾着自小患残疾的弟弟，弟弟是2016年1月份去世的，母亲紧随其后，在2016年12月份也走了。

2015年1月作家李晓芳来采访，那时候母亲还在世，常常在家唠叨着让子女给她买笔纸，时常在家里练字，李晓芳临走前还拿了几张走。

也许正是老人生性修身养性的业余爱好练练字让她得以逃过悲痛历史对她的反复精神折磨，而是在重大苦难之后锤炼得愈加豁达开朗。

2016年纪念馆的卢彦名陪同美国学者也来进行过采访，冉先生陪同母亲也给美国学者搜集证据留下了可靠的信息。

在谈及到母亲讲述不多却难以忘怀的那些历史片段中，冉先生也很激动，讲到日军带走自己的姨娘一去再也没回来时，夹杂着无奈与叹息，他深恨日军当时的罪恶行为，也深知当时家里只剩手无缚鸡之力的女人无法制止日军带走一个18岁女孩的无奈。

我们认真地倾听那段历史，倾听着20世纪的惨状，我们的瞳孔时而因惊恐而放大，时而因无奈而缩小。

冉鸿生跟我们分享得同时也流露出欣慰的神情，他们或喜于新一代的青年们正坐在面前倾听着他们讲述我们华夏民族不可遗忘的历史；或喜于朱成山馆长能够组织志愿者将这一段随着幸存者们逝去而即将消失于人间的真相记录下来，令日本人民羞耻于自己对于南京大屠杀事实的否认！

采访完毕后，冉鸿生利索地在原来已经准备好的电子版家谱上加上我们需要的别的信息，并拿出了两张证件证明的复印件，后期还给我们传了很多他母亲的照片，我们对于他的极力配合表示感谢，最后我们在冉先生女儿的配合下留下了很多合照。

九十四、王义隆家庭

采访时间：2017年7月2号上午9:00

采访地点：南京市秦淮区龙蟠中路556号401室

采访人员：沈亦涵、金萍萍

日军把我家烧饼店一把火烧了，全家人就靠卖香烟维持生计

王义隆　口述

我叫王义隆，我今年94岁。

1937年的时候我才13岁，我住在建邺路43号。我家那个时候是靠卖烧饼谋生的。日本兵进城以后，我们家除了我父亲和我以外，其他人都跑去了鼓楼冬瓜市附近的难民营。

当年，我亲眼看到日军从中华门进南京城的，一直到中央东路（原国民党驻扎的地方）。日军进城后就开始烧杀抢掠，横行霸道。日军先去难民营强拉妇女进行强奸，

之后又去抓那些头顶上有阴影的人或者手上有老茧的人，因为当兵的会经常戴帽子留下痕迹或者拿枪生出老茧。

我父亲就正好被日本兵给抓住了，一看到手上有老茧，就要抓走，我父亲就和那些日本人解释说自己是做烧饼的，日本兵最后信了。然后我父亲和我就跑反到难民营了，日本兵把我们家的房子一把火全都烧光了。

那个时候走在路上也不安全，往往会被日军抓去干苦力之类的。我和我父亲是分开前往难民营的，我父亲呢比我先到难民营。

我走在路上，不巧被日本兵抓过去帮他搬东西。日本兵拉着一辆黄包车，黄包车上堆满了东西，然后又抓了一个人过来，他在前面拉黄包车，我就在后面推黄包车，一路推到了夫子庙那边，原先是市政府的地方。

到了那里以后，我们就和日本兵说我们要走了，但是日本兵不让我们走。然后我们就假装要去上厕所，日本兵放我们去的时候，我们就趁机逃走了。到了路上了以后，怕被发现，我们就假装一个人是瞎子，另外一个人是搀扶他的人，一路安全地来到了难民营。

那时候，日军经常到难民营去抓女人，我表姐就是被日本兵给带走强奸的，到了晚上才回来，回来以后就想要自杀，我们一家子人就在那里开导她，后来也就渐渐好了。

不光是这里，金陵女子学院那边的难民营也经常会有性侵的事件发生。

我外公那个时候没有逃到难民营里面，他躲到了防空洞里面，后来日军在搜查的时候听到有动静，就放了一把火在防空洞里面，我外公就在里面被活活被烧死了。

后来汉奸还成立了一个维协会，专门集结那些未婚的男子出来，说日军会给他们安排工作，有的后来就被带到日本人那里做劳务。

我们所在的难民营里面并不提供吃的，需要我们外出去买粮食。那个时候日本人也在那里卖粮食，我和我哥哥就去排队买粮食。

日本人怕人多去抢粮食，就用刺刀在那里乱砍，我的头不小心就被砍到了，后来回到家以后，就用一种药水在我头顶上涂了以后慢慢才好的。后来生活就一直靠着以前卖烧饼的钱活下来。

等出了难民营以后，我们就在难民营附近租了一个房子，因为家里的房子都被烧掉了，没有地方可以住了。之后全家就靠走街串巷卖香烟维持生计。

南京大屠杀受害家庭王义隆家谱

哥哥：王义兴

大姐：王秀珍

二姐：王秀英

妹妹：王静秋

本人：王义隆（南京大屠杀幸存者）

大女儿：王富香

大儿子：王征东

二女儿：王进勤

二儿子：王后喜

孙子：王凯

孙子：王柏文

外孙女：何梦颖

采访南京大屠杀受害家庭幸存者王义隆日记

2017年7月2日，我们来到为数不多的幸存者王义隆老先生的家，老先生穿着一件灰褐色衬衫，虽然身材矮小，精神却很硬朗，一番谈话下来，口齿清晰，思维逻辑也不差，大女儿在厨房里忙着，在美国当老师的外孙女也坐在一旁陪同接受采访，以防老人有什么说不清的好向我们解释。

王义隆老先生今年94周岁了，1937年他13岁，当时居住在建邺路43号，日军进城，家里妇女家属就逃亡鼓楼冬瓜市附近的难民营，他和他父亲就留在家里经营的烧饼店里。

日军进城时，他亲眼看见日军的部队从中华门前往中央东路。没过几天，日军就开始大规模地烧伤抢掠了，家里的烧饼店也关了。

他们开始挨家挨户搜查，搜到老人家烧饼店时，看见他的父亲头上常年帽子戴的印子、手上厚重的老茧，就怀疑是躲在老百姓家里的兵，经过反复解释是因为家里做烧饼的缘故导致的，日本兵才放过了老人的父亲。之后日本兵便一把火烧了他家的烧饼店，被逼无奈，老人和父亲也分两头前往难民营。

那个时期，逃亡的路上极其不安全，尤其是男人，日本兵在街上随时可能让走路的男性替他们拿着搜刮来的包袱，送到居住的地方。当时王义隆老人不幸被日本兵喊去帮他在后面推装着搜刮来东西的黄包车，于是他便和拉黄包车的另一个人帮日本兵把搜刮的东西送到夫子庙旁边的政府里，他们那时候居住在那里。

东西送到后，日本兵却不放他们走。他俩便以外出方便的理由逃了出来。以防又被日本兵抓走，他俩一个人装瞎子，另一个来搀着装瞎子的人走，果真日本兵没有再拦下他们，安全地到达难民营，与家人团聚。

那时候即便美国人介入的难民营，也没能逃过日军的搜查，日本兵到处找花姑娘，当时老人的一个表姐二十多岁，就被日本兵带走了进行性侵，表姐回来后，痛不欲生，闹着自杀不想活了，好在亲人间互相安抚，陪伴表姐度过了那段黑暗时光。

南京大屠杀幸存者王义隆（右）与南京晓庄学院志愿者合影

日军在难民营里找了一个汉奸，征招未婚的男青年，打着给他们吃给他们喝给他们工作的名义带走他们，走后就再也没有回来过，难民营里也有人说是被带到日本作廉价劳动力去了。

难民营不提供伙食，都是自己吃饭，那时候只得用当初烧饼店的储蓄去日本人卖粮食的地方买粮食，由于当时秩序混乱，日本人维持前去众多买粮食人的过程中，刺刀也划过老人的后脑勺，邻居包扎过才止住血。

日军进城，老人的外公哈善龙是回族人，也举家跑反，外公那个时候年纪大了，跑不动了，便躲在自己家里的防空洞里。由于年纪大了，老人家在洞里呻吟了几句，被前来搜查的日本兵听见了，据邻居们后来说，日本兵发现了躲在防空洞里的外公，便残忍地一把火烧死了。

现在老人也时常去建邺路、石鼓路这些过去的居住地看看，沧海桑田，物是人非，这些地区变化了很多，可老人总是与当初从烧饼店到难民营看到的满地死尸的景象联想在一起，回想当初南京人所吃的那些苦！口里常念着希望和平时代不再有战争，也很科学地看待中日之间的关系。

九十五、黄刘氏家庭

采访时间：2017年7月1日下午3:00

采访地点：南京市玄武区仙居华庭58幢105室

采访人员：叶伟蓉、朱林曦

因为我爸爸头上有戴帽子白印，我妈妈和日本女人发生磕碰，他们都差一点被日军打死

黄刘氏　口述

我是黄刘氏，我八个月就被抱养到其他人家，抱养我的那家人是农民，家里有三家大瓦房。我从小没有上过学，就帮家里干干活，生活也很好。

日军攻陷南京城时，因为我家住的地方离车站很近，日军经常去村里扫荡，后来我和我的爸爸妈妈从原来住的太平山脚下的谢家村逃到江北，住在熟人的家里。

我一直听别人说，日军不好，我见到日军都被吓死了。那时候江北的水一直漫到了家里大门口，大门口那边有一个船，一个小妇女一下窜到了船上，日本兵不给她上船，她没有理日本兵，就被一枪打死了，打死以后周围的人不敢碰她，直到她丈夫回来才把她弄回家里。

日军经常在离岸边一里路的地方用机关枪扫射，嘎嘎嘎直响，江边有很多子弹，我害怕死了。

后来我的爸爸回去想把家里的猪杀了，但日本兵看到他头上戴的帽子上面有个白色的东西，认为他是当兵的，就把他绑起来准备打死他。我爸爸说："洋先生，洋先生，我眼睛不好。"另一个日本兵摇摇手示意不要打死我爸爸，他不是国民党。这件事吓得我爸爸再也没来过江北，于是我就和我妈妈一起在江北。

过了很长时间了，我妈妈进城，差点被日本兵打死。当时有个日本女的在看太平门，和我妈妈发生磕碰吵起来，后来打起来了，我妈妈因为是农民，很有劲，日本女的没有讨到好处，喊来了日军，当时很多周围的人让我妈妈躲起来，我妈妈躲进了芦柴堆里，后来躲不住了，就又躲到了老百姓的家里。

南京大屠杀受害家庭黄刘氏接受南京晓庄学院志愿者采访

日本兵就没有找到我妈妈。我妈妈跑回家里大哭了一场。当时我的大伯一家被日本人打死了，家里的牲畜也全被日本兵吃了。

我的弟媳妇家里的一共9个男的全被打死了，日本兵假装让我弟媳妇家里的人去开会，其实就是打死他们。

我们后来也回家了，在

车站的时候遇到了日本兵，他拉拉我的辫子，摸摸我的脸，我吓得动都不敢动，我妈妈说：“洋先生，她还小，她害怕你。”我回到家后，家里的邻居让我躲起来，不要乱跑，被日本兵看到就糟了。我天天戴着坏帽子，不见人。周围的很多小妇女被日本兵看到就被侮辱了。

我17岁就结婚了，夫家是开豆腐店的，家里面没有婆婆，有奶奶和小叔子，我在家里很辛苦，每天都要做很多事。

我的丈夫32岁患病，到38岁去世，家里的钱全被丈夫治病花去了，家里很穷。丈夫去世了，我就在生产队干活，很辛苦。

我一共五个孩子，前面几个孩子都去世了，现在的儿子叫黄才荣，儿媳妇叫王玉萍，孙子叫黄烨。

南京大屠杀受害家庭黄刘氏家庭族谱

本人：黄刘氏（南京大屠杀幸存者）

丈夫：黄银德

儿子：黄才荣

儿媳：王玉萍

孙子：黄烨

女儿：黄桂琴

女婿：林桂华

外孙女：林丽

外孙：林玉

外孙：林伟

采访南京大屠杀受害家庭幸存者黄刘氏日记

南京已经接连好几天阴雨了，所幸的是在刚下车的时候，大雨将停，慢慢透出了点太阳的光亮。三点钟左右，我们到达了被采访者的家中。我们敲了敲门，她的儿媳隔着房门问“谁啊”，我们答“我们是前些天约好要过来采访的”。家里人很热情地招呼了我们，让我们喝水、吃水果。

我们到达的时候，老人好像还在睡觉，一听说我们到了，立马就起来了。老人今年已经93岁的高龄，身体显得很硬朗，她一度告诉我们年纪大了身体不太行了，我们说没有，老人家身体好着嘞。她说话带着浓重的口音，但这并不妨碍我们的采访。

老人首先向我们陈述了她大伯一家的经历。她痛斥日军的惨无人道，杀害了她大伯一家人，家里的牛羊全都被吃光了。

事隔多年，大伯的经历依然是她内心抹不去的伤痛，记忆犹新。那时大家都称呼日本人为洋先生，她反复地跟我们说“我害怕死了！”讲到差一点被日本兵当作国民党兵杀害的父亲，她露出一种惊慌的神情，就因为那一顶帽子，差点为她的父亲带来杀身之祸。小小年纪差点被日本兵非礼的经历想起来都让人感到后怕。

在采访的最后，我们向她询问她的家谱，问到她的子女时候，似乎是我们触及到了她的伤心事，声音瞬间凝噎，慢慢地跟我们讲起她儿子的经历，四个孩子的早亡对她的打击很大，她说，都是因为太穷了，养不活啊，不想再想了，再想眼泪要掉下来了。

一股酸涩在房间中蔓延，我们感觉到很痛心，只得慌张地跟她说，没关系的奶奶，不要再回忆了。

接下来我们聊到她的孙子，她很高兴，一脸骄傲地告诉我们她的孙子是个大学生呢，看到她重新露出的笑脸，我们心里也算是松了一口气。

快返程的时候，老人和儿媳盛情地送我们俩到了楼下，告诉我们要怎么走才会比较近一些，谢过了老人家，心里感到十分温暖。

九十六、季培生家族

采访时间：2016年11月9日下午2:00

采访地点：明御河路街心小公园

采访人员：戚厚杰、徐康英、王南

日军占领的南京成了地狱，他们杀人、火烧人、放狗咬人我都见过

季培生　口述

我叫季培生，男，1931 年 11 月 16 日出生，日军占领南京前，我们家是开木行的，是外公从镇江搬来南京做木材生意的，名字叫凌海记木行，因为外公没有儿子，所以把父亲招做女婿，我们就叫外公爷爷。

后来外公死后，父亲就接管这个生意；那个时候我们家庭条件属于中上等，大概我四岁的时候，家里就将我们四个小孩，我的两个姨妈（凌秀正、凌秀南）、舅舅还有我送到学堂读书。后来日军来了就没读了。

爷爷叫凌海、二爷爷叫凌春甫、舅舅叫凌祥汉、表舅叫齐德义、爸爸叫季吉仁（季乃伦）、妈妈叫凌秀英。

1937 年 8 月份，日军飞机开始轰炸南京，我们全家跑反到镇江。我这一辈当中，

我是老大，还有一个弟弟和一个妹妹，我们跟爷爷奶奶住乡下。我后来不想住乡下，想回到南京城里，爸爸把我送到江边，我走到下关的时候日军开始扔炸弹。妹妹看着我回南京了，她也想回来，最后只有弟弟跟爸爸妈妈一起在乡下。爸爸妈妈逃难的时候又生了四个男孩，其中有一对双胞胎，不过都没活下来。后来一起回老家了，1937年12月15日，我在上新河河北大街23号目睹日军枪杀老百姓，还看到日军在路上抓了个乞丐，然后把乞丐捆起来，从我家搬走桌子板凳浇上汽油，把那个乞丐活活烧死。

1938年在新河口的时候，有一次想去看海（江边），舅舅带着我去，当时这周围做木材生意的比较多，日军来南京后把一家木材店的老板杀死然后又放火烧，日本的宪兵队就住进了木行。

我们路过日本兵住的木行的时候，看到有个日本宪兵在站岗，还有两个日本兵在门口牵着狗在玩耍，这时有个农民在马路上行走，牵着狗的那两个日本兵把狗放去咬那个农民，结果农民衣服都被撕破了，农民被狗咬伤后想找日本兵要些药水擦擦，结果被日本兵暴打了一顿，看到这一幕，舅舅赶紧把我带走了。

记得有一次有两个日本兵来到我家，当时舅舅睡在床上，他们把舅舅从床上拎起来，其中一个日本兵拿着刺刀戳向舅舅的棉袄，当时舅舅15岁，日本兵搜舅舅的口袋，看看有没有藏着枪。家里有个亲戚（大概六七十岁）护着舅舅，结果旁边的那个日本兵把亲戚揍倒，拳打脚踢，还用枪拐子砸亲戚。

婆婆和舅舅一起去开大门的时候，被日本兵抓走了，再也没回来。奶奶被日军用枪拐子打死。家里有个姨夫被日本兵放狗咬死。

1939年的时候，爸爸妈妈因为没给日军鞠躬被从下关一直被追到水西门，然后（日本兵）用枪拐子打我爸。

我们家对面是河北大街26号，他家是养猪的，日军来后这里成了伪政府警察局，他家有一个女儿二十多岁，长得比较胖叫大肥，被日军带到电台几次被日军糟蹋，后来她和警长结婚了。

日军占领南京前，家里当时500块钱的银圆、几件皮袄、干爹送的金锁、各种瓷器，逃难前家里挖了个地道埋下去，后来都被日军从地道中挖走。

日军来了家里，木材行也不能开了，1939年我父亲从镇江跑到六合新集，就住在坟地里，一天也吃不上一顿饭。我在乡下读到高小毕业，成绩好得不得了，因为家庭困难，父亲对我讲生活实在维持不下去了，妹妹准备送给人家做童养媳，我就没继续读书。

13岁开始在马集高德隆杂货店学徒，店里做批发桂圆、蜜枣生意的，做了一年学徒。接触过新四军，和地下党一起住过一段时间。后来爸爸妈妈不让我做学徒了，爸

南京大屠杀幸存者季培生（右）接受戚厚杰研究员（左）采访

爸当时在瓜洲找了个工作，是在一个戒鸦所当会计。

1945年抗日战争胜利后，我们就回到南京又开始做木材生意，开了个叫季源来的木行。

1949年后我家木行改名叫华中木号，我在木排场做会计，1950年，北京搞建设需要木材，我们就把买来的木材通过水路运到六合新集，然后要火车皮运到天津。

在运木材去天津卖的时候，正好赶上“三反五反”，就留在天津了搞运动，运动结束后我想留在天津读书。父亲生病了，家中生活主要靠母亲编热水瓶壳维持，弟弟妹妹要读书，父亲五十多岁就去世，是姨夫帮助安葬的。

1953年1月我回到南京劳动局报道，后来分到华东工业部南京机床厂工作，先进技术培训班培训，刚开始是车工，后来到工艺科管理技术资料，还搞过计划，做过工业设计。

我还考上业余工业大学，后来学校停办了。

我岳父会两国（日、英）语言，后来是南京自来水厂工程师。我老婆叫严织娥，是卫生学校毕业的，后来在儿童医院工作。

我有三个孩子，大女儿叫严珏，1952年出生，在江苏邮政局工作；大儿子叫严荣，在南京玻璃厂；小儿子叫季慷，高中毕业，先是在坦克训练基地当兵，1983年到武汉海军工程学院管实验室，复员后分到中国百货公司电脑复印批发公司，企业改制时买断工龄，现在在家跟我们住一起。孙女考取中国劳动关系学院，已经毕业，先到外交部交通司工作，现在回南京工作了。

南京大屠杀受害家庭季培生家庭族谱

外公：凌海

母亲：凌秀英

父亲：季吉仁（曾用名季乃伦）

本人：季培生（南京大屠杀幸存者）

妻子：严织娥

大女儿：严珏

大儿子：严荣

二儿子：季慷

采访南京大屠杀受害家庭幸存者季培生日记

2016年11月9日下午2:00，戚厚杰、徐康英、王南来到大光路尚书里48号8栋203室楼下，给季培生先生打了电话，此前电话联系时，季先生要求我们到他家楼下再打电话联系。等了15分钟季先生下楼，笑眯眯地对我们说："家里地方小。老太婆又生病，在家里采访不方便，我们去公园吧。"

季先生领着我们步行了10分钟来到明御河路街心小公园。在公园的小亭子里，他接受了我们的采访。季先生非常健谈，采访时间有100多分钟。

采访结束时，他希望我们帮助他跟南京大屠杀纪念馆要一本有关国家公祭的书，他说社区及附近学校会请他去讲，我们答应了他的要求。

2016年11月16日，戚厚杰老师去纪念馆帮助要了本书。12月19日徐康英将书送给季培生，这次到了季先生家，他说：夫人生病了住在医院，儿子和女儿在陪护。

徐康英翻拍了季先生家墙上挂的全家福及其与孙辈的合影照片。季先生还给了徐康英一张自己的名片。他还让徐康英带口信给戚厚杰老师，有机会去拜访他。

（后记：2017年5月26日晚，戚厚杰老师因患癌症去世；2017年5月27日上午，季培生先生因病去世。）

九十七、葛道荣家族

采访时间：2016年10月29日下午2:00

采访地点：南京鼓楼区荷花里5栋208室

采访人员：徐康英、许凤

安全区也不是绝对安全的地方，日军每天都会来抓人

葛道荣　口述

我叫葛道荣，1927年4月7日出生，家住南京市华侨路50号。

我家祖辈行医，是中医世家，我的太爷爷、祖父、父亲、三叔都是中医，但是由于家门口来看病的基本不给钱，所以家道逐渐萧条。到我祖父葛寿富这一辈，因为二

叔抽大烟，家中鸡鹅巷的房子全卖了。

我的外祖父叫潘玉顺，他是开茶行的，给人家办红白喜事，根据办事人的要求分别带上银托、瓷托、铜托、锡托去。外公看我祖父家没有房子了，让母亲搬到了他的家里，原来的华侨路 50 号，现在的高家酒馆 22 号，福昌饭店后门。

后来我就出生在这里，我出生时家里很穷，没有一粒米、一滴油，也没有钱，当时的邻居刘伯伯家给了一块银圆、一斗米，母亲也在生我的第二天就到新街口靠缝补挣钱，养活家人。后来母亲也在这里去世。

1937 年，我就读于南京市汉中简易小学三年级，日军进城之前，我们还到新街口附近游行，喊着“打倒日本帝国主义”“抵制日货”的口号。12 月 12 日的时候，有条件的人家都已经走得差不多了，我们一家人没走。

1937 年 12 月 12 号，我和母亲在华侨路边卖糍粑，看见好多人往难民区跑，他们说日本兵快进城了，有一个人胳膊受伤了，棉衣上有血，跟我妈要了两块糍粑，喊我们也快跑。

我们一家人到了金陵女子学院的安全区避难。安全区也不是绝对安全，日军几乎每天都会来“甄别”，把他们认为有从军嫌疑的难民抓出去处决。

后来，日军竟然堂而皇之地闯入难民居住区。我和弟弟妹妹以及其他二十几个人挤住在南苑的一个教室里，三名日军破门而入。有两人上了刺刀，还有一个带着指挥刀，是一名军官。

我们三个孩子又冷又饿又怕，缩在教室的角落。三名日军一番交谈后，其中一名过来就对着我的腿戳了一刀，我顾不得自己腿上的伤口，一直在安慰弟弟妹妹“不怕不怕”。又经过一段时间的殴打，日军才离开了教室。时至今日，我都想不明白：三个最大才 10 岁的孩子究竟怎么触怒了日军？

南京大屠杀幸存者葛道荣（左）接受许凤老师采访

在南京大屠杀期间，我的叔父葛之燮说，我是做医生的，又不是当兵的，结果没有去难民区，被鬼子乱刀砍死家中。

舅父潘兆祥、王钧生，分别被日军带到下关江边和煤炭岗杀害。

我的姑妈跑反了，带着二叔家的唯一女儿去了武昌。

我的童年是最凄惨、最苦的，大姐7岁就去胜利电影院附近摇纱（也叫推小位），二姐13岁也去学徒。每天我饿着肚子给她们送饭，回到家有多余的就吃一点，没有就算。

我小时候外公去做红白喜事，带我去坐在高板凳上看茶摊子，人家可以给我四分之一的喜钱。

我在新街口卖过报纸、卖茶水、卖洋糖粽子。大哥、二哥和我都是14岁去学徒，做童工。

我的大哥和二哥后来都参加了革命，大哥是地下党，二哥参军在二野，后在湖南牺牲。

二哥牺牲后，1951年2月，原南京市第五区人民政府（现鼓楼区人民政府）民政科科长刘廷钧到家中慰问，介绍我也参加革命，我参加了第一批民政干部训练班，毕业后成了南京市的一名民事干部。

后来，公安局去要人，我又去了公安局，参加了第五期公安学校培训，期间还入了党，并任支部委员。

1958年左右调到南京市委工作，负责管理驾驶员安全工作，后调到行政处。1970年左右到五七干校，大概在1974年，我调去了果品公司，1982年从果品集团总公司退休。

我与妻子1953年结婚，次年便有了大儿子。我们一共抚养了四个儿子，其中三儿子已经57岁还没有结婚，一直在照顾着我们的生活。我现在早上六七点起床，晚上11点前睡觉，生活很规律，闲暇之余我还在整理关于南京保卫战的资料。

南京大屠杀受害家庭葛道荣家庭族谱

大哥：葛道生

二哥：葛道明

大姐：葛国华

二姐：葛秀英

妹妹：葛秀玲

本人：葛道荣（南京大屠杀幸存者）

妻子：沈皓洁

大儿子：葛凤翔

二儿子：葛凤谨

三儿子：葛凤亮

四儿子：沈晓华

孙子：葛云

孙女：葛雯

孙女：沈羽杉

采访南京大屠杀受害家庭幸存者葛道荣日记

2016年11月29日下午2:00，采访小组工作人员徐康英、许凤来到莫愁新寓荷花里5栋208室采访葛道荣先生。

葛先生老伴和小儿子也在家，他们正准备外出。我们说明了采访意图后，葛先生老伴给其二儿子打了电话，请他回来协助采访，老伴和小儿子外出了。

接受采访前，葛先生从卧室拿出自己保存的有关抗战、南京大屠杀的剪报和一个笔记本。

老先生身体不错，非常健谈，在近三个小时的采访中，除了我们需要了解的内容，其对难民区的情况、当前国内外形势以及自己参加工作以后的情况都一一道来。

他还将自己写的诗读给我们听：雄鼎立馆地，金钟响宁空，逝墙成史鉴，曲灵安魂终。辛者诉倭丑，难属讲党功，童乐诗文颂，慈长释愁胸。

老人的二儿子在采访中也将家庭的近况作了补充。

九十八、戴开新家庭

采访时间：2017年5月10日下午2:00

采访地点：南京市雨花区板桥街225号

采访人员：徐康英、王南

南京雨花台区文史工作者吴征华先生陪同采访

爷爷被日军杀死，奶奶受刺激得了精神分裂症

戴继祥　口述

我叫戴继祥，1953年10月25日出生，我太爷爷叫戴槐龄，他有一儿一女，我爷爷是老大，名字叫戴钧，姑奶奶叫什么名字我不太清楚。

日军没来南京的时候，我太爷爷就在板桥这边做杂百货生意，因为太爷爷人特别好，对周围的百姓都很好，加上他本身就特别精明，生意做得越来越大，很是红火，当时我们一大家就是靠太爷爷做生意来维持生活。

后来就在我们现在住的这个地方盖了三进房子，我们现在住的是第二进，前面有一进，后面有一进，中间两个天井，两边是厢房，当时这个房子在板桥还算是不错的。

我爷爷有五个儿子，我父亲是老三，1937 年的时候，我大伯戴开国 15 岁，二伯戴开民 13 岁，我父亲戴开新 10 岁，四叔戴开旺 7 岁，五叔戴开源 2 岁不到。

后来，听说日军来南京了，我太爷爷就带着我奶奶（戴王氏）、叔叔、伯伯跑到我姑奶奶家那边的山里躲起来，他们知道日军很残酷，就叫我爷爷一起走，我爷爷个性比较强，他当时就说："这是我的家，我不能走，你们走，我在这里守家！"

后来听我父亲讲，当天日军闯进我家的时候，看到前面没人，就跑到二进房子，把家里砸的七零八碎，还是没看到人，日军就气愤愤地跑到后面那进房子，我爷爷当时就在我现在住的这房子，他看到日本兵进来就问："你们干什么的？"还没等爷爷说完，日本兵就给他一刺刀加一枪，当即爷爷就倒到门旁边流了好多血。

听别人讲，我爷爷临死的时候还喊着："坚决不当亡国奴！"日本兵临走的时候把我们家的三进房子一把火烧了，还把爷爷的尸体拖到古雄车站月台浇上汽油放火焚尸。

听说我们家是被汉奸出卖的，因为爷爷当时收留了五个抗日流亡的老师，吃住都在我们家。

大概是解放战争胜利之后，太爷爷才重新把烧掉的房子盖起来。太爷爷、奶奶他们跑反回来，看到家里一片狼藉，奶奶当时就晕过去了，从那以后奶奶受到刺激就得了精神分裂症。

当时奶奶只有三十几岁，还带着五个小孩，生活非常清苦。直到我们上学的时候还记得只要听到"咣当"声就会赶紧跑到奶奶住的地方，看是不是奶奶跌倒了。1975 年奶奶去世，当时她 75 岁。

爷爷被杀之后，太爷爷年纪也大了，后来太爷爷去世，奶奶精神分裂，家里没了主心骨，我们就靠出租前面的房子来维持一大家的生计。奶奶带着五个孩子，都是熬稀饭来过活。

后来大伯出去到浙江参加地下党，我父亲他们在家守着店。

南京大屠杀受害家庭戴继祥夫妇（前排中、右）与雨花台区文史工作者吴正华（左）及采访人王南合影

二伯1949年前在家帮忙看店，1949年后就在板桥供销社上班，直到退休，他被下放过，下放到泗阳，二伯现在还活着，已经94岁了。

我父亲1968年去世，公私合营后父亲在板桥供销社做会计。

小叔后来到青海去了，回来后被分到南京第二化工机械厂，之后由于奶奶老发病，就把工作换到绿洲机械厂，在这个工厂工作到退休，2005年小叔去世。

我夫人叫纪民，1953年9月出生，我有一个女儿名字叫戴娅婷，1981年出生。1966年我小学毕业，开始“文化大革命”；1968年，父亲被逼去世；1969年，我姐姐知青插队，我们家是“文革”的受害者；1970年1月10日我们全家被下放农村，下放到泗阳县仓基区解放大队第八生产队，下放了整7年。后来招工，在淮阴运河公司工作，待了10年。1987年，因为女儿要上学了，我就调到板桥供销社工作，2002年在供销社下岗。

南京大屠杀受害家庭戴继祥家庭族谱

祖父：戴槐龄

爷爷：戴钧（南京大屠杀遇难者）

奶奶：戴王氏

大伯：戴开国

二伯：戴开民

父亲：戴开新

四叔：戴开旺

五叔：戴开源

本人：戴继祥（南京大屠杀受害家庭讲述人）

妻子：纪民

女儿：戴娅婷

采访南京大屠杀受害家庭戴继祥日记

雨花台区文史工作者吴正华先生给我们打来电话，日军侵华在雨花台区板桥镇也杀害了老百姓。

据此线索，2017年5月10日，徐康英和王南一起坐地铁2号线到油坊桥然后转公交大概花了两个小时到达板桥新村。下午2点左右，住在板桥新村的吴征华老师带着我们穿过板桥地下隧道来到板桥镇戴继祥家里进行采访。

不多时，我们来到板桥街225号戴继祥家，他家是个门面房，前是店后住人，“吉祥百货商店”便是他们家店的名字。

见到我们到来，戴继祥先生热情地跟我们打招呼，把我们带到他们后面的房子里，他夫人忙着给我们倒水，夫妻俩待人都很热情。

在讲到他们家爷爷被日本兵杀死，奶奶受刺激得精神分裂症的时候，戴继祥夫妻俩禁不住泪流满面，特别是戴继祥先生，在讲到这段历史及给他们家造成的影响的时候，他几度哽咽，他爷爷被杀，尤其是奶奶精神分裂症对其自身和对整个家庭都造成了非常大的伤害。

听吴老师介绍，民国时的板桥曾经是一个很繁华的小镇，宋美龄曾经在这里办过幼稚园。

采访结束，和戴继祥夫妻俩告别之后，吴老师带我们参观了板桥老街，去当年宋美龄办幼稚园的地方拍了照。这里还有居民保留了老房子，听当地居民说这些房子都有100多年的历史了。

走在狭长的街道，看着当时的老房子，当年小镇的盛况还依稀可见。板桥这座小镇见证了时代的变迁，充满了历史的沧桑感，听说这里很快就要拆迁了。

九十九、刘高英家族

采访时间：2017年4月14日下午2:00

采访地点：南京市建邺区恒盈名居B座806室（此处是刘高英二儿子嵇旭东家）

采访人员：徐康英、王南

外公被日本兵打伤致死，小舅舅家破人亡，外婆靠给人做衣服、纳鞋底来维持生活

刘高英　口述

我叫刘高英，1925年5月5日出生，属虎，今年92岁，招工的时候年龄写成1928年出生。我是土生土长的南京人。

南京大屠杀前我们住在水西门莫愁路韩家苑21号。当时，父母亲做点小生意，卖牛肚子、牛蹄子、牛肠子、牛杂碎。家里有奶奶、爸爸（刘有其，后改为刘声陶）、妈妈、二叔（刘有禄）、三叔（刘鸿年）。

10岁的时候我住在外公家，经常听到空袭警报。听说日军要来，外公、外婆就把我送回家了。

1937年，日军来南京时候是冬月十一，我当时12岁，在日军没有进城前我们躲

到大方巷 12 号难民区，从家里带了点锅巴、炒米，饿了就吃点锅巴、炒米来填肚子。

日军来南京后，由于我当时年龄小，为了躲避日军，家里把我的头发理得很短，冬天戴着帽子装成男孩。听别人说日本鬼子就很好奇，想出去看看长得是什么样子，家里人不让我们出难民区，说不能出去，出去就会被日本兵杀掉。我就趴在难民区竹篱笆墙边看日本兵，父亲、三叔看到我在那里看就打我，不让我看。

记得难民区北边是一大片空地，我偷偷看到日本兵用机枪杀了好多人，杀了之后用卡车拖出去，扔湾儿（水塘）里面去了。

记得当时日军把十几、二十几岁的年轻人都带走，我还看到日本人的军队、坦克，有个人看到日本兵吓得跑，然后就被日本兵开枪打死了。我们几个小孩经常说："日本鬼子大坏蛋，杀死中国人千千万万！"

我外公孔照文，住在上新河河南街，是做小生意的，卖散煤炭、木炭，日本兵来了，不让进城，外公给他们磕头作揖，日本兵蛮横无理直接用枪托将外公捣在地上，可能捣成了内伤，外公的腰一直喊疼，当时没钱看病，没有几天就死掉了。外公死了十几天，我们才知道，因为当时没有良民证，日本兵不让随便进城、出城。

1949 年后开控诉大会，我母亲上台讲到外公被日军打死，悲伤得话都讲不下去直接瘫倒了。

日军没来之前，小舅舅一家做生意，生活还说得过去，日军进城后，小舅舅在渡口用独轮车卸煤累到吐血而死。我舅妈被拐卖，1 岁的表弟也去世了，他们这个家就这样家破人亡了。

外公被日军打死后，外婆没有生活来源就到我们家住，当时家里穷，外婆就给人做点衣服、纳鞋底来维持生活。

我还记得三叔救过三个被日军重伤的中国军人的事。我三叔在夫子庙开镶牙馆，有天他早晨起床去厕所，在厕所听到有人喊："叔叔，救救我们！"我三叔一看是三个中央军，他们是被日军打伤后逃出来的浑身是血，叔叔把他们带回家救活。

那三个军人都是句容人，后来还到夫子庙看过我三叔，感谢救命之恩。

我父亲 1951 年去世，二叔 70 年代去世，三叔 80 年代去世。三叔的儿子现住迈皋桥，具体什么地方不清楚了。

我 20 岁结婚，26 岁离开南京到宿迁，因为丈夫嵇友愚（1920 年出生，2006 年去世）在宿迁工作。

1949 年前，我丈夫是做裁缝的，后来考上华东政法大学，1951 年被分配到宿迁人民银行，之后被调到县政府，"文革"被下放，再后来又被调到宿迁党校，在党校一直工作到退休。

我以前没有读过书，1949年后，参加了扫盲，现在可以看看报纸。到宿迁后，我就在宿迁织布厂工作到退休。

我有三个孩子，大儿子嵇旭升，1953年出生，毕业于淮阴师范学校，后来在南大附中教书，现在已退休；二儿子嵇旭东，1956年出生，在南京市二院工作，现在已退休；小女儿嵇箐，1960年出生，在淮安第一人民医院工作。

丈夫去世以后，小儿子帮我把户口迁到南京，退休金还在宿迁领。我现在生活很幸福，也有了曾孙子。

南京大屠杀幸存者刘高英（中）与采访工作人员徐康英（左）、王南（右）合影

南京大屠杀受害家庭刘高英家庭族谱

外公：孔照文（南京大屠杀遇难者）

外婆：孔氏

舅舅：孔××

父亲：刘有其（后改为刘声陶）

母亲：刘氏

二叔：刘有禄

三叔：刘鸿年

本人：刘高英（南京大屠杀幸存者）

丈夫：稽友愚

大儿子：稽旭升

二儿子：稽旭东

女儿：稽箐

采访南京大屠杀受害家庭刘高英日记

2017年3月26日刘高英的女婿在《扬子晚报》上看到寻访南京大屠杀受害家庭的报道，主动和我们联系。

当时老人在淮安女儿家，4月份老人回到南京后，其家人又和我们联系，我们于

2017 年 4 月 14 日下午 2 点来到南京市建邺区恒盈名居 B 座 806 室，刘高英二儿子嵇旭东家进行了采访。

此次老人是清明回南京扫墓，特安排接待我们的采访。老人身体很好，也很健谈。

一〇〇、邵秀卿家庭

采访时间：2016年12月5日下午

采访地点：南京市秦淮区高桥门200号16栋2单元206室

采访人员：徐康英、王杰

五岁的姐姐病死在难民区，家里东西全部被日军抢走

吕绍琴　口述

我叫吕绍琴，1944 年出生。

民国时候，我外公在大行宫利济巷德兴煤炭店当账房先生，我父亲是店里的帮工。后来外公自己在科巷西北菜园 71–72 号开煤炭店，我父亲就到我家来了。

1937 年日军南京大屠杀期间，我父亲将我母亲邵秀卿和我姐姐、哥哥安顿到难民区，当时我姐姐 4 岁，哥哥 1 岁。

我父亲从难民区出来回家拿东西时被日军抓去，集中在一个广场，让家人来认。

我父亲被邻居修钟表的那家妇女看到了，她抱着一个小孩，走到我父亲面前说："你这个死鬼，怎么跑到这里来啦，家都不要啦。"拉着我父亲就走。要不是她帮助，我父亲就没有命了。

我父亲被救以后就往难民区跑，看到日军就躲到下水道里，跑到宁海路难民区找到我妈。日军到难民区拖花姑娘，我母亲躲在一个草堆里，日军用刺刀往草堆里一戳，差一点刺到我母亲。

我姐姐叫红英，在难民区窝棚突然肚子疼，但是我们家人不敢出难民区，因为出去就很可能要被日军杀死，我父母就眼睁睁地看着我 4 岁的姐姐痛苦地疼死。

姐姐死对我母亲打击很大，我母亲喜欢女孩，一想到我姐姐她就哭。我小时候我父母每次讲到这段历史的痛苦表情至今都让我永生难忘，我母亲经常就跟我讲："要不是你姐姐死了，我们家不会再有你。"

跑反回来我们家里东西都没有了，只剩下煤炭。我们家对面就是个青楼（利济巷慰安所），带他们烧饭的是我家邻居叫韩金木。

记不清是 1942 年还是 1943 年，有一天一个日本兵拄着拐杖跑到我家，说我家的

南京大屠杀受害家庭吕绍琴（左上）与家人合影

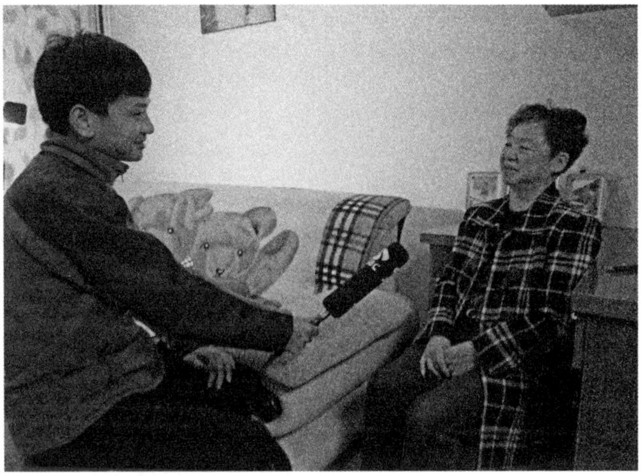

南京大屠杀受害家庭吕绍琴（右）接受采访

狗把他咬伤了，我母亲用日语跟他讲不是我家狗咬的，是枪伤，日本兵硬说是狗咬的。后来我母亲在中山东路的法庭和日本兵打官司，法庭让日本兵到鼓楼医院验伤，最后证明是枪伤，不是狗咬。

我母亲和我大姨、小姨，当时她们才十二三岁，一起在日本人开的纱厂摇纱，经常遭到日本人殴打。我母亲会日语就是在纱厂学的。

1956年公私合营我们家煤炭店合并到洪武路煤炭店，我母亲就在家做家务了。

我大哥吕绍富到南京电影机械厂做钳工，1965年7月第一批去了新疆。

我二哥南京晓庄师范毕业分配到南京三条巷小学，后来又支农到江宁县上坊镇教书。

我丈夫叫闫安帮，在南京电影机械厂工作，1966年去宁夏，在甘肃光学仪器总厂工作。

我1968年和他结婚以后调到甘肃光学仪器总厂改学会计，在厂医务室当会计。

1981年我老伴闫安帮调到南京江浦柴油机厂当厂长，我调动到江浦县珠江镇政府工业办公室当会计。

我有两个女儿，大女儿闫莉，南京金陵职大毕业，现在在南京渊声巷小学当英语老师。女婿王焱，在江苏省委《群众》杂志社当编辑，外孙女王殊，在树人中学上初中。

二女儿闫蓓，在泰康保险公司当办公室主任。二女婿鲁学东在江苏省供电局工作，小外孙鲁晨晰上小学五年级了。

南京大屠杀受害家庭邵秀卿家庭族谱

本人：邵秀卿

大女儿：吕红英（南京大屠杀期间在难民区病死）

二女儿：吕绍琴（南京大屠杀受害家庭讲述人）

二女婿：闫安帮

外孙女：闫莉

外孙女婿：王燚

曾外孙女：王殊

外孙女：闫蓓

外孙女婿：鲁学东

曾外孙：鲁晨晰

采访南京大屠杀受害家庭吕绍琴日记

吕绍琴和徐康英是江苏省夕阳红老年大学电子琴班的同学，在一次同学聚会中谈到日军侵华及南京大屠杀给南京人民造成的痛苦和损失时，吕绍琴说：我们家就是受害家庭之一，小时候听父母讲 1937 年日军进南京时，他们带着我的哥哥、姐姐躲在难民区，姐姐生病，但是不敢出来找医生，五岁的姐姐病死在难民区。她母亲还和日本兵打过官司。

2015 年 12 月 5 日下午，徐康英、王杰以及江苏卫视记者胡於棋等一行来到南京市秦淮区高桥门 200 号 16 栋 2 单元 206 室吕绍琴家里。

吕绍琴面对电视镜头向我们讲述了家庭受害情况，尽管是父母讲给她听的，但是已经 72 岁的她还是非常清晰地讲了父亲从难民区出来回家拿东西时被日军抓去，集中在一个广场，让家人来认，被好心邻居走，幸免遇害的经过。

她母亲躲在难民区草堆里，差一点被日军刺刀戳死。5 岁的姐姐在难民区病死。家里东西全部被日军抢走，受枪伤的日本兵还诬陷她家狗把他咬伤，企图敲诈，其母被迫和日本兵打官司胜诉。

吕绍琴说：“因为家里是开煤炭店的，抗战前家里生活还是很好的，日军到南京以后烧、杀、抢、奸，让多少人家破人亡。我小时候我父母每次讲到这段历史的痛苦表情，至今都让我永生难忘，姐姐的死，是我父母一辈子的痛。”

吕绍琴还在家里找出父母的老照片让我们翻拍，还给江苏卫视的记者们弹奏了电子琴。因为其丈夫中风康复期间，他们已经买好去海南的飞机票，已经连续两年在海南过冬。

2016 年 12 月 13 国家公祭当日，江苏卫视播放了采访录像。

一〇一、马继武家庭

采访时间：2016年11月17日

采访地点：南京市秦淮区秦虹小区集虹苑23栋46号201室

采访人员：徐康英、王杰

我看见有30多个伤病员全部被戳死，我被抓夫做苦力

马继武　口述

我叫马继武，我们家以前住止马营，太平天国时房子给烧了，没有地方住。

我父母结婚以后就住在外祖父家里，我1922年10月19日在南京外祖父家出生。

我父亲叫马为珍，在上海回民学校教书，学校是回民董事会办的，每月可以拿30块洋钱。

3岁时外祖父叫我念字块，我贪玩，不用心，外祖父发脾气，我就哭，我父亲放假从上海回来带我去上海。

我父亲第一个妻子生了个女儿，坐月子时候房梁上掉下一条蛇，她吓得发烧病死了。我母亲是填房，做姑娘就带我姐姐了。

在上海，我父母、姐姐及我四个人生活。后来我母亲生弟弟得了产后风，发烧、抽筋死了，母亲死后先葬在上海郊区，两年后遗骨送回南京葬在花神庙。

我快6岁时父亲的朋友介绍了我继母，她姓白，是丧偶的，带了个女儿来，这样我们家庭负担又重了。我父亲劳累过度吐血，没有钱看病，买点鱼肝油吃吃，用冰糖梨煨水喝，后来好些。

父亲不教书了，我们搬到上海南市宁和路，找个门面开杂货店做生意，卖毛巾、香烟、糖果、食品，几十块钱的本钱，生意还可以，一家人够生活的了。

但是好景不长，左右隔壁又开了两家店，我们夹在中间，生意清淡许多，小偷从厨房把墙挖个洞偷了钱和货，店开不起来了。

当时我们三个小孩在交通部小学上学是免费的。父亲到闸北区商务书馆当职员，编三角号码，拿40元一个月，这样我们生活还可以了。

1937年上海“一二八”战争爆发，商务印书馆被炸，我父亲又失业了，我们一家搬到上海法租界。

我8岁不上学了，卖报纸。父亲把开店剩下的东西拿到菜场去卖，然后买二升米回来生活，父亲又害了搭背（背上长疮），雪上加霜，小百货卖完了，就在弄堂门口卖五香蛋，上海小瘪三经常不给钱。我还去黄浦江边逮石蟹，用绳子串起来卖。

南京大屠杀幸存者马继武（前排左一）全家福

我生母的哥哥在南京是国民党54师办事处处长，他叫我父亲回南京工作，在石鼓路当文书，一个月有40块钱。

我继母又生了两个儿子，她对我不好，经常打得我鼻子流血。外公家在大香炉，有邻居告诉外公我经常挨打，外公就让舅舅把我带回家，那时我已经12岁了，又去读了三年书。表姐介绍我到军事委员会工作，每个月可以拿60块洋钱。

淞沪战争后，日军飞机到南京轰炸，我们跑到江宁禄口乡下逃难，那里是我表姐的婆家，弄了一间柴房住下来。

1937年12月日军进城前，我们在乡下，父亲给我们写信，让我们赶快回南京，随他迁四川。我们从乡下走了三次：第一次、第二次因为下雨，没有走成；第三次天气好了，到了南京城已经迟了。父亲已经离开南京，留了一封信、丢了30块钱，让我们到雨花路马姓人家住下。

日军打到芜湖时，我父亲又给他的学生吴春玉写信，告知师母在雨花路姓马的人家。吴春玉把我们安置在金陵中学难民区。

在难民区，我们一天可以吃两次麦子粥，一次一勺。

日军进城以后炸了南门桥（长干桥），南门（中华门）外火光四起，半个天都烧红了。当时我16岁了，看到中国军人撤退，伤病员跑不了，下关也没有船了，就在新街口首都电影院隔壁的水果店住下来了。

12月13日，日军进城，杀了三天，我躲在难民区，没有出来。三天以后，我跑到水果店，看到伤病员全部被日军戳死了，尸体约有三十具。

后来，日军松井部队抓夫，把我抓去在梅园新村太平桥附近叫我烧饭，大铁锅，一口锅要煮20—30斤米，柴火往里杵浇点汽油。有一次我忘记撤火，锅底下烧煳了，上面米没有干，耽误开饭，日军把我绑到树上用皮带抽，我就哭，来了个当官的说：小孩，别打了。

有一天到一个被烧塌的房子弄木料，有一个半截墙，我趁他们不注意逃跑到难民区。在难民区，日军来找花姑娘，继母他们害怕被抓，把脸上抹上锅灰，头上弄上稻草，用破棉花胎盖在身上。

日军来抢花姑娘时，长得还可以的就拖走，我继母脸上有灰没拖走。日军拖走了两卡车人，一个星期以后送回来一卡车，另外一卡车人不知道到哪里去了。

有一天日军来查中国兵，男女老少都赶到学校球场排队，主要查男的，看头上有没有箍，手上有没有茧，如果有就拖到旁边用绳子捆起来。

有一个十七八岁的小战士躲在难民区，他给一个老大妈说："你救救我"。日军查到他时，老大妈说是我儿子，日军就把他放了，老大妈把他保下来了。

我大外公一家在沙洲圩，日军到他家说他大学生的儿子是中国兵，把他绑到树上杀害了，二老求也没有用。他大女儿和隔壁邻居张大妈见日军要抓花姑娘，两个人不从，跳长江而死。

1938年四五月份，难民区解散安民了，我们回家以后，继母做点小生意。我每天到太平门外挑茅草卖，从太平门到蒋王庙的路是沙子、黄土、碎石，没有鞋子穿，光着脚，还要挑140多斤的茅草，一天赚一块钱。

后来我又卖水果，继母卖糖果，我吃饭给继母交10个铜板。

1938年，外公介绍我到大香炉一个炒货店学徒，学了两年，没有工资，有理发和洗澡钱。

师傅虐待我，稍微做得不好就要挨打。冬天穿两条单裤外出送货，从大香炉到估衣廊、糖坊桥、评事街、昇州路、彩霞街，下雪天也没有鞋子穿。

想想没有母亲真苦，有时候恨不得自杀。邻居救济给我的棉袄，继母不给我穿，给她的儿子穿，这是姓杨的救济人告诉我的。

1940年，我离开学徒的地方到评事街一个姓马的炒货店去干，算半师半徒，每个月可以拿二斗半米，干了一年，老板嫌我吃得多，经常（对我）发脾气，我气得不干了，卷了铺盖回家。

不久炒货店一个姓魏的找到我，让我去昇州路一个店帮忙，因为快要过年了，店里忙不过来。我去还带了两个徒弟，一个月有三斗米，我给姑妈一斗，继母两斗。

干了不到一年，姑妈的儿子在白下路陆军医院，介绍我去消毒室，病人吃不了的饭我们吃，每个月有三斗米补贴家用。

后来军政后勤部要人，工资比陆军医院高，他们要找一个熟悉南京路的人，我去了后勤警卫连当了中士班长，专门送口令。

1946年，我父亲和我通信了，叫我不要当兵，有亲戚在国防部电报局，介绍我去，那时候电报局工资高，一个月可以买7袋洋干面。

1949年4月23日南京解放，我很高兴画了个大公鸡站在山上，天亮了。

南京大屠杀幸存者马继武夫妇与徐康英（右一）、王杰（左一）

1953 年调到南京邮政局工作，1971 年全家下放到沭阳柒桥公社，就地安排电报局，1973 年办理退休，1979 年 5 月落实政策回到了南京。

我 1948 年家里包办婚姻结婚。夫人叫林道贤，南京液压件厂退休，退休以后在太平巷居委会当了 18 年的居委会主任。

我有两个女儿，二个儿子。大女儿马大华 1949 年 11 月出生，幼儿园老师退休；二女儿 1952 年 4 月出生，江苏省计量测试研究所高工；大儿子马大建 1953 年 12 月出生，在华夏银行工作；二儿子马大伟 1956 年 1 月出生，在南京市白下区文化市场管理处工作。继母生的两个弟弟 1949 年前都随陈毅部队当兵了，现在都是高级干部，大弟弟马继光在贵州，小弟弟马继业在重庆。

南京大屠杀受害家庭马继武家庭家谱

父亲：马为珍

大弟弟：马继光

小弟弟：马继业

本人：马继武（南京大屠杀幸存者）

妻子：林道贤

大女儿：马大华

二女儿：马 ××

大儿子：马大建

二儿子：马大伟

采访南京大屠杀受害家庭幸存者马继武日记

2016 年 11 月 17 日下午 2:00，我们前往南京大屠杀受害家庭幸存者马继武家采访。我们来到南京市秦淮区秦虹小区集虹苑 23 栋 46 号 201 室，马先生大儿子和夫人很热情地请我们进门，其夫人推开卧室门叫醒正在午睡的马先生。

采访就在他们的卧室进行，这间房间与阳台打通，在阳台上放了一个小圆桌和两把椅子。马先生的夫人林道贤对我们说，今天天气不好，天气好的时候这里光线很好。马先生坐在桌边接受采访。

马先生告诉我们，接到采访电话以后，今天用了一个上午时间在准备采访提纲，写了满满两张纸。

马先生声音洪亮，思维清晰，基本按照我们电话给他说的采访要求，按照自己写的提纲接受采访。

其夫人一直坐在卧室床边听，在我们问到1949年后家庭生活情况，其夫人主动说："我来讲。"她自我介绍，退休以后在街道当了18年的居民委员会主任，一看就是个非常精明能干的人。

80多岁的她非常流利地将与马先生结婚后至今家庭情况、子女情况一一作了介绍。当我们提出要拍张照片的时候，她立刻打开橱柜门，拿了一件玫红色的马甲套上，显得非常精神。临行前，马先生希望我们拍的照片送给他一张，我们答应了。

一〇二、陈锦德家庭

采访时间：2017年5月20日上午9:20

采访地点：南京市江宁区东山镇中前社区秋月路189港区7号

采访人员：陈艺文、马婉蓉

我父亲额头被日军砍了一刀，直到去世仍留有疤痕

陈殿华　口述

我叫陈殿华，今年67周岁，父亲陈锦德是南京大屠杀幸存者，于1918年出生，2013年3月6日离世，享年96周岁。

南京大屠杀时，父亲大概十八九周岁。父亲一家有四男二女，但是因为父亲一人当时身处南京，所以只有父亲一人亲自见证了南京大屠杀事件。

当时父亲是帮老板打工的伙计，根据父亲的口述，自己受到日军侵害总共有两次：第一次是，日军进入父亲工作的厂（这个厂是在现在南京的秦淮区内桥），日军让开门，老板就命令父亲开门，父亲一开门，日本兵就向他额头砍了一刀，留下了疤痕，而这个疤痕直到父亲去世仍留有印记。第二次是，跟着老板去工作，碰到日军，日军就狂追着他，幸运的是，父亲在途中遇到了一个四五十岁的老太，老太太指引父亲从后门方向逃跑，父亲因此成功脱险。

南京晓庄学院志愿者陈艺文（左）采访陈锦德儿子陈殿华（右）

日军找到老太，用枪管子捣着老太，询问有无见到刚才逃跑的青年（这里说的青年指的就是父亲），老太说不知道，日本兵这才离去。等到日本兵离去后，父亲又赶紧回到老太的住所，查看老太太的情况，生怕老太太因自己而遭到牵连，看到老太太还活着，父亲向老太太道了感谢。

父亲在南京大屠杀期间，正值青年，会修缝纫机，给人做衣服，还被安排给日本兵开车。

据父亲说，他开车子的一般线路都在溧水一带和秣陵镇。父亲把粮食全给了新四军，但是考虑到回去无法交差，父亲就假装用泥巴糊糊在车上伪装成烧掉的痕迹，告诉日军车子的粮食被烧掉了。

父亲常常借这样的机会将粮食等提供给新四军，以车子掉进河里、粮食被泡了、坏掉了等借口骗日军，但是有时候也因为怕无法给日军交差而不敢回去。因为父亲一直在城市逗留，相比别的农村人有更大的见识，他认为日本兵会残忍地伤害中国人，伤害自己。而新四军至少不会伤害自己，自己不用害怕他们，所以新四军想要父亲车上的粮食，父亲都会直接给新四军。

南京大屠杀之前，父亲因为做衣服的手艺，结识了许多国民党的高级将领，并且给他们做衣服、做军装。

其实，我父亲和共产党也有交情的，只是我父亲当时有些事并不知情。日本投降后，父亲在南京中华门的一个商场工作，在那里父亲和一个朋友关系很好，直到 1949 年后，父亲才得知那个人的身份是地下党，后来也就成了商场领导。

再后来，父亲又去了现在夫子庙的永安商场工作，一直到 1960 年回到江宁在家务农，和妻子种菜卖菜度过晚年。

父亲见过很多日军杀害中国人的场面，包括杀害老人、小孩等，生前常常跟周围人讲起当年大屠杀的事件和日军的罪行。

父亲还会简单的日语，他在家也会时常看看报纸，有时戴着老花眼镜，有时不带，除此以外，父亲无聊时候还会哼唱京剧。

父亲的身体一直很好，80 多岁时还会自己骑着自行车去市中心买菜，但是在 89 岁那年不小心摔伤跌了骨头，父亲执意要手术开刀，2—3 年就恢复得差不多了，最终在96周岁那年平安离世。

南京大屠杀受害家庭陈锦德家庭族谱

哥哥：陈锦贵

弟弟：陈锦仁

弟弟：陈锦荣

本人：陈锦德（南京大屠杀幸存者）

大女儿：陈殿香

大女婿：陈汉华

外孙：陈勇

外孙女：陈义萍

外孙女：陈义宁

大儿子：陈殿华（南京大屠杀受害家庭讲述人）

大儿媳：苗挂芳

孙子：陈凡

孙媳：周兹琴

孙女：陈静

孙女婿：郑邦学

二儿子：陈殿春

二儿媳：陈小萍

孙女：陈晨

采访南京大屠杀受害家庭幸存者陈殿华日记

2017年5月20日，我们来到南京市江宁区东山镇中前社区秋月路189港区7号采访南京大屠杀受害家庭幸存者陈锦德老人的儿子陈殿华。

上午9:20，我们来到陈殿华先生家小区，陈艺文给陈殿华老先生打了一个电话，陈殿华先生当时在菜市场买菜，接到我们的电话，很快赶回到家。见到我们，陈殿华先生很热情地接待我们，陈殿华先生的妻子随后到家。

我们几位落座，陈殿华先生为我们倒了两杯茶。陈殿华先生精神很好，说话清晰，表达连续。

他一开始就说到，今年他父亲刚好100岁（诞辰），他的父亲有很多年都待在南京市中心，十八九岁的时候就在外给打工、当伙计，同时还学会了缝纫，这项技术让他父亲陈锦德先生有接触日本人、国民党高级将领的机会，给这些人做衣服。

在他父亲 19 岁的时候，日军冲进了他打工所住的地方，一刀砍在了陈锦德先生的头上，留下了疤痕，直至去世这道疤痕还在。

还有一次，陈锦德先生遭到日本兵的追击，跑到一处，一位老太太打开门让陈锦德先生进来，让他从后门逃走，才躲过日本兵，这位老太太受到牵连，被日本兵用枪杆子捣了几下。

在这期间，陈锦德先生会经常在秣陵、溧水运货，有时候是为日本兵送粮食，但货都会被新四军截走，陈锦德先生就会跑掉以躲避日军。

陈殿华先生谈到，在日本投降之后，他的父亲陈锦德先生是在中华门的某一商场做衣服，之后也在夫子庙的永安商场做过衣服，一直到 1960 年回到江宁在家务农，和妻子种菜卖菜。

由于没有他的档案，他晚年并无退休费。陈锦德先生识字，会看报，不需要带老花镜，经常在家门口和邻居谈论日本人，会说一些简单的日语。

陈锦德先生在 88 岁的时候还可以骑车去市中心买菜，但在 89 岁时跌断了骨头，自己要求开刀，3 个月不到就可以走路了，恢复得很好，身体状态都不错。

他晚年是和二儿子陈殿华住在一起，在一楼有一个小房间，冬天有取暖器。在离世那天，还说了不少话，很突然地就离开了，享年 96 岁。

我们询问陈殿华先生是否有陈锦德先生的身份证号以及一些旧照片，陈殿华先生找了一会儿，拿出来一些证件、照片，我们一一进行了翻拍，我们还参观了陈锦德先生去世之前住的房间。我们提出让陈殿华先生写一下族谱，他表示不太记得清，他的妻子表示可以写，于是就写了她所记得的部分。

最后，我们与陈殿华先生及其夫人合影。

第四篇　受害者与家庭的历史创伤及其幸存后的生活状况

南京大屠杀造成的不仅仅是人口的伤亡、心理的恐惧，更多的是遗留伤害或者叫长期伤害，这种劫后的创伤延续到战后多年，直至今天，战争的阴影仍然留在南京大屠杀幸存者的脑海中。据南京大屠杀一项最新研究成果证明：南京大屠杀创伤记忆对幸存者大脑的影响，可持续80年之久。[①]该项研究采用美国拉什大学的华人老龄健康研究中心、西北大学的华人咨询服务处等机构设计和创立的松年研究（PINE-Study）量表，对参与研究的54名南京大屠杀幸存者进行行为测量，得出如下结论：南京大屠杀期间的苦难与创伤给幸存者造成巨大危害，幸存者大脑皮层出现了显著的变化，很多幸存者出现了创伤后应激障碍的症状，伴随着焦虑、抑郁情绪比例的升高，生活质量显著低于同龄老人。

我们在翻阅大量的幸存者提供的证词中发现，许多幸存者一辈子都不能摆脱过去的阴影，他们经常被噩梦惊醒，一些幸存者的言行日益偏离日常生活习惯，而且随着年龄的增长，这些精神疾病的表征越来越明显。我们从幸存者的言语中能够感受这些，他们在接受调查的时候经常会说：我一辈子也忘不掉，经常做噩梦，梦见从前日军残杀中国人的情景，不敢看见日本人，想起以前的事就害怕。有的幸存者在电视上只要看见日本人的时候，感到非常害怕，就赶紧关上电视。[②]

在南京大屠杀幸存者中，有一些遭受过强奸或者轮奸的幸存者，她们所受到的精神创伤更为严重和持久。当时的中国是一个传统社会，一个女性受到了凌辱，尤其是“兽兵”的侮辱，就等于被毁去了一生，即使不走一死了之的路，也很难抛头露面、当着众人面诉说，这种耻辱将伴随她们终生。有些性暴力幸存者将这种身心的痛苦深深埋

① 南京大学社会学院和侵华日军南京大屠杀遇难同胞纪念馆联合主持的南京大屠杀创伤记忆对幸存者大脑的影响研究课题。

② 参见张连红：《南京大屠杀的后遗症——幸存者的创伤》，《江海学刊》2006年第3期。

藏在自己的内心深处，甚至连自己的儿女都不知道。当时许多妇女遭到强奸后，有的一直哭个不停，不肯吃饭，认为无脸见人，或心情忧郁死亡，或自杀了，在战后的幸存者调查中，有许多当年遭遇强奸的女性不愿意回忆当年的痛苦经历，即使能讲述的也不愿意在公开出版物中透露姓名，我们能看到公开出版的幸存者证言中有些使用的姓名往往是黄××、李××等。此外，还有许多在南京大屠杀幸存下来的老人，她（他）们不仅要忍受着失去亲人的精神痛苦，还同时遭受着身体上残疾的折磨，身体的伤病甚至影响了她（他）们一生的生活，尤其是给她（他）们的晚年生活带来了极大的不便。

一〇三、李素芬家族

采访时间：2017年5月13号下午6:30

采访地点：南京市集庆门城墙附近的亭子

采访人员：李田田、朱延驰

我母亲和婆婆、小姨都遭到日军性侵，后来经常从噩梦中哭醒，不敢看有日本人的片子，看到就会发抖害怕

赵威云　口述

我叫赵威云，今年60岁，住在南京市秦淮区来凤街6号，金粟佳园2幢4单园202室，先前在南京市土产公司做业务员，并在1998年自己成立了南京金云鹏商贸有限公司。

我的母亲名叫李素芬，出生于1923年，并在2017年1月19日下午去世，而此时距离新年仅有8天。

我的母亲年幼的时候一直和我的外公生活在新桥船板巷20号，我的外公从事的是纺织类的生意，所以在我母亲小的时候家里还是挺富裕的，因此我的母亲也上过几天私塾，但识字不算多。

那个时候我们家是一个大家庭，由于外公娶的第一任妻子（我的大婆婆）没有生育能力，外公娶了第二任妻子，也就是我母亲的生母（我的二婆婆），二婆婆生了两个女儿，一个是我的母亲，还有一个就是我的小姨李素芳。

1937年，日军开始侵占南京，刚进城就开始大肆地屠杀，看到人就拿刺刀拿枪杀人，一路杀到了新桥。

那个时候我的母亲只有14岁，刚开始的时候我的母亲躲在了自家的地窖里，但后来日军开始放火烧房，地窖便无法再继续躲下去了，于是我的母亲就跟着那个时候进城打工的一群人逃到了乡下，她们跑到了湖熟，并躲到了湖中的芦苇荡里面。

日军十分狡诈和残暴，他们甚至找来了粪桶和木桶之类的能够浮在水面上的东西，借助这些东西划到湖中的芦苇荡搜捕，万幸的是躲藏在芦苇荡中的母亲没有被发现，得以躲过一劫。

南京大屠杀受害家庭幸存者李素芬（右）与孙辈合影

当时一起躲藏的百姓发觉那个地方也不安全了，就又跑回到了新桥。那个时候我外公家住的是瓦房，我母亲跑回家后发现家里的瓦房均被烧光了。

我的外公和我的大婆婆在日军进城之后一直守着家不愿意离开。残暴的日本兵来到了我外公的家中强奸了我的大婆婆，我的外公企图去阻止日本兵的暴行，但被日本兵用刺刀刺死了，我的大婆婆也被日本兵强奸后用刺刀刺死了。

我母亲的叔叔当时去新桥卖东西很久还没有回家，我母亲的婶婶就赶快跑去新桥找，到那之后发现叔叔已经被日本兵缠住就赶紧想上去解围，结果两个人都被心狠手辣的日本兵杀害了。

我母亲发现家已经没有了之后，她就准备跑到了当时归属于美国人管理的金陵女子学院，准备去找自己的母亲和妹妹，金陵女子学院在当时来说是一个相对比较安全的地方。

我母亲那时候已经出落得挺漂亮的，在逃跑过程中遭到了日本兵的性侵，身心受到了很大的创伤。我的二婆婆和我的小姨也很漂亮，在跑往金陵女子学院的路途中均遭到日本兵残暴的性侵。我的小姨只有10岁，在遭到日本兵此般暴行之后受到了巨大的伤害，没有过多久就去世了。

在目睹了自己的小女儿被性侵然后去世以及自己在此过程中也遭到了性侵之后，我的二婆婆就被吓疯了，在我的记忆中，二婆婆的精神就一直是这样疯疯癫癫的。

后来我的母亲和我的二婆婆一直躲在金陵女子学院里面，直到日军不再乱杀人了，我的母亲和我的二婆婆才回到原先家里住的地方并把房子重新搭建了，然后我的母亲在当时的东和剧院（在日本投降后该剧院改名为胜利电影院）做服务员挣钱。与此同时，日军也开始进行管理，并发放了良民证。

我的母亲有过两次婚姻，靠着做缝纫生活。第一任丈夫名叫徐文章，也是南京大屠杀的幸存者，那个时候徐文章也就 16 岁的样子，听说日军要来了就跟着其他伙伴出去逃跑了，而他的父母舍不得离开家就没有走。

日军到他家之后，一进门就开始烧杀抢东西，他的父母因为想保护自己的财产死在了日本人的刀下。徐文章回来之后发现家被烧了，所有东西也都没有了。

母亲和他在 1949 年之后离婚了，并在后来结识了第二任丈夫，也就是我的亲生父亲。

我的母亲曾经学着去乐观，老年的时候她会学着去打太极拳、玩棍子，努力锻炼身体以忘记日本人侵略的暴行。

在我母亲 90 岁的时候我们也为她举办过一场特殊的生日宴。但其实我的母亲从未忘记过那段往事。她经常从噩梦中哭着醒来。很长一段时间，她都不能看有那些日军的片子，看到就会发抖害怕，一直说恨。

两年前，一次摔倒触发了脑梗，我的母亲进了医院，在此后的时间里，她只能靠营养液为生，昏迷不醒，偶尔呼吸困难。不幸的是，在 2017 年 1 月 19 日下午两点多，母亲还是走了。

虽然母亲已经走了，但母亲生前总是说：铁的事实是不能抹杀的，苦难她们这一代人受了，下一代人一定要珍惜和平和幸福，一定要记住历史的真相！

南京大屠杀受害家庭李素芬家庭族谱

本人：李素芬（南京大屠杀幸存者）

徐文章（第一任丈夫，南京大屠杀幸存者）

赵立荣（第二任丈夫）

大儿子：徐明辉

大女儿：徐爱丽

外孙女：陈军

大外孙：陈伟

二外孙：陈凯

三外孙：陈建

二女儿：徐爱文（已去世）

外孙女：吴韵韵

三女儿：李爱

外孙女：张乐

外孙子：张存毅

四女儿：李爱华
外孙女：沈容
外孙：沈洋
二儿子：赵盛威
孙子：赵亮
五女儿：赵威云（南京大屠杀受害家庭讲述人）
外孙：褚智勇

采访南京大屠杀受害家庭幸存者李素芬小女儿赵威云日记

2017年5月13日星期六，采访工作人员李田田、朱延驰于傍晚六点半到达与赵女士事先约好的南京市秦淮区集庆门游园进行相关采访，见面后我们再一次向赵女士做了自我介绍，赵女士表达了她对我们这项工作的高度认可以及配合之心。

采访正式开始以后，赵女士向我们详细地讲述了她母亲在世时经常跟她讲的那段历史。据悉，李素芬年幼的时候一直和家人生活在新桥船板巷20号，其父从事纺织类生意，所以小时候家里较为富裕，她上过几天私塾，但识字不算多。李树芬家是一个大家庭，由于他父亲娶的第一任妻子（那时称为大房夫人）没有生育能力，外公娶了第二任妻子，也就是李树芬的生母，生育了李素芬和妹妹李素芳。在日军入侵南京时，李素芬的父亲和大妈（其父的大房夫人）在家被日本兵杀死，大妈死前还遭受了强奸。

李素芬的母亲带着妹妹逃往美国人华小姐办的金陵女子学院的途中被日本兵堵截，均遭到了日本兵的强奸，年幼的妹妹甚至因此丧命，而其母也因无法承受这种打击精神出了问题，就此疯癫。赵女士坦言她小时候见到的外婆就是疯疯癫癫、神志不清的。而跟随邻居出逃到芦苇荡的李素芬在芦苇荡也逐渐不安全之后又逃回家中，回到家中只看到了被烧得断壁残垣的房子，于是又往金陵女子学院去找母亲和妹妹，在途中也遭受到了日本兵的性侵。

赵女士告诉我们，李素芬老人晚年时努力尝试从阴影中走出来，平时打打太极、甩甩棍子来锻炼身体，看起来也已经是一个很开朗的人了，可是却经常会半夜从噩梦中惊醒，甚至很长一段时间，她都不能看有那些有日军的片子，看到就会发抖害怕，一直说恨。

赵女士告诉我们，她的母亲李素芬老人生前总是说：铁的事实是不能抹杀的，苦难我们这一代人受了，下一代人一定要珍惜和平和幸福，一定要记住历史的真相！

采访结束后，赵女士给了我们家里的具体地址，并向我们解释忽然接到陌生采访电话她不太敢带我们进家里，所以才约在这游园里，但是如果我们下次还需要采访请我们直接到家里去就好了，有什么问题也可以直接打电话、发微信联系她，真是一个可爱直率的阿姨啊。

一〇四、丁瑞虹家族

采访时间：2018年7月2号下午3:00
采访地点：南京市白下区天地花园6幢107室
采访人员：沈亦涵、金萍萍

每年12.13南京拉警报时，我父母亲心情都会变得很紧张

丁行伍　口述

我父亲叫丁瑞虹，1937年南京大屠杀那个时候他13岁左右，家住在丰富路92号。当时我爷爷也才三十几岁，在丰富路92号开了一家木行。

有一天突然有几个散兵跑到我爷爷家里面，要收集几套便服，于是我爷爷就从家里找了几套给了这几个散兵。

过了几天以后，日军又一次来我爷爷家的店的时候，看到我爷爷是光头就以为是当兵的，就毫不犹豫地把他给抓走了，同行的还有十几个人。

日军把他们抓到城墙边上以后，有个日本兵把我爷爷头顶上的帽子给掀了，发现头顶上长满了疮，就觉得这可能不是兵，于是就对我爷爷拳打脚踢，暴虐以后就把我爷爷放了。

我爷爷在往回走的时候根本就不敢回头看，那个时候吓得已经小便失禁了。走了几步以后听得背后有枪响，等鼓起勇气回头看的时候，（才发现）刚才和他一起被抓的人都已经倒在了地上。

我爷爷逃回来以后，全家人就跑到大方巷难民营避难。在跑的过程中，我父亲被飞机扔下的炸弹给炸昏了，好在没有危及生命。

1937年的时候，我母亲10岁，家住在秣陵路32号。日军在来之前，我外公外婆就早已经去世了，当时我母亲和她的姐姐住在一起，姐姐比她大17岁，另外还有两个哥哥，这两个哥哥住在中华门外。

我姨妈当时已经结婚了，我母亲就在我姨妈家帮忙做家务和带孩子。有一次有两个日本兵闯进了我姨妈家里，当时我姨夫不在家，两个日本兵想进行一些不轨行为，我母亲和我姨妈侥幸逃脱了，但是又不敢逃太远，于是就在巷子里面躲躲藏藏。

等到过了一百天以后，我母亲的两个哥哥也从中华门逃到了我母亲这里，并告诉

我母亲我们家有两个亲戚在中华门外被日军杀害了，于是全家就逃往了汉中门附近的避难所。

丁瑞虹儿子（左）与丁瑞虹老伴（中）与志愿者金萍萍（右）

后来我父亲和我母亲相识结婚以后，生了我们七个子女。我们小时候父母没有过多地提及大屠杀期间的事情，等到我们长大，生活变好以后，他们就经常提及此事，觉得自己在南京大屠杀中能够幸存很幸运、很满足。

但是我母亲和父亲在每年南京拉警报的时候心情都会变得很紧张。我母亲在晚年的时候还经常会去秣陵路 32 号走走看看，一直到人老走不动的时候才慢慢地减少了去的次数。

我父亲是在 2012 年去世，去世的时候已经有 88 岁了，我父亲去世以后我和我老伴就搬到了我母亲这里，一起来照料母亲的饮食起居。

南京大屠杀受害家庭丁瑞虹家庭家谱

本人：丁瑞虹（南京大屠杀幸存者）

妻子：马月华

大儿子：丁行春

大女儿：丁美玲

二女儿：丁美萍

二女婿：吴文轩

二儿子：丁行贵

三儿子：丁 ××（已经去世）

四儿子：丁行荣

四儿媳：汪惠芳

五儿子：丁行伍（南京大屠杀受害家庭讲述人）

采访南京大屠杀受害家庭幸存者丁瑞虹儿子丁行伍日记

2018 年 7 月 2 号下午 3:00，在小区工作人员的带领下。我们来到南京市白下区天地花园 6 幢 107 室，幸存者已经去世六年了，幸存者丁瑞虹的老伴儿才睡好午觉，坐在桌子旁等着我们，丁瑞虹老人去世后，陪伴她的还有她的儿子丁行伍和儿媳妇。

我们来到老人的房间里，看见老人的房间里一个很大的照片框，里面夹了很多老人中、晚年的照片，老人很瘦，很上镜，每一张照片上的脸似笑却又非笑，大概是因为这复杂的表情后面所沉淀的对灾难的回忆。

听老人的儿媳妇说，老人很珍爱这些老照片，每次保洁员来打扫的时候都会让他们擦镜框，每张照片都保存得很好，除了颜色随着时间在不断地褪去。

每年公祭日的警报声响起时，老人总是会恐惧，看到电视上有关南京大屠杀、国家公祭日的报道，老人还是会絮叨日军曾经的种种恶行。

1958 年，老人由于家中孩子多，从原来的老地方搬到现在的住址。经历过这段灾难，对老人来说幸福就是全家人都吃饱，此后老人也经常去老地方看看。

丁瑞虹老人的儿子、孙辈们在听父母讲述这段历史后，十分珍惜现在的和平。

老人的儿媳说，幸存者老人的外孙在得知南京大屠杀纪念馆在认证幸存者相关情况时，主动帮自己的外公外婆联系，其家人对这段历史都持一种敬畏的态度，对日本也是持一种理性态度，希望永远铭记这段历史，希望世界永远和平。

一〇五、陈文英家庭

采访时间：2017年7月6日

采访地点：南京市白下区武学园6号605室

采访人员：陈艺文、马婉蓉

我父亲、哥哥被日本兵打死，三姐遭强暴致死，母亲哭瞎了眼睛，
我日后最怕听谁死谁活的恐怖事情

陈文英　口述

我叫陈文英，1925 年出生，1937 年南京大屠杀时我 12 岁，当时家里有父亲、母亲、3 个姐姐、1 个哥哥和我共 7 口人，住在南京老门东双塘园 29 号，以织缎子为生。

1937 年日军进城，有钱人和外籍人都选择跑反，我两个姐姐分别向山东和湖南跑反，剩下我们在家没走，而我从小贪玩好动不做事，是个疯丫头。

日军来我家的那天，正好我和隔壁的李妈妈去金陵女子学院难民区逃过了这次劫难。

难民区里面人山人海，我在难民区目睹了日本兵打美国华小姐，还对有手茧的中国人等目标人物乱杀的场面。

在金陵女子学院待了几天后，李妈妈带我回家，等我回家后，发现家里惨不忍睹。我的父亲和哥哥被日军打死，17岁的三姐本是初中毕业的护士，却遭日本兵凌辱强暴并杀死。这个三姐向来人很好，工作后经常带我吃饭，带我跳舞。房子被火烧，织的缎子也被烧光。为此，我的母亲把眼睛哭瞎，我也是对日军恨之入骨。

后来，母亲带着我逃到内桥，美国人给我和母亲稻子大米作为粮食，但是接济没多久，我只得自己工作养活母亲和自己，这一段工作经历一波三折。

我先是去帮日本人带小娃，粗心大意洗衣服把小娃的袜子给弄丢了，慌忙逃走。后来给殡仪馆做事的人倒水洗脸，马大哈地把洗脚布当作洗脸毛巾，结果被他夫人发现，连同水和毛巾一同泼在我身上。

再后来我经推荐给日本人带小娃，有个做事的伙计因为有认识的人想要来替换我的职位，就骗日本人说我打他孩子，日本人听到后穿着拖鞋追了我很远。

后来，我终于遇到了待我较好的一户人家，那是一家日本老婆子带着小娃，把我像妹妹一样看待，会带我下馆子。我在那工作了半年，等到中国平定下来，那户人家回了日本，临走前她还邀请我去日本看花。我的坎坷战乱经历，直到我的两个姐姐回来才得以完结。

我18岁结婚，相继生下6个孩子后，29岁便不再想要孩子了。丈夫当时挣钱的工资每月40块，其中每月7块给他老母亲，他自己还要抽香烟，生活很艰难。直到1959年我在纸箱厂工作，勤劳上进，经常被厂里表扬，也给生活带来了转机，干到70多岁才退休。

我家6个孩子，大儿子去世了，大儿媳对我不上心，但是孙女待我友善，孙子在苏州大学读书。

二儿子70多岁也有夜盲。三儿子血压高、糖尿病，走路也不便，本来在电子机械厂，现在不能工作了。三儿媳也在机械厂，吃苦耐劳，勤俭节约，维持一家四口的生活，因为我三孙子、孙媳都是普通临时工。

四儿子家里条件不错，对我也好，也会经常给我买新床被、衣服、牛奶等。但是四儿媳妇不太孝顺，她的哥哥、嫂子经常给她出坏点子，当她发现四儿子会给我买东西时，她就自己掌控家里财政，提出将所有钱给女儿在上海买房，并挑唆我和我四儿子之间的关系，之后我儿子忙于给我孙女装修房子，便没再来看望我。

小儿子本来最照顾我，但是小儿媳突发心梗，还没来得及抬上救护车就去世了，他一个人茕茕独立，我就更不好让他照顾我了。

我第六个儿子1957年出生，1958年便去世了。

十年前，我去参加体检，系主任杨博士说我身体的各项指标都很正常，甚至比现在的中年人都好。

两年多前，孙子和孙媳妇要坚持带我去广州吃喜酒，但是由于那个场地滑，我摔跤导致骨裂，医生说三年不能动。因为身体不便，有个社区派来照顾我的钟点工，勤劳能干，照顾我很细致，但是我的大儿媳妇王洋就想把这个钟点工赶走，她对这个钟点工说："你快走，你不走我走。"钟点工表示，如果没有我本人的意见她就不走，于是大媳妇王洋便去找介绍她来的人强制辞退了她。

我现在住的房子偏僻，邻居也没有联系，我行动不便，买菜、换水都是难题，儿子、儿媳指望不上依靠，90多岁还是自己一个人承担一切。后来人家看我可怜，就帮我找了一个隔天来帮忙拎水换水的人。

最近两三年自从腿摔伤后，以轮椅为依靠，我听到儿媳谈话说起，我现在住的房子估价，意思是如果我去世，那么他们每人能平分18万。所以现在我对生活兴致也变低，你们能来探望我，听我说话我很高兴。

南京大屠杀受害家庭陈文英家庭族谱

父亲：陈光义（南京大屠杀遇难者）

母亲：陈孔氏

本人：陈文英（南京大屠杀幸存者）

丈夫：张具渊

大女儿：叶陈氏

二女儿：陈双文

三女儿：陈善英

大外孙：张载发

二外孙：张载金

三外孙：张载顺

四外孙：张载华

小外孙：张载红

采访南京大屠杀受害家庭幸存者陈文英日记

2017年7月6日，采访工作人员陈艺文、马婉蓉来到南京市白下区武学园6号605室采访南京大屠杀受害家庭幸存者陈文英。下午1:30，我们来到老人所住小区，在门口陈艺文打了一个电话给老人，老人给我们开门。老人看到我们来，很开心，一再表示能有人来家里做客，听她说说话很开心。

我们坐下来，陈文英老人的腿脚不便，坐在轮椅上。老人说起南京大屠杀时的情形，当年她12岁，家住在老门东双塘园29号，家里织缎子为生，家里的两个姐姐回到了山东和湖南的婆家，家里还有父亲、母亲、三姐、哥哥和她。她小时候喜欢唱歌跳舞，不太喜欢读书。

那天，她跟着邻居去了难民区，她和邻居躲在金陵女子学院（今南京师范大学）的难民区，一天吃两顿稀饭。

日军想要闯进难民区，被美国的华小姐拦住，日本兵就打了华小姐，日本兵冲进难民区，乱打乱杀。等到她回到家，只发现父亲、哥哥和年仅18岁的姐姐已经被日本兵杀死，姐姐的衣服也被扒光。说到这，陈文英老人泣不成声，很是心痛，三姐读书一直很聪明，初中毕业就在医院当护士，还经常带陈文英去医院吃饭，对她很好。母亲因为亲人的离去哭瞎了眼睛，美国人每个月会给她们家一点吃的，接济她们。

陈文英为了母亲和她的生活，就出去找活干。开始帮别人做菜，后来到一个日本人家里帮忙照看小孩，她有一次不小心倒水把孩子的袜子冲走了，日本人就要打她，她赶忙跑了，没有被打到。

后来，又在殡仪馆干过活，她伺候一个人洗脸，错拿洗脚的毛巾给那人洗脸，那人将一盆水连着毛巾就砸在了她身上。还有一次，也是在一个日本人家里干活，这个日本人家里有一个中国的女人，她想介绍人进来干活，就想把陈文英赶走，她就跟日本人说陈文英打孩子陷害陈文英，日本人一听，就追着打她，陈文英幸亏跑得快，没有被打到。

再后来，在长江路给一个日本婆子带孩子，这个人对陈文英很好，经常带陈文英去看花，过年还带陈文英下馆子。

1959年，陈文英老人在纸箱工厂工作，她工作认真，经常受到表扬，厂里一直留着她，直到70多岁才退休。

老人一共有6个孩子，最小的一个刚生下来一年就去世了，大儿子如今也去世了，大媳妇对老人不算孝顺，只想要老人的钱，还把社区派来的护工赶走了，老人说那个护工对她挺好，后来也请过夜工，但夜工不负责任，没有照顾好老人。二儿子现在也70多岁了，有夜盲症，也不好照看陈文英老人。

三儿子身体也不好，有高血压，三儿媳妇勤俭持家。四儿子家里条件不错，对老人也好，也会经常给老人买新床被、衣服、牛奶等。但是四媳妇不太孝顺，她的哥嫂经常给她出坏点子，在她发现经常给老人买东西后，她就自己掌控家里财政，所以她提出将所有的资金给女儿在上海买房，并挑唆老人和四儿子之间的关系，之后老人的儿子忙于给孙女装修房子，便没再来看望老人。

小儿子本来最照顾老人，但是小儿媳突发心梗，还没来得及抬上救护车就去世了，他也不便照顾老人。

陈文英老人今年 93 周岁，问及老人的身体状况，老人表示自己身体一直不错，没有什么大病，10 年前体检，医生也说她的身体各项指标都达标。

但在两三年前，陈文英在一次喝喜酒的时候，摔到了腿，回到家后腿疼得厉害，医院查了是骨裂，然后就不能走路了。有天晚上，当时大儿媳妇找来的夜工还在，老人的腿突然疼起来，但是她嫌老人声音吵就把老人的腿抬起来甩了一下，当时老人疼得叫出声喊救命，这时她可能是感觉到了事态的严重性，仓皇出逃，连在老人家脱掉的鞋子也没穿就跑走了，那个晚上老人整整摔了数十跤。

老人素来爱干净，在一次洗澡中，老人再次摔倒，老人打电话给家人也没人回应，老人强力用膝盖撑地爬起来，可这次老人的腿彻底情况恶化，红肿一片。有段时间，儿子生病的时候，自己担心得吃不好，腿又肿起来，后来才好些。自从腿脚不便之后，老人的生活过得很是艰难，自己也瘦了，儿子们也无暇顾及老人。

临走时，老人还一再表示欢迎我们再来。最后，我们与陈文英老人合影。

一〇六、万秀英家族

采访时间：2017年7月4日下午2:00

采访地点：南湖艺苑村11幢45号110室

采访人员：霍方婷、丁传奇

我母亲每次提到她哥哥和妈妈都会哭，想到当年屠杀场景至今都很害怕

倪红珠　口述

1937 年之前，我母亲万秀英和她的父母（名字不记得），哥哥万来耕（十六七岁）、姐姐万来凤（十二三岁）住在下关二板桥，母亲当时九岁。家里以帮忙在茶坊里吆喝赚钱谋生。

日军进南京以后，在进二板桥那个地方，因为母亲的哥哥没有脱帽行礼，日本兵便一刀把她哥哥的头砍掉了，她亲眼看到哥哥的头滚到地上。

日军轰炸南京的时候，母亲的妈妈被炸死了，父亲也失去了踪影。从那之后，母亲和她的姐姐便成了孤儿，相依为命。母亲被日本兵用枪头捣了腰部，至今都有伤疤。

当时我的母亲被日本兵追杀，一直跑到浦口，躲在草垛里面，亲眼看到身旁的人被炸死，她就躲在死人堆里不敢动。

日军走了之后，她回到二板桥，发现姐姐还在家中，于是便和姐姐跑到鬼脸城的难民营避难。在鬼脸城避难期间，因为姐姐长得漂亮，年龄也比较大，母亲因为害怕日本兵要强奸小姑娘，想要保护姐姐，她就把脸上抹上黑灰，头发乱糟糟地出来要饭养活自己和姐姐。

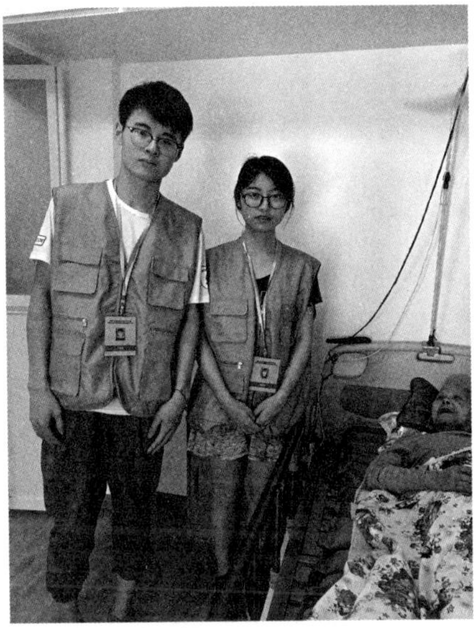

南京大屠杀受害家庭万秀英（卧床）与南京晓庄学院志愿者合影

我母亲还看到日军把中国人杀了，然后从他们身上踩过去继续杀中国人，目睹了很多日本人残忍的举动。母亲和姐姐过了几个月逃难的日子，到处躲日本人。

南京稍微安定之后，我母亲的姐姐去别人家当童养媳，我母亲也跟着，在别人家帮忙干活谋生。再后来母亲长大了一点，就到我父亲家当童养媳了，日子过得很艰辛。父亲是从宝应过来的，当时撑船打鱼为生，和母亲结婚后住在牌坊街。母亲为了维持生计，打过小零工挑活卖菜都做过，也参加过工作，在淘炼厂工作。

日军给母亲的一生造成了很多恶劣的影响和心理上的阴影，母亲很小就变成了孤儿，和姐姐相依为命，什么苦都吃过。

两年前她中风，抢救过来之后第一件事就是给我们讲她妈妈和哥哥的故事，经常念叨她有个哥哥叫万来耕，死得很惨，被日本兵一刀把头砍掉。在鬼脸城里避难的时候，还出来找父亲，也一直没有找到。母亲每次提到哥哥和妈妈都会哭，想到当时可怕的场景，现在都很害怕。

现在她卧病在床，我们买了这个房子住在这里照顾她，我们平常都会跟她讲一些高兴的事，日子肯定是越过越好的。

（备注：由于万秀英老人中风在床养病，以上内容为她的女儿倪红珠转述。）

南京大屠杀受害家庭万秀英家庭族谱

父亲：万 ××（南京大屠杀期间失踪）

母亲：×××（南京大屠杀期间遇难者）

哥哥：万来耕（南京大屠杀期间遇难者）

姐姐：万来凤

本人：万秀英（南京大屠杀幸存者）

丈夫：倪如生

大儿子：倪云清

二儿子：倪安生

三儿子：倪太平

大女儿：倪红珠（南京大屠杀受害家庭讲述人）

大女婿：刘忠麟

二女儿：倪红英

采访南京大屠杀受害家庭幸存者万秀英之女倪红珠女士日记

天气逐渐炎热起来，我与搭档到达万秀英老人及其女儿倪红珠女士家中时已是满头大汗，倪红珠女士很客气地为我们送上凉开水。

万秀英老人出生于 1928 年 3 月 18 日，今年已是 89 岁高龄，进屋时，老人因中风只能躺在床上，但精神状态还好。说不清话只能由其女儿接受我们采访。

从倪红珠女士口中我们得知老人（9 岁）当时与父母、哥哥万来耕（十六七岁）、姐姐万来凤（十二三岁）住在下关二板桥，父亲给别人当茶贩。

在日军进城后，一家人开始分散往外逃，在过二板桥那个地方，日本兵认为哥哥没有脱帽行礼，便一刀把哥哥的头砍掉了，老人亲眼看到哥哥的头滚到地上。

日军轰炸南京的时候，老人亲眼看到母亲炸死的尸体，父亲也失去了踪影。之后老人害怕，自己一个人一直跑到浦口，躲在草垛里面，亲眼看到身旁的人被炸死，她就躲在死人堆里不敢动。

日军走了之后，她回到二板桥，发现姐姐还在家中，于是便和姐姐跑到鬼脸城的难民营避难。在鬼脸城避难期间，因为姐姐长得漂亮，年龄也比较大，为了保护姐姐，就把脸上抹上黑灰，头发乱糟糟地出来要饭养活自己和姐姐。

在这期间老人还看到日军把中国人杀了，然后从他们身上跨过去继续杀，目睹了很多日本兵残忍的举动。母老人和姐姐过了几个月逃难的日子，到处躲日本兵。南京稍微安定之后。老人姐姐去别人家当童养媳，老人还小也就跟着，在别人家帮忙干活谋生。再后来长大了一点，也去别人家当童养媳了。成家之后，老人为了维持生计，打过小零工，也在淘炼厂工作过。

当问及老人是否受到身心伤害时，老人自己指着右侧腰部告诉我们曾经被日本人用枪头捣过。

而其女儿也向我们倾诉日本兵给母亲之后的生活产生了巨大的痛苦与阴影，两年前老人中风，抢救过来之后第一件事就是给所有人讲她妈妈和哥哥的故事，经常念叨她有个哥哥叫万来耕，死得很惨，被日本人一刀把头砍掉，自己就看到哥哥的头一直在地上滚。

在鬼脸城里避难的时候，老人还出来找父亲，也一直没有找到。母亲每次提到哥哥和妈妈都会哭，想到当时可怕的场景，现在都很害怕。在我们和老人确定是否有身体上的伤害时，老人还提到了她的哥哥，说着说着就强忍不住流下眼泪，一直跟我们说哥哥和母亲死得很惨。

南京大屠杀期间的遭遇，家破人亡给万秀英老人留下了太多的心理阴影，在这次采访结束后，我曾不断问自己为什么会有这个课题，为什么会要参加这些访问，面对老人的哭诉我却不能够安慰，那是那一代惨痛的经历，而我们的调查却需要再一次揭开幸存者心里的伤疤，再一次让其回忆当年的遭遇，再一次让其忍受内心的痛与恨。

但转念又想，拯救原始口述已经刻不容缓，即使再艰辛、再痛苦、再憎恨，我们还是需要还原那一代的历史，还原真相。而我们在除了完善信息的同时，更希望老人们能够健康快乐地生活下去！

一〇七、王翠英家族

采访时间：2017年7月6日下午2:00

采访地点：六合区横梁街道新篁佳苑福园5幢3单元205室

采访人员：霍方婷、丁传奇

我姑妈因南京大屠杀遭遇落下病根，无法生育，60多岁就疾病缠身，家庭状况很艰辛

王小萍　口述

我姑妈王翠英是南京大屠杀幸存者，出生于1931年7月11日。

1937年前与我爷爷王乃园（28岁左右）住在致和街租的房子里，爷爷在夫子庙齐芳阁挑水打工为生。因为爷爷在家排行第二，没有分到正房而是分到一个坯子，奶奶陈小英（28岁）与我爸爸王列华（5岁）就住在东篁农村这个草坯子，以种田为生。

在南京大屠杀期间，日军横行霸道，有一次我爷爷在齐芳阁挑水，日本兵叫他找花姑娘，爷爷当时力气人，不愿意帮日本人找，于是反抗不从。日本兵生气就用枪把子打，爷爷被打成重伤吐血，之后被其他人送回南京租的房子里。我姑妈见状赶紧联

系在六合的奶奶和爸爸到南京来，爷爷因为重伤，不停地吐血，不久便去世了。

奶奶伤心欲绝，天天流泪染上了眼疾，看不见东西，又因为当时家里贫穷没钱医治，听闻民间唾液有杀菌的功效，姑妈就帮奶奶舔眼睛，但不幸感染，姑妈左眼也渐渐看不到东西了。

没有了爷爷维持生计，母子三人只能要饭，住在别人屋檐下，姑妈做工洗衣服还洗过军大衣，爸爸卖报纸为生，经常吃剩饭剩菜，奶奶饿得浑身浮肿，因为挨饿身体状况不好，不久就去世了。

我妈妈也说过南京大屠杀期间小姑娘要在脸上抹黑灰，穿男人的衣服，日本兵会用刀刺死或者强奸，孕妇小孩都不放过，甚至有一家全部遭到残杀，婴儿被邻居抱走。

1949 年后，农村分田，我爸爸就回到了农村，姑妈一个人在南京城里健康路一带，先住在益仁巷 7 号，后搬到柳工巷再搬到益仁巷 8 号，因拆迁又搬到了益仁巷 4 号。

姑妈十四五岁就正式上班了，一开始在太平洋饭馆做服务生，饭馆拆了之后辗转几个饭店，最后在六华春菜馆工作到退休。姑妈因为南京大屠杀遭遇落下病根，无法生育，60 多岁就疾病缠身，家庭状况很艰辛。

南京大屠杀受害家庭王翠英家庭族谱

父亲：王乃园（南京大屠杀遇难者）

母亲 : 陈小英

本人：王翠英（南京大屠杀幸存者）

弟弟：王列华

弟媳：张秀英

侄女：王小萍（南京大屠杀受害家庭讲述人）

侄女婿 : 张积龙

侄孙子：王军

南京大屠杀受害家庭幸存者王翠英侄女王小萍女士采访日记

2017 年 7 月 6 日中午，我们乘坐地铁转乘公交，经过几个小时的长途跋涉，终于在下午 2:00 到达六合区横梁街道，王小萍女士担心我们摸不清方向，亲自下来接我们。

在家中我们见到了王翠英老人，老人一见到我们就迫不及待地和我们讲述当年的遭遇，但由于身体原因，老人记忆出现问题，不能接受我们的采访，因此，此次我们对其侄女王小萍女士进行采访。

从王小萍女士的口中我们得知在南京大屠杀期间，日军横行霸道，有一次她的爷

南京大屠杀受害家庭王翠英（中）接受南京晓庄学院志愿者采访

爷在齐芳阁挑水，日本兵叫他找花姑娘，爷爷当时力气大不愿意帮日本人找，于是反抗不从。日本兵生气就用枪把子打，爷爷被打成重伤吐血，之后被其他人送回南京租的房子里。姑妈王翠英见状赶紧联系在六合的奶奶和其爸爸王列华到南京来，爷爷因为重伤，不停地吐血，不久便去世了。

奶奶伤心欲绝，天天流泪，染上了眼疾看不见东西，又因为当时家里贫穷没钱医治，听闻民间唾液有杀菌的功效，姑妈就帮奶奶舔眼睛但不幸感染，姑妈左眼也渐渐看不到东西了。

后来农村搞联产承包，其奶奶和爸爸就回到了农村，姑妈一个人在南京城里健康路一带，先住在益仁巷7号后搬到柳工巷再搬到益仁巷8号，因拆迁搬到益仁巷4号。姑妈十四五岁就正式上班，一开始在太平洋饭馆做服务生，饭馆拆了之后辗转几个饭店，最后在六华春菜馆工作到退休。

我们更得知王翠英老人一家一直经济状况不乐观，在王小萍父亲娶妻时因为家中没钱，只能娶个残疾人。而王翠英老人因为遭受身体上、心理上的痛苦，无法生育，一直没有子女，丈夫去世后一直由侄女照顾，60岁开始就疾病缠身，经常住院，而当时没有医疗报销，家中经济负担日益加重。

在心理方面，老人到现在都忘不了当年的痛苦，一提起就哭，时不时就会和晚辈说起当年的事，在听到中日和平的消息，仍憎恨日本人。在我们进行采访时，老人一直在旁边重复哭诉着其父亲被日本兵活活打死，母亲眼睛哭瞎之类的话，不时流泪感伤，这就是当年的遭遇留下的悲痛吧！

一〇八、杨静秋家庭

采访时间：2017年7月6日

采访地点：南京市白下区二条巷52号102室

采访人员：涂慧、张轩瑞

我父亲被日本兵杀害，一家人靠红十字救济过活，我现在眼睛视力不行，真想死，活着没意思

杨静秋　口述

我叫杨静秋，1929年出生，19岁结婚。南京大屠杀期间，我父亲被日军抓走的时候我才8岁，上面还有个公公，94岁，我们家四个孩子，一个哥哥，第二个是我，第三个是弟弟，第四个是妹妹。

我父亲、大舅、二舅都毕业于黄埔军校，大舅张世希抗战时是军官。我父亲当时挺有名气的，在小学教书，后来在另外一所学校当了校长。那天早上我父亲在茶馆里跟几个人不知道在干什么事，有几个小孩说："杨先生杨先生，日本兵在你们家浇了汽油，把你们家烧了，指名道姓要来抓你。"因为日本兵是开着两个卡车带着狼狗来抓我父亲，亲戚家小孩从小路过去说："你赶快逃啊。"

我父亲让几个朋友先逃，他自己留到了最后，从窗户跳进河中，狼狗可能是在茶馆里闻到了他的味道，追到河里就把他咬上来了，然后日本兵就把他带走杀害了。

后来，我母亲就带着三个小孩跑反，我二姑妈把我大哥带走了，我母亲流产了，逃到一个门洞里，正好对面草棚里有个老太太，那个老太太每天煮点稀饭都会给我母亲吃，她看她流产太可怜了。

父亲被抓走后，妈妈又生病，我们没有了生活来源，哥哥就出去做学徒，但是没有钱拿，大部分生活来源还是靠红十字会救济，我一直去夫子庙那里，那边有一个奶奶，我一直跟着她去领救济，她帮我扛着粮食一步一步带回来，我一辈子都记挂她。

当时我们住在二十九中斜对角的小房子里，没有窗户，当时很穷，只能吃救济粮。我们家隔壁有一个姚奶奶，她的丈夫带着小老婆跑了，留下她一个人经营着一家小烟酒店，时不时救济我们家。

父亲被杀害以后，妈妈就把我妹妹送给别人家了。我妹妹被送走之后，我和她感情深，就一直去找她，那家人发现我找到了就搬家，我后来又找到了，他们又搬走了，只要我找到了妹妹，他们就搬家，最后搬到了总统府附近。

那家人对我妹妹不好，有一次被房东看到他们摔我妹妹，房东指责他们不是自己小孩就不心疼。我找到了妹妹，妹妹跑到我怀里哭，房东让我赶紧把妹妹带回家，我回家跟妈妈说了以后，妈妈拿着钱赎回了妹妹。那家人来求我妈妈，跟我妈妈保证不打妹妹了，妹妹又回到了那家人家里。

我后来到了乡下，冬天特别冷，长了冻疮。我本来想读书，可是妈妈说，在南京读书，交的学费够我们家吃半年，于是我就不去学校了。

妹妹小时候很苦，好不容易长大了，结婚了。妹妹现在生活得不错，也很可怜，现在得了结肠癌，家住四楼，我也不能爬楼梯去看她。弟弟在南方找不到工作，就去了青海，现在已经去世了，1949 年时才 17 岁。弟弟去世的事情我们一开始都不知道，还是大哥的儿子打电话来告诉我们，他在部队生活，和我们平时都有联系。

当然了，弟弟生病了，一直咳嗽，一天的药要 50 块钱，我一听吓死了，我说你要是吃中毒了怎么办，后来我的儿子把他送走的，之后就一直没有来电话，可能就是那个时候病危了。后来弟弟打电话来，我说，这么长时间了你终于想起姐姐来了。弟弟最后跟我讲的一句话是：“姐姐我想听听你的声音。”

我老公 2000 年过世，也走了 17 年了，他走了我也就孤零零一个人了，连个吃饭的伴也没有。所以我现在也不想活，想想看四个儿女，有什么用呢，都在外地工作。他们回来的时候都要住外面，家里没地方住。

儿子开车来回四个小时，还没地方停车，停在路边上要被罚款，干脆就不怎么让他们回来了。

现在眼睛视力也不好，我是真想死，活着没意思。没事的时候我就坐在窗边看，坐着个椅子，坐来坐去，椅子坐坏了。我腿脚又不好，不能跑，只能推个小车子走路。

大屠杀纪念馆前年开会，习主席也来了，当时还有 105 个人，到了过年只剩 99 个人了，现在不知道还剩多少个人了。妹妹那个时候还能去开个会，我就开过一次会，后来就这样，慢慢地腿不能走了，就不去了。好的是现在自己买点药吃吃。

儿子 30 多岁就离婚了，后来一直没结婚，他一个人把孩子培养到大学，现在孙

南京晓庄学院志愿者涂慧（左）与杨静秋老人合影

子工作了。他把南京的房子卖了，跑到安徽农村买了套房，剩下的钱用一半，留一半。儿子前些年做做小生意，签了几个合同，一直往北京跑，后来又遇到金融风暴，美元汇率跌了，几千万都不敢动，生意就不行了。

前年儿子退休了，一个人在外面，现在两个月来看我一次，他自己身体也不好，走路快了就头晕。

我现在有糖尿病，吃饭还容易积食。小女儿今天早上来看我，买点需要的东西。孩子们来看我，我也就跟他们讲讲，不来我都不和他们讲。

女儿来带我去医院体检看病，排队挂号买药，她身体也不好。小孙女在杭州，高铁 70 分钟就到了，外孙女婿在北京开飞机，七八十万一年，三天回家两天，经常过来看看。

去年 9 月 25 号我犯过一次病，那天早上起来感觉还蛮好的。我吃了一个菜包，吃完一站起来就感觉天晕地转，我就赶紧躺到床上去，感觉房子都在转，头疼死了，我就一个人睡在床上，后来打了电话给儿子，之后儿子和医生过来了，把我从床上拖起来带到医院，这是去年第四次住院了，平均一年都要住院三四次。我三个女婿，最好的就是小女婿，陪了我 12 年。

1948 年我和我丈夫结婚，1949 年我大女儿肖雅玲出生，原来在外贸公司工作，从农村上来之后在测绘局工作，后来去了外贸公司。大女婿叫杨咬脐，他出生的时候脐带是他妈妈咬断的。我大外孙叫杨乐，是人家的上门女婿。

我大儿子是 1953 年出生的，叫肖众陵，儿媳妇叫李子木，已经离婚了，他们有一个儿子叫肖冉。我二女儿叫肖雅萍，1955 年出生，丈夫叫金来虎，他们有一个女儿叫周肖燕。最小的女儿叫肖雅琴，1960 年出生，丈夫已经去世了，他们的女儿叫吴利莎。

南京大屠杀受害家庭杨静秋家庭族谱

父亲：杨代富（南京大屠杀遇难者）

母亲：张正清

哥哥：杨子杰（过继）

本人：杨静秋（曾用名：杨宝珍，南京大屠杀幸存者）

丈夫：肖玉生

女儿：肖雅玲

女婿：杨咬脐

外孙：杨乐

儿子：肖众陵

儿媳：李子木
孙子：肖冉
女儿：肖雅萍
女婿：金来虎
外孙女：周肖燕
女儿：肖雅琴
外孙女：吴利莎

采访南京大屠杀受害家庭幸存者杨静秋日记

2017年7月6号上午，志愿者涂慧、张轩瑞来到大屠杀幸存者杨静秋家中进行采访。老人家在一条小巷中，就住一楼，这对于腿脚不灵老人甚是方便。

进到老人家中，老人告诉我们，2000年时，丈夫去世，之后老人便过着独居的生活，儿子、女儿都在外地，有空会回来看看。老人还有一个妹妹，正是我们之前采访过的小时候被收养的王素明老人。

老人年事已高，常年卧病在床，身体不好，之前还曾病倒过，一个人在家没被发现，最后是邻居将她送到医院。这些年的医药费开销很大，还是政府关照给报销了很大一部分。老人告诉我们，她一个人居住，平时也就不怎么打扫，今天我们来采访，才打扫了一下卫生。

老人邀请我们坐下，开始了采访。与老人交谈过程中，我们了解到，日军侵华时，老人一家靠红十字救济过活。日军屠杀南京城时，老人甚至不敢打开房门，因为外面已经是尸水漫街。老人的父亲在当地知名度比较高，是孩子们口中的杨先生，也因此成为日军进城后的重点追捕对象。当时日军带了两卡车的人马前来追捕老人的父亲，由于杨先生受到小孩子们的欢迎，便有小孩子向杨先生通风报信，杨先生让几个朋友先逃，他自己留到了最后，从窗户跳进河中，后被日本兵打捞起来带走杀害了。老人的奶奶听说了儿子被杀害的消息，吓得过世了。

老人现在身体不是很好，在采访过程中，时常流露出消极厌世的情绪，觉得活着太累了。我们也不断试着开解，抚慰老人的情绪。

采访结束时，老人送我们到巷口，与我们告别。

一〇九、张宝仁家庭

采访时间：2017年6月3日

采访地点：南京秦淮区南卫巷12号2单元601室

采访人员：涂慧、张轩瑞

我爷爷被日军拖到江边枪杀，我奶奶一想到这事就会跟我们说个不停

张长明　口述

我叫张长明，张宝仁是我的爷爷。

我爷爷当时在银行工作，本来是在上海花旗银行，之后上海也比较乱了，就到了南京这边的银行。我爷爷是上班时被日军抓起来的，用绳子捆起来带到了下关江边，和许多人一起被日本兵用机枪扫射杀害的。

我爷爷的一个朋友会水，他当时把绳子解开了，跟我爷爷说帮他把绳子解开一起逃，但是我爷爷不会水，于是我爷爷的那个朋友就跳下江逃走了，而我爷爷遇害了。他的朋友逃回来后就和我奶奶说了。

我爷爷遇害的时候，我父亲才7岁，他的弟弟5岁，还有个小妹妹两岁。我爷爷被害后，就剩下我奶奶和我父亲他们几个孤儿寡母的，就靠我奶奶做一些小生意，含辛茹苦地把他们拉扯大。

南京大屠杀期间，我奶奶他们先是住在牛首巷，后来逃到丰富路那边的难民营躲过。

我奶奶只要一想到这些事就会跟我们说个不停，我们就劝她多想些开心的事，过去的事就不要再想了。我奶奶1972年去世，70岁，叫张杨氏。

我的父亲叫张瑞成，母亲叫梁秀琴。我父亲长大后就到火车上当司炉，给火车的炉子加煤，之后在南京运输公司开货车，后来又开了大客车。

我们家有六个孩子，我是家里的老大，1947年出生，初中毕业到了农场，后来去了南京手表厂，之后上夜校上到了高中，在手表厂工作一直到退休。

我儿子叫张凌翔，1972年出生，在宏光机械厂工作，儿媳叫张国霞，我的孙女叫张雨轩，2004年出生，现在在戏曲学校，她是被江苏省昆曲院招收的，后来昆曲院委托戏曲学校培养。

我下面是一个妹妹，叫张丽娟，在中央门长途汽车上作售票员，妹夫叫彭承杰，他们有个女儿叫彭迎，销售洋河酒。

三弟叫张长富，在汽车公司做锻工，他的妻子叫张红美，在十八中当老师，两个

人现在都已经退休了，他们有个儿子叫张凌海，现在在外企工作。

四弟叫张长荣，在手表厂工作，他妻子叫王谊萍，以前在人民商场工作，他们的女儿叫张杰，自己做点生意，个体户。

五弟叫张长贵，在钟表原件厂，他的妻子叫雍光华，在袜厂工作，他们有一个女儿叫张凌芬。

六弟叫张长发，在汽车运输公司做司机，他妻子的名字记不清了，平常我们都喊她小宋，他们有一个儿子，叫张凌伟，自己做些生意。

我的叔叔叫张瑞甫，在上新河摆摊修钢笔，后来自来水公司招人，他就去了那里工作，一直到退休。他的儿子叫张长生，在自来水厂工作，（叔叔）儿子的女儿现在还在上初中，小名叫月月，叔叔的两个女儿叫张丽丽和张丽秀，张丽丽在苏果超市，张丽秀在南京袜厂，袜厂倒闭后，我也不知道她干什么了。

我的姑妈叫张瑞林，在私人作坊里做袜子，后来找了个军人，之后随军去了山西太原，一直到现在还在那里。她有三个儿子和一个女儿，大儿子和三儿子都在热电厂工作，大儿子叫杨宝谊，二儿子叫杨宝深，三儿子叫杨宝雁，女儿叫杨华。

南京大屠杀受害家庭张宝仁家庭族谱

本人：张宝仁（南京大屠杀遇难者）

妻子：张杨氏

大儿子：张瑞成

大儿媳：梁秀琴

大孙子：张长明（南京大屠杀受害家庭讲述人）

曾孙：张凌翔

曾孙媳：张国霞

曾孙女：张雨轩

大孙女：张丽娟

大孙婿：彭承杰

曾孙女：彭迎

二孙子：张长富

二孙媳：张红美

曾孙：张凌海

三孙子：张长荣

三孙媳：王谊萍

曾孙女：张杰
四孙子：张长贵
四孙媳：雍光华
曾孙女：张凌芬
五孙子：张长发
五孙媳：宋 ××
曾孙子：张凌伟
二儿子：张瑞甫
孙子：张长生
孙女：张丽丽
孙女：张丽秀
小女儿：张瑞林
外孙：杨宝谊
外孙：杨宝深
外孙：杨宝雁
外孙女：杨华

采访南京大屠杀遇难者张宝仁孙子张长明日记

2017 年 6 月 3 日上午 9:00，志愿者涂慧、张轩瑞来到南京大屠杀遇难者张宝仁孙子张长明家楼下。给张长明先生打电话时，得知张先生正在外锻炼，于是我们等候了会儿张先生。半个小时后，张先生带着健身器材回到家中，并邀请我们进门。天气有些炎热，张先生为我们打开了风扇，还贴心地从冰箱里拿出冰激凌给我们。

张先生首先向我们讲述了爷爷年轻时的经历，张宝仁老先生原先是在上海的花旗银行工作，淞沪会战后，上海的形势越来越糟糕，于是张老先生随银行员工一起迁到南京。

到了南京不久后便遭遇南京大屠杀，日军冲进银行带走了员工，其中就有张长明先生的爷爷张宝仁老先生。

张老先生被捆绑着带到下关，遭遇日军机关枪扫射，在江边遇难。被捆绑的员工中，有一位同事会游泳，于是解开绳子偷偷逃走，因此躲过一劫，回来告诉了张老先生的妻子。此后张老先生的妻子便带着三个子女住在牛首巷，也曾经在丰富路的难民营住过一段时间。当时的很多事张先生也不是很记得清楚了，只能提供给我们大致的信息。

在谈到家庭现状时，张先生谈起了他在南京戏剧学院上学的孙女，全国只招 48

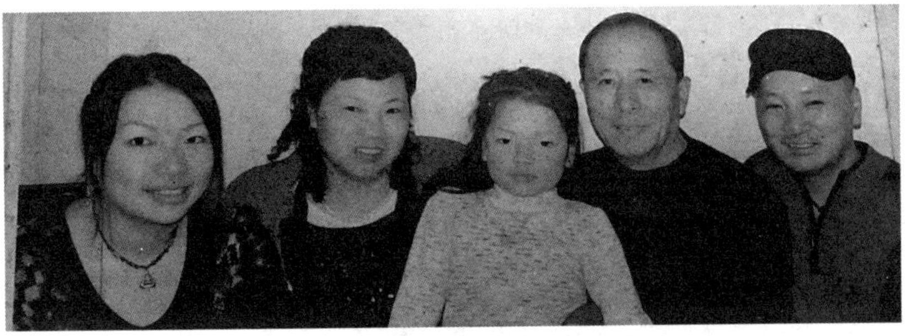

南京大屠杀遇难者张宝仁孙子张长明全家福

人的专业，他的孙女就在其中，张先生的脸上露出了骄傲的神情。

采访结束时，我们递给张先生200元的信息采集费，老人推脱说不要，我们告诉老人，这是政府出资的，老人才肯收下。

最后，张长明先生将我们送出门，我们与张先生愉快地告别。

一一〇、冷松海家庭

采访时间：2017年5月28日下午2:30

采访地点：南京市秦淮区龙蟠中路459号枫丹白露城市花园25号201室

采访人员：朱杰、王苇婧

我父亲对我和日本人做贸易不理解，一提到日本人他就生气

冷柏平　口述

我叫冷柏平，家里有五个姊妹。我的父亲冷松海是南京大屠杀的受害者，1919年出生，2014年去世。当时父亲、大伯和我的祖父、祖母在南京打工，父亲冷松海在内桥湾作鞋匠的学徒，一家人租房居住在内桥湾这个地方。

在我小时候，我父亲经常跟我描述这一段经历，日军从中华门进城，见到人就杀，一条河的水几乎都红了，河两边排的全是尸体。

父亲的妹妹还小，她在逃难的时候被日本兵抓走了，后来有人看见他的妹妹被日本兵打死了。每当提到这件事情，父亲就很悲伤。

父亲跑得快，到了下关区一个教会的收容所里躲了起来，大伯也跑到了难民营，没被抓到。其他的家属跑散了，逃到了各个地方的难民营。

日军走了之后，他们就回来了，最后都找到了，后来也住在一起。跑反的时候都拿泥和灰抹在脸上，祖母也都把自己裹了起来，装成男人的样子逃跑。大伯也曾经和

南京大屠杀受害家庭冷松海长子冷柏平（左二）与南京晓庄学院志愿者合影

我们讲述过这段事情，他的经历比父亲还惨，家里都被日本兵砸光了，好不容易才逃出去。

日军走后，父亲就在普华巷这边修鞋、卖鞋，同时还经营着茶叶生意。在老家镇江结婚，1954 年镇江大水，于是父亲带着家人定居到了南京。

父亲以前念过私塾，文化和文字水平都很高，1949 年后当了国家干部，成了一位廉洁公正的官员。等到国家开始重视南京大屠杀的时候，父亲已经年迈，很遗憾不能写些文章来记录这段历史，留下一些证据。

20 世纪 90 年代的时候，有日本学者在南师大一个老师的陪同下来到我们家里采访，父亲当时表达能力已经下降，但是在接受采访的时候仍然会痛哭流涕。

我以前是做国际贸易生意的，父亲很不能理解我为什么会和日本人做贸易。他痛恨日本人，提到日本人就生气。想到自己的亲妹妹被日军杀害，更是十分伤心难过。

听以前很多同事、朋友讲家里经历过南京大屠杀的老人，看见家里有日本电器都会十分生气。

大伯一家现在定居在上海，我父亲有五个子女。长子是我冷柏平，大女儿冷柏英，二女儿冷柏群，三女儿冷柏虹，小儿子冷柏棠，现在都居住在南京。

南京大屠杀受害家庭冷松海家庭族谱

父亲：冷正翔

母亲：冷周氏

大伯：冷松立

妹妹：冷小妹（南京大屠杀遇难者）

本人：冷松海（南京大屠杀幸存者）

大儿子：冷柏平（南京大屠杀受害家庭讲述人）

大女儿：冷柏英

二女儿：冷柏群

三女儿：冷柏虹

二儿子：冷柏棠

采访南京大屠杀受害家庭幸存者冷松海长子冷柏平日记

2017 年 5 月 28 日，志愿者调查小组成员朱杰、王茸婧来到南京市秦淮区龙蟠中路 459 号枫丹白露城市花园 25 号 201 室，拜访了南京大屠杀幸存者冷松海老人的子女。

冷松海老人 1919 年出生，于 2014 年去世。当天接受采访的有冷松海老人的长子冷柏平、大儿媳丛秀荣、女儿冷柏英，以及小儿媳孙荣波。一家人对于此次采访很是重视。

长子冷柏平是此次主要受访人，小时候经常会听冷松海老人亲口讲述这段历史。冷柏平向我们转述的时候，他声音高昂，情绪激动。

据冷柏平讲述，冷家老家在镇江，当时祖父、祖母和父亲、大伯在南京打工，租房居住在内桥湾这个地方，父亲冷松海在内桥湾作鞋匠的学徒。当时日军从中华门和中山门进城的时候，见到人就杀，内桥的河水都被染红了，河边都是尸体。日军进城的时候，一家人往教会办的收容所逃难。冷松海老人当时有一个刚出生不久的妹妹，在逃难的路上被抓走，后来有人看见这个孩子被打死了。据冷柏平描述，父亲冷松海每次提到自己的小妹妹被杀害的这件事情，父亲都会十分悲伤。

一家人在逃避日军追杀的过程中跑散了，跑到了不同的收容所里。幸好日军走后，一家人得以重新团聚。冷松海老人后来向儿女讲述，说自己是从尸体上逃生的。

日军走后，冷松海老人就在普华巷这边修鞋、卖鞋，同时还经营着茶叶生意。在老家镇江结婚，1954 年镇江大水，于是冷松海老人带着家人定居到南京。

冷柏平以前做国际贸易生意。据冷柏平讲述，父亲冷松海一直痛恨日本人，不明白、不理解他为什么和日本人做生意。他在讲述以前自己经历的事情时，提到日本人就会十分生气，每当想起自己的亲妹妹被日军杀害时，更会伤心、难过，久而久之，家里人都会小心翼翼，不去戳老人的痛处。

冷松海老人的小儿媳孙荣波表示，听以前很多同事、朋友讲家里经历过南京大屠杀的老人，看见家里有日本电器都会十分生气。

冷松海老人以前读过私塾，文化和文字水平都很高。1949 年后在政府机关工作。在 20 世纪 90 年代的时候，曾受到日本学者志愿者的采访，虽然当时表达能力已经下降，但在接受采访时忍不住痛哭流涕。

一一一、王学余家族

采访时间：2018年6月9日上午10:00
采访地点：南京市江宁区汤山街道麒麟镇30号
采访人员：沈亦涵、金萍萍

我们家的遭遇真的很惨，我的养母每次提及总是伤心地流泪，我父亲对日军痛恨到极点，至今不能原谅日本人

薛连鸭　口述

我的母亲王学余是南京大屠杀幸存者，2017 年 7 月去世，享年 91 岁。

我并不是我母亲亲生的，因为我的养母没有生育能力，而我的亲生母亲和我养母是堂姊妹关系，所以我养母就从我母亲那里把我抱养了过来。

1937 年日军侵占南京以后，我爷爷他们当时听到消息后，就从江宁区西村往王后村后面的山上跑，在跑的过程中就被两个日本兵发现了。日本兵把我父亲的大伯、我父亲、三叔、四叔、大伯的儿子、我养母的哥哥以及我亲生母亲的第一任丈夫还有其他中年男子全部赶到一个祠堂里面，一个日本兵在里面杀人，另外一个日本兵在外面看着，当时我大奶奶、三奶奶、四奶奶还有他们的小孩子全部跪在外面哭求他们不要杀掉自己的丈夫和孩子，但是那两个日本兵并不理会，最后把屋子里面的所有男性全部都杀光了。

后来我们家就多了很多寡妇，我大奶奶家有四个女儿和一个儿子，大伯被日军杀后，我大奶奶养不起这些孩子，就把四个女儿全部给送走了，只留下了一个儿子。

我三奶奶她留下两个儿子，两个女儿也全部给了别人。

我四奶奶领着自己的孩子又改嫁给了一个瘸子，又生了一个孩子后来发高烧变成了一个呆子。我们这四家的生活全靠着几块田。

我们家算是比较好的，我奶奶当时只有一个儿子和一个女儿，这两个孩子都能够干活了，所以都存活了下来。

我亲生母亲的第一任丈夫被杀害了以后，留下了两个女儿还有一个遗腹子，我母亲跑到山上的一块石头缝里面生了一个儿子，但是在坐月子的时候没有奶给孩子吃，那个小孩就在月子里面饿死了。

在跑反的路上，由于两个女儿年纪都比较小，最小的那一个才三岁，又没有东西吃，就弄点锅巴给这些小孩子吃，最后我那个三岁的姐姐活活被噎死了，只留下了我大姐。

农村流行“配小叔子”，我母亲改嫁给他的小叔子，又生了我们十二个子女。

我养母那个时候才十一岁，家里只有一个哥哥和一个妹妹，她哥哥当时是在苏州做铜匠生意，她哥哥听说日军来了后就从苏州赶回了南京，但是还没进家门就被日军给杀了。

南京大屠杀幸存者王学余女儿薛连鸭与南京晓庄学院志愿者合影

我养母的妹妹也被送去了另外一户人家。等到我养母亲十四岁左右的时候，外公就去世了。

中华人民共和国成立以后，我的大奶奶就变得很疯疯癫癫，什么事情都不能做，最后还是去世了。

我的三奶奶精神还矍铄，自己的儿子们因为家里穷还娶不到媳妇，最后小儿子只能娶了一个寡妇。

我父亲、母亲还有养母晚年时是从来不谈这些往事的，因为我们家的遭遇真的很惨，尤其是我的养母每次提到这一段历史的时候，总是会伤心的流泪，而我父亲的态度是比较强烈的，他对日军痛恨到极点，至今不能原谅日本人。

采访南京大屠杀幸存者王学余女儿薛连鸭日记

2018年6月9号上午10:00，我们来到麒麟镇30号，由于街口老旧，门牌号早已模糊不清，好在热心的村民将我们引到薛连鸭居住处。老人气色不错，很热情地招呼我们。由于儿子在江宁东山，平时自己一个人住，家里有一些人来打麻将娱乐，自己每天中午负责给他们煮饭，显得热闹些。

一个开朗爱笑的老人从招待我们到坐下接受采访，简直判若两人，神情也由先前的乐呵到现在的严肃。

我们了解到，薛女士的家人在南京大屠杀之中受害情况比较严重，她说："我父亲的大伯、父亲、三叔、四叔、大伯的儿子都被日军杀害，我的亲生母亲失去了第一任丈夫成了寡妇，加上当时流行的丈夫死后'配小叔子'，我的母亲便跟了我父亲，便有了我。"

当老人讲起亲生母亲第一任丈夫被杀后怀着孕牵扯着两个孩子在跑反路上的经历时，老人不由得眼里泛着泪光，想起自己素未谋面的姐姐在跑反途中吃锅巴，活活噎死。

幸存者王学余晚年牙齿早已全部脱落，七十几岁时装了假牙。这个大家庭在南京大屠杀后变得支离破碎，大奶奶也由于生活困难把四个亲生孩子都送给了别人，骨肉分离后变得疯疯癫癫、精神恍惚。

薛女士说："以前亲人们被杀害的地方现在变成了学校，我每次带着孙辈们路过时，都会感叹一番，这是他们以前被杀害的地方。虽然现在时代变了，但我依然不想跟日本人打交道，这段痛苦我不想遗忘。我孙子已经十六岁了，平时不会特别刻意跟孙辈们提起这些伤心的往事，就儿子这辈们了解一点，如果不是有人来采访，我们平常都不会谈起这段伤心的事。"

一一二、黄桂兰家庭

采访时间：2017年7月1日

采访地点：秦淮区秦虹南路秦虹小区高虹苑99号205室

采访人员：李田田、朱延驰

我经常半夜做梦吓得大叫"鬼子来了"，严重时要靠安眠药才能入睡

黄桂兰　口述

我叫黄桂兰，今年94岁，祖籍是江宁下王墅人。日军来南京的时候我13岁，家里就是以种田为生。

那年冬月初三的早上，听到一声枪响后日本鬼子进了村，那时家里只有我和母亲，隔壁聋子大妈把我带到了李家门里姑奶奶的孙媳妇家里，孙媳妇正在坐月子，所以把我一起藏在了阁楼上，外面还用稻草遮盖起来，里面黑乎乎的什么也看不见。

那家孙媳妇怕小孩哭就一直喂他喝奶，拼命用奶头堵住婴儿的嘴，不让他哭出声。孩子奶水咽不完直晃头想躲开奶头，弄得孩子满头满脸、一身都是奶。

我在上面还听到了下面有机枪扫射的声音，吓得我浑身发抖，大气都不敢出。我母亲藏在了隔壁聋子大妈家里的柜子里，两只脚还没来得及藏好，那个房间很黑，鬼子就一脚踢开门进来了，但是因为房间里很黑，所以鬼子没发现人就走开了。

大妈把我藏好后就回家了，在回家的路上看见鬼子在李家门口的菜园边架起了机枪，鬼子看到手无寸铁的大妈，就猛抽了大妈几巴掌，大妈当时就被打得昏倒在地。这是后来大妈亲口告诉我的。

鬼子走了以后，我出阁楼亲眼看到一个70多岁的老人被鬼子用刺刀挑破了肚子，肠子流出一地，当时场景惨不忍睹。

鬼子进村时到处烧杀抢掠。陈二奶奶看到自家东西被抢、房子被烧后伤心地哭了，

结果被鬼子发现，用刺刀从屁股上一刺刀穿死了她。

江北逃亡来的老徐也不幸被鬼子发现，鬼子用刺刀刺伤了他的脖子，当场昏死过去，后来好不容易才被救过来。

我家对门邻居家的孙茹爱跟我一般大，因躲不及被鬼子发现并强奸了，后来她伺机逃出躲进草堆才保住了性命。我家远房亲戚被日本人拖走了以后再无音讯。

我现在每每想起这些事都还会怕得发抖，半夜吓得大声叫：鬼子来了！快藏起来！有时会半夜哭醒，哭湿了枕头，更严重的时候甚至要依赖安眠药才能睡得着。

南京大屠杀受害家庭幸存者黄桂兰（左一）与女儿、女婿合影

南京大屠杀受害家庭黄桂兰家庭族谱

本人：黄桂兰（南京大屠杀幸存者）

丈夫：阮允达

女儿：阮玉珍

女婿：陶政

外孙：陶彪

外孙媳：沈敏捷

曾孙女：陶心怡

外孙女：陶玺

外孙婿：杨通

曾外孙女：杨奕

采访南京大屠杀受害家庭幸存者黄桂兰日记

2017年7月1日上午9点多，志愿者李田田与朱延驰二人来到了位于秦淮区秦虹南路秦虹小区高虹苑99号205室的黄桂兰老人的家里，她虽然已经是90多岁的高龄，但看起来还是很有精气神的。

在采访的过程中，黄桂兰老人耐心地为我们讲了许多关于南京大屠杀的事情，由于她说的一些话我们不怎么能听得清楚，她的女儿女婿也都很耐心地在旁边为我们翻译，让我们了解到更多日军大屠杀时的一些残忍行为，而这些行为也给她留下了深深的阴影。

南京大屠杀那年，黄桂兰14岁。14岁，对于我们来讲，本该是花一般美好的年纪，但却成了她的噩梦。黄桂兰亲眼看到隔壁的一位70多岁的老人被日本鬼子用刺刀把肚子刺破，肠子流出了一地，有红色的，有黑色的，当时的场景惨不忍睹。

那时，她的邻居家里有一位和她年纪一样的小女孩，名叫孙茹爱，她们是很要好的朋友，孙茹爱因为没有来得及躲而遭到了日本兵的强奸。同街道有一位奶奶因为自己的家被烧而哭泣，却遭到了日本鬼子从屁股刺了一刀致死。这些恶行，让我们深恶痛绝。

这些恶行虽然发生在几十年前的南京大屠杀期间，但却对黄桂兰的影响一直持续到晚年生活。现在她老是会处于失眠状态，只能靠服安眠药入睡，即便能够入眠，她夜里也老会做噩梦，有的时候还会突然地大叫："鬼子来了，快跑啊！"

黄桂兰老人现在每每回忆起往事都会瑟瑟发抖，眼睛的视力也不算很好，因为她总是会不自觉地流泪，思念自己身边惨死的人。由此可见日军的残忍行为给她所留下的阴影有多大！

在今天的采访中还有一个令人感动的地方。黄桂兰老人因为在扫盲的时候念过一些书，也能够写自己的名字，但是现在已经不怎么写自己的名字了有些生疏。在需要签字的时候，奶奶的女儿、女婿并没有代签，而是鼓励她自己签，她们夸奶奶字写得真好看，像宠一个孩子一样宠着奶奶，看着她因为写好了自己的名字露出了孩子般的笑容，我想，这或许也是对黄桂兰老人最好的安慰了。在临走前，我们两个人都同黄桂兰老人握了手，她也一个劲地和我们道别。

一一三、张翠英家庭

采访时间：2017年7月2号下午3:00

采访地点：南京市鼓楼区天福园4号501室

采访人员：沈亦涵、金萍萍

我母亲听人谈及日本人总是精神过度紧张，甚至出现失语的状态

曹玉前　口述

我是南京大屠杀幸存者张翠英的二女儿曹玉前，今年54岁，在一家企业上班，现在还没退休。

我母亲在 80 岁以前和我父亲住在中央路 121 号，后来我父亲去世以后，先是我大姐陪她住了一段时间，后来就搬到了我这里。我母亲以前身体还是蛮好的，但是她后来摔了两次以后，腿就断了，还做过手术，所以现在腿脚就不怎么利索了。由于我现在要上班，平常工作日的时候，白天我妹妹来，晚上有我和我姐姐照顾她，到了周末的时候，就由我来照顾她。

我父母是有亲戚关系的，我的外婆和我奶奶是表姊妹的关系。我父母都是南京大屠杀幸存者。我母亲出生于 1930 年 12 月 18 日，1937 年的时候我母亲虚岁是 8 岁。那时我外公、外婆有自己的土地，能够自给自足，生活温饱是没有什么问题的。

日军攻城的时候，我外婆那一辈人都很紧张，就在脸上抹灰，化妆成老太太，连夜带着干粮往江边跑反，躲在了芦苇荡里面。然后日本兵也追到了那边，就用刺刀在芦苇荡里随便乱戳，我母亲就被刺刀划了一道口子，因为我母亲那个时候还小，我外婆就在第一时间捂住了我母亲的嘴，要哭出声音的话里面的人就全部完蛋了。

当时正是冬天，芦苇荡里面冻死了好多人，尤其是一些老人和小孩，湖面上都是血红色的尸体。后来我外婆她们回到村子里，发现村子里面的人基本上都被杀掉了，村子里到处血流成河。本来我母亲他们家住在太平门，后来日军经常来烧杀掠抢，只好举家往迈皋桥那一带搬迁。

日军没来之前，我母亲的两个表叔家里开了一个丝织厂，主要就是把收上来的蚕茧进行抽丝，日军进城后，家里人基本上都跑掉了，就留了我母亲的两个表叔看家，结果就被日本兵杀害了，死的时候也才是刚刚 20 岁出头的样子，店也被烧掉了。

我母亲表叔的哥哥就连夜赶回南京，因为没有钱，就用草席卷了一卷就埋了起来。后来这两位的坟墓也跟着我们家的祖坟一直迁移，清明也经常去给他们扫墓。

除了这些以外，三叔曹启江在放牛的时候，被日本兵打死在村前的水沟里面；五叔曹启海被日本兵打死在桑园里面；有个王舅爷也被日本兵给杀死了。

南京大屠杀幸存者张翠英（前排左一）全家福

虽然我母亲那个时候还很小，但这些亲人被害对她的精神是蛮有打击的。后来，只要听到关于日本方面的事情时，她的精神就会很紧张、很恐惧，甚至出现失语的状态。尤其是每年清明扫墓的时候，还有每年 12 月 13 日南京拉警报的时候，我母亲都会有点紧张和恐惧。1949 年后，她做过幼儿园老师，身体素质还是不错的，主要是精神上的打击比较大。

采访南京大屠杀受害家庭幸存者张翠英二女儿曹玉前日记

2017 年 7 月 2 日，我们来到了张翠英二女儿曹玉前家中，幸存者 87 岁高龄的张翠英女士睡在摇椅上，微张着嘴，由于身体因素，没坐多长时间，女儿就把她抱回床上睡了，老人醒了后，我们两位采访者尝试向她打招呼，老人说不出话，却也哼哼了几声，其女儿表示，老人知道你们来，知道你们在采访她，她内心感受得到，回忆到那段往事，她很伤心，不想说话。

张翠英老人几乎不能动了，前几年的大病让她一天中的大部分时间都只能躺在床上，由女儿们轮流照顾。

二女儿曹玉前说，父母是近亲结婚，都是老南京人。奶奶和外婆是表姐妹，所以二人自小经历都差不多，都是南京大屠杀的幸存者。

当初国家刚开始征集南京大屠杀幸存者的信息时，由于其父亲是企业领导，获取这方面的信息比较快，便很快做了相关幸存者的登记，父亲死后，征集信息还在进行，便也带着母亲去做了登记。

曹玉前说她母亲是 1930 年 12 月 18 日出生的，1937 年母亲才 7 周岁，日军打到南京之前，母亲的一大家子还是很勤劳俭朴的，种田自给自足，有一些地也有一些房产。

然而南京大屠杀这场灾难，却摧毁了这一家子简单而幸福的生活。当时母亲居住的那个村子里得知鬼子进村扫荡，大多数家庭还是选择背着部分干粮从太平门附近逃到芦苇荡里躲开鬼子的扫荡，剩下的粮食藏到家里挖的土坑里，母亲这一家子就是这么做的。

那时正值十二月，凛冽寒风，急着逃跑的他们急忙带了点便携的干粮，也没穿多少衣服，由于怕被日本兵认出来是女的，二十七八的外婆脸上抹满了灶灰，母亲则是把头发全剃掉，连夜忙着就往江北逃到芦苇荡里。当时看见芦苇沟里都是红的，漂着很多尸体。躲在芦苇荡里的他们又冷又饿，还冒着鬼子在芦苇荡里用刺刀瞎戳找人的风险，虽然没有被搜出来，但是那时候 8 岁的母亲左小腿上还是被划了一个口子，8 岁的孩子哪懂得这些，被刺疼了肯定张嘴就哭啊，好在反应快的外婆立马捂住了母亲的嘴，才逃过了那一险。粮食没了，就找个人回原来居住的村子里看看情况，找点东西回来填肚子。回去拿粮食的却发现村子里早已物是人非。

经过鬼子的扫荡，村子早已血流成河，遍地死尸，家家户户的房子也被鬼子们一把火烧成了废墟，家里的 10 间草房也被烧光。那种荒凉萧条的景象，仿佛整个村子都被洗劫碾平。回去的人拿回粮食，和躲在芦苇荡的人们叙说村子里的惨状，有人感慨逃跑者们当时的机智，放得下家里的房子、田地，毕竟人活着才是最重要的；还有人可怜坚持留在村子里守着屋子、田地的人惨被杀害。

母亲一家在芦苇荡里躲了半个多月后，等日军停止了大规模的屠杀，局面开始稳定下来后，便迁往了栖霞那一带。但也有很多老人、小孩没能活着再离开芦苇荡，不是冻死就是饿死了。

母亲两个表叔家里原来是做丝绸生意的，把蚕卷提炼成丝，鬼子进城后，家里人忙着逃跑了，两个表叔留下来看守店里剩下的一些蚕卷、机具，结果两个表叔都被日本人打死了，家里的丝绸铺子也被烧光了，姨父连夜赶回去把两人尸体掩埋了起来。

侵华日军攻占南京后，逢人便杀，三叔曹启江在放牛的时被打死在村前的水沟里；五叔曹启海躲在他姑妈家，被日军打死在村前的桑园里；有个舅爷姓王，也被日军杀死了。

母亲80岁以前，父亲还没去世，是跟父亲一起居住的，父亲去世后，便跟我们姐妹几个居住。身为幼儿园老师的母亲每当谈及日本人，总是精神过度紧张，甚至出现失语的状态。

每年12月13日都是我母亲受难的日子。一听到警报声，她就难受。母亲也时常跟女儿们唠叨起以前父母亲带着自己跑反的苦难故事，由于母亲谈到这些总会伤心难过好一阵子，女儿们也总是避免这些话题，不想母亲伤心难过。

1949年后，不管我们家祖坟几经迁移，父亲都带着两位表叔爷爷的坟一起迁移，每逢清明上坟，看着二位的墓碑，不免勾起那段令人痛心的往事，也时刻警醒着后人勿忘国耻，发愤图强，唯有自身强大才能不被欺凌！

87岁的张翠英几乎不能动，几年前，先是摔伤过几次，后来肺部又发生了感染，体重和体力都急剧下降，如今她大部分时间躺在女儿曹玉前的小书房里。这间昔年朴素淡雅的书房除了一张单人床，到处都摆满了老人要用的纸尿裤。

“我母亲没有儿子，生了五个女儿，还有三个在世.”曹玉前说，母亲病倒后，姐妹们也住过来了，分三个班次轮流照顾母亲，幸好女儿们都孝顺也都仔细。曹玉前说，每天都会把母亲扶起来坐几个小时，以免生褥疮。

一一四、朱秀英家庭

采访时间：2017年5月12号上午9:00

采访地点：南京市朝天宫中关新村27号一幢一单元

采访人员：沈亦涵、金萍萍

我母亲被日军强奸未遂吓得不会哭了，直到去世很少流眼泪，而且眼睛容易发直

孙雪香　口述

我叫孙雪香，1950年生，是南京大屠杀幸存者朱秀英的三女儿，我们家原来住在马群吴家屯那边。我退休前在南京市交通电器公司担任会计，我的文化水平是大专。

日军攻破上海后，沿着沪宁线一路攻占到南京，因为日军是从马群那边进攻南京的，而我母亲家就住在马群旁边的乡村里。

听说有日本兵来的时候，大家都感到很稀奇，想去大马路上看看日本兵长什么样，结果有些村民就被经过的日军屠杀了。所有人听说后，都人心惶惶，开始逃跑，我母亲那个时候才17岁，和她的一个姨娘跟着跑反。我母亲经常说:“逢沟过沟，逢田过田。”很多时候日军在后面追，前面有好多村民在跑，遇到一个沟通常就会往里面钻。

在跑反路上，我母亲和她的姨娘被冲散了。我母亲跑到窦村的时候，想要求助一个老人，但是那个老人说，他不能接受女的，并且建议我母亲往山上跑，但是我母亲认为往山上跑会被日军发现打死了。于是，我母亲就往其他地方跑。有一次差点被日军发现的时候，我母亲心想如果被日本兵抓到肯定会被强奸的，于是她就拼命地跑，当看到有一个沟的时候，她就迅速钻到了一个沟里，等到日本兵追过来的时候，起初声音还很大，之后就慢慢地没有了声音，我母亲猜测可能是日本兵找到了另外一个花姑娘，过了一会儿才悄悄地走了。

但是躲过了这一次，却没有躲过下一次。有一次，我母亲和一群老人逃到了一个土地庙里面，后来日本兵来了，虽然我母亲脸上涂满了灰，但是日本兵一眼就认出来了。之后日本兵把所有人都赶了出去，就只留下我母亲一个人，这个时候我母亲心想她这次一定是完蛋了。

我母亲为了让自己活下来，把腿上的冻疮撩出来给日本兵看，日本兵本来就忌讳这些，所以很生气，就把我母亲拎起来像甩田鸡一样甩了好多圈之后才把她扔到地上，临走的时候还用枪口猛戳我母亲的下体，我母亲说就只看到血咕噜咕噜往外冒不止。

之后，一直到去世的时候，我母亲几乎很少流眼泪，而且眼睛容易发直。后来，我母亲在佩村找到她的姨娘，两人就逃往南师大的避难所了。

我母亲还有一个亲哥哥，有一次在街上卖东西的时候，有个日本兵用刺刀顶着我舅舅的喉咙那里逼问他这个好不好，然后我舅舅拼命点头，之后我舅舅就再也没有受过其他的伤害了。

我母亲在避难所过了几天以后就回家了，听在村里的老人说，日军抓了好多老人

去了一个学校，并把她们的衣服都扒光了，让她们在操场上做操，以此来羞辱她们。

我父亲叫孙来财，我母亲与我父亲结婚后，因为文化水平比较低，所以就在家里忙家务、照顾孩子。我父亲在政府机关里开车子。我父亲在1987年的时候去世。

南京大屠杀幸存者朱秀英女儿孙雪香接受晓庄学院志愿者采访

我母亲在去世前我们经常带着她回到以前住过的地方去看看，虽然晚年没有大病，但是大屠杀的事情仍旧是她的一个恨，甚至有时候做梦的时候还会梦到被日军追着跑，所以说日军对她的伤害还是很深的。我们的后辈对此也很气愤，连我5岁的孙子都有这样的情感。

采访南京大屠杀受害家庭幸存者朱秀英女儿孙雪香日记

2017年5月12日，两个身着银灰色志愿者马甲，挂着工作证，撑着雨伞在小区里兜兜转转的身影十分显眼，我们穿梭于滂沱的大雨之中寻找着孙女士讲述的地址。一个电话却将我们和孙女士拉到了背靠背的距离，几番周转，淋湿的包、鞋庆幸地宣告寻址之旅的结束，进门后，“嗞啦”的关门声却也宣告着又一段苦难回忆录的开始。

孙女士是幸存者朱秀英老人的女儿，老人生前一直与女儿居住在一起，与女儿、女婿关系十分和睦。起初联系孙女士爱人的时候，这位女婿也称自己是朱秀英老人的儿子，中国这句老话“一个女婿半个儿”真真切切地在他们身上反映了出来。

孙秀英今年67岁，大专毕业，退休前在市交家电做会计。老人女儿看起来十分年轻，也很有活力，家里也打扫得非常整洁。登记老人的身份证号码时，孙女士忍不住多看了几眼手中证件上母亲的照片，说自己想妈妈了，就拿出照片看几眼。可想而知，母女感情至深，想必老人的晚年必定是在女儿的细心照料下度过的。

孙女士刚开讲母亲对子孙辈讲述的南京大屠杀回忆时，就给我们提起她们一大家子都熟记的母亲的经典语句：逢沟过沟，逢田过田。这句话源于母亲当年在遭受日本鬼子追截时逃难的处境。他们从马群吴家屯开始往窦村逃，由于逃亡的慌乱，母亲与家里的姨娘、哥哥都走散了，自己一个人逃，转身就能看到日本鬼子拿着刺刀追着她，一个 17 岁的妙龄女子，无可奈何，看到墙就翻，看到沟就爬。找到隐蔽的有人群的躲避处却被赶走，只因自己是花姑娘，怕被牵连。

令我和采访的搭档印象最深的就是孙女士讲述自己母亲逃亡途中躲在庙里被日本鬼子发现后欲强奸的事：当讲到日本兵赶走其他老弱病残，留下她母亲一个人关上门，她母亲脸上虽然抹了灶灰，却难掩清秀的面容，说到这里，我们的心都揪了起来，紧接着我们却又被这位不识字却睿智的女性展示腿上冻疮吓得日本鬼子不敢进行性侵的智慧所折服！

虽然难逃一顿惨绝人寰毒打，至少避免了令人发指的性侵。但这次面对面的接触却给老人带来深远持久的影响，孙女士透露母亲从他们记事起就不曾哭过，因为母亲已经被那次强奸未遂、惨烈毒打吓得不会哭了，私处的那个伤口是她一生苦难记忆和无法抹灭的痛！老年后，她的视力也因那次摔打出现问题。

在逃至难民营后，朱秀英还见证了其他许许多多的惨案，她永远无法忘记难民营里别户一大家子看着家里女人下身被器具穿过无法穿冥衣悲痛大哭的场景，她也无法忘记村里老人们被日本鬼子捉弄取笑被命令集体裸体做操的耻辱。

每当朱秀英在子女陪同下回到自己当初南京大屠杀的老家时，这一幕幕都会浮现在老人的脑海里，也许我们真的体会不到老人看着子女们听着自己的故事落泪，而自己却丧失流泪生理功能的那种难以发泄的悲痛。

最后孙女士翻箱找柜找老人生前照片时，我们也询问她目前对日本的看法。孙女士说：“说实话，我现在在外面看到日本人，我不是很愤怒，毕竟这是二十世纪三十年代那个年代的人们犯下的罪，他们的子孙后代是无辜的。”我们欣赏她的理性。

可是孙女士谈到安倍时却恨得咬牙切齿，恨他参拜靖国神社，恨他篡改日本教科书。虽然他们的母亲已经去世，可他们兄弟姐妹七个大家庭每每聚在一起时，都会聊到这个话题，给他们的子女、孙辈们讲他们的母亲讲给他们的往事，他们希望通过代代相传，让后代们铭记这段历史，发愤图强，勿忘国耻！

一一五、蓝承欢家族

采访时间：2017年7月1号上午9:00

采访地点：南京市建邺区江心洲洲岛家园临时租居房

采访人员：沈亦涵、金萍萍

我外公被日本兵伤害，外婆疯了，母亲性格变得敏感、多疑、暴躁，晚年患上了抑郁症

李蓝　口述

我叫李蓝，我是南京大屠杀幸存者蓝承欢的小女儿，我上面有三个哥哥。我今年54岁，我是公务员，在南京市审计局工作。

我母亲原籍是在徐州的，当时徐州有两大家族，一个是蓝氏家族，另外一个是钱氏家族。两大家族相互建立婚姻关系。我母亲的爸爸是蓝氏，妈妈是钱氏。那个时候蓝家主要是偏向于文科，数学方面也很精通，同样也在做生意。

尤其是我母亲的爷爷当时是徐州市某个学堂的副校长。钱家那边分为两类人，一类是酿酒产业，产业是蛮大的；另外一类是画画方面，最为突出的就是李可染，他的启蒙老师就是我母亲的舅舅。由于我搬家的原因，好多画册都还在我的箱子里面，没有整理出来。

后来我母亲那一家族因为在徐州那边已经做得很大了，而南京当时是国民政府的首都，所以就把产业一部分转移到了南京。到了南京以后，就在洪武路365号，现在是洪武路刘长新面馆的位置，那个房子很大，有三进大。钱家在南京还建立了一个招牌，叫作元和酒家，徐州本地的叫万和酒家。

我母亲那个时候就生活在洪武路365号，那个时候有一大家子，有我母亲的爷爷，他的两房太太，我母亲的姑妈，我母亲的父亲以及母亲，我母亲的哥哥（7岁），我母亲（5岁），我母亲的表妹（是我母亲的姑妈从孤儿院抱养回来的）。我外公与我外婆结婚的时候，我外公才19岁，我外婆21岁。然后那个时候整个家族做主的是我姑奶奶，因为那个时候我姑奶奶上过大学的，然而那个时候女子一般是不上学的，所以我姑奶奶在家是做主的。

1937年12月的时候，南京城里已经有好多有钱的和当官的开始出逃了。我姑奶奶那个时候留下了我母亲爷爷的二房太太、我外婆、我母亲和我母亲的表妹，把男人都带走了，让她们留下来看房子。

我外公走的时候，还悄悄地和我外婆说等到安定下来以后就回来接她们。后来他们一行人逃到了大概安徽芜湖的地方，我外公就回来准备接我母亲他们。但是很不巧的是，他回来后的第二天日军就攻进了城，封锁了所有的交通通道，因此一家人都只能躲在家里面不能出去。日军后来来到洪武路一家家搜的时候，我外公让四个女人躲到阁楼里面，我母亲说从门缝里面看到我外公被日本兵问了几句话就被带走了，之后再也没有回来，年仅30岁不到。

因为那个时候天很冷，我母亲脚上长满了冻疮，然后我外婆只要听到说哪里杀人

南京大屠杀幸存者蓝承欢（中）生活照

了，就背着我母亲去死人堆里面翻看有没有我外公的尸体，之后就疯了一样，天天不吃不喝，以泪洗面。

日军在撤退游街的时候，我外婆还站在门口在队伍里面找我外公，生怕被带到日本去。大规模的屠杀大概也就是持续了 20 多天，之后日军就开始实行安民政策，不怎么大规模地进行屠杀了，我姑奶奶他们一行人从安徽芜湖那边回来了。我外婆后来因为身体很差，再加上心里的原因就去世了。

我外婆去世以后，我姑奶奶又把一行人带到了上海，又是安排了那几个人在家里看房子，因此，我母亲那个时候就很孤僻，而且家里面值钱的东西都被带走了，所以日子过得很艰难。

后来经人介绍，把印刷厂里面一个学徒的介绍给了我妈妈，也就是我爸爸。两人大概在 1952 年结婚，但是日子过得很贫穷，再养我三哥的时候，我父亲甚至一度靠卖血来支撑整个家庭，很是心酸。

后来我父亲到了河海大学印刷厂做了一个副厂长，但是家里面仍然难于生计，之后经人介绍，我母亲也进入了那个工厂上班。在 1972 年的时候，河海大学给我们分配了一个房子，在西康路 3 号。

我父亲在 2003 年 73 岁的时候因为癌症去世了。而我母亲身体可以但是脾气有点暴躁，经常和我外公对骂，她对自己的子女还是蛮不错的，还是有点重男轻女，对三个哥哥更好一些。

就是因为在小的时候没有受到很多爱，所以到了晚年的时候，她特别渴望得到别人的爱，并且她给予自己子女的爱就有很多，孤僻的性格导致她在 2010 年时得了抑郁症，经常会胡思乱想，疑神疑鬼的。只要一有事情不符合她的心意，她就不吃饭，只能靠人来喂，最后在 2013 年 83 岁的时候去世了。

采访南京大屠杀受害家庭幸存者蓝承欢女儿李蓝日记

2017 年 7 月 1 日，南京正值梅雨时节，坐着地铁，车厢里的或明或暗，雨声忽小忽大让我们对今天的被采访者充满期待，因为该女士工作的原因，她长期在外出差，原本计划无望采访到她，女士却一再要求希望可以延迟，进行一次采访，长达十多分钟的电话，可以体会得到电话的另一头那种对这段尘封记忆的强烈民族情怀渴望得到记录的心情。

我们约在小区门口碰头，由于新买的房子尚未可居住，便向着她临时租住的房子方向走去，去的路上李蓝女士便对这段关乎其母亲家族的往事起了头：其外公是南京大屠杀的遇难者，母亲则是南京大屠杀的幸存者。

她母亲的家族蓝家是当时徐州地方的大户，其母亲的祖父是知名数学家，学堂校长，后来做得生意发家；钱家则是地方上酿酒大户。蓝、钱两户联姻后，愈发变得富裕。

据其描述，当时住的房子是三进的大院子，住着她母亲的曾祖父和其两房老婆、父亲一家、姑妈一家。由于姑妈上过金陵女子学院，后与其化学老师结婚，当时女子上过学的少，因此姑妈掌握家里的大权。

南京沦陷之前，一些有钱人早早开始了逃亡之路，蓝家也是一样，准备往安徽那儿逃。其姑妈做主，让曾祖父的小老婆、母亲以及自己还有一个抱养的孩子留在南京看着房子，其余人带着金银细软逃亡安徽。据李蓝女士说，母亲的父亲曾向其母女俩许诺，等他们找到地方安定下来后便回来接他们。

没过多久，父亲的确回来了，然而就在回来的那一天早上，战火烧到南京城了，南京沦陷了，进出城所有的关卡都被卡得死死的。从早上开始，日军就开始挨家挨户搜查壮年男士，以防造成威胁。其父亲就让留下来的老小们躲进阁楼，日本兵要抓的是他这样的男壮年。李蓝女士的母亲蓝承欢永远也无法忘记那天早上，她母亲捂着她的嘴，透过阁楼的门缝里，父亲被日本兵简单问过几句话后被带走的画面。虽然日本兵只是简单地问了几句，没有进行其他伤害性质的活动，但是父亲这一去就再也没有回来过，那一面竟成了五岁的蓝承欢与父亲的最后一面。父亲被抓走后，母亲就崩溃了，整日以泪洗面。听到附近哪儿有男人被杀死了，她便去那些尸体堆里翻尸体，也没有精力管她和抱养的姐姐吃喝。也没去南京的难民营。

大规模的烧杀持续了二十多天后，便也停止了烧杀抢掠，开始对他们进行思想上的再教育，三天两头让全村子里的人去一个集中性的地方接受思想教育，让他们听话，不要反抗之类的。

母亲自父亲被带走后精神上就出了问题，有的时候出门遇到日本兵的大狼狗便吓得躲到墙角里，她永远也不会忘记日本兵看着几个孩子被狼狗们吓得躲到墙角里却笑得很灿烂的画面，从那以后便十分怕狗。

日军从南京撤离，母亲倚在门前眼巴巴地看着军队离去，嘴里还念叨着父亲，想着千万不要被带到日本去。

中华人民共和国成立后，没过多久，母亲也去世了，家里的大房子被充了公，住到被分配到的洪武路 365 号的房子里，李蓝女士七岁以前都是在那里生活的。

之后，母亲经人介绍与印刷店里的一个学徒结婚，便有了自己的三个哥哥和自己，父亲和母亲后来便在河海大学里面的印刷厂里工作以支撑一大家子，后来搬家到了河海大学分配给困难职工的西康路 3 号的房子里。

家里孩子多，经济不济时母亲便变卖充公的房子里剩下的家具过活，李蓝女士的童年过得也很不容易，我想也正因为这些苦难挫折使得她成为一名南京审计局出色的公务员，过着幸福高质量的生活。

据李蓝女士描述，由于幼时不幸，母亲在家庭生活中脾气有些暴躁，敏感缺爱，时刻渴望得到关注，心理上不正常，这也是导致她 2010 年左右患抑郁症的主要原因。

2003 年父亲去世后，母亲变卖房子给老大儿子，自己则住在三儿子家。子女们对她算不错，但母亲很敏感于子女对自己的态度，敏感多疑，稍有不慎，就向子女反复诉说自己幼年不幸、孤苦伶仃。尤其是晚年患上抑郁症后，也带给了李蓝女士及其三个哥哥一些困扰，时常跟女儿说自己想带着老鼠药到她父亲坟前，哭完就吃老鼠药去陪她父亲，但又怕自己这么死会影响儿女们的事业诸如此类的话，经常性不吃不喝造成身体机能下降，最终于 2013 年心脏衰竭逝于人世。

一一六、胡桂英家庭

采访时间：2017年5月06号上午10:00

采访地点：南京市玄武区富贵山小区4号7幢101室

采访人员：叶伟蓉、朱林曦

我母亲好几十年都会做噩梦，看到当兵的或黄色的东西都会怕得浑身发抖

聂岫春　口述

我叫聂岫春，1954 年 3 月 16 号出生，我是南京大屠杀幸存者胡桂英的儿子。我母亲老家在徐州邳县，10 岁和外婆从老家逃荒到南京，当时他们居住在后宰门附近，自己种点儿地养点儿鸡，家里有外祖父、外祖母、我的母亲和两个舅舅。

1937 年 12 月 13 日，日军攻占光华门后，进来了大批的日本兵，大概是 11 点多吃午饭的时候，一个日本军官带着七八个端枪的日本兵来到后宰门四处乱窜，当时那边的男人都往四川那边跑了，只留下了老太太、妇女和小姑娘，我母亲和外祖父、外

祖母、两个舅舅分开躲藏。

当时小姑娘脸上都抹上灰，头发弄得乱糟糟的，穿着破旧的老奶奶棉衣想混过去，但日军发现了她们，日本兵赶着我母亲到房间里去，我母亲不愿意进去。当时我母亲身边有一个老奶奶带着一个小孩子，那个老奶奶见我母亲不愿意进去，就狠狠地把身边的小孩子拽过来，表现出很恨我母亲的样子，但是日本兵并没有看出来那个老奶奶是凶我母亲，而是以为在凶他，就枪一横过去把那个老奶奶和小孩打死了。

然后又对着我母亲说进去，但我母亲装作听不懂他的话，就不愿意进去，日本兵就开枪了，想一枪把我母亲打死，但我母亲闪了一下，这一枪打中了我母亲左手的手掌，日本兵看我母亲没被打死，就又打了一枪，第二枪打到了我母亲的肩膀下方，这个时候我母亲支持不住倒下来，全身都是血，然后日本兵扛枪就走了。但我母亲躺在那里不能动，直到天黑了她觉得很冷，一看周围都没人了，才自己爬回家，慢慢挪到了床底下。

当时我的外祖母跑到了珠江路一个难民区，事情发生两天以后听说家里有事回来，在床底下发现了我母亲，就赶紧抓锅膛里的灰敷在我母亲的伤口处，再用破衣服包扎，又找了一些吃的给她吃，拿东西给我母亲挡一挡就又赶紧跑了。

有一段时间，我母亲在床底下透过光还是能看到日军在晃悠，有时候日军还进来，但没有搜到她。我母亲在床底下靠有人给她带点馍和山芋吃，过了好多天有两个妇女半夜跑回来看看她，发现我母亲还活着，就把她拖出来洗一洗、换换衣服，当时我母亲动都不能动，她的衣服因为血凝固结壳了，那两个妇女用剪刀剪开了衣服，也不敢生火烧水，她们又找了两个妇女想办法把我母亲抬到了难民区，这一里路走得十分艰难。

那个时候我母亲家的邻居也被日军加害，当时那两个邻居在吃午饭，一个日本兵上前和他们说话，由于没有听懂便没有回答，日本军走了几步回过头就把他们俩打死了。

我母亲养好伤后，祖母就替她找到了夫家。我父亲叫聂士林，是一个非常有文化的人，一九五几年在南京永宁林场的工人大学当老师，他没有经历南京大屠杀。

1949年后，我母亲被政府安排到了识字班读书，白天务农晚上上识字班，会写自己的名字和家庭住址。日军对我母亲的伤害是巨大的，她的左手不能用，中间两只手指蜷在了一起，手掌有一个大洞。

南京大屠杀给我母亲造成极大伤害，晚年我母亲见到类似于日军军服颜色的衣服时都会很害怕。我父亲是一九九几年去世的，母亲是2015年8月去世的。

我的大姐已经去世，家里的人不愿意透露信息。

南京大屠杀受害家庭胡桂英（左）与儿子合影

我的二哥叫聂岗春，1944年出生的，二嫂叫黄琳碧，侄子聂磊已经结婚并且有了一个儿子叫聂宇强，侄儿媳妇叫李萍。

我三哥叫聂诸春，1947年出生，三嫂叫黄红玉，侄女聂洁结婚有一个儿子叫马东，但现已经离婚了。

我四哥叫聂岚春，1950年出生，四嫂叫徐合琴，侄女叫聂娜，刚刚结婚，侄女婿叫竺严。

我五哥叫聂崖春，1953年出生，五嫂叫郑玉霞，侄女叫聂兰，侄女婿叫王冠，侄孙女叫王玉冠。

我七妹叫聂万春，1958年出生，妹夫叫孙春富，侄子叫孙旋，现在在珠江路百老汇上班。

哥哥、妹妹们都已经退休，而且身体都不太好。

我是1955年出生的，原来在珠江路三宝电脑公司上班，现在已经退休，我的妻子叫李素萍，在前几个月去世了，我的儿子叫聂鑫，现在在中国银行上班，儿媳叫陈亭，孙子叫聂荣臻。

南京大屠杀受害家庭胡桂英家庭族谱

本人：胡桂英（南京大屠杀幸存者）

丈夫：聂士林

大女儿：聂 ××

大儿子：聂岗春

大儿媳：黄琳碧

孙子：聂磊

孙媳妇：李萍

曾孙：聂宇强

二儿子：聂诸春

二儿媳：黄红玉

孙女：聂洁

曾孙：马东

三儿子：聂岚春
三儿媳：徐合琴
孙女：聂娜
孙女婿：竺严
四儿子：聂崖春
四儿媳：郑玉霞
孙女：聂兰
孙女婿：王冠
曾孙女：王玉冠
五儿子：聂岫春（南京大屠杀受害家庭讲述人）
五儿媳：李素萍
孙子：聂鑫
孙媳妇：陈亭
曾孙：聂荣臻
二女儿：聂万春
二女婿：孙春富
外孙：孙旋

采访南京大屠杀受害家庭幸存者胡桂英日记

2017 年 5 月 6 日，南京的天气依然明媚，我们采访了南京大屠杀遇难者胡桂英女士的小儿子。上午 10:00，我们来到南京市玄武区富贵山小区 4 号 7 栋 101 室。门口种了一树蔷薇，格外好看。我们到达的时候，他正好在门口的石凳上坐着，一边吃早餐一边看两个朋友下象棋，看起来日子过得很是悠闲。

我们先是进去看了一眼，发现屋子里黑漆漆的，出来一问，“请问，胡桂英老人的家属在吗，我们是过来采访的。”他站了起来说：“来了来了。”他人很好，刚说完就把我们引进了屋，还没吃完饭就让我们过去在沙发上坐下，准备接受我们的采访。

我们问他叫什么名字，他说他的名字很难写，很多银行啊证券啊的人都不会写他的名字，他说是岫，我们说知道怎么写。他表现得很吃惊，逗得我们哈哈大笑。随后我们问他是否还记得母亲胡桂英对他说起过的当年发生的事情，他说，他从小就一直都知道的，没能忘记。我们顿时感觉到很开心，这注定会是一场收获颇丰的采访。

采访的过程中，他讲得很详细，口齿很清晰。他讲道，那一年母亲 15 岁，在 1937 在 12 月 13 日那一天被一个带队的日本兵打了两枪，手掌落下了终生残疾，讲到这里，他激动得比画着自己的手掌，时隔多年，让没能经历过的我们也感受到了那一种恐惧和无助。

在采访的过程中我们注意到他们几个兄弟的名字都很特别，有许多的生僻字，提及此，他自豪地跟我们讲，名字都是由他的父亲所取，父亲一生读书，是个很有文化的读书人。

我们谈到南京大屠杀对胡桂英女士的影响，他讲母亲在1937年之后的好几十年都会做噩梦，看到当兵的人路过甚至于黄色的东西就会害怕得浑身发抖。兵荒马乱的年代，着实让人惊慌。他心情很好，还跟我们讲起了父母的爱情故事，那个年代的浪漫，让现在的我们听了也觉得很幸福，整个气氛很融洽。

我们看到沙发上有一张很美的照片，照片的两边摆了几个可爱的玩偶，他告诉我们那是他的配偶，刚刚去世一个多月，我们感到很抱歉。

临走前，他拿起家里的喜糖分给我们吃，让我们千万要试试，说这个糖特别好吃，真是个可爱的老人。

一一七、张福智家庭

采访时间：2017年4月14日

采访地点：南京市雨花区板桥新村10幢

采访人员：李田田、朱延驰

我父亲的眼睛被日军打伤失明，家中房子被烧光，晚年在病痛中经常惊恐：“日本兵来了！来抓我了！”

张寿荣　口述

我叫张寿荣，今年49岁，是南京大屠杀幸存者张福智的小儿子，老父亲于2016年11月26日过世。

父亲1927年出生，曾在私塾上过学，10岁时经历南京大屠杀，并且受到严重伤害导致右眼逐渐失明。

从我小时候起，父亲就经常给我讲南京大屠杀时的事情，当时日军侵占南京以后先是见人就杀然后到处抢掠，当时我家大伯已经十六七岁，因为害怕被日军当成共产党抓走所以就提前跑去了江北桥林老家，我家祖父、祖母和父亲还留在板桥。

日本兵来搜刮财物的时候都端着刺刀，一开始我家祖父不愿意给他们财物，他们就凶起来了，我父亲就躲到祖父身后，结果被日本兵拽出来一巴掌抡过去，直接就把我父亲右边眼睛打出血了，然后又到处翻东西。

因为我们家当时是开了一个小百货商店，所以日本兵翻走了两箱东西，还把祖父母藏起来的粮食也都搜出来抢走了，家里养的几只鸡鸭也都被日本兵抓走了。

当时我父亲还亲眼看到对门姓王的邻居因为抵抗而被一个日军军官一刀劈死。最后日本兵一把火把我们的房子全给烧掉了。那时我们家是茅草房，烧掉后我家人无家可归了，之后我祖父就带着一家人往江北老家跑反。当时日军还封了江，我祖父用钱买通摆渡人才得以过江逃到江北桥林老家。

而我父亲被打伤的那只眼睛也因为当时没有好的医疗条件而逐渐失明。

在乡下老家躲了几个月以后，（大家）第二年又回到板桥，重新盖了几间草房。由于我家的位置在乡下比较偏，许多城里人也纷纷逃往此地。后来日军为了加强管理开始发放良民证。良民证我小时候家里还有的，但是后来搬家的时候弄丢了，所以现在没办法给你们看看了。

据我父亲之前的回忆，那个时候日军还抓他们去修建铁路，也就是现在的凤凰山铁路，以便日本人运输。此外，日军还在南京做生意，做生意的大多都是日本女人，也称日本婆。

父亲记得因为深受日本侵略的伤害，在日军失败投降之际，大家都放鞭炮来庆祝，十分开心。

张腊云　口述

采访时间：2017年4月9日下午3:00

采访地点：南京公园路体育大厦1018室

采访人员：徐康英、王南

南京晓庄学院16位志愿者参加了采访全过程，现场有三位同学提问。

我叫张腊云，1953年1月出生，是南京大屠杀幸存者张福智的二女儿，在中船南京绿洲机器有限公司工作，目前已退休。

父亲在世的时候经常给我们讲南京大屠杀的事情，但是那时候我小，也没有认真记，现在有些也记不清了。

我们家在南京大屠杀前住在南京板桥镇古雄大队，爷爷做点小生意卖花瓶、瓦罐。父亲经常跟着爷爷到南京进货。父亲还有个哥哥叫张福宝。听父亲说，1937年12月日军侵占南京时，板桥来了很多日本兵，坦克车在桥上开来开去，日本兵非常残忍，

南京晓庄学院志愿者采访南京大屠杀幸存者张福智女儿张腊云

烧房子、抢东西、打人。日军来到板桥，把我们家的房子都烧掉了。

当时，父亲跟爷爷在一起，父亲的左眼睛被日本兵打伤了，没条件治疗后来那只眼睛就失明了。爷爷也被日本兵用枪推倒在地。为了躲避日本兵，爷爷挑着担子带父亲跑反到江北。在那里父亲亲眼看到日本兵用刀把一个人砍死了。

南京大屠杀的时候，我母亲董秀英有五六岁，当时听说日本兵来抓花姑娘了，外婆会把母亲的脸用灰涂抹上放到草垛子里面藏起来。有天日本兵来找花姑娘，外公告诉日本兵没有花姑娘，日本兵就用枪把我公公推倒在地。

我父亲张福智1927年10月26日出生，母亲比父亲小4岁。父母一辈子在农村务农，父母跟弟弟一起住。

父亲80岁左右得了老年痴呆症，他得了老年痴呆症以后，经常会说："日本兵来了，来抓我们了，你们还不躲起来！"来到我家之后，还会跟我说："快把橱子打开，我要躲进去！"还会经常抱怨我们说日本兵来了，怪我们不管他。后来他整夜不睡觉，要我们把门抵好，关好门。夜里也会说："日本兵来了，来抓我了！"然后躲到床底下去睡，弟弟只好在床底下面铺着东西。夏天听到电风扇的声音也会说："日本兵来了！"我们家离火车站很近，他听到火车的声音也会说："日本兵来了，我听到大炮声了！"

母亲在世时为照顾父亲非常劳累，加之有心脏病，于2012年去世，当时80岁。

2016年11月父亲去世。南京大屠杀留给父亲的伤害不仅是造成他身体的残疾，还有精神的刺激和伤害，以致父亲晚年一直生活在那段痛苦的记忆之中。母亲和我们为了照顾父亲也付出很多。

我家姐妹兄弟5个，4个女孩，1个男孩。大姐叫张拾香，1951年出生，在南京铜矿工作；老三叫张拾云，1956年出生，务农，现在居住在上海；老四叫张格香，务农，1959出生，也居住在上海；弟弟叫张寿荣，1968年出生，高中毕业后，没考上大学，当时有工厂招工就去了南京肉联厂上班，他是搞技术的。除了弟弟还没有孙子，我们姐妹几个都有孙子或者外孙女了，大姐的外孙已经上初中了。

南京大屠杀受害家庭张福智家庭族谱

本人：张福智（南京大屠杀幸存者）

妻子：董秀英

大女儿：张拾香

大女婿：石家瑞

外孙女：石婕

孙女婿：郑福寿

曾外孙：郑天翔

二女儿：张腊云（南京大屠杀受害家庭讲述人）

二女婿：岳喜坤

外孙：岳彩文

外孙媳妇：张芹

曾外孙：岳正阳

三女儿：张拾云

三女婿：陆宝根

外孙：陆斌

四女儿：张格香

四女婿：顾克建

外孙女：顾玉婷

孙女婿：叶梯书

曾外孙：叶文轩

儿子：张寿荣（南京大屠杀受害家庭讲述人）

儿媳：陈凤

孙女：张晨

采访南京大屠杀受害家庭幸存者张福智儿子张寿荣日记

2017年4月14日晚上六点，我们来到南京市雨花区板桥新村10栋304室的张寿荣先生家里。刚进门，南京大屠杀幸存者张福智老人的儿子张寿荣夫妇就很热情地接待了我们，给我们倒水洗苹果。

因为老人的儿子在小的时候就对南京大屠杀这方面的事情比较关注，老人在世的时候也时常给他讲述这段刻骨铭心的痛苦回忆，所以张寿荣先生给我们所提供的关于南京大屠杀的资料比较全面。

在采访的过程当中，张寿荣先生回忆了很多也讲了很多，对于我们有疑惑的地方也会悉心地为我们解释，没有一丝的不耐烦，所以整个采访过程都进行得很顺利。张先生在采访临近结束的时候，还给了我们一些张福智老人生前的照片。

采访结束之后，张寿荣先生以及他的妻子都很热情地想留我们吃饭，我们婉拒以后，张寿荣先生送我们出了门。

采访南京大屠杀受害家庭幸存者张福智二女儿张腊云日记

2017 年 4 月 9 日，古城南京被笼罩在蒙蒙细雨中，空气比较潮湿，虽已是四月天，由于阴雨的天气，还是给人一种冷冷的感觉。

下午 2:00 左右，南京晓庄学院 16 位朝气蓬勃、青春洋溢的志愿者来到了世界和平与人权教育基金理事会（南京公园路体育大厦 1018 室），参加南京大屠杀 300 户受害家庭调查课题组组织的一场采访活动。

下午 2:30 左右，负责联系南京大屠杀受害家庭张福智二女儿张腊云的晓庄学院志愿者把张腊云夫妇带到会场。

课题组成员徐康英、王南对张腊云进行采访。这次采访也是课题组给参加课题的晓庄学院志愿者的一次实地培训。

张腊云讲述了其父亲张福智在南京大屠杀中有一只眼睛被日本兵打伤及受到的伤害，同时还讲述了这种伤害对父亲晚年生活带来精神的摧残，致使后来在病痛中，也会经常惊恐地说：“日本人来了！”

南京晓庄学院有三位志愿者参与了提问，这次培训为晓庄学院志愿者独立地开展采访工作打下了一个坚实的基础。

附　录

一、关于日军在句容后本湖屠杀村民的调查

课题组

调查时间：2017年5月3日

调查地点：江苏省句容市大卓乡后本湖村

调查人员：费仲兴、徐康英

1937年12月5日上午，一队日军从句容行香出发攻打南京，途径后本湖。该村自卫队以为他们是国民党部队，列队出村欢迎，结果被日军拦住，押回村中关入槽坊。午后，日军放火烧房，30余人在槽坊中被活活烧死，仅1人侥幸生还。

今年五六月，我们受国家社科基金抗日战争专项工程项目“南京大屠杀受害家庭调查”课题组的委托，对这起屠杀案进行了实地调查，初步搞清了日军屠杀的过程，并获得了32位遇难村民的名单。

（一）后本湖概况

句容大卓本湖村位于句容老城西北约7公里（直线距离），由前本湖、后本湖两个自然村组成，四周地势开阔，略有起伏。现在，本湖已被并入赵塘村，归句容华阳街道管辖。

去后本湖有条简易的水泥路，但没有公交车，往返不便。小巴士定点经过该村，进城一次收费3元。接送学生的校车也经过该村，上学还算方便。村中老人儿童居多，年轻人多半在外打工，有的已在句容城内买了商品房，重心已不在村内。

后本湖自然村较大，人民公社时期有4个生产队（后期增至6个）。村民姓裔、姓万、姓张的多，有少数姓汪、姓李。裔姓、万姓原来都有家谱，“文化大革命”时散失。

不久前，村里几位姓万的老人在一起商议了一份五言的《万氏宗族辈分大系》，共30字：能明大德道，厚加全开广。振华兴宏志，和顺显昌隆。仁贤国祥盛，永世恒继承。

（二）后本湖的自卫队

抗战前，村民万道义、万道宽、万厚金在南京大行宫浴室打工，交际面较广。全面抗战爆发后，他们回到句容，在村里组织自卫队，由万厚金具体负责。有的家出一人，有的家出2人，都是自愿的。队员人数说法不一，有的说18人，有的说30多人。自卫队有少量枪支，队员统一穿制服。制服是在句容城定做的，有青、蓝两色，有4个口袋，看起来挺气派。自卫队每天出操训练，还在村中主要路段挖了战壕，防坦克进村。据说，槽坊门前的一段战壕有一人来深。

自卫队的训练活动吸引了一部分人。跑反开始后不久，有2个原住句容城边的难民来到后本湖，自愿加入自卫队的活动。他们的姓名不详。

1937年12月5日，一队日军从句容行香出发，攻打南京，途经后本湖。自卫队以为他们是广东部队，便列队出村欢迎，结果在村东200米的坡地上被日军拦住。日军将他们押至村内，关在村东南槽坊内。门外架了一挺机枪，另有一名日军持步枪看守。

该槽坊是村民裔立珠、裔立宝兄弟的。它是一间草房，不很结实。槽坊南面20米有一水塘，长约70米，宽约50米。裔立珠、裔立宝两家的住房就在槽坊东面的高处。兄弟两都信佛，家中有佛龛。日军在他们家中轮流吃饭，吃完就开始烧房。据村民万加才说，村中只有3家没烧，其中有裔立珠、裔立宝两家。

（三）日军屠杀村民

自卫队队员被关进槽坊后，裔立珠、裔立宝等人躲在离槽坊不远的竹园里，居高临下，密切注视着日军的动向。

槽坊被点着后，村民张长亭的衣服被烧，他冲出大门，跳进水塘，向对岸游去。上岸后，看门的日军向他开了一枪，他立即倒地，过了一段时间就死了。

还有几名队员也夺门而出，结果都被日军开枪打死。裔荣生冲出槽坊大门后跌入战壕。因日军没有向他开枪，战壕内又有一层积水，他捡了一条命。后来，他听听四周没有声音了，便爬起来，奔向万秧子家。

万德湖和儿子万道之一起躲在槽坊内装料的大皮缸里，结果父子俩都被大火活活烧死。

日军放火烧房时，还开枪打死了另外2人。

一是马布仁的老婆。她姓张，娘家在北相，村里人都叫她“北相佬”。那天，两个日本人看到了她，拖住了要强奸。她跪下磕头，把月经带从裤裆里拿出来，给日本人看，日本人一看有血，就开枪把她打死了。

二是张小狗子的父亲。他是个老头，村里人都叫他“老张”。他家就在槽坊前的水塘边。那天，他拿了个八哥笼子在塘边拾狗粪，日军一枪就把他打死了。当时没人看到，到傍晚才发现。张小狗子20多岁，在槽坊内被烧死，父子俩同日遇难。

一天之内，后本湖村有34人遇难。还有几位临时住在村里避难的人，也被烧死在槽坊内，他们的名字无人知晓。

事情迅速传开，在外跑反的人急忙回村寻找亲人。有娘老子找儿子的，也有女人找丈夫的。许多人都烧焦了，但内衣、鞋子没有烧完。经过仔细辨认，一具具尸体被抬回，原本平静的后本湖，传来一片呼天抢地的嚎哭声。

后本湖成了远近闻名的寡妇村。后来，有的改嫁，有的招女婿，还有的妇女眼看自己的儿子快能接上力了，就一门心思在家守寡。

（四）遇难者名单

80年过去了，后本湖大屠杀惨案渐行渐远，但老人没有忘记。

村民万加才，今年85岁，事发时才5岁，还不记事。在他十一二岁的时候，他的小爷爷万道达一次次地讲日本鬼子在村里杀人放火的事，他都记住了。他不识字，但记忆力惊人。冬月初三那天被日军杀害的34位村民，他知道的有32人：

裔金玉、裔立喜、裔四喜、裔会堂、裔会兰、裔会智、裔合友、裔会通

裔合祥的父亲、裔合炳的父亲、裔华根的父亲

张长子、张长礼、张长井、张长升、张长书、张小狗子、张印生、张长林

张长亭、老张（张小狗子的父亲）、张北相佬（女）

万德湖、万道宽、万道义、万道之、万厚金、万加林

汪九龄、汪景礼、赵小七子、李照根

1949年以前，万道达当过保长。抗战胜利后，国民政府调查抗战损失，准备对日索赔，万道达奉命调查后本湖的情况。后因对日索赔遥遥无期，此事便不了了之。谁也没有想到，他的调查结果被一个尚未成年的男孩牢牢地记在心里了。

我们今天能够获得这样一份比较完整的名单，依靠的不是档案，而是老人的口述，难道不是奇迹吗？

（五）幸存者裔荣生

在冬月初三的大屠杀中，裔荣生是死里逃生的幸存者。

裔荣生的父亲裔会广是句容后本湖人，母亲张双英也是句容人。裔会广在13岁时经人介绍到苏州角直学理发，婚后育有2男3女。1934年12月因霍乱而死，骨灰运回了句容。1937年12月，为纪念丈夫去世3周年，张双英带了裔荣生（时年16岁）、裔荣海（时年6岁）从苏州赶回后本湖祭奠，住在万秧子家。还没来得及上坟，裔荣生就被关进了槽坊。

裔荣生脱险后逃到万秧子家，头胀得像笆斗，脸、颈及双手全是水泡。兵荒马乱，没医没药，就用菜油涂抹伤处。约经半月，母子3人从句容回到苏州。半年后，烧伤部位开始结痂，留下许多疤痕，伴随终身。此后，他一直在角直理发。1949年后，又过了好多年，他被调到角直乡下代销店工作，直至退休。

裔荣生和万秧子从小就是娃娃亲。冬月初三那场大火，万秧子的亲哥万加林葬身火海。万家没了男丁，就招裔荣生为婿。当时双方约定，裔荣生是两边跑跑的。所以，他在角直叫裔荣生，回到句容就叫万荣生。

裔荣生和万秧子养了4个儿子。长子姓万，在句容，其余姓裔，在苏州。万秧子不愿去角直，只是偶尔过去玩玩。裔荣生退休后回到句容，定居后本湖，夫妻俩一起生活，白头到老。1997年，裔荣生患癌去世，享年76岁。

裔荣生身材魁梧，但不善言辞。“文化大革命”前搞忆苦思甜，大卓公社曾请他做报告，控诉日军罪行。他去讲了，但没留下文字材料。有一年，一位日本人到句容寻找南京大屠杀幸存者，裔荣生接到有关部门通知，在句容市招待所出席过一次会议，并获赠日产电子钟一只。那位日本人是谁，出席会议的幸存者有多少，裔荣生是否发言，是否有记录，目前均不得而知。

裔荣海也是那场大屠杀的幸存者。他和母亲、哥哥一起，在后本湖住了半个月，见证了日军的滔天罪行。这次接到我们要去采访的电话，他激动得哭了。他的妻子管水仙说：“他娘老子死都没有哭。这次想到了大老倌（哥哥），伤心了。”

（六）寻找文字记载

关于后本湖村在80年前发生过的大屠杀惨案，民间口耳相传，没有断线，但文字记载少之又少。

2008年3月，句容黄梅镇下涧西自然村的退休教师张长乔说：“我在句容大卓教过书。四清诉苦时有人讲，大卓本湖村有许多人被鬼子烧死在一间屋子里，当时传得蛮多的。是前本湖还是后本湖，我不知道。”

后来，我们翻阅程尊平先生写的《句容轶事录》（载句容文史资料第六辑），发现其中有如下一段文字。

据郝德元回忆：1937年冬月初三，他在大卓乡的后本湖躲反。那日清晨，自东边来了一支六七十人的部队。48名驻在祠堂保村防匪的村丁以为来了广东兵，立即换上制服持枪出迎。万不料来的是日军的先遣队，他们将村丁们押至村边的小酒坊内，锁上房门，全部烧死！仅一人从阴沟中侥幸逃出，但也被烧得塌皮塌骨！郝德元与一姓笪的青年因无村丁制服，始免于难，被拉作挑夫。笪某不久逃脱。

今年5月，我们根据程尊平先生提供的线索到后本湖调查，初步搞清了日军屠杀村民的情况。

6月，我们又在苏州角直找到了裔荣生的弟弟裔荣海，向他询问了一些情况。到目前为止，后本湖惨遭日军屠杀的事实已经基本清楚。个别情节，如自卫队的人数，日军的人数，日军烧房是否浇了汽油，幸存者从大门冲出还是从阴沟逃出等，不同的人有不同说法，也很正常。我们希望今后能在句容的民国档案中找到相关记载，也希望知情者能提供更多的线索。

句容市大卓乡后本湖自然村遭受日军残害情况调查整理

据1988年句容县政协文史资料研究委员会编辑的句容文史资料第六辑程尊平撰写的《句容轶事录》上记载“据郝德元回忆：一九三七年冬月初三，他在大卓乡的后本湖村躲反。那日清晨，自东边来了一支六七十人的部队。48名驻在祠堂保村防匪的村丁以为来了广东兵，立即换上制服持枪出迎，万不料来的是日军的先遣队，他们将村丁押至村边的小酒坊内，锁上房门，全部烧死，仅一人从阴沟中侥幸逃出，但也被烧得塌皮塌骨。郝德元与一姓笪的青年因无村丁服始免于难，被拉作挑夫。笪某不久逃脱。”

依据这一史料记载，2017年5月3日费仲兴老师和徐康英前往句容市大卓乡后本湖自然村调查。

在村民的指引下，我们先找到1927年正月初八出生的90岁新四军老兵裔会秀，他1944年4月参加新四军在茅山打游击，1950年12月退伍回乡。老家是句容下甸的，听我们讲明来意，老人家说确有此事，由于他是招女婿到后本湖村的，不能说出被害人的具体情况。其夫人裔会英主动把我们带到了村民万加才的家里。

万加才生于1933年5月16日，后本湖村人。

万加才说：“日军进村时（我）才5岁，烧死34人，那时候我小，有很多事是我小爷爷万道达（其父亲的弟弟，是村里的保长），在他十一二岁时讲给我听的，那时候我也喜欢提问，赢得小爷爷的喜欢，给我讲了很多村里的故事。

“民国时候我堂叔万道义承包了南京大行宫浴室，就从句容老家找了些人去做下活，我大大（大伯）万后金就被找去在浴室擦背。日军进南京前他们回到句容。

“万后金因为在南京待过，头脑比较活络，就领头在村里成立了自卫队，他当自卫队长，保卫家乡，在句容给自卫队员做了制服，有青、有蓝，那时候农民一般都穿本装衣服，自卫队员穿上制服很气派。

“他们在村口挖了三个大坑，用来防日军坦克。自卫队员每天都上操，立正、向前看、向后看，还报数。

“日本飞机来轰炸句容机场，我那时虽然小，但是中国飞机飞上去用机枪扫日本飞机，留（下）的印象很深。有一架飞机掉下来烧起来了，我们去看，有两个驾驶员烧死了，一个在前面，一个在后面。有一个炸弹没有爆炸掉到我们村附近，起码有400公斤，当时日本鬼子还没有来，当地政府就喊人扎起架子抬到句容机场旁边的水沟里了，机场周围挖了2米深，7—8米宽的沟，不让人到机场里面去。

“一九三七年冬月初三，上午7—8点钟日军来了，这队日军是从上海过来的。当时不知道是日军以为是国民政府的广东军，自卫队员就穿上制服出村一二百米迎接，日军一看穿自卫队的人穿制服还有枪，就把这三十多人关在村头糟坊里，这里面还有两个从句容跑反到我们村的人。

“糟坊门朝南，门口有场地，离糟坊20左右还有个大水塘大概长130米，宽80米。上午11点多钟我小爷爷说，看看他们接人接到哪里去了，怎么回事。就跑到村头，一看糟坊外面架了一挺机关枪对着糟坊的门，旁边还有日本鬼子拿着三八式步枪。

“下午烧房子，先烧草房，日军进村还在村烧饭，有的老人带小孩躲在厨房，日军还给小孩糖果吃，有红有绿的。日本人看到年轻女的就强奸。

“下午日军开始烧房子，先烧草房，当时村上只有三家两厢正房没有烧毁，因为他们没有在家里堆柴草。

“看门的日军去小便，当时有人想跑，跳到水塘了还有2多米就到家，看门的拿起枪就把他打死了，叫张长庭，在塘口那里。打死了3个人，2个男的，1个女的，其中1个是老头。

“老头叫老张，叫他张老头，拾狗粪的，他养了只八哥，张老头出去拾狗粪就放八哥去吃虫子，张老头一吆喝，八哥就会飞来歇到他肩膀上。张老头不晓得（因为）什么事被日军打死在水塘边。

“还有张长庭躲在水塘里边想逃跑，他家就在水塘边20米左右，他一出水，就给日军用三八式步枪打死。

“被日军打死的有一个女的是马步仁的老婆，叫什么名字不知道，因为她娘家是句容北相的，大家都叫她北相佬，两个日军看到她要强奸，她月经在身，就把月经带抽出来给日军看，日军看到血后认为不吉利，拿起枪就把她打死了。她的女儿当时10岁。

“在糟坊被日军烧死的30多人，我知道名字的有：张长子、张长里，他们是兄弟俩，有张长井、张长生、张长树；裔金玉（裔立柱的养子）、汪九龄（汪老国的儿子）、裔华根的父亲（叫什么名字不知道，外号叫查其宝）、万道义、万道宽、汪厚金（我大伯）、汪经理（无后人，他老婆后来改嫁到无岗徐家边了）；还有汪德湖、汪道之（父子）、裔立喜、李兆根（当时是老师，李成井的父亲）、裔四喜、裔会堂、裔会篮、裔会智、裔会友、裔会通；另外还有裔和祥的父亲、裔和炳的父亲，外地人叫张小狗子属狗的，20多岁被烧死了。

“村里关在糟坊里唯一没有被烧死的是万荣生，糟坊是草房，当时他逃出就爬在糟坊边的坑里，因为坑里有大概10厘米左右的水，他被烧昏迷了，脸上全是泡，留下一脸的疤痕。

“万荣生也活到90多岁去世。‘四清’‘文革’中也有人找到他请他讲，他没有口才，讲不出来。

“他大儿子叫万金明，还住在我们村，孙子开了个装潢公司，现在万金明就在装潢公司干活，白天不在家。

“1945年抗战胜利以后国民政府有人来我们村调查过，说要赔偿，后来不了了之了，因为蒋介石跑到台湾去了。”

后记：李兆根的孙子李克峰夫人在村里开了个小店，她告诉采访人徐康英，李兆根被杀，他夫人当时才20多岁，招女婿到家里来，活到90多岁才去世，老人去世前还保留了李兆根亲手写的一些东西，纸张都黄了一直舍不得扔，现在这些东西都没有了。

二、万加才口述日军在句容后本湖屠杀村民的情况

采访时间：2017年5月3日、2017年5月24日

采访地点：江苏省句容市大卓乡后本湖村

采访人员：费仲兴、徐康英

万加才口述：日军在我们村杀了34个人，房子全烧光了

我叫万加才，1933年5月出生的。日军在我们村杀人这个事情，是我小爷爷，他跟我爷爷是兄弟，当时十几岁了，他给我讲的。

日本鬼子投降，国民政府也统计过了。统计的时候，就找我的小爷爷。当时要日本赔偿，烧了多少房子，都统计过了。一个村的房子全烧光了。就3家没有烧，9间

2厢没有烧。什么原因呢？他们家里没有堆柴草，柴草堆在下房了。日本兵是在这个村里开饭的。他们大概是早上七八点钟来的。

我父亲兄弟两个，有我的大大的，就是我的叔叔，都是3间房子。我大大在南京跑堂子，在浴室里做下活的，给人擦背的。

我大大在事业上蛮活动的，蛮精的，他成立一个自卫队保卫家乡。他在南京大行宫浴室打工。人活动嘛，到哪里都吃香，又好交朋友。自卫队要上操，早晨要立正，向左看，向右转，每天早上要报数。

我叔叔叫万后金，我父亲叫万后玉。万道义是我叔叔的长辈，在大行宫承包浴室，他用的是家乡人。万道义、万道宽弟兄两个，负责给老板卖票，是二老板，现在来讲就是经理。

我小爷爷叫万道达，在村上当保长的。我爷爷叫万道通。

日军飞机来炸句容飞机场。机场本身还有飞机。有一架飞机在离这里1公里的地方栽下来烧了。许多人都去看了。两个驾驶员，一个烧在前头，一个烧在后头。那个炸弹没有来得及炸。乖乖，起码有400公斤，这么大一个东西。当时日军还没有来，政府就喊人把炸弹抬到句容，埋藏起来。句容飞机场一转有沟，有湖，当时就把炸弹掷到水库里了。那水沟大约有两米五深，七八米宽。为什么一转要有水呢？就是不许人到机场内里去。那颗炸弹要是爆炸，整个句容城，许多村庄都要炸到的。有十几个人抬的。我家爷爷把这个情况讲给我听。我十几岁了，就懂事了。我爱听，蛮有情绪的，他们就爱讲。

冬月初三上午七八点钟，太阳刚刚出来。我叔叔组织自卫队，保卫家乡。每人有一身衣裳，有青有蓝，蛮气派的，上下有4个口袋，在句容定做的，量尺寸，每个人都发衣服，像模像样的。每天上操、跑步，许多人都去看。以前没有看过哎。

我的爷爷、大爷爷、小爷爷都抱了我去看的。当时喊飞艇，不叫飞机。机场在句容北门，离我们大约九里路，十公里半，飞机来去都看得见。飞机里头是红漆，同现在的飞机不同。飞机是用机枪打下来的，打在油箱上了。

烧死的人，第一个是张长子，他是老大。第二个是张长礼，他是老二，30岁左右。他们是兄弟两个。张长井、张长亭、张长升、张长书，全是我们村的。

有两个是句容城边上的人，跑反，落脚落到这里了。有人说："你们要跑什么？就在自卫队吧！"自卫队有蜜枣、桂圆，他们就落下来了。有的人就嘴馋。以前有蒲包的。有的人靠得近的，还拿回去给小孩吃。自卫队又没有枪，穿一身制服。有的人说，鬼子来了，想去看看。就这样子，说："欢迎打日本！"还有仪式。后来，日本人的大官来了，他们一起到村里，到村外一二百米的地方去迎接的。那时候，村里的房子分散。

日本人是从行香来的。从上海过来的，到了行香就开始打南京了。到了村上，大概有10点多钟，把三十几个人关在一间空房子里，是人家烧酒的酒坊，一起叫他们进去。槽坊的门朝南，外面是一块场地，晒稻子的。槽坊前面20米样子有一个塘，鸭蛋形式的，长130米，宽七八米，大水塘。

张长亭关在里面。11点半的样子，去安排烧饭了。吃饭的时候，把房关起来，我家小爷爷就去看看。当时房子外面加了一部机枪，有一个人站在机枪旁边。有一个人拿了步枪站在门口，叫三八式步枪。那枪厉害呢，一公里路外面，他照样能打准。有个人，村上开始烧房子了，下午烧，先烧草房。跑在外面的人都来看了。有的女的，老人家带了躲在厨房，小孩子留在外面。日本兵身上带着糖，给小孩吃糖，有红的，有绿的。看到年轻妇女就强奸。

有个人跑到塘里去，200多米就到他家里了，上岸了，看门的鬼子拿起枪来“呯”的一声，打倒了，趴在田埂上了。这个人是张长亭。

当时一共打死3个人，2个男的，1个女的，女的被强奸。一个人叫老张，是个老头。女的是马步仁的老婆，娘家是北相村的，都喊她北相佬。

那个被日本兵打死的老头呢，拾狗屎的。他养了个八哥，蛮好的，当时他拿了个雀子在塘边，他家就在塘边。鬼子一枪就把他打死了。打的时候没有人看到。到晚了才发现，那雀子还歇在他身上呢。他是外地人，有两个儿子。大儿子烧死了，是属狗子的，当时20多岁，姓张，就叫张小狗子。

被打死的北相佬是这样的。两个日本人，看见女的了，拖住她，要强奸。她跪下来磕头。她有月经在身上的，把月经带从裤裆里拿出来了。日本人看到有血，对他自己不利，打了一枪，把她打趴了。北相佬姓张，她男人姓马。养了一个女儿，跑反时10岁了，叫马小丫头。

裔金玉，烧死的。

还有一个人，姓汪的，名字想不起来了。他父亲叫老郭，个子蛮高的。他养了个女儿，跑反时大概是2岁，叫汪白娣。想起来了，她叫汪九龄。

还有一个姓裔的，号名叫张其宝。他养了2个儿子。大儿子叫裔华根，跑反时9岁。小儿子叫裔华法，跑反时6岁。

还有一个叫汪景礼，烧死的。他有老婆，没有生养，后来改嫁到武冈徐家边。

往后边，是万德湖，烧死的，当时五十多岁。他儿子叫万道之。父子两个躲在槽坊装料的皮缸里烫死了。那皮缸的口很大的，有这么大（用手比画），可以装五六百斤稻子呢。

当年整个的后本湖村，一共招了十三个外地人。我们这个后本湖嘛，后来就叫“寡

村民万加才（右）向费仲兴教授（左）指认水塘位置

村民万加才（左）、万全明（右）指认日军进村的位置

妇村”了。人烧死了，房子又烧光了。

我接着说烧死的人。还有一个叫裔立喜，被烧死了。他的大儿子叫裔振兴，已经过世了。小儿子叫裔振旺，85岁了，跟我同年的，现在还在。

还有一个没有烧死，他叫万荣生。为什么没有死呢？他是自卫队的队长，主持人。当时在村里挖了3个坑，6米见方，干的，没有水，是挡坦克进村的。坦克掉下来就跑不了了。有两个坑离槽坊只有2米远。槽坊的房子烧得红起来了，烟大的。万荣生就趴在坑里。当时坑里有一层水，有十厘米深。他昏迷了，但没有烧死，脸上捂起来了。烫的，全是水泡，留下的疤痕蛮深的，一直到老，难看了。

万荣生当时十五六岁，还没有结婚。他有3个儿子。老大叫万全民，现在在家种田。老二叫万点点，已经死了。他原来在航空部队后勤，后来转到徐州当干部了。后来生病，癌症。他养了个女儿。他老婆是县妇联主任，现在还在。

还有一个烧死的是李成井的父亲李朝根，也是冬月初三烧死的，年轻时当过老师。李成井比我大1岁，已经不在了。成井有3个儿子，大儿子叫李克隆，过世了。

还有一个裔四喜，也是烧死的。他大儿子9岁了，他老三跟我同年的。

还有一个裔会堂。还有裔会兰、裔会智、裔合友、裔会通。还有裔合祥的父亲、裔合炳的父亲。也是那天烧死的。

我叫万加才，后本湖村66号。

句容市大卓乡后本湖自然村调查日记

费仲兴教授有一本由句容县政协文史资料研究委员会编辑的《句容文史资料》，在1988年第六辑上程尊平撰写的《句容轶事录》一文记载：“据郝德元回忆：一九三七年冬月初三，他在大卓乡的后本湖村躲反。那日清晨，自东边来了一支六七十人的部队。48名驻在祠堂保村防匪的村丁以为来了广东兵，立即换上制服持枪出迎，万不料来的是日军的先遣队，他们将村丁押至村边的小酒坊内，锁上房门，全部烧死，仅一人从阴沟中侥幸逃出，但也被烧得塌皮塌骨。郝德元与一姓笪的青年因无村丁服始免于难，被拉作挑夫。笪某不久逃脱。”

依据这一史料记载，2017 年 5 月 3 日，费仲兴和徐康英前往句容市大卓乡后本湖自然村调查。我们上午在马群乘坐南京至句容的城际公交，大约 1 小时 15 分钟到达句容卫生大厦下车，然后坐出租车去后本湖村。

一进村费仲兴就问了一位老人，在他的指引下我们先找到 1927 年正月初八出生的 90 岁新四军老兵裔会秀，他 1944 年 4 月参加新四军在茅山打游击，1950 年 12 月退伍回乡，老家是句容下甸的。听我们讲明来意，老人家说确有此事，由于他是招女婿到后本湖村的，不能说出被害人的具体情况。其夫人裔会英主动把我们带到了村民万加才的家里。

万加才是后本湖村人 1933 年出生，其长辈（堂爷爷）万道义、万道宽也死于日军屠杀。其小爷爷万道达是民国时期后本湖村的保长，在万家才十一二岁时给他讲了这段历史。

万加才比较详细地给我们讲了后本湖村遭受日军残害的情况。回忆出 29 位受害人姓名。下午 2:20 我们乘村里的定时校车返回句容市转 2 路公交抵句容客运总站，乘句容至南京马群的城际公交回宁。

2017 年 5 月 24 日，费仲兴和徐康英前往句容市大卓乡后本湖自然村调查。我们上午 8:00 在马群乘坐南京至句容的城际公交，大约 1 小时 15 分钟到达句容卫生大厦下车，然后坐出租车去后本湖村。

此前费仲兴已经将整理的调查材料寄给了万加才的儿子，请他读给其父亲听，并请万加才继续帮助回忆遇难者名单。此行我们的主要任务是采访幸存者裔（万）荣生的儿子万全明。到达后本湖村以后，我们先到了万加才家，上次采访认识的村民万家才带我们去了后本湖村 61 号万全明家。一到他家，他就拿出一个电子钟给我们看，说：“一个日本人到句容来找幸存者，句容市把幸存者召句容招待所开了一个会，请大家吃了一餐，给每个人发了这个钟。日本人太奸了，给中国人送个钟，送终了。这个钟的质量是好的。我用了几十年了。”万全明是后本湖村被日军关在糟坊里放火烧伤的（万）裔荣生的儿子，也是（万）裔荣生留在句容唯一的儿子，其他子女全部在苏州。

采访中我们弄清楚了以下几个问题：

1. 1937 年 12 月日军已经逼近南京，（万）裔荣生一家为什么从苏州甪直镇回句容？

万全明告诉我们，12 月 5 日是祖父去世三周年的祭日，全家回来祭祖的。

2. 为什么在句容就叫他万荣生，苏州领的身份证上是裔荣生？

万全明告诉我们，父母从小订的是奶亲，外婆只有一儿一女，儿子在那场浩劫中被烧死了，如果女儿再出嫁，外婆家就没有人了。裔家按照 1.2 亩地的产量，每年交 120 斤稻子给万家，以后就可以分万家的土地和房产了，父亲也是两边住，主要在苏州角直镇，母亲一直住在句容。父母生了四个儿子，把他（二儿子）留在了句容，姓万。

（万）裔荣生会针灸、推拿、理发，家里还有他生前看的书。退休以后他回到了句容，后来生癌症去世。他的四个儿子是：

大儿子：裔跟林，苏州市角直镇供销社退休。

二儿子：万荣生，句容市大卓乡后本湖村原生产队长。

三儿子：裔桂林，空军后勤服役，已去世。

四儿子：裔东林是，苏州市吴县动力机械厂退休工人。

万全明告诉我们，父亲长期住在苏州，烧伤以后的情况自己不了解，他的小叔叔，（万）裔荣生的弟弟裔荣海现在还健在，住在苏州市角直镇。万全明答应帮助我们联系其叔叔，叔叔可能知道的更多一些。

万全明采访结束以后，万全明还带我们去了村头指认糟坊的位置。

三、吴正华口述侵华日军在南京板桥地区的罪恶行径

采访时间：2017年5月14日下午2:00

采访地点：南京市公园路体育大厦1018室

采访人员：徐康英、王南

我叫吴正华，退休后主要从事板桥地区的文史工作研究，编写过《板桥地方志》，研究过西善桥地区的文史。

通过十几年的采访积累，我对日军在板桥地区所犯的罪行比较了解。今天我主要从三个方面来揭露日军在板桥地区的罪恶行径。

第一，日军对中国军人的大屠杀。1937 年 12 月 13 日，南京沦陷后日军追杀国民党军队，其中有一支军队从南京突围出去。他们经过板桥的时候，遭到日军的阻击，1000 多人的军队被日军包围，日军在新建大队乔家庄的地方把放下武器的国民党军人围困在谢家洼，架起机枪对这支部队进行了扫射，当时只有 200 多人突围，其余的都被日军枪杀，日军杀害这些军人后，还在他们的尸体上浇上汽油进行焚烧。

第二，日军对中华文化的大屠杀。国立东北中山中学是以民主革命先者孙中山先生的名字命名的全国第一所国立中学，于 1934 年 3 月 26 日创建于北平。1934 年南

京政府团拜时，负责国民党东北党务的齐世英说动当时的行政院次长彭学沛先生拨下五万银洋，与北平的李锡恩、黄恒浩、周天放等友人进行办校，于1934年3月26日在借到的报国寺、顺天府、原警高旧址等地成立“国立中山中学”，招收了约2000名初一到高三的流亡学生。这是中国第一所国立中学，第一任校长由原任吉林大学校长的李锡恩出任。

1936年11月，北平危急，学校于11月12日撤离北平，南下南京附近的江宁县板桥镇。从此，救亡图存、不畏艰险的师生们开始了步步惊魂的万里流亡。1937年11月11日，上海失陷，危及南京，学校又于11月19日撤离板桥镇。日军侵占南京前，这所学校的所有师生已经从学校撤离出去。

1937年12月13日，日军攻占战南京后，并没有放过这个学校，他们来到学校没有抓到师生，日军把这所学校的230多间教室炸毁，并在学校旗杆的下面埋下炸弹把地炸出一个塘，后来老百姓就把这个塘称为“旗杆塘”。

第三，日军对中国资源的掠夺。1937年，南京沦陷后，日本就开始对我国的资源进行了疯狂掠夺。当时的板桥属于江宁，江宁有一个凤凰山铁矿，当时日军就对凤凰山铁矿的情况掌握得一清二楚。

1939年，日军就开始着手开采我们的凤凰山铁矿，并且还修筑了一条专门便于他们运输矿产资源的铁路线“凤板”线。同时，他们还在扬子江修筑了简易一个码头，叫“扬子江码头”。他们把掠夺的资源用火车运到这个码头，并且日军都是用中国的劳工，这些劳工都是常州人，日军让这几百名劳工不分昼夜地把这些资源卸下来转运到他们日军自己的轮船上。当时没有什么技术设备，全靠抬、挑把这些资源运到货船上去，好多劳工跌下船舱跌死的，因为有些矿石对人体有危害，劳工因此而生病病死的不计其数。

我从采访的一个人那里了解到当时扬子江劳工死亡的数量达到500多人。我采访的这个人懂医术，当时他在那边作卫生员，对这个情况非常了解。负责这些劳工的头儿，是日本军人，他还记得日军两个首长的名字，一个叫岗本，一个叫太治。通过采访，我了解到日军掠夺我们板桥地区的资源，激起了民愤，一个叫叶德广的人，组织几个人用铁棍放在铁轨上，等日军的火车经过时，就把车掀翻，日本人来抓他的时候，他跑到南京去了，现在这个人已经去世了。

通过采访，我还了解到一些日军在板桥犯的罪行。当时宁古线被日本占领后，当地老百姓见到日军必须得给他们鞠躬，有一个女孩子经过那里，由于没向日军鞠躬，他们不答应，最后这个女孩的家人就拿鸡蛋送给站岗的日军，才把这件事平息下来，女孩才幸免于难。

左图为南京市雨花区文史工作者吴正华（右）接受王南采访；右图为南京市雨花区文史工作者吴正华（右）接受徐康英采访

日军还在扬子江码头修筑了很多供劳工住的平房，在近华一个地方设立了一个大概 2 层楼高的瞭望碉堡，后来在“文革”期间被拆掉。

采访雨花区文史工作者吴正华日记

2017 年 4 月 25 日下午，徐康英和王南前往南京雨花台区板桥街道板桥新村 3 栋 506 室采访了雨花台区文史工作者吴正华。

吴正华是在《扬子晚报》上看到我们对志愿者培训的报道后主动联系我们的。到吴正华家以后，吴正华拿出了 2015 年 12 月 25 日《南京日报》有关“沈阳采访团来宁寻找抗战记忆”的报道，其中对东北中山中学南迁的报道，他认为内容不实。

此后吴正华就到中国第二历史档案馆查询有关史料，1938 年 6 月 15 日，中山学校校长王宇章写给教育部部长陈立夫的信函里记载：“南京上年十二月十三日沦陷，板桥同时被占领，所有校舍计 230 余间已部分被焚毁。”他寻访板桥地区的老知识分子夏仕廉和近百岁老人戴世民，他们都说是日本人用炸弹炸毁了校舍并放火焚烧，两位都亲眼见证了日本人的这一罪行。

随后他写出“南迁东北中山中学校舍实为日军焚毁——72 岁老人历时两月寻访考证”的文章，于 2015 年 12 月 25 日在《南京日报》登载。

吴正华参与了雨花台区志的编写工作，对南京大屠杀期间，日军在南京板桥地区所犯的罪行有所了解。他于 2017 年 5 月 14 日来到南京市公园路 42 号体育大厦 1018 室接受了我们的采访，从三个方面讲述南京板桥地区受害情况。

此后，吴正华还帮助我们找到板桥镇上的戴继祥先生，并陪同我们去他家进行采访。

后 记

2016年初，由侵华日军南京大屠杀遇难同胞纪念馆原馆长朱成山研究员领衔的《基于微观史学的“南京大屠杀”研究》课题，被国家社科规划办列入国家级抗日战争史研究重点课题项目（项目批准号：16KZD016），并被新成立的南京大屠杀史与国际和平研究院确立为重点资助课题。

两年多来，项目组组织并聘请了中国第二历史档案馆、南京市档案馆、南京市社科院、南京炮兵学院、南京晓庄学院、南京第二十九中学、首都经贸大学、日本广岛大学等单位的专家学者、教师以及博硕士研究生等组成研究团队，综合调动和运用各方面的力量，群策群力地开展南京大屠杀微观史的研究。《历史与记忆——117户南京大屠杀受害家庭（族）微观史调查与研究》一书，是课题研究的重要成果。

参加本书采访南京大屠杀幸存者家庭情况调查的课题组成员：朱成山、费仲兴、戚厚杰、徐康英、杨小平、许凤、陶亮、常小梅、王杰、王南。

参加采访南京大屠杀幸存者家庭情况调查的南京晓庄学院商学院志愿者：沈亦通、朱杰、丁传奇、王苇婧、耿嫣然、张轩瑞、朱延驰、叶伟蓉、霍方婷、李田田、季萌萌、金萍萍、马婉蓉、陈艺文、涂慧、朱林曦。

幸存者照片拍摄和整理者：朱成山、费仲兴、徐康英、杨小平、许凤、陶亮、王杰、王南、常小梅、沈亦通、朱杰、丁传奇、王苇婧、耿嫣然、张轩瑞、朱延驰、叶伟蓉、霍方婷、李田田、季萌萌、金萍萍、马婉蓉、陈艺文、涂慧、朱林曦。

曾向东、徐康英对全书做了总体框架设计，并由曾向东对采访资料进行通稿、编辑和历史背景撰写。徐康英对本次幸存者家庭情况调查做了大量具体组织和安排工作，并对幸存者的家庭照片进行编辑整理和文字说明。朱成山对全书稿做了最终审定。

感谢南京晓庄学院商学院鲍森书记、洪伟老师、崔昱老师对课题组工作的支持。本书的出版得到了中共南京市委宣传部的重点资助和南京出版传媒集团·南京出版社的大力支持，在此一并致谢！微观史研究是史学研究的一种新尝试，我们将继续运用这种研究方法，进一步深化对南京大屠杀史的研究，以期更好地向世界传播南京大屠杀史研究的中国话语。